天人不相胜

庄子内篇的文本、结构与思想

陈赟 著

海峡出版发行集团
THE STRAITS PUBLISHING & DISTRIBUTING GROUP | 福建人民出版社
FUJIAN PEOPLE'S PUBLISHING HOUSE

目　录

导　论 ……………………………………………………… 001

第一篇　《逍遥游》："上升之路"与"下降之路"合一的
　　　　自由之境 …………………………………… 021

　一　鲲鹏寓言与自由历程 ………………………………… 023

　二　逍遥的层级与本性 …………………………………… 051

　三　"圣人无名"：圣人与常人自由的不同类型 ……… 063

　四　"神人无功"："无功之功"与功效最大化 ……… 070

　五　"至人无己"：两不相伤与两尽其性 …………… 082

第二篇　《齐物论》："吹万不同""咸其自已"的共生
　　　　秩序 ………………………………………… 093

　一　"丧我"与"天籁" ……………………………… 097

　二　是非意识的心斗：知与成心 ……………………… 106

　三　道、言与物论 ……………………………………… 120

　四　尧舜关于征伐的对话 ……………………………… 160

　五　齧缺和王倪关于知之历程的对话 ………………… 163

　六　梦与觉的人生吊诡 ………………………………… 169

七 "罔两问景"与"庄周梦蝶" ··········· 185

第三篇 《养生主》："形劳而神不伤"如何可能 ········ 189

一 "缘督以为经"："养生"之主 ············· 193

二 庖丁解牛：无厚有间，游刃有余 ········· 213

三 右师与泽雉：何为"生之主" ··········· 237

四 老聃之死与薪尽火传 ················ 246

第四篇 《人间世》："应世"与"游世"的辩证 ·········· 253

一 颜回之卫：存己与存人的辩证 ··········· 256

二 叶公子高使齐：化解阴阳之患与人道之患的两难 ··· 277

三 颜阖将傅卫灵公大子：存人不失己，外化内不化 ··· 288

四 "不材之木"：人生如寄的生存论真理 ········· 293

五 "支离其德"与"无用之用" ·············· 300

第五篇 《德充符》：从"支离其形"到"支离其德" ······ 307

一 孔子与兀者王骀：圆满型人格与超越性人格的隐显
交会 ························· 311

二 兀者申徒嘉与子产：超越性人格与方内君子 ········ 321

三 叔山无趾与孔子的相遇：超越性人格无法理解圆满型
人格 ························· 334

四 哀骀它与孔子：圆满型人格对超越性的超越 ········ 346

五 超越"超越性"：从"以德忘形"到"上德忘德" ······ 357

六 惠施：常人人格的生存论畸变 ··········· 361

七 《德充符》的多元交响、隐显线索和立体脉络 ········· 365

第六篇 《大宗师》：作为生存论真理的"天人不相胜"
···················· 369

一　"天人不相胜也，是之谓真人"……………………… 370

二　从"道体"到"体道"："撄宁"…………………… 385

三　"游方之内"与"游方之外"：两种生存真理及其张力

……………………………………………………… 404

第七篇　《应帝王》：秩序与浑沌的交融………………… 435

一　以原初秩序经验反思三代以上帝王秩序 ………… 438

二　现实政治失序的根源 ……………………………… 449

三　顺物自然与公天下之道…………………………… 455

四　三代以下统治秩序的担纲主体：明王及其玄德 …… 462

五　政治巫术与政治道术 ……………………………… 471

六　无为之治及其限制性原理………………………… 484

七　秩序与浑沌的共生交融…………………………… 490

导　论

一

　　人是学习的主体。相对于其他存在者，人本能匮乏，从出生到独立生存，需要较动物远为漫长的过程，这是一个必须以社会化方式展开的共同生存和学习的过程。通过学习与教育而获得的精神传承对人极为重要，它是回应本能匮乏的主要途径。正是通过学习，作为一个具体社会中的人，得以克服本能匮乏的先天不足，将自身与历史中绵延的精神传统贯通，从而创发开放性的前景。教与学成了人区别于其他存在者的本质性的特征，是人之所以为人的方式。学习从未被封闭在校园之内，而是弥漫在整个社会化过程之中，读书思考在哪里开始，学习也就在哪里发生；但校园仍然是一种高度聚焦的学习场所，在那里学习成了人的首要事务。就今日学校的教学状况而言，教学内容包括几个方面：其一是专业技能与知识的学习，这是人的职业分途的基础；其二是融入社会与国家的伦理教育，往往以意识形态或主流价值观的形式出现，它对民族的凝聚与国家的组织和动员具有重要的意义。如果学习以前者为全部内容，那么学习与教育就是功利主义或以实用性为目的的。如果学习以后者为内容，那么学习与教育很可能就成为社会组织与国家动员的形式，它无法提供个人精神的慰藉，对于个体的身心安顿无能为力。关于这一点，汤因比业已指出，任何意识形态都无法提供终极关怀。即使将校园中的学习内容定位为两者的总和，对人的成长而言，也仍然是不充分的。

就学习内容而言，两者都是将我们的生存交付置身其中的具体而特定的某个社会，意在引导我们在其中找到自己的位置，以实现具体社会持久繁荣为自身的生存目的。如果我们缺乏一个超出具体社会的视角，哪怕我们以功能主义观点看待社会和自己，将个人自身化约为社会的基本构成单位，也总是无法真正处理植根社会内部的矛盾与张力。对于真正感受到生存之惑的个人，任何来自实用性或功能主义的回答方式都将是苍白无力的。正是在这个意义上，当前以智性技能和社会—国家伦理为中心的教育，虽然必要，但仍然是不充分的，一旦彻底的怀疑主义介入，这两者都无法回应生存的意义或根基问题。

学习应该包含最基础的方面，即人的教育。如果说意识形态教育总是以培养某个社会的国民或公民为其宗旨——一言以蔽之曰"民"的教育，那么以人的生成为指向的教学则指向人何以立身于社会与世界，如何安顿自己，如何探寻生活的意义，可简而言之曰"人"的教育。对于个人立身，尤其是精神的立身问题，必须超出具体社会的视角才能给予真正的理解。经典虽与我们及置身其间的社会发生深切关联，但并非隶属于具体的社会和个人。经典提供我们更宽更广更高的生存论视野，超越了具体社会，而将人与绵延着的历史文化宇宙、天道联结。

人文学科中的经典作品，往往是作者的伟大灵魂与跨世代的阐释者们在精神深处发生共鸣的结晶。而且这种结晶是开放性的：随着阅读与解释的介入，伟大经典在精神探寻方面所达到的深度与广度也会不断延展，其丰富性不断被充实。经典研读就是参与经典之生成的过程。那些伟大经典的作者们，往往经受时代的暴风骤雨而仍然能够在其中矗立自己的人格，在极端情境下以极度敏感精神体验到了在俗常状态下所无法企及的生存真理，他们对自身以及世界的探索达到了前所未有的高度。投身经典的研习，本身就是一种超越自身及其所在世界（如果其人之世界就是其人之观看天地万物的视域的话）之现成性的方式，同时也是一种自我超拔、自我丰富的大中至正之途。经典作品及其内蕴的人格与灵魂之所以能够震撼我们，引发我们内心的深深共鸣，很大程度上与这些伟大生命深处渗透着的更高力量紧密相关。我们被经典作者们所召唤和激发，与这些作者们被更高力量所征召牵引的过程是同质性的。这就是经典的精神能量，这是其他学习内容所无法取代的。在以智性、技能、价值观为主导的当代教育系统中，经典教育本质上有为人生定向的根基性意义，这是我们身处流变与无奈之下仍然能够保持不惑的基点。

在现时代研习经典，还可以调节不断加速和异化的生存节奏，使我们慢下来，从匆忙走向从容。从晚清至今的一百多年里，现代化业已成为最大的意识形态，渗透到公私生活的方方面面，最终落实到个人被高度组织和动员起来的生存节奏中。这一生存节奏展现为不断向前的追赶，由追赶而来的匆忙，因匆忙而紧张。这种追赶、匆忙和紧张构筑的生存节奏，一旦失去了目的论的终点，人生就会陷入迷茫，无法为自身定向。有谁能够知道现代化的终点呢？共识的缺位与无法定向的迷茫，业已深入时代的无意识深处。为了发起对当下的催促，历史与未来的名义不断被挪用，以介入当下的方式催促当下，人在这种催促中被消耗，很容易成为精气神的耗费者、透支者和亏欠者。对于业已过度透支的个人而言，当历史与未来作为动员资源不再有效时，生存节奏就会被带向无法与过去、未来加以联结的当下主义，失去开放前景的结果则是"躺平"现象的产生。生存本身为压力性节奏所充满，并没有获得任何舒缓，反而是节奏性紧张扩展为对紧张节奏本身的遗忘。失去了当下与未来关联的人们，生存在当下主义及其对时间意识的自我解构之中。非时间性的当下主义状态，与快捷且不断加速的生活方式相互支持：因为追求快捷而凸显技术的重要性，技术的进步又使得追求快捷成为可能。这样的结果就是弱化了阅读作为一种生活方式的可能性。

正是对快而强的生存节奏的追求，快餐化阅读成为时尚。阅读对象从书籍到微博、从微信到短视频，媒介也在发生深刻变化，与此相伴的则是阅读的品质不断下降：其一，阅读的内容越来越资讯化，降格为对信息的接受，信息越来越趋向简单和实用，资讯化与有用性相互强化；其二，阅读作为消磨时间的娱乐方式，而娱乐又成了消耗，阅读越来越不支持对生存处境的反思。阅读不但不养生，而且成为生意的消耗。经典的研读，通过引发我们不断的回味与思考，超越信息的非批判性接受，与信息保持反思性距离，使我们慢下来，从而回归与生存本身相协调的节奏。尽管经典远不如技术实用，经典的价值备受技术冲击，但阅读经典的那个时刻超越了技术与实用的目的。经典的研习需要足够的耐心，放慢速度，沉浸其中，专注于经典的文本世界与思想空间。持续的专注，既是养生的，也是精神性缺席时代重新赢获精神性的必要方式。

经典养生，不仅养人之体，而且养人之心。经典提供了不同于我们身处其中的具体社会的另一文化宇宙，此文化宇宙为一系列不同类型的伟大人格所充实。时间指向历史，历史本质上是文化，文化最终落实到人格。经典研读与教育，指向与伟大人格的相逢相遇，他们能够从其所属的具体社会及其历史中抽身而退，进而将自身遭送到过去与未来。我们一旦在自己的社会、时代与这些人格相会，也就得以从当下主义中抽身，面向存在方式的远方，尚友千古，在历史文化宇宙中获得精神性补给。与存在方式上的远方发生关联的那一刻，我们也就超出了实用主义或功能主义的自我理解，超出了当下主义的生存状态。在当下主义的生存状态，人自身既被视为征伐、开采的活动主体，同时又是被征伐、被开采的资源或对象。

更重要的是，在无限加速的体制化、系统性的社会节奏中，时间意识受到深度挤压和抑制。个人重新赢获时间意识的可能性在于，通过伟大生命以经典构筑的文化宇宙，发现生存节奏的别样可能性。文化宇宙中一个个挺立的人格，在面对时代之惑和人生之惑时如何应对，如何将自身的生存展开在文化宇宙与具体社会的"之间"地带，从而以在世而又不隶属于此世的方式重塑自己的生存节奏。在这个意义上，研读经典以及经典教育本身，都是撼动并唤醒我们被具体社会及其惯性驱使的生存节奏，重构身心关系的可能性方式。

经典的研读或学习，在功利主义的视角内，可能并不能带来什么实际的好处、看得见的用途。但它能使我们在这个让人困惑甚至不解的社会中达到不惑，在这个不确定的世界中安顿贞定自我。经典不仅给了我们观看社会的不同视角，而且提供了审视人生的不同方式。经典之所以为经典，是因为它历经时间的长河流传下来，通过不断阅读与阐释，作者的心智与跨世代的阐释者的心智感通相会，因而经典往往有震荡人心、引发共鸣的精神性能量。伟大的经典往往具有悄无声息地叩击心灵、改变人生的力量，"渊默而雷声"。经典的研读过程，即被这种精神能量引导而转化。这种转化也可能是当下的，譬如不少人首次读到《礼记·曲礼》"毋不敬，俨若思，安定辞"，或读到朱子《敬斋箴》的时候，坐姿也随之端正。伟大经典的研习具有开放性，它向我们展示了美好生存的典范，即便是在无道的社会中，一个人依然可以成就美好的人生。伟大经典作为一本大书，与我们置身其中的社会作为一本大书是不同的，一个追求上达的人在社会中学习的同时，也必须在经典的研习中走向上升之路。

二

毫无疑问，《庄子》是那种能够从内到外滋养人的生命的一流经典。《庄子》是庄子及其后学的作品。庄子（约公元前 369—前 286）[1]，名周，战国时代宋国蒙县（蒙县，一说为河南商丘，一说为安徽蒙城，蒙在当时为宋国属地）人，与梁惠王（前 370—前 319 在位）、齐宣王（前 319—前 301 在位）、孟子（前 372—前 289）[2]同时，曾任蒙县的漆园吏。据《史记·老子韩非列传》记载："楚威王闻庄周贤，使使厚币

---

[1] 庄子的准确生卒年没有定说。

[2] 孟子生卒年有三种说法：前 372—前 289，前 385—前 302，前 390—前 305。

迎之，许以为相。庄周笑谓楚使者曰：'千金，重利；卿相，尊位也。子独不见郊祭之牺牛乎？养食之数岁，衣以文绣，以入大庙。当是之时，虽欲为孤豚，岂可得乎？子亟去，无污我。我宁游戏污渎之中自快，无为有国者所羁，终身不仕，以快吾志焉。'"这一记载与《庄子·秋水》楚国使二大夫聘庄子而被后者拒绝的故事意蕴相当，显现了庄子对生存方式的抉择。司马迁以为："其学无所不窥，然其要本归于老子之言。故其著书十余万言，大抵率寓言也。"这就是说，庄子的学问很广博，几乎包括了当时智识的所有层面，但他的立场又是立足于老子的宗旨。司马迁的这个说法也反映了汉代业已将庄子与老聃一起纳入道家学派。但《庄子·天下》将庄子与老聃作为百家学的两种不同类型来处理，以见庄子与老子的差异。这一差异鼓励了自韩愈、欧阳修以来"儒门庄子"的定位。至于司马迁所说的"大抵率寓言"与"其言洸洋自恣以适己，故自王公大人不能器之"，显示了庄子学问的风格，他以寓言或象征化的方式表达的是"适己"的生存真理，而不是为了迎合权贵阶层以得到重用，这意味着庄子之学与种种最终落实到世俗意义上的实用价值的学问有了鲜明的区别。

庄子其人不能等同于《庄子》一书，《庄子》一书可视为庄子学派的共同作品。司马迁所看到的《庄子》有十余万言，《汉书·艺文志》著录《庄子》五十二篇，而今存《庄子》三十三篇为西晋郭象所编。郭象时代，有各种不同的《庄子》版本，有不同的编排方式，但内七篇则是各个版本所共同的（如司马彪的版本也是内篇七，但外篇二十八、杂篇十四；

这与郭象本内篇七、外篇十五、杂篇十一不同）。一般而言，人们将《庄子》内七篇，即《逍遥游》《齐物论》《养生主》《人间世》《德充符》《大宗师》《应帝王》视为庄子本人的作品，而外篇十五篇（《骈拇》《马蹄》《胠箧》《在宥》《天地》《天道》《天运》《刻意》《缮性》《秋水》《至乐》《达生》《山木》《田子方》《知北游》）、杂篇十一篇（《庚桑楚》《徐无鬼》《则阳》《外物》《寓言》《让王》《盗跖》《说剑》《渔父》《列御寇》《天下》）则被视为对《庄子》内篇的阐释与发挥，类似于内篇为"经"，而外、杂为"传"，所谓"以七篇为本经，而以余二十六篇为羽翼，是乃不可易之准则"①，明代学者潘基庆的《庄子会解》将《天下》作为《庄子》全书的自序，而将外杂篇一一附于内七篇之下，即是外杂篇视为内篇之绪余。当然，外杂篇中仍然有一些思想精微、规模宏大、义理深邃的作品，被认为是庄子本人的作品，如《天下》《庚桑楚》等。《庄子》内篇之间的逻辑关系与整体结构，成玄英、憨山释德清等都予以重视。它们并不是被视为七篇表达思想的独立"论文"，而是一完整的连续剧本。这个剧本以"逍遥游"、"齐物论"两大看似不同但又相成的理想开篇，最后归结到"大宗师"的内圣、"应帝王"的外王。的确，各个文本中的某些人物、主题彼此交织、相互补充，在多元复调、交织叠构的整体思想画卷中，内七篇给我们提供了关于人类秩序与生存意义的深邃纲领。

　　庄子生活的时代被称之为战国，那是齐、楚、燕、韩、赵、魏、秦七国争雄称霸的时代。三代礼义论为中心的天下秩序

---

① 钟泰：《庄子发微》，上海古籍出版社，2002 年，第 182 页。

解体，而国与国之间的征伐不断，而国本身又缺乏承担天下秩序的正当性基础；因为在三代秩序中，国的承担主体是诸侯国君，它的正当性来自天下秩序的承担主体天子，天子的统治正当性基础则来自天命。而在天子失官、诸侯异政、兼并争战的时代状况下，政治失序摧毁了人通过融入具体礼法社会以寄托生存意义的努力。另一方面，诸子百家相互争鸣，促进了中国学术的空前繁荣，但各是其是、各非所非的诸子异说，也导致了共识的瓦解，紧接着政治社会失序的是价值的失序。上述双重危机，催促着在时代潮流中的士人探寻生存的意义，并重新思考秩序问题。

从世界历史视域来看，庄子生活的年代，正处在雅斯贝尔斯在 1949 年所提出的"轴心时代"、埃里克·沃格林在 1970 年代提出的"天下时代"。"轴心时代"说的是从公元前 800 年到公元前 200 年的 600 年时间内，世界主要文明体都产生了一次思想的飞跃，各自以自己的方式突显了人的自我意识，这种对人的理解伴随着一种超越性意识，导致了对人的崭新理解，即从治教合一的帝王所领导的礼法共同体成员的身份中解放出来，在心灵秩序中直接与超越性沟通，突破了此前神话时代，从而有了一种新纪元的意识。沃格林以为"轴心时代"所指向的超越性意识与人的自我意识，只涉及精神突破，但"天下时代"伴随着精神突破的还有历史编纂与帝国征服，三者构成了天下时代的特征。这个时代权力与精神的分离，以欧阳修的话来说，就是从"治出于一"到"治出于二"的结构性转变。此前的文明担纲主体是治出于一的帝王，或艾森斯塔德所谓的"神王"（God—

king)，他们既是政治王者，又是宗教上的祭司，垄断了通天的权力，这种垄断本身又构成其统治的合法性基础。但在天下时代，治出于二，教统与治统分化，原先的帝王发生"统治的去神化"（艾森斯塔特），被贬抑为王者一位、天子一爵，但都是人爵，而不再是天爵。帝国征服的结果是无法建立具体的社会，人们不可能通过依附于一个具体社会的方式定义人的身份，不得不在心灵秩序中寻求生存真理，文明的担纲者于是成为教统内的领袖——圣贤（中国）、哲人（希腊）、先知（以色列）。而历史编撰强化了从宇宙论帝国秩序到天下时代普世秩序（普世宗教与普世帝国的对峙）的转化而产生的新纪元意识，从此人类的历史意识突破了宇宙论秩序。精神和权力分离，治统与教统各自平行发展，在轴心时代或天下时代出现。诸子学就兴起于这一世界历史时刻并参与这一人类新纪元的建构。孔子以有教无类原则开启了面向一切人的教育，突破了三代礼法秩序的等级体制。孟子强调每个人皆可以尽心的方式知性，以知性的方式知天，从而打破了三代以上帝王对通天权的垄断。庄子强调每个人皆由气化所生，都是天之所子，这就打破了帝王以感生神话将其家族神圣化，从而使得天子被专指王者的状况；庄子提出的"道术将为天下裂"，指的正是宇宙论王国秩序中"治出于一"的帝王向着神、明、圣、王的分化。天道不再专指三代以上宇宙论秩序中的最高事物，在天下时代它被分化为世界的超越根基。与此相应，天道不再仅仅与帝王具有类比性，其功能不再仅仅是确证帝王统治的合法性，而是向一切人开放，成为每个人求索生存真理的根据。而且，天道在人的心灵那里获得了一个接收它的感受中枢，由此向精神性的生存敞开。

<h1 style="text-align:center">三</h1>

庄子正是这个新时代精神突破运动的参与者。他对三代礼法秩序的最大突破就在于，提出了"逍遥游"问题作为其精神性生存真理的归宿，借用今天的术语来说，中国思想前所未有的自由意识通过庄子诞生。庄子将自由的生存界定在"游心"中，开启了一个自足的精神世界，使之不再依附于具体的政治社会。不仅如此，通过对人的双重身位的理解，庄子重新界定了人性：世间存在者与非世间存在者的居间性结构张力，被视为人性的本质。这不同于周代礼法秩序以礼化的存在定义人，也不同于孔子以人与人的间际性的仁来界定人，而是将世俗的人的图像视为广义不可知而又不确定的造化过程中的临时性状态，将作为人形而存在的状态与"游于天地一气"或"游于无何有之乡"的状态区分开来。但他并没有抛弃具体的社会，而只是强调"游世""顺人"但又不"失己"，外化而内不化；以"游"的方式生存于世，不是依附于世，而是"寄"于世；他不得不"应世"，但能以"游"的方式"应"，其"应"世即其所以"游"世。对庄子而言，"游"的生存方式包括"游方之内"与"游方之外"两种基本类型，无论哪一种都达到了高度的精神自由。但"游

方之外"是解放性的，它将人的心灵从具体的方内社会的礼法秩序的束缚与拘执中解脱出来；"游方之内"则更加强调"游"的生存与世间性的礼法秩序的相互敬重，以及在此基础上的两不相伤、并行不悖，甚至二者之间达成和解。

对于庄子而言，生存真理的核心是天人之际的问题。通达天人之际的真人，其生命存在体现了天人不相胜，即天人之际的居间平衡。人在世间生存，但其心性又不能被世间性所缩减，因而人不能被化约为世间性的存在者，即所谓在世者，而是有其超越世间性的向度。庄子提出人生在世，面对的是来自天道的阴阳之患与世间的人道之患之间的张力；如何化解这双重之患，就在于面对超出人之权能的畛域，能够知其不可奈何而安之若命。既不获罪于天也不获罪于人的最佳方案如果不可能实现，那也要做到次优的选择，即宁可获罪于人而不可得罪于天，宁愿遭受人刑而不愿遭受天刑，以保持心灵的宁静。对于追求精神自由的人生而言，人世间被庄子视为淬炼精神的熔炉，人在纷扰喧嚣中保持宁静，这就是"撄宁"，不经过世间性的尘劳杂乱、困横拂郁、生死无常之"撄"的淬炼，就无法达成人心超出世间性的大定——"宁"。

由对人的新理解，庄子提出了对秩序的新构想，这就是重新审视秩序与浑沌的关系，以浑沌作为秩序的背景，再思战国时代以"三代以上"政治为典范的帝王史观。这一再思的结果是他提出"泰氏"所象征的原初秩序经验，即以"非人之人""不知之知"为核心重新思考秩序问题，这与此前对秩序的思考更多地以人禽之辨、大小体之辨中的大体之人作为秩序主体的思考有所不同，也与对秩序有透明化把握的理性之知为基础思考秩序的方式有显著的不同。他将秩序置于不透明的浑沌背景之中，指出秩序与浑沌协调的重要性。面对"道术将为天下裂"而来的神、明、圣、王的分化，庄子提出"内圣外王之道"，重新结构分化了的圣统（教化）与王统（权力）。"内圣外王"后来成为理解中国治教模式的标识性概念。在内圣方面，庄子提供了一种在天人之际保持动态平衡的张力性生存方式，而在外王方面则构建了基于人们的性命之情与生活世界的引导性政治秩序，明王为秩序的主体，无为则是实现秩序的方式，无为本身乃是对性命之情的最大尊重。庄子的秩序之思提供的并不是那种以牺牲为指向的社会化伦理，而是适人之适与自适其适相协调的道德秩序，以逍遥、齐物等原则给出自由而非均质化个体共同生活的可能性。庄子对人格多样化、秩序的复调化与多元性的强调，使其思想在今天依然具有不可名状的思想能量与解放魅力。

人们可以将《庄子》内篇视为七篇独立的文章，而更有可能也更具挑战的是，将其视为一部连续的哲学戏剧。剧本的每一集与其他诸集都是互文性的关系，可以在义理世界的相涵相摄、相即相入中深化彼此的理解。事实上，成玄英、憨山释德清等都曾尝试给出这个七集剧本之间的连续性。然而，内七篇并不能完全视为一线性的连续，将七集视为一个被规整了剧情的完整故事，这并不真实，不仅对于《庄子》文本不真实，对于我们的生存和世界同样不真实。相反，可以将内七篇视为网状的意义结构，每一个网格都与整体相关，每一个网格又都与其他网格相连相通，但每一个网格都有自己的相对独立性。在以意义单元为出发点的阐释中，生存真理是无隔的。

庄子哲思的表达采用了极其特别的方式。《庄子》最后一篇《天下》，通常被视为书的后序，其自叙《庄子》的言路为："以谬悠之说，荒唐之言，无端崖之辞，时恣纵而不傥，不以觭见之也。以天下为沉浊，不可与庄语，以卮言为曼衍，以重言为真，以寓言为广。"外篇的《寓言》同样试图揭示这一言路："寓言十九，重言十七，卮言日出，和以天倪。"寓言是以寓意、象征的方式表达生存真理，对庄子而言，生存真理的言说可能只能采用这种象征形式，至于概念性言说，只是引向这一象征的中介。这是因为所有的生存真理只能落实在生命的自我受用、自我践履与自我获得的体验过程中，而基于概念及其逻辑演绎的表达方式只有在作为通向体验的桥梁的意义上才是有效的，一旦脱离了与活生生的生存体验的关联，任何概念化表达都将使之凝固、现成而教条化，而寓言化的象征内在地包含了对凝固化的抵御。重言意谓多角度的显现方式，反复言说中的每一次都随着角度的不同而显现不同的内容，从不同视角获得的显现也是呈现对象的不同方式，它背后支持着一种透视主义的哲学预设。王叔之以"随人从变，己无常主"理解卮言①，"随人从变"呼应言说的"因物随变，唯彼之从"，这是

---

① 　郭庆藩：《庄子集释》(中华国学文库)，王孝鱼点校，中华书局，2013 年，
第 831 页。

言说方式融化于言说的对象与内容；"己无常主"则就言、听的主体而论，呼应主体的无执。言说随着内容与情境而变化自身，消去了作为主体的作者之迹，因而卮言没有任何的执着，也没有一定如何的格式体例，随物而赋形，物变而迹化。这是因应变化的言说方式，也是真正克服了"意、必、固、我"的言说方式。而言说本质上就是一种引导，一种桥梁，一种通向生存真理的中介。《庄子》所践履的"三言"具有随物赋形的灵动性、流通性与圆融性，可谓一种充盈着变化而无所壅塞的言说方式。无论是以寓言为主还是以卮言为主来理解《庄子》的言说方式，二者都指向对凝固化、现成化、教条化的自觉防御。但这样的言路也给《庄子》文本的理解带来了困难，我们必须结合自己的生存体验，才能以参与和融入的方式切入《庄子》内篇的生存真理。

四

本书的写作，目的便是为了给本科生、研究生以及喜爱庄子的人们，提供一种进入《庄子》文本世界的引导，确切地说，是期望能够成为一本教材。至于其能否真正成为教材，其评判则不在作者，甚至也不在其所在的时代。

在任何时代，教材都是最需要的，却又是最难写的。一个在智性与精神上成熟的学者，在对某一领域进行了艰难困苦的研究之后，对此领域有了结构性、细节性与系统化的深入把握之后，能够在智思与精神上达到既入乎其内又出乎其外的境地，才具备写作教材的条件。这也就是说，写一本教材，比写若干本专著还要困难；一个人或许可以撰写很多专著，却未必适合书写一本教材。对于一个学者而言，恰当的方式是从撰写专著走向撰写教材，而不是从撰写教材走向撰写专著。专著可以以合理性的方式表达作者自己的学术观点，但教材并不是驰骋自己思想与意见的舞台。好的教材，作者必须退隐，因为他没有自己的观点，他并不需要论证什么，他只是承载和开放：对于《庄子》的导读而言，他只是承载庄子，向庄子的伟大灵魂和思想开放。这就要求他必须以吾将无我、"将此身葬在此书中"的方式，去应对撰写教材这项艰难的事业。一本《庄子》内篇的导读教材之所以更加难写，是因为我们面对的是一个伟大的哲人心灵，这样的伟大心灵可以定义一个学派，然而任何学派却不能反过来定义伟大心灵。庄子无疑是一流的伟大哲人，他的思想与精神总是溢出他被归属的学派。然而，在具体社会中，人们对伟大心灵的理解需要太多的条件和中介，而被接受的通行理解又总是通过某种被现成化教义界定了的学派来展开，而现成化教义又是时代性的一曲成见。这就给《庄子》内篇的导读带来了困难。面对这些困难，好的教材要帮助读者走出习俗与成见，开启直面伟大心灵的条件，教材书写本身并不是要呈现作为书写主体的教材作者的观点与理论，而是在他所处时代给出激活《庄子》文本的可能性，而活化文本的可能性则是建立伟大文本与内在精神的深层关联。教材提供的应当是道路和引导，而不是现成性的观点和结论。对于经典导读类的教材而言，关键还是知言："知言者，因古人之言，见古人之心；尚论古人之世，分析古人精意之归；详说群言之异同，而会其统宗；深造微言之委曲，而审其旨趣；然后知言与古合者，不必其不离矣；言与古离者，不必其不合矣。非大明终始以立本而趣时，不足以与于斯矣。"①王夫之的论述，道出了知言的精髓。一本好的《庄子》内篇导读，应该能够结心于庄子。

伟大心灵结晶出来的作品总是具有滋养生命的营养品质与激荡人心、引发共鸣的精神能量，它是面向一切人的。即便现代学人的心性被学科固化得支离破碎，但显而易见的是，对从任一学科及其方法出发的理解而言，伟大的作品总是难以穷尽的。一个深处学科藩篱中的学者，在撰写《庄子》的导读时，首要关切的不应该是繁杂的专业化学科知识的介入，把《庄子》导读教材的阅读对象设定为学科内或即将进入学科内的专业研究者，倒应以一种更为朴素平实的方式去面对伟大作品试图向一切人敞开的生存体验与生存真理。学科内的专业知识应该成为敞开真理体验的一种支援，而不是反过来，将导读教材的目的设定为把读者引入专业化学科架构，以适应其体制和规范。毕竟《庄子》的更多读者并非某个学科内的庄子研究专家或学究，如果后者成了主流的读者，谁能知道对于《庄子》而言是幸运抑或不幸呢？同样类似的问题依然存在于哲学教育中，如果

---

① 王夫之：《宋论》，《船山全书》第 11 册，岳麓书社，2011 年，第 160 页。

哲学教育是以培养专业化的哲学从业者为唯一目的，那么哲学的自我死亡之路就已经内蕴在哲学教育之中。

世间之事大都是在未有充分准备的条件下就展开的。撰写《庄子》导读教材，对于笔者而言，或许真正自信的充分准备还有待时日，甚至终生都不能完成这种准备。但另一方面，我们又必须时刻开始，因为这种开始就是一种准备。推动这一工作的，与其说是因为该教材列入了华东师范大学精品教材建设计划，毋宁说是在笔者多年的《庄子》教学中，亟需一份适合自己讲授《庄子》哲学的讲义。眼下的这份讲义，就是笔者以多年研究庄子的积累为基础，从思想义理上疏通《庄子》内篇文本的一个暂时性尝试。

陈 赟

于沪上一之间

2022 年 8 月 20 日

第一篇

《逍遥游》："上升之路"与
"下降之路"合一的自由之境

"逍遥"本作"消摇"。王瞀夜云："消摇者，调畅逸豫之意。夫至理内足，无时不适；止怀应物，何往不通。以斯而游天下，故曰消摇。""理无幽隐，消然而当，形无巨细，摇然而通，故曰消摇。"①金兆清曰："消者，如阳动而冰消，虽耗也不竭其本；摇者，如舟行而水摇，虽动也不伤其内。游于世若是，惟体道者能之。"②钟泰的理解是："消者，消释义。""摇者，动荡义。""盖消者，消其习心；摇者，动其真机。习心消而真机动，是之谓消摇。"关于"游"，钟泰强

---

① 郭庆藩：《庄子集释》(中华国学文库)，王孝鱼点校，中华书局，2013年，第2页。
② 方勇：《庄子纂要》，《方山子文集》第16册，学苑出版社，2020年，第5页。

调:"游者,出入自在而无所沾滞义。一字曰游,双言之则曰浮游。""《庄子》一书,一'游'字足以尽之。故今三十三篇,内篇以《消摇游》始,外篇以《知北游》终,其余各篇,语不及游者殆鲜。而《天下篇》自道其学,则曰:'彼其充实不可以已,上与造物者游,而下与外死生、无终始者为友。'旨趣所寄,不尤为可见乎?"关于"消摇"与"游"的关系,钟泰认为:"惟消摇而后能游,故曰'消摇游'也。"①对于"逍遥"二字的来源,大体有三种看法:一是主张来自"消摇",如郭庆藩、朱桂曜;一是认为先秦文学作品如《诗经》《楚辞》等中已有之词,而《庄子》借用之,如谭宇权《庄子哲学评论》;或者认为"逍遥"是《庄子》特定用法,既非借用,亦非援引他书,如庄耀郎《郭象玄学》。无论何种理解,都很难改变《庄子》中"逍遥"与"游"结合起来的事实,"逍遥"一旦与"游"结合,作为对"游"的内涵的限定或补充,强化了《庄子》思想的自由向度。

《逍遥游》为"内篇之冠",深刻表达了庄子的"游世"思想,而这正是《庄子》哲学的根本宗旨。释德清曰:"此为书之首篇,庄子自云:'言有宗,事有君。'即此便是立言之宗本也。"②李大防曰:"《庄子》七篇,皆心学也。《逍遥游》居七篇之首,尤为庄子心学之纲宗。"③毫无疑问,作为整个内篇纲领的便是以"逍遥游"三个字所揭示的自由思想。胡朴

---

① 钟泰:《庄子发微》,上海古籍出版社,2022年,第3、4页。
② 憨山:《庄子内篇注》,梅愚点校,崇文书局,2015年,第3页。
③ 李大防:《庄子王本集注》,方勇总编纂《子藏·道家部·庄子卷》第138册,国家图书馆出版社,2011年,第464页。

安言："此篇为第一篇，统括全书之意，逍遥物外，任心而游，而虚无寂静自然无为之旨，随在可见。能了解此意，《庄子》全书即可了解。"①可以说，不了解《逍遥游》，就不能真正理解《庄子》，理解《庄子》无法绕过《逍遥游》。

全篇分三部分：一是鲲鹏寓言，以鲲鹏的三次出场揭示自由的历程，以小大之辩敞开不同主体的自由可能性；二是逍遥的层级与逍遥的本质，以官宰、宋荣子、列子与圣人—神人—至人，揭示不同形态的自由，导入常人与圣人所造的自由之境之差异；第三部分分别阐发"圣人无名"（"尧让天下与许由"章）、"神人无功"（"藐姑射山神人"章）、"至人无己"（惠子、庄子围绕大瓠与大树的对话，揭示"无己"的关键在于"无用之用"）。

一 鲲鹏寓言与自由历程

> 北冥有鱼，其名为鲲。鲲之大，不知其几千里也。化而为鸟，其名为鹏。鹏之背，不知其几千里也；怒而飞，其翼若垂天之云。是鸟也，海运则将徙于南冥，南冥者，天池也。

鲲鹏寓言在《逍遥游》中出现三次，是典型的重言式写

---

① 胡朴安：《庄子章义》，方勇总编纂《子藏·道家部·庄子卷》第 141 册，第 27—28 页。

作方式。第一次是鲲鹏直接、正面出场，第二次与第三次则分别通过"齐谐"与"汤之问棘"间接引出。鲲、鹏被用来指非同寻常的巨鱼、大鸟，但由于鹏是鲲所化，所以其实是一物。作为一种象征，它本意是什么，很难坐实来理解。郭象的提醒至为关键："鹏鲲之实，吾所未详也。……达观之士，宜要其会归而遗其所寄，不足事事曲与生说。自不害其弘旨，皆可略之耳。"①对于寓言性表达来说，这才是最为通达的方式。鲲鹏之为鱼、鸟的意象甚为根本，鱼在水中游弋，鸟在天空飞翔，对于生活在天地之间的人而言，二者以游或飞的活动方式构成一种逍遥（自由）的象征。

自由的生成离不开主体性条件，《逍遥游》开篇对自由主体的寓言式刻画，集中在"大"与"化"。事实上，文本的指向并不在于鲲鹏具体是何物，而在于鲲鹏之大与化。大与化构成自由的主体性条件，所谓唯大然后能化，唯化然后能游。鲲本来是小鱼或鱼子、鱼卵，但庄子将其写成大鱼，其实包含着对鲲的成长过程的体会。鲲之大，并不是被给定的现成属性，而是鲲之自我成长的结果，不是"生就"的大，而是"成为"的大：北冥为不为人知的隐幽之地，鲲在北冥之中沉潜修为，由此而有由小而大的变化。这一段沉潜的工夫是其成为大者的前提。当鲲鹏第二次、第三次出场的时候，以蜩鸠、斥鴳之眼看鲲—鹏，要么鲲、鹏为二，要么有鹏而无鲲，就是因为在自然主义的被给定视角下，沉潜的工夫过程被褫夺了，鲲之由小而大的变化不能进入

---

① 郭庆藩：《庄子集释》，第 3 页。

蜩鸠与斥鴳的视野。《庄子》以"鲲"字赋予其由小而大的变化，暗喻成长的历程，这意味着自由主体不可能被给定，而只能通过自我的成长过程而建立。在这个意义上，化而为鸟之前的鲲，是自由主体的一个"潜龙勿用"、静默自修的阶段。与此相应，"北冥"作为鲲所处之地，既是隐蔽幽暗之处，也与鲲之"不自见"相关。

鲲化为鹏，由鱼而鸟，由大而化。鲲之隐于北冥的自修，为大而化之准备了前提。鱼鸟之化实为质的蜕变，仿佛凤凰涅槃，好像金蝉脱壳，这一蜕变的结果不仅仅是鲲自身的改变——从鱼到鸟，而且伴随着时空境域的改变——作为鱼，鲲置身的场域是最深的深渊；化为鸟，场域由最深的深渊转向最高的天空；而在这一转向中，最深的深渊并没有离它而去，而是成了它成长历程的起点，作为它的时空世界的一极而存在，从而与另一极即最高的天空连接起来，这就形成了生命体所能抵达的最大时空境域。北冥与南冥不再是不相连属的两个地方，而是最终成为同一个世界的不同两极，而这一结果并不是现成给定的，而是鲲鹏即自由主体的成长历程的表现，是鲲鹏通过自身存在的提升和转化而敞开的生存论视野。

北海作为幽冥之地，鲲鱼作为滞溺之虫，升腾转化提升的空间有限；这不仅是鲲鱼自身沉溺于水而无法超拔的有限，而且是其生存境域（existenial horizon）无法致远的局限——北冥之为幽冥地带，无以烛照启明存在论意义上的"远方"。因而，鲲鱼的进一步成长不仅要求自我转化，而且必须改变其生存境域。然而在主体不发生自我变化的情况下，任何生存境域的改变都是不可能的，即便有所改变，那也是被给定的变化，而不是自我造就的变化，这种性质的生存论境域之改变是可遇而不可求的。自由主体必须为自己带来这种生存论境域的变化，而这只能以主体的自我转化为起点。鲲鱼在北冥中由小而大的沉潜，就是其自我转化的准备；而鲲化为鹏，就是这种转化的到来。

首先是主体发生了由小而大的自我转化，而后才有进一步由鱼而鸟的蜕变，就后者而言，存在的性质发生了根本性改变。鱼作为滞溺之虫，沉溺附着于水，相对于鸟，身体显得滞重，无法自由地生存在水以外的世界。从鱼到鸟的质变，超越了对水的依赖；与一般鸟儿栖息树枝、可以自由地短暂飞行不同，鹏则翱翔于寥廓天空，相对于地心引力逆向运行。于是，其境域亦随之而大变——从浩瀚幽暗的巨海到寥廓光明的长空。就此而言，鲲到鹏之变化，"并非仅是由小鱼成长为巨鲲，由小鸟成长为大鹏的质同量变过程，而是蜕鳞片为飞羽，化鱼鳍为鹏翼的彻底质变。鹏所追求的目标，许因随着如是彻底的本质变化，而有巨大翻转"。①

廖文毅以"由小而大的孕育""由大而化的升华""由化而冥的境界"概括鲲鹏成长的三个层级，这就是走向逍遥的三个阶段。第一阶段"由小而大的孕育"："鲲由小鱼成长到大鱼的历程，可比喻成'人'的成长史，人在求学习道之时，

---

① 蔡璧名：《大鹏谁属——解码〈逍遥游〉中大鹏隐喻的境界位阶》，《中央文哲研究集刊》第 48 期（2016 年 3 月），第 1—58 页。

恰如北海中的小鱼，力争上游，等道成之后，自然要一展雄才，离乡背井去实现自己的理想，乃暗喻人之精神自觉，是一种生命主体性的展现。"①这个阶段也就是鲲鱼在北冥中的自我涵泳、潜隐自修。第二阶段"由大而化的升华"："以精神层面来推论，鲲在北冥之中是暗喻其修养的深厚，等待六月风动，这表示修练工夫成熟，然后才能化为鹏，故属于人的精神升华，是人的生命主体将进一步迈入宇宙客体的过渡阶段。"第三阶段"由化而冥的境界"："庄子……以'天池'来象征'道之原乡'，无待而逍遥的境界。所以此处南冥的'冥'字，并非指'海'，而是'泯''合'的意思，大鹏展翅高飞，仍有所待，绝非庄子境界之最高者，唯有飞往无待的南冥，这道德发展的原乡，意即精神世界的最高状态，并与之泯合为一，同体天地正道，将何往而不逍遥。"②

> 齐谐者，志怪者也。谐之言曰："鹏之徙于南冥也，水击三千里，抟扶摇而上者九万里，去以六月息者也。"野马也，尘埃也，生物之以息相吹也。天之苍苍，其正色邪？其远而无所至极邪？其视下也，亦若是则已矣。

鲲鹏的第二次出场，是通过"齐谐"的视角。关于"齐谐"，就其字面含义而言，被视为书名或人名。然就其寓意

---

① 廖文毅：《论向郭〈庄子注〉"逍遥义"之转变》，《鹅湖月刊》第 35 卷第 1 期，总第 409 期，第 26—39 页。

② 同上。

而言，"谐"乃诙谐、滑稽、戏谑、谐语之意，与《天下》的"庄语"、《道德经》所谓"正言"相对。《天下》云："以天下为沉浊，不可与庄语。"如果说"庄语"直接正面地阐发作者的观点，"谐语"则是"姑妄言之、姑妄听之"（《齐物论》）的"反语"，而又寄托了作者真实严肃的体道经验。《老子》云"正言若反"，《庄子》一书亦庄亦谐，谐中有庄，庄中有谐。作为生存真理的不同表达方式，二者具有同样的真实性。"齐"字面上是国家之名，寓意则为"齐物"之"齐"。"齐谐"意即等视"庄语"与"谐语"，二者相反相成，宜正反合观。鲲鹏第二次出场为谐语，可知第一次出场为正语，一正一反，相得益彰。当鲲鹏以谐语方式出场时，隐去了鲲，只保留了鹏。在第一次出场中用以肯定鲲鹏自由特征的"大"，在谐语中则皆成了有待性（否定性）的表现，它传达的恰恰是自由的限制。

谐语所传达的鹏之图南画面，集中在三点："水击三千里，抟扶摇而上者九万里，去以六月息者也。"从字面上看，这是对鹏之"大"刻画的继续，这一刻画与鹏之体大（如"鲲之大，不知其几千里""鹏之背，不知其几千里""其翼若垂天之云"）的叙述相应，正如林云铭所云："一去一息，动经半年，则其为大年可知。三千里言其远，九万里言其高，六月息言其久，见其一大则无不大之意。"①虽然这一刻画照应了正面出场中鲲鹏之大，但作为谐语，同时也传达了相

---

① 林云铭：《庄子因》，张京华点校，华东师范大学出版社，2011 年，第 1 页。刘凤苞云："一飞必半年而后憩息。九万里，以程言；六月息，以时言。"（刘凤苞：《南华雪心编》，方勇点校，中华书局，2013 年，第 2 页。）

反的内容：大鹏张开翅膀击水而行，必至三千里而后始能向上飞行，必待盘旋而上的旋风至于九万里的高空而后方能翱翔，必等待六月的巨风而后才能鼓翼飞行（或者必经半年之久的飞行而后才能歇息）。总而言之，鲲鹏之体大，所处环境也必然广阔巨大，所谓“大物必自生于大处”（郭象注）①，故而其自由飞行对相应的条件要求也不同一般，于是前面所说的作为鲲鹏自由之表现的“大”，也就是作为“化”的前提的“大”，在这里成了鲲鹏之限制的体现。

在经验世界中，所有事物之存在及其活动，都必须在经验性的条件中展开，因而无不有对相应条件的依赖，这就是其有待性的表现。然而，不同的事物、不同的存在方式、不同的活动，其所依赖的条件有大小多少的不同。鲲鹏作为体量巨大之物，不飞则已，一飞必将是高飞远举，正因如此，其所需外界的条件也就非同一般。从这个视角来看，洪波万丈的冥海、浩瀚无垠的天空、盘旋而上的飙风，所有这些在前面意味着鲲鹏之自由的表现物，在齐谐的视角下皆成了自由之限制的体现，因为这些都成了鲲鹏翱翔的条件，没有这些条件，鲲鹏就无以翱翔海天，这些条件构成了对鲲鹏的限制。鲲鹏如同其他事物一样，处在被种种条件所限制、束缚的经验世界中，这本来是任何一个存在者都面临的必然性限制，但对于鲲鹏而言，则其有待似有过之。这将把我们抛向自由（无待）与限制（有待）的关系，此二者是共生之物，共属一体之两面。如果没有条件的限

---

① 郭庆藩：《庄子集释》，第 4 页。

制，那么自由就是现成的被给予之物，一种既成的事实，它也就不再可能成为理想和追求，自由也因此失去意义；反过来，如果没有自由，那么限制就成了不可改变的凝固之物，一切都将是被限定的，限制由于失去了它的对立物，也就无需名为限制。只有对被限制者而言，自由才有意义，自由是在限制中对限制的突破；同理，只有对自由者而言，限制才作为限制而被经验。自由在某种意义上就是在限制的前提下突破限制，而达到既有的限制不再构成限制的存在层次。

《逍遥游》所谓的"野马"与"尘埃"，是生物以其气息相互吹呼而产生的浮游着的水气和飘荡着的尘土微粒。通过"生物以息相吹"的水气与微尘，《庄子》向我们呈现了一个气化的世界。《庄子》不是正说气化，不是以命题性的言述方式呈现气化，而是以水气、尘埃与生物之呼吸等间接地给出气化氤氲的宇宙图景。不仅前文的"海运""六月之息（六月之风）"是气化的表现形式，下文的"培风""风之积"等，也是气化的展现。"气"于生物为"息"，即无时无刻不在吞吐的呼吸之气，其在山泽则为浮游之气，其在空中则为飘扬的尘埃，其在海运而有六月之息……所有这些，莫不是气之所"为"，气之所"化"。在《庄子》的气化论哲学中，人物之生死，皆气之聚散；禀于气，化于气，故而万物一体，通贯于一气；天者至阳，地者至阴，阴阳二气交通成和而生化万物。从气之流行化育看万物，则万物所呈现者皆为暂时的"客形"，暂时的"客形"与绵延不绝的"气化"乃是气化世界的两个不同层面。《逍遥游》后文所说的"天地之正""六气之辩"也都必须立足这一气化过程才能理解。也正是这一气化过程弥漫于天地之间，遍布于事物之中，故而才有"野马""尘埃"在下、"苍苍"之天在上共同构筑的苍茫景象。构成鲲化鹏飞之条件的正是气化。天地之间，也就是整个的天下，都为气所流转，因而逍遥之游，必然以此气化为始点，但又超越此一被给予的气化。气化是鲲鹏所以高举远飞的条件，自由只有在这气化的世界，依靠气化的条件，才得以可能。自由的到来，并不是要摒弃使得存在者成为有待者的气化条件，而是借助并通过这些条件，使其从自由之限制转化为自由之条件。

> 且夫水之积也不厚，则其负大舟也无力。覆杯水于坳堂之上，则芥为之舟；置杯焉则胶，水浅而舟大也。风之积也不厚，则其负大翼也无力。故九万里，则风斯在下矣，而后乃今培风；背负青天而莫之夭阏者，而后乃今将图南。

《逍遥游》如是形容鲲鹏以工夫之"积"化解气化之"待"：船行水上，如果水之积量不厚，则无以负载大船；如果船很小，只是一株小草，那么即便在只能盛一杯水的室内凹处，也可以浮起这样的"小舟"；如果在这室内凹处放一个杯子，那么显然此水就无以载此舟，因为水浅而舟大。据此道理，大鹏能够飞翔于九万里上的高空，它所凭借的则是其羽翼之下无处不在的气（风），正是这弥漫着、无所不在的气托举着大鹏的羽翼。钱澄之指出："培风，培字承'风斯在下'而言。鹏起九万里而背负青天图南，则自鹏以下九万里者，皆风之积也。言须风力之厚如此。鲲将化，便有海运；鹏将飞，必有培风。因其自然而动，虽有待，即是无待。"①鲲鹏必待风积之厚，而后图南，这是鲲鹏之有待。而鲲鹏将风积之厚，化为图南之条件，善假于物，于有待之限制转为克服有待之条件，这就是鲲鹏的工夫修养。

托举鹏翼的气，在其氤氲变化中将万物关联为气化整体，这一整体又渗透在"生物以息相吹"之中，因而鲲鹏对气的依赖，不能不展现为对万物的依赖。然而，有待之处，即是工夫展开之处，《逍遥游》以"培风"隐喻工夫，"培"是积、聚之意，积累、聚集此气，使之加厚，承载量不断加大，从而鲲鹏能够借助风力而上天。"地气由下而上升，积之至高，则气愈盛。观鸢飞未高，则必鼓翼以上，既高则停翼不坠可知。大约地气上腾，天气下降，积至九万里，则其上为下降之天气，而上腾之地气皆在鹏之下矣，故云'风斯在下'。而风之积累，至是乃为极厚也。"②《逍遥游》以"培风""积厚"，传达鲲鹏走向自由的修养工夫，其要点在于化解气化之限制，将之转化为高飞远举的条件。

> 蜩与学鸠笑之曰："我决起而飞，枪榆枋而止，时则不至而控于地而已矣，奚以之九万里而南为？"适莽苍者，三飡而反，腹犹果然；适百里者，宿舂粮；适千里者，三月聚粮。之二虫又何知！

---

① 钱澄之：《庄屈合诂》，殷呈祥校点，黄山书社，2014 年，第 8 页。
② 陆树芝：《庄子雪》，张京华点校，华东师范大学出版社，2011 年，第 3 页。

鲲鹏与蜩鸠的对照并不是由鲲鹏引发的，而是由蜩鸠之笑鹏产生的。蜩鸠的"决起而飞"，与大鹏的"怒而飞"相比，不必等待六月海运的飓风，而是随时可以迅疾地完成；大鹏扶摇而上九万里，必待大气积累到一定程度成为飞翔的依托才可以，而蜩鸠的飞行至于树枝而已，达不到就落在地上，与大鹏相比，可谓所需甚少，所耗无多。蜩鸠以为，大鹏所待甚多，自己相对大鹏所待甚少，因而更为自由。但《逍遥游》并没有肯定此观点。通过引入"适莽苍者，三飡而反，腹犹果然；适百里者，宿舂粮；适千里者，三月聚粮"，《逍遥游》转而肯定大鹏，批评蜩鸠："之二虫又何知！"这是一个重要提示，鲲鹏与蜩鸠之间的对照，就《逍遥游》的思想结构而言，并非发生在生物—物理的体量向度上，而是聚焦于"之二虫又何知"之"知"上。

蜩鸠嘲笑鲲鹏作为"齐谐"中的一个片段，鲲鹏是通过蜩鸠的视角达成间接出场。冯友兰说："同是一种事，经过'媒介'与不经过'媒介'，其意义会大不相同。黑格尔说：一个年轻人可以说与老年人相同的话，但老年人说这句话的时候，有他的一生的经验在里面。"[①]的确，鲲鹏正面出场与鲲鹏通过媒介间接出场，意蕴不同。《庄子》似乎在"视角主义"（perspectivism）哲学预设下展开叙述：事物的显现并

---

① 冯友兰：《三松堂自序》，《三松堂全集》第 1 卷，河南人民出版社，2000年，第 232 页。按冯友兰所引黑格尔之言，来自《逻辑学》的导论："正像同一句格言，在完全正确理解了它的青年人口中，总没有阅世很深的成年人的精神中那样的意义和范围，要在成年人那里，这句格言所包含的内容的全部力量才会表达出来。"（黑格尔：《逻辑学》上卷，杨一之译，商务印书馆，1966 年，第 41 页。）

不能全面地、一次性地、完整地自我呈现，而总是在一定的角度或视域中进行侧面性的或间接性的显现，一定的视域对应着事物显现的一定侧面，而且随着视域的转变，呈现的侧面也有所不同。

第一次出场以直接显现的方式：其一，鲲、鹏为二，一者为鱼，一者为鸟，通过"化"两者连接为一，即作为"鱼—鸟"的"鲲—鹏"；其二，最深的深渊（北冥）与最高的天空（作为天池的南冥），通过"鲲—鹏"得以连接，分别成为"鲲—鹏"的出发点与目的地，因而在这里南冥与北冥是两个不同地方，其中只有南冥才是天池；其三，作为鱼的鲲与作为鸟的鹏，二者共有的特征是"大"，另一个隐含的特征是"化"。总体言之，"大而化之"是鲲鹏在第一次显现中的品质，正是它使得鲲与鹏被视为同一个自由主体的不同侧面，鲲—鹏成为自由主体的隐喻或象征。换言之，正面出场的鲲—鹏获得了从开篇就被赋予的作为自由主体之象征的肯定性意义。

通过"齐谐"的视角，鲲鹏第二次出场。"齐谐"的视角内部又内在包含了蜩鸠的视角，故而鲲鹏是在这双重视角中出场的。鲲鹏通过蜩鸠之眼的间接出场，其有待性被引出，由此而有蜩鸠之笑。蜩、鸠之笑鹏，通过"笑"，第一次出场中的鲲鹏之"大"，由能"化"的肯定意义，在这里转变为有待性的限制。蜩鸠之眼看不到鲲在北冥的沉潜与修为是其能大、能化的条件，故而第二次出场有鹏而无鲲，其重点不再是鲲鹏作为自由的体现者，而是鲲鹏之有待性。鹏的来源以及何以飞翔的可能性即"化"，在蜩鸠那里隐没了，这恰恰呈现了蜩鸠的不"化"。

　　鲲鹏的第二次出场立足于两个视角：一是"齐谐"之眼，"谐之言曰：'鹏之徙于南冥也，水击三千里，抟扶摇而上者九万里，去以六月息者也'"；一是蜩鸠之眼，"蜩与学鸠笑之曰：'我决起而飞，枪榆枋，时则不至，而控于地而已矣，奚以之九万里而南为？'"上述两个部分之间的逻辑如何？这一问题正是要点所在。"鹏之徙于南冥也，水击三千里，抟扶摇而上者九万里，去以六月息者也"，正是蜩鸠之眼所见的鲲鹏。鲲—鹏被化约为鹏，而鲲在此缺席，完全是蜩鸠在其自然主义视角中透视的结果。鲲鹏在沉潜（冥于北冥）中修养、由小而大的变化历程完全被忽略了，蜩鸠所能看到的只是飞翔在天空的鹏，并把这种飞翔类同于自己"枪榆枋而止，时则不至而控于地"，后者几乎完全立足于当下之本能，由此蜩鸠在自己与鲲鹏之间留下了巨大的理解上的隔膜。更重要的是，在正面出场中被视为鲲鹏"大而化之"能力标志的翱翔九天，在蜩鸠这里被视为对条件的依赖，即自由之限制。与第一次相比，鲲鹏的第二次出场其脉络与意义已有极大不同。《老子》第四十一章："上士闻道，勤而行之；中士闻道，若存若亡；下士闻道，大笑之。不笑，不足以为道。"在此脉络中，蜩鸠之"笑"鲲鹏，显示了"下士"面对真理与大道时的典型特征。但必须强调，蜩鸠视角下鲲鹏之有待固然受制于蜩鸠的小知视野，这种视野使得鲲鹏之正面意义得不到呈现，但这绝非意味着蜩鸠所见鲲鹏是不真实的幻象，相反，它仍然具有一定意义上的真理性。后者应被看作视角性的，它揭示了真实存在的特定侧面。事实上，蜩鸠眼中的"鲲鹏"（无鲲而有鹏）乃是对第一次出场的鲲鹏（鲲鹏的正面向度）之补充，唯有结合二者才能看出，通过立足于本能的自然主义方式无法达到"大而化之"的自由主体的生成，自由主体只有在工夫的积累过程中才能展开自身。虽然第二次出场传达的是鲲鹏的限制，而不再是鲲鹏作为自由主体的象征，然而通过鲲鹏的限制给出的是自由主体的生成条件。鲲在北冥的沉潜相对于蜩鸠立足本能的飞行，反显鲲鹏之为鲲鹏，自由主体之为自由主体，并非现成的，而是在工夫的历程中生成的。更确切地说，自由是获得性的，而不是给定性的。

> 小知不及大知，小年不及大年。奚以知其然也？朝菌不知晦朔，蟪蛄不知春秋，此小年也。楚之南有冥灵者，以五百岁为春，五百岁为秋；上古有大椿者，以八千岁为春，八千岁为秋，此大年也。而彭祖乃今以久特闻，众人匹之，不亦悲乎！

唯大能化，唯化能游，大与化构成了逍遥的条件。通过蜩鸠与鲲鹏的对照，《逍遥游》引入了小大之辩。小大之辩的传统解释，可以概括为三种取向：小大同扬、小大同抑、抑小扬大。小大同扬的思想取向，郭象最为代表。郭象最为经典的表述是："夫小大虽殊，而放于自得之场，则物任其性，事称其能，各当其分，逍遥一也。岂容胜负于其间哉？"[①]"苟足于其性，则虽大鹏无以自贵于小鸟，小鸟无羡于天池，而

---

① 郭庆藩：《庄子集释》，第1页。

荣愿有余矣。故小大虽殊，逍遥一也。"①按照郭象理解，不同存在者虽有形体与生存环境等方面的种种差异，但这差异都出于自然，在天性给定的范围内充分实现天性，都可达于自得、自适的逍遥之境。自由之境的开启与小大无关，相反，执着、拘泥于小大的比较，反而是通向自由之境的障碍，是故郭象《逍遥游》诠释的进一步思想导向是：一方面杜绝对他者的艳羡，回转自身的本性；另一方面"物各有极，任之则条畅"②"各以得性为至，自尽为极也"③。后人据此以为郭象是以《齐物论》的思想来诠释《逍遥游》。郭象解释的最本质之处是引入"性"的观念来思考小大之辩，无论是足性说，还是适性说，其实质是以本性的观念解构小大之辩，这种解释蕴含着对"失性"的忧思：在"失性"状态下，存在者是不可能抵达其自由之境的。将自由思想与本性概念建立关联，是郭象庄学诠释的贡献。

小大同抑的解释取向，则以王夫之为代表。支道林《逍遥论》区分"逍"与"遥"，其《逍遥论》曰："夫逍遥者，明至人之心也。庄生建言大道，而寄指鹏、鷃。鹏以营生之路旷，故失适于体外；鷃以在近而笑远，有矜伐于心内。至人乘天正而高兴，游无穷于放浪；物物而不物于物，则遥然不我得。玄感不为，不疾而速，则逍然靡不适。此所以为逍遥也。若夫有欲当其所足，足于所足，快然有似天真。犹饥者一饱，渴者一盈，岂忘烝尝于糗粮，绝觞爵于醪醴

① 郭庆藩：《庄子集释》，第 10 页。
② 同上书，第 16 页。
③ 同上书，第 17 页。

哉？苟非至足，岂所以逍遥乎？"①支遁以鲲鹏"遥"而不"逍"、斥鴳"逍"而不"遥"的主张，强调小大各有其限制，而鲲鹏与斥鴳各执一边，自由的实质在于连接"逍""遥"。王船山重建"逍""遥"之辨："逍者，向于消也，过而忘也。遥者，引而远也，不局于心知之灵也。"②进而认为，鲲鹏作为大者，"此游于大者也，遥也，而未能逍也"；蜩鸠"此游于小者也，逍也，而未能遥也"。③游于大者如鲲鹏，"遥"而不"逍"；游于小者如蜩鸠、斥鴳，"逍"而不"遥"。自由之境的开启要连接"逍"与"遥"，这就必须超越小大之辩。

抑小扬大（或小不如大）以罗勉道、吴默、宣颖、林云铭等为代表。《庄子》中有大鹏、大椿、大瓠、大树等形象，有大知、大年、大用等概念，小大之别甚为显然。由小知而大知，由小年而大年，由小用而大用，大而化之，等等，显然是《逍遥游》肯定的内容。"大"字构成《逍遥游》的总纲。一般而言，清代的《庄子》诠释自觉地以大为逍遥，而对郭象以齐物思想解释逍遥的观点提出了质疑。

小大之辩的上述三种理解，各有其理由，似乎相互矛盾，彼此冲突，难以调和。这些不同观点本来各有不同的出发点或视域，它们处理的问题也并不一样，只有当我们将其置放在同一层面加以理解时，才会发生矛盾。而将不同层面、不同问题意识不加区分地置放在同一层面，实际上

---

① 《世说新语·文学》刘孝标注引。周兴陆辑著《世说新语汇校汇注汇评》，凤凰出版社，2017年，第381页。

② 王夫之：《庄子解》，《船山全书》第13册，岳麓书社，2011年，第81页。

③ 同上书，第82、84页。

犯了"错置具体性的谬误"（the fallacy of misplaced concreteness）。针对这种错误，不是从中选择某种观点作为真理从而否定其余，而是将不同观点置放在适当的位置，看到它们各自的合理性，同时也明确这种合理性的限度与范围，从而使之各有攸归、各得其所。可以沿着两个方向展开：一是在价值逻辑的内部，站在某一观点下，尽可能地向着更多观点更大限度地开放，这就是《逍遥游》中"小知"到"大知"的逻辑，这一从"小知"到"大知"的进程，追求的是生存论视野的最大化，视野最大化的极致则是将某物与世界（万物整体）相连，达到"以道观之"的视域，即以存在者整体及其秩序作为视域；一是在价值逻辑之外，从"效""比""合""征""匹"的机制回归"天地之正"，郭象对"天地之正"的"独化论"解释所包含的问题意识就在于，"天地之正"超越了我你他比较的关系性范式，而展开为遵循事物自然本性的独化机制。这两种进路可以分别概括为大心、齐性，前者着眼于心，后者着眼于性。在心上，由小而大，大其心智，扩其格局；在性上，大者不大，小者不小，所有存在者之本性都源自天道，虽然不同存在者本性千差万别，但若就每一存在者通过正其自身之性以回归天道而言，则一律齐等，没有阶级等第之分别。

将《逍遥游》的小大之辩解释为扬大抑小，只有限定在"心"而不是"性"的范围内才是正当的。"心"即心量、心识、心智，《逍遥游》所谓的"小知不及大知"，只有在"大其心"的意义上讲"小不及大"才是有效的。尽管《逍遥游》也说"小年不及大年"，但它只有作为阐释"小知不及大知"的构成部分才能纳入《逍遥游》的整体语境与思想结构。"大知"如果放在"构成"而非"现成"的层面来看，就是"大"其"知"，"知"读"智"，"大其智"，意即视野、智慧及存在层次之提升，它不等于知识"量"的增加，而是"量级"的提升，即主体识度之规模、层级、质性的扩展与提升；它不是知识的深浅或博约，而是智慧之高低、格局之大小。就《逍遥游》而言，"大"是"化"的条件，"化"是"游"的前提。走向自由之境，必以大其心智、大其格局为起点，在这个意义上，"大心"具有相对于"齐性"的优先性。鲲鹏之"大"，不是"生就的大"，而是"成为的大"。心量的小大，关联着生存格局与存在品质（深度、广度、高度）的大小，并不受制于既成性的形体与环境的小大。通过对形体及其环境之限制的超越与克服，精神生活广度与深度得以拓展，存在者因此改变了自己的存在。鲲鹏心知之大，体现在其生存视野连接北冥与南冥、深渊与天空，其生存视野和心知的扩展同时伴随着自身由鱼化鸟的蜕变。正因鲲—鹏心量之扩大，才能不以己观物，而下学上达，以成"天游"之志、"图南"之行。而"天游"与"图南"所指向的，正是超越形而下的经验世界，上达于天道——所谓"大心"的意义正在于此。

"大心"之"大"并不是无限的，"大心"的边界由"性"确定，位于"大其心"尽头的是"齐其性"，只有从"大其心"开始，转义到"齐其性"，小大之辩才能以自我消解的方式自我完成。这里的关键在于抵达"大其心"的边界，《逍遥游》以大年小年、大知小知的讨论开启这一行程。《逍遥游》之所以以"大年"来讲"大知"，是因为在更深的意义上，小知与大知之异并不是量而是质的差异，本质上是时间量级的不同。生存论视野的层次差异说到底就是时间量级的不同。量级不同于量，而是量的层次与维度。量的增加未必导致量级的提升，但量级的提升则必然大大超越原先层级的量。在《逍遥游》文本中，以小年与大年所例示的朝菌、蟪蛄、冥灵、大椿，对它们的叙述是围绕着"年"（春秋）的量级而展开的。"朝菌不知晦朔，蟪蛄不知春秋，此小年也"，以朝菌、蟪蛄为小年，则以冥灵、大椿为大年。只要在同一量级讲小大之辩，二者就只是量之不同，而不会有质之差别。真正的要点并不是朝菌、蟪蛄、冥灵、大椿一生的时间长度，而是其一个"春秋"即一年的量级，这种量级是其生存时间的计量单位。冥灵"五百岁为春，五百岁为秋"，它的一个春秋是一千年（或两千年）；大椿"八千岁为春，八千岁为秋"，其一个春秋是一万六千年（或三万二千年）。《庄子》并没有告知我们冥灵、大椿的生命长度，即它们到底存活了多少个"春秋"；告诉我们的只是它们各自的年轮（"春秋"）是不同的，这个不同不是量的不同，而是量级——质性、维度、层级的差别。这些存在者由于自我衡量或确证的单位不同，因而在存在层次上有着质性的差别，正是这一差别，决定了它们并不在同一个存在层次，决定了它们的世界（即观看所可能达到的最大化视域总体）并不相同。譬如朝菌的世界中并没有蟪蛄，更不可能有冥灵、大椿的存在，但蟪蛄的世界中却可能有朝菌，大椿的世界中可能有朝菌、蟪蛄、冥灵。当存在者能够以更高量级存在时，那么小量级的存在者就可以纳入其视野，反之，则在其世界之外。因此，正是时间量级造成存在者世界视域的巨大差异，而自由主体的成长也就是走向更高的时间量级，走向更大化的世界视域。

对于一个有限存在者而言，无论其存在的时间量级如何扩展，它总是在它所具的潜力范围内，它只能作为它自身而实现量级的提升与转化，而不可能通过量级提升而转变成异于自身的其他存在者。正是在这个思想脉络中，"性"的问题凸显出来，因为正是"性"规定了存在者之所以为它自身的类性本质，限定了存在者时间量级所可能达到的范围，正是"性"为存在者量级的提升设置了边界。无论心量如何扩展，最终总是要以"性"的充实与实现为依归，毕竟存在者之性决定了该存在者所可能达到的时间量级。"小年不及大年"乃是"小知不及大知"话题之深化，是在更高维度讨论小大问题。朝菌、蟪蛄、冥灵、大椿，构成了时间量级由小而大的序列，昭示着没有绝对的"大年"与"小年"，小大是相对的。在这个语境中，《庄子》要求人们领会，与彭祖比寿，是可悲的。这是一个重要的语义翻转：其一，就对象而言，在此之前，《逍遥游》所讨论的不同时间量级的存在者——朝菌、蟪蛄、冥灵、大椿，它们的时间量级都是被给定的，述说它们的话语方式并不适合鲲鹏及其隐喻的自由主体；自此开始，人这种具有意愿并有能力改变给定的时间量级的存在者出现了。其二，在内容上，在此之前，是对"小知不及大知"的充分肯定；在此之后，则是对由小而大的层级提升之限度的认识。就后者而言，大年不止于彭祖之寿，因而，与彭祖比寿，其实是"知有小年而不知大年也"。本是"小年"的"众人"，自效于"大年"的"彭祖"，按照“小年不及大年”“小知不及大知”的逻辑，这本来意味着一种从小到大的扩展性要求，然而《逍遥游》对此给予了否定。这一否定的原因，显然并不是因为彭祖不够“大年”，也不是因为有比彭祖更为“大年”的存在者，如冥灵或大椿。这样的比寿可以无穷无尽，没有终点，毕竟总有更大的大年者。被否定的理由在于，“众人”在这样的比寿中，只会往而不返，导致自身的“失性”。“众人”比寿“彭祖”，其所比的乃是时间的长度，而不是时间的量级，即便生命长度不断扩展，也并不等同于时间量级的提升。时间量级的提升，必然关联着生存论视野的扩展，生存论视野的愈加扩展，存在者对自身之“性”的理解也当愈加深入——“性”的概念标识了主体权能的界限，它指向能为与不能为、可为与不可为、当为与不当为的边界。因而，那种抵达了更高的生存论视野的人，并不是那种在更高层次上消解了经验性与先验性限制的存在者，而是主动坚守不去逾越不当为、不能为、不可为的界限，在能为、可为、当为之边界内，抵达更深更高的可能性，这一可能性必须被作为人性的更高可能性而被主体建构。正是在这里，我们触及了即知而言小大则“小知不及大知”的边界，从而实现小大之辩的转义，即在新的维度上重思小大之辩。

重思小大之辩，落实在鲲鹏的第三次出场，不过这次出场的视角与以往不同，这就是“汤之问棘”的引入。这一新视角将“小大之辩”的讨论带入到一个崭新的语境，这一语境与汤和棘关于“无极之外复无极”的讨论密切相关。

　　　　汤之问棘也是已。[汤问革曰:"上下四方有极乎?"革曰:"无极之外,复无极也。]穷发之北有冥海者,天池也。有鱼焉,其广数千里,未有知其修者,其名为鲲。有鸟焉,其名为鹏,背若泰山,翼若垂天之云,抟扶摇羊角而上者九万里,绝云气,负青天,然后图南,且适南冥也。"斥鷃笑之曰:"彼且奚适也?我腾跃而上,不过数仞而下,翱翔蓬蒿之间,此亦飞之至也。而彼且奚适也?"此小大之辩也。

　　"棘"即"革"。"汤问革曰上下四方有极乎革曰无极之外复无极也",闻一多将其补在"汤之问棘也是已"后、"穷发之北"前,陈鼓应等学者皆依闻说。① 闻一多所补阙文,强调的是无极之外复无极,此与《列子·汤问》所载汤之问革事可以相互发明,后者同样强调无极之外更是无极,无尽之外仍是无尽。②《逍遥游》通过朝菌、蟪蛄、冥灵、大椿的讨论,证成了"小知不及大知,小年不及大年";紧接着通过"汤之问棘"承接"小年不及大年"的讨论,呼应众人匹彭祖之可悲,对小大之辩的讨论展开方向性的转进。"汤之问棘"所带来的无限性视角,生发了解构小大之辩的必要性,因为"小不可囿,而大亦未可恃"③。"小知不及大知,小年不及大年"不再具有正面的肯定意义,而是必须在新的高度上被

----

① 闻一多:《古典新义》,商务印书馆,2011年,第212页。
　　陈鼓应:《庄子今注今译》,中华书局,1983年,第11—12页。
② 杨伯峻:《列子集释》,中华书局,2012年,第140—141页。
③ 王夫之:《庄子解》,《船山全书》第13册,第271页。

扬弃。

郭象注云："汤之问棘，亦云物各有极，任之则条畅，故庄子以所问为是也。"①郭注的要点是"任物之极"，即从小大之辩的无限链条回返存在者自身，并确认即便是在有限存在者自身的有限范围之内，亦可有与无限性关联或者本身就是无限性体现者的"极"。主体并不能舍弃自身内部的"极"（其实就是"性"）去追寻绝对无限性的"道"。无限性的引入，导致了双重的结果：一方面是对"小知不及大知"的有限肯定，另一个方面，则是通过众人匹彭祖之可悲来表达的小大之辩的局限——随着小知与大知的相对性凸显，沉溺于与"小知"相对的"大知"同样是一种困境，众人之可悲正是这种困境的表达。这就要求必须超越小大之辩的逻辑。

鲲鹏的第三次出场以"汤之问棘"为中介。汤问夏革从"古初有物乎"到"物无先后乎"，再到"上下八方有极尽乎"，革以不知答之，而后言："无则无极，有则有尽……无极之外复无无极，无尽之中复无无尽。无极复无无极，无尽复无无尽。"②通过"汤之问棘"所欲呈现的是，上下八方无极，无极之外仍是无极。由此可以达到对南冥与北冥的另一种理解：从无极性视角来看，本来无所谓上下八方，无南无北、无上无下，南北与上下在无极的视域内均是因着主体的目的而临时设置的定向，究其本然，则南冥即北冥，北冥

---

① 郭庆藩：《庄子集释》，第 16 页。
② 杨伯峻：《列子集释》，第 140—141 页。

即南冥，并不构成对峙——当然，这是对汤所象征的古之圣人才能达到的理解层次。而鲲鹏由于不能达到圣人这样的存在层次，所以无法理解这一点，是以仍然存在着上下八方之别，南冥与北冥仍然是两个不同的地方。鲲鹏第三次出场时，《逍遥游》使用了"穷发之北"来描述"北冥"，"穷发之北"字面意思即"不毛之地"，与后文"无何有之乡，广莫之野"一样，乃寓意"未始有物"的天道。天道在《逍遥游》中又以"天池"为喻。"穷发""无何有""广莫"，不过意味着"造物者无物""未始有物"之境，它不是一个地方，而是天地之一气（未分化为六气），也就是未始有物、唯有有者之本原。鲲鹏从这样一个不是地方的地方开启其自由的历程，此与第一次、第二次出场的以天池为目的地的叙述截然不同，原来的目的地构成了新的出发点。鲲鹏这一次高起点的出场由古圣人汤为背景引出，此背景视域与隐喻内容之间形成了对应。斥鴳之笑，彰显的不再是鲲鹏通过与斥鴳对比而显现的大，而恰恰是鲲鹏作为自由主体象征的不充分性，这种不充分性只有通过汤这位古之圣人的视角才得以呈现。因为汤作为古之圣人，喻示着自由的更高层次，只有在自由的更高层次，鲲鹏的自由的限制才可以给出。

鲲鹏的三次出场，构成了自由历程的完整步骤。从北冥朝向作为天命象征的南冥上达，到了"知天命"之后，北冥成了天池，于是鲲鹏由第一次、第二次出场的上升之路（与下降之路相对）再继续上升，这个由天命高度而开始的上升之路反而与下降之路同一。它是从未始有物，即无，走向有，走向"和光同尘"的有，走向让事物各正性命的生生之有。这一次的“南冥”之“冥”，是冥极于“有”，而“北冥”之“冥”则是冥极于“无”。因而鲲鹏的完整的路线分为两个阶段：一是从“北冥”到“南冥”的“上升之路”，即从冥极于有到冥极于未始有物之天，这是从形而下到形而上的历程；二是从北冥的未始有物之天到人与万物共居之有，即从形而上出发到形而下的万有中去，这是“下降之路”，而这一下降是主体上升自己的新形式。

只有在一定意义上，上升之路与下降之路才是对立的，广义上的上升之路则包含了从本原出发的下降之路，因为下降之路其实意味着主体更进一步的上升、更高层次的自我转化，甚至可以视为对狭义上升之路的超越。狭义的上升之路指向与形而上本原的相遇，然而与本原相遇的主体在这里只是主体的一部分，即作为“大体”的理性、道德性、精神性，而不包括作为“小体”的感性、生物性、自然性。由此，狭义的上升之路是纯粹的理性、精神性或道德性的道路，主体由此净化了自己，这种净化本身构成了主体上升之内容。换言之，与形而上本原相遇的乃是净化、纯粹化了的主体，这一主体被精神化了，但主体的肉身、生物性与感性等内容，在狭义的上升之路中被视为否定物、形而下者，被以抑制的方式加以克服。由此，自由在狭义的上升之路的尽头只能是精神自由、道德自由与理性自由，而不能是感性、生物性与自然性所代表的“小体”之自由。狭义的上升之路，主体的自由必然是以与自然分离的方式来达成的，主体通过精神性、道德性与理性等方式超克被给予的自然性，并以此确证自己的自由。下降之路却恰恰是面向“小体”的解放，

在"下降之路"上，形而上与形而下的区别被克服，形而上
即在形而下中呈现自己。

如果说理性、道德性、精神性等"大体"独立于"小体"，
构成了狭义"上升之路"的主体性条件，那么在上升之路上
所呈现的世界必然是形而上与形而下的分离，这就是何以
在鲲鹏的第一次、第二次出场中，南冥是作为形而上本原之
隐喻的"天池"，而北冥则不是。可以借助唐朝禅师青原惟
信的修行经验加以阐发："老僧三十年前未参禅时，见山是
山，见水是水。及至后来，亲见知识，有个入处。见山不
是山，见水不是水。而今得个休歇处，依前见山只是山，
见水只是水。"①如果说三十年前未参禅时的"见山是山，见
水是水"，只是自然主义日常状态的世界，那么"见山不是
山，见水不是水"，则是上升之路显现的世界图景。因为主
体的上升，形而上与形而下实施着分离，山不是山，水不
是水，都是形而上的本原之显现，在此"真"为形而上者，
"俗"则为形而下者。到了"得个休歇处"的时候，主体开始
"下降之路"，山仍然是山，水仍然是水，各各回归自身之
面目。这是下降之路所能达成的世界图景，形而上与形而
下在上升之路上的分离在这里被克服了，山水虽然仍然是
山水，但对下降之路上行走的主体而言，它是即山水即本
原的。因而下降之路的"见山是山，见水是水"，不同于三
十年前未修行时的"见山是山，见水是水"，因为在彼时，

① 普济：《五灯会元》卷十七《青原惟信禅师》，苏渊雷点校，中华书局，
1984 年，第 1135 页。

形而上者尚未被意识到，整个世界还是平铺的水平世界。

上升之路，形而上的本原即是"一"，形而下的世界在"一"的视角下则是浑沦之物，因为不管何物，都是"一"的体现。见山之所以不是山，见水之所以不是水，乃是因为都是法身与佛性的体现者，所谓"青青翠竹，无非般若；郁郁黄花，尽是法身"，就是上升之路所达到的世界图景。但在下降之路的尽头，"一"之下的万物不再是浑沦的，而是森然有序，鸢飞于天，鱼跃于渊，没有丝毫的紊乱。在上升之路，主体与本原的造物者游，其实就是"游心乎德之和"（《德充符》），这里的"游"为"心"之"游"，即以"游"所表达的自由生存方式，不是发生在感性、生物性、自然性的世界，而是精神性的内在世界，"德之和"乃是基于精神性的内在和谐。就主体与感性世界的关系而言，主体处在形而上的超越层次，因而无物惊扰、无欲之牵绊，《山木》所谓"刳形去皮，洒心去欲，而游于无人之野"。如果说上升之路所抵达的形而上世界里，无人无物，所有的只有作为形而上之象征的"天池"，那么下降之路对上升之路的升华则在于：一方面，主体应该达到的内在和谐不仅仅限于精神性的"德之和"，而且还应该是感性的和谐，即眼耳鼻口身意各有所明并可彼此相通；另一方面，就主体与世界的关系而言，与造物者游不再是游于"未始有物""无何有""广莫之野""穷发之北"等所象征的浑沌，不再"以本为精，以物为粗"，而是游乎"鸢飞戾天，鱼跃于渊"的活泼泼的世界，与万物和谐共处，"与物为春"。

鲲鹏的三次出场，前两次相应于上升之路，第三次则相应于下降之路。第三次出场中的斥鴳之笑与第二次出场中的蜩鸠之笑，分别处在下降之路与上升之路，因而具有不同的意义。如果说蜩鸠之笑是形而下视域内对形而上行程的嘲笑，是满足甚至沉沦于形而下的有限自足的表现，那么斥鴳之笑从侧面传达的却是鲲鹏的局限性。鹏之图南，南冥仍然是目的地，北冥则为出发点，南冥与北冥之间的距离恰恰彰显的是鲲鹏存在境界的局限。虽然鲲鹏抵达了形而上高度，但却尚未完成第二个阶段，因而北冥与南冥为二，还不是南冥即是北冥。与此相应，鲲也就不是鹏，而是鲲是鲲、鹏归鹏。换言之，虽然鲲鹏走向了更高的高度，可以乘自己的"性命之正"，却不能"御六气之辩"，因而不是"所过者化，所存者神"。斥鴳之笑，就成为鲲鹏但能自化而不能化他的表现，此与鲲鹏为二、南冥与北冥不能为一所彰显的内涵是一致的。鲲鹏的有待性对应着后文列子的有待性，这一有待性不同于蜩鸠所见的形而下的有待性。正如列子的有待性只有在"乘天地之正而御六气之辩，以游无穷"的至人、神人、圣人的视域下才能显示，鲲鹏的由无而有的形上历程只有在作为古圣人的汤那里才能被彰显，这就是"汤之问棘"被引入鲲鹏之喻的意蕴所在。

　　总而言之，小大之辩关联着自由主体的成长，人之由小知到大知，亦如人之由小人以进为大人。然而，只要小大之辩不能超越关系性的架构，只要自由主体还在与他者之间以"效""比""合""征""匹"为其生存范式，那么就不可能成为真正的"大人"。真正的"大人"必须"遗物离人而立于独"（《田子方》），朝向自身本性的回返。不同的存在者各有其本性,彼此不能在同一价值刻度上比较衡量,因为它们之间不是量的多少,而是质性的不同。唯有各从其性,而后才能至于多元本性的本原——天命,从而与造物者游,这才是真正的从其大者。一言以蔽之,唯有通过齐其性的方式走向适性、足性之路,才可能与造物者游,与天地同成其大。在这里,小大之辩以自我解构的方式获得了升华,这一行程以大其心始,以等齐其性终,在小大之辩的尽头,万物各从其性,不同存在者自性齐等,这就隐蔽地勾勒了"天地之正",从而为下文对终极性的自由主体的探讨提供了基础。而回归自身本性,尽性至命,就成为小大之辩的最终归宿。

二　逍遥的层级与本性

故夫知效一官,行比一乡,德合一君,而征一国者,其自视也亦若此矣。而宋荣子犹然笑之。且举世而誉之而不加劝,举世而非之而不加沮,定乎内外之分,辩乎荣辱之竟,斯已矣。彼其于世,未数数然也。虽然,犹有未树也。夫列子御风而行,泠然善也,旬有五日而后反。彼于致福者,未数数然也。此虽免乎行,犹有所待者也。若夫乘天地之正,而御六气之辩,以游无穷者,彼且恶乎待哉!故曰:至人无己,神人无功,圣人无名。

　　自由历程的最初阶段以"知效一官，行比一乡，德合一君，而征一国"的官宰为主体，这种主体在一官、一乡、一君、一国范围内是逍遥的。然而这种逍遥由于还停留在"效""比""合""征"的外在化自我确证方式上，与斥鴳、蜩鸠并无实质性区别，"其自视也亦若此矣"点出了官宰不过是人类中的蜩鸠与斥鴳，虽自视甚高，仍免不了被宋荣子所嘲笑。作为"知效一官，行比一乡，德合一君，而征一国"者，到了另一官、另一乡、另一君、另一国，则逍遥不再。官宰的逍遥不仅受限于特定的区域，而且其自我确证是外向性的，依附于"效""比""合""征"的价值化攀援的逻辑，其生存方式的有待性是必然的，主体性在其自由体验中是空洞而没有内容的。尽管官宰可能是人间社会中大多数人所追求的"成功人士"，但无疑位居逍遥的最低层次。"效""比""合""征"，与前文中欲与彭祖匹寿的众人相应，故而官宰是没有从世俗生活中觉醒的众人。对于众人而言，"己"尚且不能独立，"无己"则为奢侈之谈；他将对自由的追求等同于对世间功名的追求，功与名在客观上又会强化"我性化"之"己"。这一存在层次与最高层次（圣人、神人、至人所代表的第四个层次）截然相反：最低层次的主体无名无功而追求有功有名，最高层级的主体有功有名而不以功为功、不以名为名，可谓另一种无功无名；最低层次的主体徇失自我而又追求自我在他人那里的存在感，最高层次的主体之主体性充盈以至于"去功与名而还与众人"（《山木》）。因而终极的自由主体是"无己"的，"我性化"的"己"被彻底解构了。第一层次的主体处在众人层次而不安于为众人，其生命存在的内里弥漫着不安于现状的躁动，功名的追求往往焚烧了内在的平和，因而他随时可能被外力所牵引。因而，这一存在层次的主体在一官、一乡、一国、一君那里确证自我能力而获得的自在感，并不是真正的自由，毕竟这种自由不是导向主体性的生成，相反是主体性的下落。

　　对于第一种主体而言，走向自由的关键在于，找到徇失于流俗中的自我，超越流俗的功名化的自我确证逻辑。宋荣子正好体现了超越第一层次的更高可能性，在《逍遥游》中代表自由之境的第二个层次。相对于官宰，宋荣子的高明之处在于，不仅不羡慕那些世俗"成功人士"的外向性自我确证，而且与世俗社会始终保持一定的距离，全社会的赞誉并不能劝勉他，全社会的诋毁也不能让他更加沮丧。宋荣子把存在的根基从外在事物那里，从基于人与人之间的沟通关联而形成的"世"拉回到主体自身，这无疑更进了一步。"举世而誉之而不加劝，举世而非之而不加沮，定乎内外之分，辩乎荣辱之境"，这正是宋荣子所达到的自由境界。显然，从流俗的功名转向内在的主体性，使宋荣子克服了外在的攀援比附的存在状态，他不在所"效"、所"比"、所"合"、所"征"上着意，这正是宋荣子对第一种主体之生存样式的超越。正是这种超越，使得人世间众人汲汲追求的功与名对宋荣子来说不再重要。功名既是世俗主体自我确证的方式，又是流俗的价值化机制绕之旋转的主轴，非誉、荣辱等都围绕着功名的价值化逻辑而展开，构成了所谓"世情"之内容。宋荣子不汲汲致力于"世情"，而专注于精神的内在性，这就将主体的自由与主体性的生成关联起来，由此构成对功与名的超越。对于宋荣子而言，"世"外而"己"内，面对世誉与世非，他能够无动于衷，不因世情而改变自己的初心。因而，宋荣子所达的自由之境已经有遗"世"而离"人"的意味。但此种遗世离人并没有达到"立于独"的层次，而是"立于己"。"独"在庄子哲学中乃是与天地精神、与造物者关联在一起的自由品质，它具有非对偶性，不在与世、与人的对立或隔绝中显示自身品质。但"己"则有对，它或与世相对，或与人相对，在对待中彰显了自己的有待性。宋荣子虽然在一定程度上超越了功名，但仍然未能进至道境，因其拘于内外、人己之分。于"内"可游，却不能游于"外"，于己可至，却无以达于"世"，"外"与"世"皆为游之藩篱、游之障碍。在主体性与世界性彼此隔绝的状况下，自由主体不可能真正做到"独与天地精神往来"，也不能做到"不敖倪于万物，以与世俗处"（《天下》），由此而有宋荣子对"知效一官，行比一乡，德合一君而征一国者"的"笑"——据《老子》，"笑"的主体虽然超出"众人"，但毕竟仍是"下士"。当然，宋荣子之"笑"是"以大笑小"，不同于蜩鸠与斥鴳之笑鲲鹏，后者是"以小笑大"。对于真正能够"立于独"的人，其上升之路必然以下降的方式展开，其下降即其上升，因而他能够"挫其锐，解其忿，和其光，同其尘"（《老子》第四、五十六章），唯其如此，才能玄同物我，而"不敖倪于万物"。宋荣子虽然进至较官宰更高的层次，但仍有其局限，《逍遥游》用"斯已矣"来呈现宋荣子的局限。

宋荣子对超越世俗的内向性自我确证方式的关切，在《天下》对宋钘（即宋荣子）、尹文思想的刻画中得到体现：

"不累于俗，不饰于物，不苟于人，不忮于众。""俗""物""人""众"四词，均指世情，而"不累""不饰""不苟""不忮"则显示了对世情的态度，其核心是"不以世俗之荣辱动其心也"。这一宗旨同样体现在《天下》"见侮不辱""君子不为苛察，不以身假物"的表达中。《天下》以"作为华山之冠以自表"，表达宋荣子追求的"岸然道貌，不物于物"①；以"接万物以别宥为始"，以示其主张辨别并去除人心之拘囿，宋荣子深切理解荣辱等在心而不在物。任心而不任物，外来之非誉又怎能拘囿呢？所以"辨乎荣辱之境"，正是人心的"别囿"。超拔流俗而专注内在性的自我确证，只是宋荣子自由之境的一个方面。另一方面则是执着于救世的情怀，这表现在"救民之斗，禁攻寝兵，救世之战""以为无益于天下者，明之不如已也"的主张上。宋荣子"以聏合欢，以调海内"，即以和顺的态度合欢于人，使天下得以协调一致。这些都表明宋荣子有其政教上的外王理想。《天下》将宋荣子的思想概括为"以禁攻寝兵为外，以情欲寡浅为内"，即在教统（内圣）主张淡情寡欲，在治统（外王）主张平息战乱、安定天下。但宋荣子"外王而未能大通，内圣而未臻释然"，"上说下教，虽天下不取，强聒而不舍"，"上下见厌而强见也"，显示其"未能任万物之自往也"；"以情欲寡浅为内"，则意味宋荣子"纯任自然之未能也"。②《天下》以"其行适至

---

① 顾实：《庄子天下篇讲疏》，张丰乾编《庄子天下篇注疏四种》，华夏出版社，2009年，第34页。

② 钱基博：《读庄子天下篇疏记》，张丰乾编《庄子天下篇注疏四种》，华夏出版社，2009年，第116页。

是而止"揭示宋荣子的局限，此与《逍遥游》"犹有未树"构成互文。

宋荣子"外王而未能大通，内圣而未臻释然"，显示其成己的自修之道与成人成物的外王之道之间的断裂。任何一种个人的自修之道，只要发生在人间世，不管是自发还是自觉，都具有影响感化他人的可能性，即成"教"的可能性；而任何一种"教"，不管是在客观意义上还是在主观意义上，都可能构成具体个人修"道"的引导。《中庸》以"修道之谓教"的表述来揭示。个人皆有自己的特殊禀赋与境遇，自修之道或有不同，具有适合自身的本己性征，毕竟不能以之强求天下。如将仅仅适合一己的自修之道，强求成为他者的成己之方，就面临"以己出经式义度"以要人的情况。在这个语境中，之所以说"未汲汲于世情"的宋荣子"犹有未树"，是因为其所树者，其所确立的主观性的内外之"分"、荣辱之境，而未及于通达天下之公共生活之原则。就此而言，宋荣子的逍遥原则不可能普遍到天下之人，这正是宋荣子之道达于一己而穷于他人因而穷于天下的有待性。《逍遥游》通过宋荣子的"笑"来传达这样的消息：宋荣子并没有认识到其逍遥之道局限于个人而不达于天下的有待性，而是以之要求于天下之人。宋荣子"犹然笑之"，乃是"笑"字在《逍遥游》中第三次出现，这是"笑"的重言，它把上文的语境带到了宋荣子这里。自以为是的宋荣子虽然超越了一般的追求功名者，然而仍从自己的生存样式及其视域出发，以小大之辩要求其他类型的存在者，这正是其敖倪他者而不能如其所是地以其人之道还治其人之身的表现，由此造成宋荣子自修自尽的主体性与万有在其中显现为万有之本身的世界性之间的断裂。可以成己而未能成人、成物，成己之道与成人成物之道的断裂，这就是宋荣子在自由之路上的局限。这种局限使得本来已经远超众人而难能可贵的宋荣子，却以小大之辩敖倪群有，与蜩鸠和斥鴳一样"以我观物"。宋荣子以自己的主张强加给世界，虽然"天下不取"，仍然"强聒而不舍"，以至"上下见厌而强见"，正表明他的内向性确证未至自足地步。他在成己方面所达到的成就也就打上了折扣，以至于《天下》说其"其为人太多，其自为太少"。宋荣子并不能真正做到彻底的"无功""无名"，真正的无名乃是有名而不自居其名，其修为核心是务隐其名，一如《山木》所说的"行贤而去自贤之行"。就此而言，宋荣子依然是一个生活在内与外张力中的"社会人"，也只有"社会人"才有内外之间的张力。他的自我确证仍然受限于"人间世"，所谓的内外，其实只是我、你、他之间。列子则能从"社会人"上升到"天地人"的层次上，从而超越了宋荣子。

《逍遥游》对列子自由之境的刻画采用的是隐喻性思辨。无论是"御风"，还是"旬有五日"，都是象征性语言："御风""免于行""于致福者，未数数然"是其成就处，"旬有五日而后反""犹有所待者"是刻画其局限。从《逍遥游》与《列子·黄帝》之间的互文性视角来看列子所造之境，列子修道的过程分为几个阶段，最终达到了"御风而行，泠然善也"的境界。在其修道之第一阶段，"心不敢念是非，口不敢言利害"，"不敢"之言恰恰从另一方面表明了是非之念、利害之实在列子意识中的存在，但他努力地忘怀二者，只是得到"夫子一晒而已"。第二阶段的列子,"心更念是非,口更言利害",然已不为是非利害所动,故而进了一步,由此有"夫子始一解颜而笑"。进一步修练的结果是七年之后"从心之所念,更无是非;从口之所言,更无利害",老师开始与之"并席而坐"。更进一步的修养使得列子达到了乘风之境:"九年之后,横心之所念,横口之所言,亦不知我之是非利害欤,亦不知彼之是非利害欤。"彼时的列子在某种意义上已经在上升之路上达到了极致。《列子·黄帝篇》以此刻画列子的"乘风"体验:"心凝形释,骨肉都融;不觉形之所倚,足之所履,随风东西,犹木叶干壳。"这是"遗物离人而立于独"的超越性体验,以至"竟不知风乘我邪,我乘风乎"那样彻底忘我忘物的境界,相应于前文"见山不是山,见水不是水"之境。

"遗物离人而立于独"的超越体验,是上升之路的体验,是从形而下到形而上的行程,这里列子与鲲鹏构成了一种相应性,他们在上升之路上达到了尽头,以体验的方式触及了形而上的造物者。但是进一步的上升之路则由下降之路所刻画,新的征途是由"尽性"而"至于命",也就是以成己的方式成人、成物,为物之各自得性提供条件。正是在这一点上,显示了列子的局限。一切偕忘、浑融彼此的列子并不能游于无穷,他不得不"旬有五日而后反"。"旬有五日"与鲲鹏之待"六月之息"构成了对照,这正是不能达到终极自由的表现。他并不能在"天地之正"与"六气之辩"之间达成平衡,而是"有待于风"。虽然面对气化过程,列子完全超越是非利害之情,超越了世间"福泽生民"的功名意识,可以"行而无窒碍"，但其所乘所凭者则是气化中的势，此势与性命之正并不构成必然的正面关系。因而他虽能"行而无迹"（"免于行"），但"待风而行"，还做不到"存神过化"而使得万物各得其正。《淮南子·泰族训》描述存神过化的效应："故一动其本而百枝皆应，若春雨之灌万物也，浑然而流，沛然而施，无地而不澍，无物而不生。故圣人者怀天心，声然能动化天下者也。"存神过化必然与"天地之正"关联在一起，作为自由主体存神过化之效应的，则是其所接之人的"各正性命"。由此，列子与鲲鹏处在同一层次，但不是终极的究竟层次。

无论是列子还是鲲鹏，都不能化解天地之正与六气之辩的张力，而助成各正性命的自由秩序。列子因虚己而得以御风，顺遂天下之风气与时势，而天下并不能因列子之虚己而自虚。列子解决了自己的正性问题，近乎独善其身，但其自正并不能及物，自正本身还没有同时正人的效果，其成己之道尚不是成物成人之道。在列子的"御风而行"中，天下与万物依然在风势之中，而不是通过列子的乘御得以转化，从而得其正色正性。一如在鲲鹏与斥鴳、蜩、学鸠中，鲲鹏高飞致远，但斥鴳、蜩、学鸠并不能因此而得其正性。故而，列子与鲲鹏之化，仍然是自化，而不能化他。天下与个人相互嵌入的政治性视角，在列子那里是缺失的，这就导致了列子的精神世界不在人间世之中，而是指向方外。其所可游者，泠然之风。列子之御风，实即虚己守气之法，其实质是以自身消融天下，从而执天地万物为一己之身，所谓天地万物便成了自身的放大。换言之，正因列子乘风、乘机、乘势以成己，其成己之道犹待天机之动，凭借可以为我所用的风—气—势，因而也就将其道限定在特定的情境下，其所游者因而不能无穷。不能乘天地之正，但能无己以乘天地之势，正是列子之道的特点。列子之道因而是孤独的个人成己之道，而不是以天下还天下（成人与成物）的圣人之道。

列子于终极自由一间未达，与宋荣子未至"无何有之乡"不同，列子的局限在于上达于造物者之后不能继之以下降之路以维系其更进一步的上升，未能至于圣人、神人、至人所体现的终极自由之境。但如果考虑到以下两点——其一，列子在全书中仍在自我变化，继续上达；其二，《逍遥游》之后，《庄子》中的神人、至人与圣人之间的差异开始彰显——我们可以断言：设若列子在其上达之路上更进一步，则其最终所成之境乃是"神人""至人"而非"圣人"，是"游方之外"的超越性之路，而不是"游方之内"的圆满性之路。

《庄子》对自由的正面论述集中在如下文本："若夫乘天地之正，而御六气之辩，以游无穷者，彼且恶乎待哉！故曰：至人无己，神人无功，圣人无名。"这一论述包含相互联系的两个层面：一是"乘正御辩"的问题，一是"三无"（"无己""无功""无名"）的智慧。"三无"本身并不是目的，毋宁说它意在通过消融对己、功、名的执着而消解主体对"天地之正"的主观遮蔽，换言之，对己、功、名执着之消解指向"天地之正"的回归。在《逍遥游》中，"天地之正"与"六气之辩"之间存在着张力，"六气之辩"可以视为"天地之正"的乘变，"辩"即"变"，与"六气之正"（"天地之正"）构成对比。如果说"天地之正"所导出的是"各正性命"的秩序，那么"六气之辩"则是对之的偏离、扭曲甚至颠覆。当然，这并不是说"六气之辩"就不再是自然或外在于自然，而是可以理解为自然秩序中的"反结构"。郭庆藩正确地指出"六气"包含两种不同的含义：其一，体内之气，即好、恶、喜、怒、哀、乐之六情；其二，体外之气，即自然界中雨、旸、燠、寒、风、时等运化的阴阳六气。对"天地之正"的偏离，主要包含内外两种因素：在外，阴阳气化积累而成的气势、气能、气氛等，显示着某种超出个人权能的力量，可能是一种偏离正性正命的趋势或势能；在内，人之喜怒哀乐等所体现的主观之"情"。客观之"势"若偏离"天理"（自然而然的秩序、条理），主观之"情"若有悖本性，则为六气之乖逆，是为"六气之辩"；气化之势若与天理和谐，主观之情若与本性协调，则为和顺，即为"天地之正"。①《齐物论》郭象注云："故造物者无主，而物各自造，物各自造而无所待焉，此天地之正也。"②"各正性命"虽然是《易传》提出的概念，但它的确表达了《庄子》"天地之正"所指向的东西。如果将外杂篇视为内篇的最早诠释者，那么《骈拇》的言述可谓直接点出了"天地之正"与"性命之情"的关联："故此皆多骈旁枝之道，非天地之至正也。彼至正者，不失其性命之情。"与此相应，《在宥》将"在宥天下"理解为天下"安其性命之情"。《应帝王》

---

① 郭庆藩：《庄子集释》，第 21 页。
② 同上书，第 105 页。

"圣人之治也，治外乎？正而后行，确乎能其事者而已矣"
郭象注："全其性分之内而已。各正性命之分也，不为其所
不能。"①不难看出，"性命之情"才是内蕴在"天地之正"这一
表述中的真正内容。

逍遥本身内含贯通"天之所为"与"人之所为"的要求，
在两个畛域内展开为不同的存在样式：其一，"人之所为"
即在我者或在己者的畛域内，逍遥表现为人的创造，人成
为他自己的作品，积极承担在他权能范围内的事情，这就
是人的"正性"的事业。它意味着充分地成就人性，最大限
度地发挥人的禀赋、潜力与情才，尽自己对自己的责任，自
己建构生命的作品，"各以得性为至，自尽为极"（郭注）②。
对人而言，天道就显现在人之自正其性中，所谓"各安其
性，天机自张"（郭注）③。其二，"天之所为"即在外者或在
天者的畛域，如《德充符》所谓的"死生存亡，穷达贫富，贤
与不肖毁誉，饥渴寒暑，是事之变，命之行也；日夜相代
乎前，而知不能规乎其始者也"，在其中发生的或者是超出
人之权能的不可抗拒的必然趋势，或者是无法预知与把握
的偶然性，人在客观上是无可奈何的。自由的能力在这一
畛域并不要求实施超出主体权能的行动，但面对这些力不
能及的事件与形势的态度与情绪仍然归属于主体的权能界
域。如果主体并不能当下地驾驭经验世界中的现实之势，
仍然可以把握其自身的态度与情绪，保持内在心灵的和顺、

---

① 郭庆藩：《庄子集释》，第 265 页。
② 同上书，第 17 页。
③ 同上书，第 21 页。

平静、愉悦与通达，用《德充符》的话来说就是："不足以滑和，不可入于灵府；使之和豫，通而不失于兑；使日夜无郤而与物为春，是接而生时于心者也。"在这里，主体的自由权能展现为在主观态度与情感等方面不受不可测度的"在外者"的影响，不因此改变尽其在己者的正性实践。如此一来，无可抗拒的命运虽然仍会发生，但不再影响人生在世的正性实践，人就以这样的方式超越了权能之外的时命之影响。

自由的上述两种形态在现实中往往交织在一起，就前者而言，如果没有对"天之所为"与"人之所为"的边际性体验，主体就无以明白何者才是主体权能所及的自由畛域；就后者而言，在主体权能所不能及的天命畛域，人类可以通过调节主观性抵达另一种生存样式，这就是《德充符》所说的"知其不可奈何而安之若命"。因而，在《庄子》的思想脉络中，自由并不能仅仅归于正性，即最大限度的自我实现，发挥被给予的禀赋与才情，也不能仅仅归结为保持内在精神的宁静不扰，而是两者在相应畛域中的共生。

三　"圣人无名"：圣人与常人自由的不同类型

> 尧让天下于许由，曰："日月出矣而爝火不息，其于光也，不亦难乎！时雨降矣而犹浸灌，其于泽也，不亦劳乎！夫子立而天下治，而我犹尸之，吾自视缺然。请致天下。"许由曰："子治天下，天下既已治也。

而我犹代子，吾将为名乎？名者，实之宾也，吾将为
宾乎？鹪鹩巢于深林，不过一枝；偃鼠饮河，不过满
腹。归休乎君，予无所用天下为！庖人虽不治庖，尸
祝不越樽俎而代之矣。"

《逍遥游》对"圣人无名"的讨论通过尧与许由的对话展
开，围绕着尧让天下、许由不受天下两个关键点，两者都是
具有隐喻意义的寓言。尧和许由，谁是"圣人无名"的代表？
如果是许由，则无名的主体就是常人，而不是圣人。在战
国时代，尧在六艺之学中，早已被赋义为圣人的身位，故
而相对于许由更适宜承担"圣人无名"的象征主体。若以无
名的主体为许由与尧，则一者未及而有，一者有而无之。
以尧为无名者，则无名是有名而后无之。若以许由为无名
主体，则无名是本来无名者之不求有名，无名就变成对名
的直接摒弃；反之，以尧为无名则是对名的间接扬弃，即
保留而后又超越之，无名并不是没有声闻令名，而是有声
闻令名之后"更上一层楼"，与《山木》所谓的"行贤而去自贤
之行"相应。

尧作为圣人，其自由之境是通过"乘天地之正，而御六
气之辩"而展开的无待，许由"一枝满腹"式的无待于外，与
之不可同日而语。许由之无名，是未及有名而后无名，尧
之无名是经由盛名而后自忘其名。以尧为圣人无名之具身
象征，才能呼应全文语境。《庚桑楚》云："券内者行乎无名
……行乎无名者，唯庸有光。"由"行乎无名"可见无名者并
非无行，相反恰恰"有行"而"无为"。司马谈在《论六家要

旨》论述道家时云："光耀天下，复反无名。"道家所谓无名，乃是自"光耀天下"的"有名"回返到质朴的"无名"，乃是"有而不自有"，有其"实"而不居其"名"，即《老子》第三十八章所谓"处其实，不居其华"。真正能够享用其实，方可至于无名，无名乃是圣人的品质，是主体性的最高成就，故《南齐书》卷五十四云："至名无名。"《庚桑楚》中庚桑楚北居畏垒之山，三年而畏垒大丰收，人们"相与尸而祝之，社而稷之"。庚桑楚却意识到自己道行之有限，民有得而称之者，是其未能进至无名无迹之地。《老子》第十七章云："太上，不知有之。"只有行于无迹，才能至于不知有之的无名境界。在这个境界，统治者的治理所达成的秩序反而被百姓理解为自为的结果；正是在这种秩序中，许由式的普通个人的自由才得以成为个人修养的结果，自由成为个体自身的作品，是个体自我的成就。但对于一个共同体而言，当个体的自由成为其自己的成就时，背后已经隐藏着一个无名的秩序背景以及对此秩序负责的圣人。《让王》云："日出而作，日入而息，逍遥于天地之间而心意自得。"这种在普通个体生活中呈现的自由秩序之所以可能，乃是因为它处在以"让王"或"让天下"为隐喻的无名秩序背景之中。《帝王世纪》记载："帝尧之世，天下大和，百姓无事；有八九十老人，击壤而歌。"其所歌者，正与《让王》同调："日出而作，日入而息。凿井而饮，耕田而食。帝力于我何有哉？"在帝尧时代，人们过着"帝力于我何有哉"的生活，不知有帝尧的存在——这正是圣人无名的最佳注脚。无名被视为圣德，绝非常人之因无实而无名之意。《缮性》云："当时命而大行乎天下，则反一无迹；不当时命而大穷乎天下，则深根宁极而待，此存身之道也。"时命大行而反一无迹，即将自己隐身在秩序中，与秩序为体。而今人的理解则是去其实而无有其名，并其实而弃之。这样一种无名与《逍遥游》整个鲲鹏图南所开启的乾健基调已经相去甚远，它已经无法理解《逍遥游》"圣人无名"的表述将无名的主体限定为圣人的深意。从"让天下于许由"的尧到"丧其天下"的尧，均象征着最高自由主体的典范。《逍遥游》以寓言方式将当时智识界主流的尧的形象加以改造，这样的改造与《论语·泰伯》中"民无能名之"的尧相应，但同时又被庄子赋予了新的内涵。

让天下，即不自居有天下，不将天下视为一己之产或一家之物，而是将天下让渡出来，还给天下人。尧是先秦诸家共同尊奉的圣人，"尧让天下"，暗示着圣人治理天下的实质是"让天下"——允让天下、让渡天下。尧之让天下，不是让与舜或其他人，而是让于许由。"让天下于许由"构成寓言中的又一个意义单元。"许""由"二字意思相近，合在一起，意为听之任之、循之从之，颇近"无为"的内涵。此之无为，引发的是彼之自为，一己之无为关联着众人之自为，以此方式引发并推动众人之自为的无为，即是"让"的内涵。就字义而言，"让"与"许""由"着眼点略有不同，"让"是施让者的自谦与退后，在"让"这里发生的首先是施让者与他自身的关系，"让"的主体主动为他者腾出空间、提供条件，这是"让"的主体之自谦与逊让；"许""由"侧重于受让者有其根植于自身的运作方式，对其运作方式是循之由之、听之任之，不禁其性、不塞其源，而不是以主体化意欲强行干预、任意支配。由此，"让"与"许由"，具有允让、让渡进而任之由之的意思；"许"之、"由"之，正是"让"的内涵，是对事物自身存在的允让。以让天下的方式治天下，就是让天下之物自正其性命，因而，治天下者所提供的只是天下人自正性命的秩序条件。消极而言，为之去除障碍；积极言之，引导其自正性命。至于正性命之实践，则留待存在者自身，而不能由统治者代劳。由于统治者将自己的统治活动界定为引导性而不是支配性的，自正性命的主体还给存在者本身，因而统治者反而可以生活在"予无所用天下为"的余裕、余心与余情之中。

让天下的治理智慧，乃是面向天下人的治身："道之真以治身，其绪余以为国家，其土苴以治天下。"（《让王》）个体得其性命之正，眼耳鼻口等各有所养，这才是政治生活的目的。良好的政治是对生命的滋养，是对精、气、神的提升，因而它是养生的；而坏的政治往往通过榨取人的精、气、神，通过生命的消耗，使人下降为生理、精神、道德上的亏欠者、透支者、负债者，以达成对人的支配与驯服，人在这种支配与驯服状态下根本没有条件也没有空间，按照适合自己才情兴趣的方式来雕琢自己。

尧让天下于许由的结果是许由不受天下，尧虽然让天下于天下，让天下按照它的自然方式存在，但天下并不因此而去尧。诚如《韩非子·外储说右下》所云："人所以谓尧贤者，以其让天下于许由；许由必不受也，则是尧有让许由之名，而实不失天下也。"此中意思，与老子《老子》第二章具有异曲同工之妙："是以圣人处无为之事，行不言之教；万物作而弗始，生而弗有，为而弗恃，功成而不居。夫唯弗居，是以不去。"圣人不居有天下，而天下也因此不去圣人，则圣人其身可以寄天下、托天下，而天下也因此而皆为圣人的藏身之所。

在尧让天下与许由的刻画中，《逍遥游》还用耐人寻味的比喻表明了两种统治方式的差异："日月出矣，而爝火不息，其于光也，不亦难乎！时雨降矣而犹浸灌，其于泽也，不亦劳乎！"爝火与浸灌是非自然（人为）统治方式的象征，日月与时雨则是自然的统治方式的象征，自然的统治方式才是天地之正色，才是让天下与天下的恰当路径。许由用"吾将为名乎？名者，实之宾也，吾将为宾乎？"等表述，暗示了本段主题与"（圣人）无名"的密切关系。表面上看，似如宣颖所云："许由以名为宾而不居，以上证圣人无名意也。"①其实，许由的不受天下可以视为尧之让天下之治的后果。许由作为"圣人（具体到文本中以尧为具身）无名"的烘托，他的无名不同于尧之无名：许由的无名，本来无名；尧之无名，有名而后忘名。两者相较，尧之无名更难被世人所看到。

《逍遥游》说尧之"自视缺然"，这正是其"请致天下"（让天下）的原因。尧何以自视缺然？王雱给出了精准的解释："老子曰：'大成若缺'。大成者，不自成也，故若缺。尧之自视缺然者，所谓不自成也。"②在《山木》中，《庄子》以"大

---

① 宣颖：《南华经解》，曹础基校点，广东人民出版社，2008年，第7页。
② 王雱：《南华真经新传》，张钰翰整理，王水照主编《王安石全集》第9册，复旦大学出版社，2016年，第199页。

公任"的名义告诫困于陈蔡的孔子："昔吾闻之大成之人曰：'自伐者无功，功成者堕，名成者亏。'孰能去功与名而还与众人？道流而不明居，得行而不名处；纯纯常常，乃比于狂；削迹捐势，不为功名。是故无责于人，人亦无责焉。至人不闻，子何喜哉?"所谓"至人不闻"，真正的至人乃是无名者，能够"去功与名而还与众人"。尧之自视缺然，即有天下而不自居之、不自有之，这就是"荡荡乎有天下而不与之象"，也是尧之所以大而能化的符号化表达。而尧之"请致天下"，"致"即"纳""委""还"之意，即将天下还于天下人。尧之"功成身退"，即从有功到不以功为功的"无功"。"让天下""致天下"，乃是法则天道的存在方式。天地不言的大美，四时不议的明法，万物不说的成理，都显示了天道在万物的自我成就中隐身而退，圣人在天下的治理中退藏为人们自正性命的背景，此正与造物者无物而物各自造的天道品质有着深层的一致性。

《逍遥游》通过尧的话"夫子立而天下治"意在显明，一旦采用"许"之"由"之的治理方式，则天下必将大治。许由拒绝尧之让天下的理由颇具深意："鹪鹩巢于深林，不过一枝；偃鼠饮河，不过满腹。……庖人虽不治庖，尸祝不越樽俎而代之矣。""不过一枝""不过满腹"，"皆言赡己之易足"，以此与"乘天地之正"的圣人形成对比。《逍遥游》紧接着用"越俎代庖"之意，陈说为治之道。《淮南子·泰族训》也使用了这一寓言，其对寓意的揭示与此可以发明："今夫祭者，屠割烹杀，剥狗烧豕，调平五味者，庖也；陈簠簋，列樽俎，设笾豆者，祝也；齐明盛服，渊默而不言，神之所依者，尸也。宰、祝虽不能，尸不越樽俎而代之。"许由安于被统治者的身份，而不僭越尧之天子之位，此正是"天地之正"的表现，圣人之治无非就是在人类社会达到天地之正。

治天下，不是以天下归于我，而是以天下归于天下。因此在天下得到治理的状态下，普通的人们过着"帝力与我何有哉"的生活，鹪鹩、偃鼠、庖人、尸祝各守其所守，不失其位，不去其分，自安于性分而无求于外，这就是众人的逍遥。圣人的自由不仅仅是其个人的自由，而是必以万物的自由为自由，也就是以自由秩序的建立为其主要关切。人们各自游于性分之内，各适其性，各遂其情，各正其命，即此是圣人无名之治的目的。圣人不欲自名，而其名不去。圣人的功成身退，关联着因物付物，众人各得其所，这一秩序并不是被给予的自然主义现成之物，而是圣人以无为之法治理天下的表现和结果。

四　"神人无功"："无功之功"与功效最大化

> 肩吾问于连叔曰："吾闻言于接舆，大而无当，往而不返。吾惊怖其言，犹河汉而无极也；大有径庭，不近人情焉。"连叔曰："其言谓何哉？""曰：'藐姑射之山，有神人居焉，肌肤若冰雪，淖约若处子。不食五谷，吸风饮露。乘云气，御飞龙，而游乎四海之外。其神凝，使物不疵疠而年谷熟。'吾是以狂而不信也。"

连叔曰："然。瞽者无以与乎文章之观，聋者无以与乎钟鼓之声。岂唯形骸有聋盲哉？夫知亦有之。是其言也，犹时女也。之人也，之德也，将旁礴万物以为一，世蕲乎乱，孰弊弊焉以天下为事！之人也，物莫之伤，大浸稽天而不溺，大旱金石流、土山焦而不热。是其尘垢秕糠，将犹陶铸尧舜者也。孰肯以物为事！宋人资章甫而适诸越，越人断发文身，无所用之。尧治天下之民，平海内之政，往见四子藐姑射之山，汾水之阳，窅然丧其天下焉。"

《庄子》以肩吾、连叔、接舆以明神人，由神人以明圣道。由肩吾、连叔、接舆以明神人，则肩吾、连叔、接舆于神人各有所见闻，由其所见闻，则亦可知肩吾之为肩吾、连叔之为连叔、接舆之为接舆；同理，由知肩吾之为肩吾、连叔之为连叔、接舆之为接舆，亦可反知神人之为神人。文本是以四子明道，亦以斯道明四子各自为四子。此种复杂的关联以寓言方式绾合在一起，以至于肩吾、连叔、接舆、神人本身亦寓言耳。

王宣认为："肩吾，自度也；连叔，及物也；接舆，合载也，皆寓为之名。"[①]王雱《新传》也提出："肩吾者，任我也；连叔者，不通不行而非物之长者也；接舆者，绵绵若存而又有所容者也。此庄子寄言于三人，而以明道之极致也。故道至于此则不可以言，言不可识，识而又非世俗之

---

① 王夫之《庄子解》、方以智《药地炮庄》皆引此说。王夫之：《庄子解》，《船山全书》第 13 册，第 88 页；方以智撰，蔡振丰、魏千钧、李忠达校注：《药地炮庄校注》，台大出版中心，2017 年，第 279 页。

所能知也。"①肩吾隐喻肩膀上扛着唯我论主体。连叔隐喻连接和贯通，他能够贯通肩吾的神人与接舆的圣人。《论语·微子》中有人物接舆，并非其本名，因他迎接孔子之舆车，因事立名。接舆由于与圣人孔子有关，因而被庄子赋予象征意义："接—舆"，所迎接非仅孔子之舆车，更有圣道之权舆。接舆眼中的圣人，经由肩吾的转述而成为神人。唯我主义的肩吾不可能理解接舆所说的圣人，只是视角性地呈现其某些侧面；连叔经由肩吾对神人的转述，尤其是肩吾对神人的反应，从而连接接舆与肩吾。在连叔那里，肩吾对神人的转述及其理解和反应本身，作为一种现象，一种病理性的症候——大而无当，往而不返。吾惊怖其言，犹河汉而无极也；大有径庭，不近人情焉——被诊断为近于"形骸之聋盲"的"知之聋盲"。肩吾的这一反应本身与其说显现了神人的信息，毋宁说折射了肩吾识见之肤浅和卑下，即肩吾的存在层次较低，精神高度不够，因而无以认识神人的真正面目。"肩吾"的命名本身即显示了其生活在"任我"或"自度"层次上，而不能及物。对于这一主体而言，本来是载道的"至言"在他的领悟中往往因为其存在层次的低下或精神高度的不够，而被其主观遮蔽以致变形为"狂言"。但肩吾的病理症候，只有处在更高存在层次的主体——连叔，才能理解其识见上的"聋"与"盲"。对于连叔而言，如果不能治疗肩吾的病理性症候，就无以从肩吾的所闻中经验到神人的真实面目。"连叔"形象的意义在于连

---

① 王雱：《南华真经新传》，王水照主编《王安石全集》第 9 册，第 201 页。

接，即在肩吾与接舆之间建构道路或桥梁，并且这连接在
《逍遥游》中具有更广的意义：藐姑射山神人故事的上文与
下文之间在更大脉络中关联了起来。换言之，尧让天下与
许由的故事，与肩吾接舆神人的故事，以及最终尧见四子
而丧天下的故事，不再是各不相关的故事，而是同一个故
事的不同情节。正如尧的形象在这里与藐姑射山神人之间
建立了连接一样，许由的形象在这里获得了符号化的隐喻建
构。"肩吾""连叔""接舆""许由"不是世俗意义上的人名，而
是以人名方式呈现的处于不同层次的象征性人格，它们只能
在寓意层面被领会。如果道体在其自己者不能言说，所能言
说者乃道体对于主体之显现，那么，对于道体的言说便无法
脱离处于具体存在形态或层次的不同人格。

　　藐姑射山神人的故事，乃是"寄言"。成玄英疏："斯盖
寓言耳，亦何必有姑射之实乎，宜忘言以寻其所况。"①在
"姑射山"之前，加一个"藐"字，以形容姑射山的距离非常
遥远。将神人寄托于遥远的山林，无非是表明世人与神人
之间的距离，郭象精准地把握到了《逍遥游》这一构思的精
义："今言王德之人而寄之此山，将明世所无由识，故乃托
之于绝垠之外而推之于视听之表耳。"②"藐"所指示的距离，
是姑射山距离世人的距离，并不是可以测量的物理距离，
正如北冥与南冥之间的距离那样，它是知行工夫的距离，
是故它的遥远并不是就其自身而言的，而是就世人的知行

----

① 　郭庆藩：《庄子集释》，第29页。
② 　同上。

工夫而说的。以世人无能识之，是以遥远，设若世人识之，则有可能近在咫尺。并不是神人距离世人遥远，而是世人自远于神人。神人究其实只是居于人间世，然而于世人而言，见如不见，以其不能见其所不见也。就《逍遥游》的内在逻辑而言，居住在遥远山林的神人，只是肩吾的神人；只有面对肩吾这样存在层次的主体，自由主体才能显现为神人，而且是遥远的神人。

藐姑射山神人作为肩吾转述接舆的寓言，神人之内容必然受到其呈现方式——即转述形式本身——的影响与制约。一旦将其变成命题性的"正的言述"，那么对肩吾所呈现的神人，就其原本而言其实应该是圣人。"此皆寄言耳。夫神人即今所谓圣人也。夫圣人虽在庙堂之上，然其心无异于山林之中，世岂识之哉？徒见其戴黄屋，佩玉玺，便谓足以缨绂其心矣；见其历山川，同民事，便谓足以憔悴其神矣，岂知至至者之不亏哉？"（郭注）[1]圣人之所以为圣人，并不在圣人不应物、不处世，而在于无累于世、无累于物。那些生存在普通层次的世人之所以无法理解圣人，正由于他们的存在层次决定了无法将处世应物与超越世物或无累于世物统一起来，也正是存在层次的限制造成了在世人那里发生的山林与庙堂的对峙、神人与圣人的对峙。然而圣人之所以圣人，正是因为他将二者协调统一起来。

"神"所表述的是圣人化功的无迹以及这种化功因无迹而不可测知。但对于圣人而言，其成为圣的工夫同样离不

---

[1]　郭庆藩：《庄子集释》，第 29 页。

开"神"。《逍遥游》在谈及藐姑射山神人时曾说"其神凝"，王敔认为这"三字，一部《南华》大旨"①。所谓的"神凝"，也就是由凝神工夫而达到精神凝聚。王先谦指出："三字吃紧。非游物外者，不能凝于神。"②《知北游》则给出了具体的凝神之方："若正汝形，一汝视，天和将至；摄汝知，一汝度，神将来舍。"《大宗师》里"古之真人，其寝不梦，其觉无忧，其食不甘，其息深深"，就是神凝的功效。凝神的工夫也是成圣之道的必要环节。"乘正御辩"的关键在于凝神，即养阴阳之和气，换言之，"乘正御辩"之所以可能，关键在于主体之"凝神"。褚伯秀也注意到，《逍遥游》中对神人的刻画实际上在揭示养神之道："'肌肤若冰雪'，体抱纯素，尘莫能污也。'淖约若处子'，守柔自全，害莫能及也。'不食五谷，吸风饮露'，则绝除世味，纳天地之清冷。'乘云御龙，游乎四海'，则凌厉太空，同元气之冥漠，所谓不行而至，与造物游者也。"③体抱纯素、守柔自全，意味着主体寡淡嗜欲、聚精守气；绝除世味，则超拔流俗；与造物者游，则通极于道——主体自身的由形而下到形而上的上达历程。

对《庄子》而言，"神凝"是指向"致命尽情，天地乐"的过程，而这个过程的终点则是"万事销亡，万物复情，此之谓混冥"。万事销亡，不是无所事事，而是不以物为事；"混冥"，则"旁礴万物以为一"，在《齐物论》中，它又被表

---

① 王夫之：《庄子解》，《船山全书》第13册，第88页。

② 王先谦：《庄子集解》，沈啸寰点校，中华书局，1987年，第5页。

③ 褚伯秀：《庄子义海纂微》，张京华点校，华东师范大学出版社，2014年，第14页。

述为"天地与我并生，而万物与我为一"。姚鼐云："旁礴万物以为一，所谓合万物为己者。"①因而，圣人神凝然后物与己两不相伤的思想，与"万物一体"交融在一起，相互构成。万物一体，谓万物共会而成一"天"，而不是说物之"独"的丧失，恰恰是一己之"独"的彰显。一物之独与他物之独，各各自正，彼此互因而相济、独化而不相待，如同唇齿各为自己，然唇齿又相依相因，唇亡而齿寒。此万物之一体，又是万物之各以自体为体。这里最为关键的还是，主体养气凝神，不仅仅自得，还有及物的客观功效，即"使物不疵疠不疵疠而年谷熟"，四时合序，五谷丰登，万物无灾疾。

　　神人使物不疵疠无灾疾而年谷熟，他并没有为万物做什么，只是专注一己之自凝神，因而，与其说是神人使物不疵疠而年谷熟，毋宁说是物自不疵疠、年谷自熟，这就是神人无功的内涵。神人无功在于其自凝神而神妙万物。神人神妙万物，神人之功隐藏在百物自功之中，以百物之自功的导引者，也就是无思、无虑、无为者的形象出现。《老子》第五十七章："圣人云：'我无为，人自化；我好静，人自正；我无事，人自富；我无欲，人自朴。'"就是此意。神妙万物是圣人的玄德，《老子》第五十一章："道生之，德畜之，物形之，势成之。是以万物莫不尊道而贵德。道之尊，德之贵，夫莫之命而常自然。故道生之，德畜之，长之育之，成之熟之，养之覆之。生而不有，为而不恃，长而不宰。是谓玄德。"圣人对事物无所命、无所谓，常任事物之自

---

① 　马叙伦：《庄子义证》，商务印书馆，1930 年，第 19 页。

然,虽然以道生之,以德畜之,使之长育成熟,养之覆之,但不过是"不禁其性""不塞其源",让万物自己并作,咸其自己罢了。因此,圣人"孰弊弊焉以天下为事""孰肯以物为事",不过是因民之所利而利之,至于天子之刑赏,也不过是民自刑、自赏而已,如此,天下何曾有事?还天下之事于天下之人,则圣人何必以物为事?圣人不弊弊焉以天下为事、不以物为事,则事自事、物自物、圣人自圣人,也只有在这时候,圣人作为具体个人的本性才能得以释放,与圣人作为圣人的德才能合而为一。

如果说肩吾的叙述着重点在于"神人"无功而实有功于万物,通过一己之神凝而使得物不疵疠而年谷熟,那么连叔的转述则意在补充,圣人之凝神除了妙万物的作用之外,同时也使得万物不能伤害自己。换言之,神凝的功效不仅仅是神人之不伤物,也是物之不伤神人。物我两不相伤,就是统治活动的最高限制性原理。《老子》第六十章云:"治大国若烹小鲜。以道莅天下,其鬼不神。非其鬼不神,其神不伤人。非其神不伤人,圣人亦不伤人。夫两不相伤,故德交归焉。"这可以作为《逍遥游》"神人"的背景来理解,而一旦注意到这一背景,神人的政治向度也就自然呈现。

承天之治,便是顺遂万物之情性。事实上,所谓的"物不疵疠",正是"物各遂其生"的意思。游于物各遂生之中,就是圣人的逍遥。圣人之治,也就是最高的政治智慧,便是在统治活动中,物之小大各如其分,统治者与被统治者相安无事,人我两无所伤。物莫之伤,喻无"人道之患";大浸不溺,大旱不热,喻无"阴阳之患"。然而,凝神之意所道出的不止是限制性的统治原理，还包括实现更为积极的对天下人各正性命事业之参赞助成。《孟子·尽心上》云："夫君子所过者化，所存者神，上下与天地同流，岂曰小补之哉？"在"年谷熟"的表述中显示了化成的积极方面。圣人的虚静（处无为之事、行不言之教）所引发出来的乃是"万物作焉而不辞"，也就是万物活泼泼的成长、生生不息的历程。

圣人凝神而自藏于天，引发推动存在者，使物自不疵疠，让年谷自成熟，故而神人之无功乃是无功之功，即将自己之功隐藏在存在者自功自成中。对于统治者而言，神人的无功之功就是退藏到民人百姓的有功之功的背后，并使得百姓之功成为可能。这样，每一个人都由于神人的无功之功而成为自己的作品，成就自己。这样的无功反而是最大的功，它不是具体而特定的功，而是引发具体而特定之功的条件；它不是使神人成为功的主体，相反，是让民人百姓成为功的主体。

尧往见四子藐姑射山，则天下无所可用，因而尧丧其天下，即忘天下。《天运》云："以敬孝易，以爱孝难；以爱孝易，以忘亲难；忘亲易，使亲忘我难；使亲忘我易，兼忘天下难；兼忘天下易，使天下兼忘我难。夫德遗尧舜而不为也，利泽施于万世，天下莫知也。""丧其天下"的尧达到了"兼忘天下"，这是比"有天下而不与"更高的层次。在尧、舜之名已经成为至德者化身的情境下，"德遗尧舜"意即"上德不德"，至德之人必忘其德，即不以德为德，然而这恰恰是"含德之厚"的表现。《老子》第五十五章云："含德之厚，比于赤子。"含德之厚者如同赤子一般，德不立德，则德化无迹，有德者不执着其德，被化者不知其化。如果人们如鱼儿一般相忘于江湖，完全不知作为至德者的圣人之存在，则圣人不仅兼忘了天下，还让天下忘记了他，这时的圣人就具有了"神"（神妙不测）的品质。《吕氏春秋·君守》曰："至神逍遥倏忽，而不见其容；至圣变习移俗，而莫知其所从。""变习移俗"突出的是圣人的化功，而"逍遥倏忽"强调的则是神人本己的自由体验。在通常对圣人的理解中，圣人无心，以百姓心为其心；圣人无事，以百姓事为其事——这些强化的是圣人对天下的关切。但是神人却将关切指向了自身。《让王》："道之真以修身，其绪余以为国家，其土苴以治天下。帝王之功，圣人之余事也，非所以完身养生也。"这里所谓的"圣人"虽然也必然包含生化之功，但这并非强调的重点，重点在于赞天地、辅万物之功被视为圣人自我修身养生的副产品，言外之意，修身相对于"使物不疵疠而年谷熟"更为根本。在《逍遥游》中，"尧让天下于许由"作为寓言性思辨，其所指向的是以让治理天下的方式，其核心是还天下于天下人，使之成为天下人的天下，而尧则是心系天下、有天下而不与的圣人；往见四子而丧天下的尧，其关切回到了自己，特别是凝神而指向的完身养生，但这并不意味着丧天下的尧就斩断了与天下的关联。治理天下成了养生之绪余或修身的副产品，显示了治理天下的更高可能性，即以更大的余心、更宽裕的余情从事修齐治平的事业；更准确地说，当终极自由主体到了"旁礴万物以为一"的境地，治理天下本身已经不再外在于自我的修身，身体与天下两者之间的间距与张力解构了。

　　《逍遥游》的研究者已经注意到尧与神人的关系。成玄英以为，《逍遥游》对神人的描述，"肌肤若冰雪，淖约若处子。不食五谷，吸风饮露。乘云气，御飞龙，而游乎四海之外。其神凝，使物不疵疠而年谷熟"，其实是在刻画尧之德："言圣人动寂相应，则空有并照，虽居廊庙，无异山林，和光同尘，在染不染。冰雪取其洁净，绰约譬以柔和，处子不为物伤，姑射语其绝远。此明尧之盛德，窈冥玄妙，故托之绝垠之外，推之视听之表。""之人也，之德也，将旁礴万物以为一，世蕲乎乱，孰弊弊焉以天下为事！之人也，物莫之伤，大浸稽天而不溺，大旱金石流、土山焦而不热"，成玄英疏："之人者，叹尧是圣人；之德者，叹尧之盛德也。"①按照这种解释，尧之往藐姑射山见神人，其实是见到崭新的自己，换言之，也就是他本人发生了存在层次的质之跃升。吕惠卿指出："尧治天下之民，平海内之政，往见四子于藐姑射之山，汾水之阳，是见神人也，见神人是见吾心也。"②李桢曰："盖尧之心未尝有天下，其心即姑射神人之心，其身亦如姑射神人之身。"③尧与神人，就变成了尧与自己的关系。尧与神人的这种关系，在汾水之阳与藐姑射之山的同位关系中得到了某种呼应。《逍遥游》将藐姑射之山与尧都——汾水之阳联系在一起，并且暗示，尧不是在帝都（汾水之阳）之外的地方，而正是在帝都汾水之阳丧其天下的。因而，对丧其天下的尧来说，近在眼前的汾水

---

① 　郭庆藩：《庄子集释》，第 29、33 页。
② 　吕惠卿撰，汤君集校：《庄子义集校》，中华书局，2009 年，第 12 页。
③ 　郭庆藩：《庄子集释》，第 36 页。

之阳即清虚绝远的藐姑射之山,"庄子所谓姑射之山,汾水之阳是也"①。藐姑射之山与汾水之阳的距离,其实就是神人与尧的距离,这个距离不是物理空间的距离,而是知行活动所开启的距离。成玄英强调,窅然而丧天下的尧,也正是"端拱而坐汾阳""统御万机"的尧;"姑射不异汾阳,山林岂殊黄屋"!② 所以,《逍遥游》往见四子藐姑射之山——汾水之阳的叙述中,姑射之山与汾水之阳可谓同位语,它对于尧来说实际上是一个地方。

但《逍遥游》文本的复杂性在于,通过连叔之口刻画神人时,使用了"是其尘垢秕糠,将犹陶铸尧舜者也"的表达,这通常被理解为贬低尧舜的文本证据,好像对尧即神人的说法构成了挑战。郭象的解释着眼于隐喻义:"尧舜者,世事之名耳;为名者,非名也。故夫尧舜者,岂直尧舜而已哉?必有神人之实焉。今所称尧舜者,徒名其尘垢秕糠耳。"③区分尧舜之名与尧舜之实,世俗意识中的尧舜,乃是尧舜之名;至于尧舜之所以为尧舜者,则为尧舜之实。尘垢秕糠所指的是尧舜之名,即世俗意识中的尧舜,而尧舜之实则为神人。这一解释的实质是重新确立尧舜之实,拉开它与世俗意识中的尧舜的距离。世人所推尊的尧舜并非尧舜的精华,而是尧舜的尘垢秕糠,尧舜之为尧舜者有着比世人在尧舜之名中赋予的内容更高更多的东西。一言以蔽之,世人所见的"使物不疵疠而年谷熟"的尧、"治天下之

---

① 郭庆藩:《庄子集释》,第 30 页。
② 同上书,第 36 页。
③ 同上书,第 34 页。

民，平海内之政"的尧，相对而言，并不是尧舜的精华所在，尧舜之所以能够"使物不疵疠而年谷熟""治天下之民，平海内之政"，才是尧的精华，具体而言就是"其神凝""旁礴万物""窅然丧其天下"等。通常所理解的尧舜乃是"兢兢业业，一日二日万几，正弊弊焉以天下为事者"①，这只是尧舜的糟粕，至少这不是尧舜之本或尧舜之精华。尧舜之本或其精华在于以道治身，这是一个层次；由于其旁礴万物，故而其身与天下相即相入，以至于其修身的绪余即可为天下，治天下对其而言只是修身的附着之物。神人之"尘垢粃糠，将犹陶铸尧舜者"，并不是在神人与尧舜之间划定不可逾越的界限，而恰恰是在神人与尧舜之间加以连接，神人之德成了尧舜的精华。而世俗意识中的尧舜往往只能达到有功之尧舜，即将尧舜与政治社会中的伟大事功捆绑在一起，而不能抵达"无功之功"的尧舜，即尧舜对自身伟大事功的超越，而正是这种超越才是尧舜所以能够建立伟大事功的心性品质。因而，世俗意识对尧舜的理解是不充分的，没有触及尧舜之为尧舜的根本。

五　"至人无己"：两不相伤与两尽其性

惠子谓庄子曰："魏王贻我大瓠之种，我树之成而

---

① 陆西星：《南华真经副墨》，蒋门马点校，中华书局，2010 年，第 9 页。

实五石。以盛水浆，其坚不能自举也。剖之以为瓢，则瓠落无所容。非不呺然大也，吾为其无用而掊之。"庄子曰："夫子固拙于用大矣。宋人有善为不龟手之药者，世世以洴澼絖为事。客闻之，请买其方百金。聚族而谋曰：'我世世为洴澼絖，不过数金；今一朝而鬻技百金，请与之。'客得之，以说吴王。越有难，吴王使之将。冬，与越人水战，大败越人，裂地而封之。能不龟手，一也；或以封，或不免于洴澼絖，则所用之异也。今子有五石之瓠，何不虑以为大樽而浮乎江湖，而忧其瓠落无所容？则夫子犹有蓬之心也夫！"

惠子谓庄子曰："吾有大树，人谓之樗。其大本臃肿而不中绳墨，其小枝卷曲而不中规矩。立之涂，匠者不顾。今子之言，大而无用，众所同去也。"庄子曰："子独不见狸狌乎？卑身而伏，以候敖者；东西跳梁，不避高下；中于机辟，死于罔罟。今夫犛牛，其大若垂天之云。此能为大矣，而不能执鼠。今子有大树，患其无用，何不树之于无何有之乡，广莫之野，彷徨乎无为其侧，逍遥乎寝卧其下。不夭斤斧，物无害者，无所可用，安所困苦哉！"

如果说"尧让天下于许由而许由不受"的寓言阐述的是"圣人无名"，藐姑射山神人的故事照应的是"神人无功"，那么，惠施与庄子围绕着大瓠与大树的两段对话则指向"至人无己"。在阐发至人无己的思想时，《逍遥游》围绕"有用"与"无用"两段寓言性对话展开，二者都发生在惠施与庄子之间。这两个人物的选择有没有寓意呢？宋人惠施曾经长期担任魏相，辅佐魏惠王，而庄子则隐居不仕，拒绝楚威王的聘请。二人在出处进退上的不同选择，似乎表明对"用"的不同理解：惠施追求"有用之用"，而庄子追寻的是"无用之用"。

对事物进行"有用"与"无用"的分类，其根据与其说在事物的功能，毋宁说在事物与主体的关系。更进一步地说，事物的"有用"与"无用"并不在事物自己，而在于事物对主体的价值或意义。在这里，作为主体的我们既是事物的使用者，也是事物之"有用"或"无用"的裁定者。自我成为事物的裁定者的过程，也就是其将自身主体化的一种方式。庄子与惠施对大瓠的"有用"与"无用"有不同的判定，惠施认为体形巨大的瓠瓜，无所可用，用来盛水，其坚不能自举；庄子却认为，大瓠对惠施的"无用"并不是大瓠本身的问题，而是与惠施"心在庙堂"、汲汲追求"有用"的特定立场有关，一旦其立场从"庙堂"转向"江湖"，则大瓠就可以作为浮游江湖的腰舟来使用。《逍遥游》提供的另一个例子是：宋国的商人将帽子运送到越国销售，但是越国人断发文身，没有戴帽子的习俗，因而在宋国本来"有用"的帽子到了越国却无所可用。事物的"有用"与"无用"与事物所在的位置情境有着不可分割的关联。

将世界总体作为最大视野来考虑事物时，我们就会发现，这个世界上并没有"无用"的事物，所有的事物都可以是"有用"的。在这个位置的"无用"，转移到那个位置则成了"有用"。问题不是判定"有用"与"无用"，而是判定用的种类。"有用"是用的一种，而"无用"也是用的一种。所谓"有用"是指这样一种"用"，它的"用"总是受限于主体所在的特定的当下位置，并且总是对当下的特定位置直接"有用"，这种类型的"用"就是"有用之用"。而"无用之用"作为另一种类型的"用"，指在当下的特定位置对主体并无直接的用处，但在其他位置可能构成"有用"，因而"无用之用"就当下位置而言是一种间接的用。

就人之立足而论，天地广大，人之所容足者不过尺寸之地而已。尺寸之地对容足而言，是为"有用之用"。然足外之地对容足亦有间接作用，倘若无足外之地，则人无以于"有用"之地立其足，故足外之地对于容足而言可谓"无用之用"。这里还可以层层外推，尺寸之地离开整个地球，无法发挥其容足之用；整个地球离开了宇宙，则地球无法容身，人于此尺寸之地立足也不再可能。于立足看似"无用"的足外之地，恰恰有其大用。"无用之用"构成"有用之用"发挥其用的条件与背景，离开了这一条件与背景，则"有用之用"作为"用"不再可能。在《知北游》中，这一道理被概括为："是用之者，假不用者也以长得其用。"即便就当下的某一特定位置而言，"无用之用"依然在发生作用，正是它使得"有用之用"成为可能。

"有用""无用"，在于人之"谓之"而后然。但"无用之用"发生作用的方式是隐蔽的，与"有用之用"直接发生作用的方式不同，后者是显在的。所谓隐蔽与显现，其实是就主体而言，置身特定位置情境的主体的意识与经验之外、知行能力之外，谓之隐蔽；而在其意识与经验之内、知行能力之内，则谓之显现。"有用之用"是当下显现的用，"无用之用"则是当下隐蔽的用。隐蔽与显现的区别，根据不在事物，而在主体。"无用之用"与"有用之用"的分别之所以能够建立，恰恰与主体的意识与经验、知行能力有关系。当主体一味从"有用之用"的视角来理解世界与事物的时候，他就受限于当下的意识与经验、知行能力的范围，换言之，其"知"就小；相对而言，如果主体从"无用之用"出发去理解事物与世界，其"知"就大。之所以如此，是因为这时候主体所看到的不仅仅是直接的此时此地，而是超越了此时此地，而抵达远方的彼时彼地。将视野从"有用之用"投向"无用之用"，意味着主体自身视野的扩展，不断超越被动给予的某一特定位置，最终向着无限广阔的世界视域总体开放。

从"有用之用"到"无用之用"的目光转向，主体视野从"小知"向"大知"转变，在这一转变中，同一个事物的可能之"用"也随之可从"小用"转为"大用"。《逍遥游》提供了如下的例证：一个家族因为有祖传的不裂手之药方而世世代代依靠漂洗破棉絮为生，对于这一家族而言，不裂手之药的"有用"就是维持世代相传的祖业；但一个客人用百金购买了这一药方，游说吴王，在吴国对越国的战争中，士兵们因不裂手之药而大胜，客人因此裂地分封。对于漂洗破棉絮的家族而言，不裂手的药方从来没有与战争的胜利联系在一起，更不用说裂土分封这样的大用；换言之，对于这一家族而言，不裂手之药对于战争的胜利、对于裂地封侯而言，是"无用"的。之所以有这样的认识，是因为这一家族的见识短浅，受限于当下的位置情境，拘泥于可见的近处。但在客人的见识中,不裂手之药的作用远远不在于漂洗破棉絮,他能够将这一药方与战争、裂地封侯这般看起来风马牛不相及的事情关联起来,正显示了其见识之大、视野之广、识度之深。因此,漂洗破棉絮的家族与客人在知的小与大上构成鲜明对比。客人的大知不仅表现在超出了当前的位置及其视域,还体现在能够建立新的位置情境,从而让在原先位置情境下有小用的事物可以发挥更大的作用。

《逍遥游》中的大树"大本臃肿而不中绳墨""小枝卷曲而不中规矩",以致匠者不顾,即对木匠来说,这棵大树无法成为加工器具的材料,因而是"无用"的。然而正是这种"无用",使得大树避免成为木匠斧锯下的材料,得以自我保存。若将它树之于"无何有之乡,广莫之野",则可远离一切形式的"匠人",故而"有用"性的逻辑在这里彻底失效。"有用"性的失效,意味着一种更大、更高的"大用"成为可能。不论使用者对被使用的事物做出何等分辨,此分辨所建立的分别对于事物自身而言并不存在。事物自身(当然也包含人本身)对自己的使用——例如一个舞者对自己身体的使用,按照音乐的旋律翩翩起舞——是自用其用,脱离了作为使用主体的他者,故而无所谓"有用""无用","用"也不与"无用"相对。这种无对无待的"用"一旦发生在此一事物与彼一事物之间,则此时此地物之自用与他用得以统一。所谓物之自用其用,并不是说物摆脱了他者的使用,而是说他者对此物的使用,正是此物之自用其用。基于物之自用的使用,才是以"无用"用"无用"的精髓。以"无用"用"无用",并不是自然的所与之物,而是在一定条件下才能达到的结果。唯有人对物的使用是物之自用其用时，才有工具—目的逻辑的消解。

物之自用其用，用（物之自用与他用）本身成了主体与事物各自得其本性的方式。而唯其以"无用"的方式开显"无用之用"，使用者与使用对象皆不为用所穷，以至于主体与事物能"两尽其性"。只有至人才能在对物的使用中摆脱对象化的形式而达到物我两尽其性，这种两尽其性在《庄子》中最简单、最具底线性的表述是，在"用"所建立的人与物的关联中，人不伤物，物也不伤人。物我的两不相伤，体现在《逍遥游》所谓的树之于无何有之乡的大树身上。大树树于无何有之乡，其寓意是大树自用其用：自生、自长、自成、自就。就大树自身而言，由于处在无何有之乡，远离了将眼光聚焦于有用之用的一切形式的匠人，故而能够"不夭斤斧，物无害者"，得以保全自身；就人而言，则可"彷徨乎无为其侧，逍遥乎寝卧其下"。因而，当庄子说"无所可用，安所困苦哉"时，这里被道及的不仅仅是作为使用对象的大树，还有以"无用"的方式使用大树的人。

这其实有力地校正了通常那种实用性、功利性的"用"的思想，那种"用"只是对对象的工具性使用，这种使用本身与事物本性的展开处在对峙的状态，不仅如此，它对使用事物的人来说也不能尽其本性。在这种对峙状态中，主体对事物的使用意味着对事物的消耗乃至破坏，而作为使用者的人在以有用之用消耗、破坏事物的同时，也被有用之用的机制所消耗。上述超越了"无用"与"有用"对峙的"大用"，指向了人物各得其性的逍遥。真正的逍遥并不是一己的闲适自得、远离尘嚣、遗世高蹈，也不仅仅是摆脱限制、条件与枷锁等所指示的消极自由，而恰恰是在这种正用或大用中，以无为的方式达到针对某一事项可能达到的"无所不为"的最大效能。换言之，逍遥并不仅仅是消极的主观性精神境界，还积极地与成人成物甚至与经天纬地的事业相关联。

事物"有用"与"无用"的划分发端于主体。所谓"有用"与"无用"，是就某物对于主体的价值与意义而言的。也正是通过对事物"有用"或"无用"的分别，置身此时此地的人将自身主体化了。在这个意义上，主体化过程与事物的"有用"化或"无用"化过程是同步的，是同一过程的不同方面。越是执着于"有用"性，这种主体化进程就越深入骨髓。一旦主体进入自我解构的"去主体化"过程，不仅"有用"与"无用"的分别得以消失，使用主体与使用对象的分别也得以消失。这种"去主体化"，庄子称之为"无己"，或者"丧我"——它是将我们从"有用之用"运送到"无用之用"层次上的主体条件。这里的"无"与"丧"是在动词的意义上使用，它是一种工夫，即在意识中对自己的有意识的遗忘，最终连这种有意识的遗忘本身也忘记，从而进入一种无意识的状态。这才是主体之"死"，那种将自身建立为（使用）主体、将事物建构为使用对象的意识及其必要性与可能性，也随之而融化。故而对于"无己"或"丧我"的人而言，事物不再作为工具性的使用对象，自己也不再作为工具性使用活动的主体。

"无用""有用"之辨系于人而非出于物。当"有用""无用"之辨发生之时，从事着"有用""无用"之辨的主体——

"己"或"我"——也得以发生。换言之，只要主体基于作为使用者的我（自己）去面对作为使用对象的物时，"有用""无用"的区别就会成为可能；反之，一旦"无用""有用"之辩消失的时候，"己"也就得以退隐。在这个意义上，"有用""无用"之辩与"己""它"之辨是同时成立的，消解其中的一方就必然是在消解另一方。发掘"无用之用"，就是将目光从"无用""有用"之辩产生的视角那里移开，而达成对两种不同的"用"的理解，将"无用"作为隐藏着的"用"、将"有用"作为显现着的"用"来加以建立。两种不同的"用"的建立，其实也就超越了"有用"与"无用"的对峙，因此也必将同时超越作为物的使用主体的"己"。主体由那个通过与使用物对立而确立的"己"返回人的自身，以尽自身之性。正如肝胆各自为着自身，从不基于"有用"性的立场而建立关联，然而肝胆相照；又如嘴唇的存在从来不考虑牙齿，牙齿也不以对嘴唇的"有用"而建立自己的存在，然而唇齿相依、唇亡齿寒。在肝与胆、唇与齿之间，虽然发生了互为"有用"的关联，但彼此各自回到自身。当人与物彼此"无用"于对方时，彼此之互为"大用"才开始彰显。在这种情况下，人之"用"物，其实也是物在"用"人，因为物与人的关联已经超越了主体与对象的对峙，而表现为通过对方而回返自身本性的过程，于是物成了人性的展开场域，人成了物性开放自身的路径。这不仅是物与人从使用过程中经由对象化造成的彼此异化的解放，而且是各正性命在使用活动中展开的过程。《天地》云："有治在人，忘乎物，忘乎天，其名为忘己。忘己之人，是之谓入于天。"

　　"去主体化"的"丧我"过程，使得人与物之间建立了一种新型的关系。在"有用之用"的地基上，作为主体的人是事物的使用者，事物是人的使用对象，因而事物成为等待着主体加工的质料，这意味着事物被贬低为容器，它本身意义匮乏，等待着外在的主体赋予其意义。一旦天地万物被质料化，被人为抽取了自在的生机与自为的意义，只能等待着外来闯入者的拯救，任何基于意志的主体化行动对天地万物的改造都将因此而被正当化。"去主体化"的"无己"过程看似负面的减损，其实是存在意义的充实。当主体朝向自我的意识彻底消解的时候，他本身超越了"有用"与"无用"的对立，而与所应接的事物一道进入"相忘于江湖"的状态中。他对事物一无所用，然而他自尽其性的过程却带动了事物回归自身，此时他得以成为逍遥者，而"游于无何有之乡，广莫之野"，即游于"未始有物"之处。而"未始有物"则是"未始有己"的伴生物，也就是说，一旦我们在意识中失去了对自我的执着，意识中作为自我所执着、攀援的对象的事物也就消融了。在未始有物也未始有我、遣除了我法二执的世界里，我成了无己之我，事物成为对我无所可用的事物，我与事物之间基于更高可能的秩序开始出现了。在那种秩序里，无己之我的存在方式犹如庖丁的刀子，所到之处，没有任何障碍，相反都是间隙的敞开。

第二篇

《齐物论》:"吹万不同" "咸其自已"的共生秩序

"齐物论"有两种读法,分别是"齐物—论"和"齐—物论"。前者意为论齐物,重点在"齐物",落实到《齐物论》中便有"天地与我并生,而万物与我为一"之说。《庄子》中确实包含齐物之意,如《秋水》"万物一齐,孰短孰长",《天下》"齐万物以为首"。后者重在"齐论",人之性情和所处之环境各不相同,对物有种种相异之看法与成见,进而有种种不同之物论,齐论即基于以道观之的视域等视各种物论,既看到各种物论的具体合理性,也看到其合理的边界,"儒墨之是非"等涉及齐论主题。《齐物论》产生的时代是中国历史上的战国,当时的时代性状况有二:三代政教典范终结之后,政治层面上的诸侯异政和思想层面上的百家异说。前者是政治秩序的失序,夏商周三代建立的"王制中国"体系业已解体，而新的政制秩序并未确立，天子仅存其名，诸侯之间彼此兼并争战，政治生活面临着无序的危机；后者是思想文化的失序，作为宗周王官体制式微的伴随物，散落在地方的士阶层崛起，处士横议、百家争鸣，这虽促成思想解放与言论自由的竞争局面，但百家各是所是、各非所非，以致好坏是非难辨，共识缺乏。诸侯异政与百家异说相互影响、彼此加强，导致了失序的加剧。就创作动机而论，《齐物论》正是以百家异说与诸侯异政为背景的：齐物的问题相应于诸侯异政的政治失序，齐论的问题相应于百家异说的价值失序。但无论是齐物，还是齐论，都具有更为普遍的意义。

《礼记·中庸》"万物并育而不相害，道并行而不相悖"，扬雄《法言》"万物纷错则悬诸天，众言淆乱则折诸圣"①，与"齐物论"两种读法所表达的主题相应，可以对勘。"齐物"的目的可以与"万物并育而不相害"关联起来，"齐论"则指向"道（百家异说）并行而不相悖"。齐物问题的解决线索可以与"万物纷错则悬诸天"联系起来，就是要"照之于天""休乎天钧"，篇中的"天倪""天府""天籁"等都呼应"天"字，而

---

① 扬雄《法言·吾子》："或曰：'人各是其所是，而非其所非，将谁使正之？'曰：'万物纷错则悬诸天，众言淆乱则折诸圣。'或曰：'恶睹乎圣而折诸？'曰：'在则人，亡则书，其统一也。'"（汪荣宝：《法言义疏》，陈仲夫点校，中华书局，1987年，第82页。）圣人作为校正众言之判准或尺度，圣人在世时，据其人；没后，据其书，即其言。由此，理解圣言本身又是解决是非问题的关键。吕留良《吕晚村先生四书讲义》："群言淆乱，总不知天，因疑以及圣教，知天则下面都不错。"（俞国林编《吕留良全集》第5册，中华书局，2015年，第415页。）

"丧我"则是以人显天的主体性条件,或者说"丧我"并非目的,目的是以天照之,齐物的目的是推进"万物并育而不相害"的共生事业。齐论问题的解决线索则可与"众言淆乱则折诸圣"相联系,"圣人和之以是非""参万岁而一成纯",实质上就是以"折诸圣"的方式来解决齐论问题,齐论的归宿是"道并行而不相悖"。《齐物论》绝不是世俗意义上的和稀泥,不管是非美丑善恶,混淆甚至排除它们的差别——这不但解决不了齐物与齐论的问题,反而会增加更多问题;而是如同钟泰所说,"论之有是非、然否,生于物之有美恶、贵贱也",齐之为言,非比而同之,而是各归其正:"美者还其为美,恶者还其为恶;不以恶而掩美,亦不以美而讳恶,则美恶齐矣。是者还其为是,非者还其为非;不以非而黜是,亦不以是而没非,则是非齐矣。《至乐篇》:'名止于实,义设于适。'止者不过其当,适者不违其则。不过当,不违则,此齐物、齐论之要旨也。……过当在不能明,违则在不知因,故篇中特表明'以明''因是'两端。……要之曰正名而已。"[①]

《齐物论》"世称难读"[②],全文包含五段对话:南郭子綦与颜成子游、尧与舜、啮缺与王倪、瞿鹊子与长梧子、罔两与景。《齐物论》的逻辑结构,历代学者有不同的理解。兹列举几种:(1)唐顺之将全文分为三部分:"'子綦'至'我且奈之何哉',是澄其源,一支也;自'言非吹也'至'此之谓以

---

① 钟泰:《庄子发微》,第 26 页。

② 罗勉道:《南华真经循本》,李波点校,中华书局,2016 年,第 48 页。

明'，是清其流，一支也；自'今且有言于此'至末，消归自己分上结款，一支也。"①（2）罗勉道将全文"析为三大段：自'南郭子綦隐几而坐'至'旦暮得此，其所由以生乎'为第一段，于中小分三节：初述子綦师弟子问答之辞，次地籁，次天籁。自'非彼无我'至'此之谓葆光'为第二段，于中小分五节：初因子綦天籁之说，言人自有真宰，而芒昧不知。第一节以后多摘公孙龙之辩，第二节摘是非，第三节摘彼是，第四节摘非指、非马，第五节推其弊不若无言为尚。自'尧问于舜'至篇末为第三段，不过引证以终前段之义，布置亦如前篇，于中小分四节：第一节言德之进乎日，所以申前以明之意；第二节言至人超乎生死之外，何有是非；第三节言道亦不必修，何有是非；第四、第五说两个譬喻，只就人身上有不能知，安能知是非，故惟有听物之不齐而自齐耳"。②（3）孙嘉淦将全文分为七节：第一节从开篇到"无益损乎其真"，言"万籁皆天而天本一也"；第二节自"一受其成形"至"儒墨之是非"，"言物不师天而遂不一也"；第三节自"欲是其所非"至"适得""因是"，言"圣人照于天而皆通为一也"；第四节自"已而不知其然"至"此之谓以明"，"言并此一字亦不当知也"；第五节自"今且有言于此"至"止其所不知"，"言并此一之一字亦不当言也"；第六节"天府""葆光"，"总锁不言不知，照之于天也"；第七节"皆引以证上文也"。③（4）胡朴安将全文分为九章：第一章从开篇到

---

①　方以智撰，蔡振丰等校注：《药地炮庄校注》，第 290 页。按标点有改动。

②　罗勉道：《南华真经循本》，第 48 页。

③　方勇：《庄子纂要》，《方山子文集》第 16 册，第 403 页。

"咸其自取，怒者其谁邪"，言物论之不齐，乃不齐之物自取之；第二章自"大知闲闲，小知间间"至"虽有神禹，且不能知，吾独且奈何哉"，要点在物之不齐；第三章自"夫言非吹也"至"故曰莫若以明"，要点在物论之不齐；第四章自"以指喻指之非指"至"为是不用而寓诸庸，此之谓以明"，如何齐物；第五章自"今且有言于此"至"此之谓葆光"，如何齐论；第六章自"故昔者尧问于舜"至"而况德之进乎日者乎"，齐物之证；第七章自"齧缺问乎王倪曰"至"而况利害之端乎"，齐论之证；第八章自"瞿鹊子问乎长梧子"至"故寓诸无竟"，再论齐物、齐论之法；第九章自"罔两问景"至篇末，齐物论之极致，与物俱化。[①] 以上各种结构分析，各有其理，可并参之。

一 "丧我"与"天籁"

南郭子綦隐机而坐，仰天而嘘，荅焉似丧其耦。颜成子游立侍乎前，曰："何居乎？形固可使如槁木，而心固可使如死灰乎？今之隐机者，非昔之隐机者也。"子綦曰："偃，不亦善乎，而问之也！今者吾丧我，汝知之乎？女闻人籁，而未闻地籁，女闻地籁，而未闻天籁夫！"子游曰："敢问其方。"子綦曰："夫大块噫气，其名为风。是

---

① 方勇：《庄子纂要》，《方山子文集》第 16 册，第 407—410 页。

唯无作，作则万窍怒呺。而独不闻之翏翏乎？山林之畏
佳，大木百围之窍穴，似鼻，似口，似耳，似枅，似圈，
似臼，似洼者，似污者；激者，謞者，叱者，吸者，叫
者，譹者，宎者，咬者。前者唱于而随者唱喁。泠风则
小和，飘风则大和，厉风济则众窍为虚。而独不见之调
调、之刁刁乎？"子游曰："地籁则众窍是已，人籁则比竹
是已。敢问天籁。"子綦曰："夫吹万不同，而使其自己
也①，咸其自取，怒者其谁邪！"

南郭子綦在《庄子》中又作"南伯子綦"（《人间世》《徐无
鬼》）、"南伯子葵"（《徐无鬼》）、"东郭子綦"（《寓言》），"綦"
与"葵"一声之转，居城南则为南郭子綦，居城东则为东郭
子綦，又以其年长而称"南伯"。"隐机而坐，仰天而嘘，荅
焉似丧其耦"，刻画了南郭子綦的存在状态，它并非常人日
用生活中的自然主义现成状态，而是对这种状态的超越。
"隐机"，"隐"为依凭，"机"为几案。南郭子綦靠着几案而
静坐，仰望上天而长长地吐气，其意识中突然丧失了身体。
"隐机而坐，仰天而嘘"是实际观察到的状态，而"荅焉似丧
其耦"则是由上述观察引发的感受。颜成子游在一旁侍立，
问道："这是怎么回事呢？难道人的形体可以像枯槁的木头
那样，心神可以如死灰那样吗？"颜成子游明显感觉到，今
天的南郭子綦不同寻常，发生了境界层次上的突破或精神

---

① "己"或作"已"，皆通。"自己"之"自"为介词，"己"为代词，喻天道使存
在者以自己为根据；"自已"之"自"为代词，字面上指众窍，"已"义停
息、止。

上的飞跃。"形如槁木，而心如死灰"，是颜成子游据目之所见而心有所感。形体的长期静止状态积累到一定程度，内心的静止状态就会出现。如槁木，是述其形体之寂静；如死灰，是述其心灵之宁极。也只有心灵达到高度寂静的时候，南郭子綦所说的"吾丧我"才被给出。"丧耦"与"丧我"虽然是从不同的侧面描述南郭子綦的状态，但二者的确有所不同。因为前面的"丧耦"，其所偶者，乃身体之外的存在，"丧耦"意味着身体不受任何外在事物与状态的干扰。"丧我"则更进一步，不受自己内心念虑、知见、情感、欲望等的干扰。换言之，"耦"包含两个层次，第一层次是人与外物相偶，第二层次人与自身相偶，"吾丧我"所描述的则是第二层次是相偶的丧失，这就是《大宗师》所谓"朝彻而后见独"的"独"。丧我是与闻天籁的条件，闻天籁则不仅仅是朝彻而后能见独，更进一步意味着"游于物之初"，即"未始有物"之处。未始有物之处，实即"物物而不物于物"的地方：建立物、生成物，但却不逐于物，不是与物"相刃相靡""与接为构"。

　　《齐物论》将上述存在方式的变化描述为"吾丧我"。这是南郭子綦在长期的修养中达到的，换言之，其呈现是有条件的。而丧我的体验关联着天籁的显现。不难看出，我们的身体以及其机能如知识、智慧、言语、行为等等，恰恰可能是阻碍天籁显现的主体根源。槁木死灰，正意味着"所丧之我"及其机能的悬置。

　　我，据《说文》是"施身自谓"的意思，段注指出："谓用己厕于众中而自称则为我也""有我则必及人"①。许慎曾谓

---

① 段玉裁：《说文解字注》，许维贤整理，凤凰出版社，2015 年，第 1099 页。

"我"即古"杀"字，"我"的一种写法即是"戗"，"身""戈"为"杀"，显然是会意。"古文我是从戈从重刀之省文。……盖我者，私己也。一执我见，则戈矛自生，从戈从重刀，垂戒之至也。"①胡适《吾我篇》列举了"吾""我"区别的通则八条，其中最重要的是："吾"字不可用于宾词而"我"则可以。② 不仅如此，"我"乃是单数，如果表述复数，一般通过"我们""我等"等形式来表达；而"吾"既可以为单数，亦可以为复数。这表明，相对而言，"我"有主观的意味，"吾"则是客观性的，二者内含着主观与客观、私与公的区别。"我"字形上的从戈，意味着内部的争战、争执状态，这种争主要表现为不同官觉之间的冲突，即眼、耳、鼻、口、身、意等诸种官能之间各有所明但彼此不通。《论语·子罕》有四毋："毋意""毋必""毋固""毋我"。这实际上将"我"作为警戒与克服的对象。正因如此，"无我"才成为一种被追求的相对于"有我"更高的层次或境界。但汉语中没有"无吾"这个表述，表明"吾"并不是克服或应当克服的对象。"我执""我见""我慢"等则传达了"我"作为一种主体所具有的负面意义。此外，在"物我""人我"等表述中，亦可看出"我"的另一特征，即相偶性、对待性。"'吾''我'二字，学者多以为一义，殊不知就己而言则曰吾，因人而言则曰我。"(赵德)③所谓就己而言，意即"吾"不具有与他者(你、他)对待与相互构成关系；而

---

① 李圃主编《古文字诂林》第 9 册，上海教育出版社，2004 年，第 992 页。
② 胡适：《胡适文存》，欧阳哲生编《胡适文集》第 2 卷，北京大学出版社，1998 年，第 176—179 页。
③ 方勇：《庄子纂要》，《方山子文集》第 16 册，第 190 页。

我则不能脱离这一关系而被构成，故而有人说“与物相耦谓之我”①，即我与自身之外的他者既相对，也因这种相对而相互构成。与物相偶、与你他相对，并不是人与物、与他者关系的原始样态，而是在人的意识中建立的衍生形态。“非诸心理现象则无我，非我则无诸心理现象，我与诸心理现象相依而存在。”（朱桂曜）②因而“我”之“主体”性格，发端于其对事物的要求与强制，即以“我”为中心，将自然存在的事物，以与“我”可能的关系样式作为“客体”，以人籁的方式加以把握。所谓人为自然立法，这一立法性的主体就是“我”。“丧我”即自忘，即忘记由于“我”之知行活动所构成的“我”与“他者”及其连结和分际，而后自己与他者及其连结的自然状态得以呈现。“丧我”“描写的不是死亡，而是自忘，是向事物开放的纯粹经验状态——‘离形去知，同于大通，此谓坐忘。’”③从深层心理学视角来说，“我”（Ego）处于意识的明亮表层，它是社会生活经验产生的自我观照，是各种社会关系所界定的相对性的“主体”，是可以为思维与语言加以明晰定位和理解的“主体”；但处于更深层次的“吾”（Self）则溢出语言和思维的明晰性把握，是潜意识自发活动的畛域。如果说，我（Ego）还可以为因果性的思维及其逻辑所捕获，那么“吾”（Self）身处晦暗意识的层次，遵循的是“心灵即形象”（psyche is image）的真理，它不可以概念把

---

① 周拱辰：《南华真经影史》，《无求备斋庄子集成初编》第 22 册，艺文印书馆，1972 年，第 69 页。

② 方勇：《庄子纂要》，《方山子文集》第 16 册，第 224 页。

③ 吴光明：《庄子》，东大图书公司，1992 年，第 187—188 页。

握，只可以形象或符号来象征，它的呈现并不遵循因果性的逻辑，而是遵循以象征方式呈现的意义性关联，神话、原型、艺术、梦等都是心灵外显的象征性符号。

在《齐物论》脉络中，"丧我"或"忘我"，乃是从可由因果性开显的明亮意识进入必须由象征性敞开的意义性关联机制的晦暗意识层次，这正是主体可以聆听天籁、开启天道的前提。伴随着天籁、天道的开启，主体也发生了转变或提升，从"我"到"吾"。人站在那里，形体停止活动，思虑停止活动，一切可以归结为主体之"我"的运动方式，都终止了。与此相应，客体之物，也就是主体之"我"所接构之物——作为物论呈现物的基础，也同时被"悬置"了。譬如，官觉与心思停止的时候，肠胃、五脏六腑、气血经络，就会自发地运行起来，此运行乃是天机主宰，又如同没有主宰，故而表现为肠胃、五脏六腑、气血经络的自发运行，此即"天运"。天运是因果性关联之外事物的自发组织与运行方式。之所以被命名为无言的"天运"（即"天籁"），一方面因其自身不被官觉注意，另一方面心思在它面前也显示了自身的限制，这个限制同时也就是主体之"我"的限制。但我们可以感受到肠胃、五脏六腑、气血经络等自发运行，这些自发运行的冰山一角，是在很长的修养状态下才可能被领悟的。自发运行着的事物或其运行方式，更多地超出了"我"的理解、把握能力，归属于知能上的"在外者"，因此我们将其归为"天"，其实也就是归结为"我"的"不知不能"。真正的理解就是理解这种不能理解的东西，真正的学习就是学习这种不能学习的能力，即将我们的"在己者"，作为"在外者"

的引发者，即按照天的方式，按照我们自己并不能把握的方式运作。尽管我们不知道这种运作是什么，但是我们可以以减损的方式进入这一过程：这就是见闻与感官的日损，"丧我"必须被理解为长期日损过程的一个结果。

南郭子綦进一步告诉子游："你闻人籁未闻地籁，你闻地籁未闻天籁。"人籁在字面上是人吹箫管所发出的声音，但种种物论、人确立或执着的种种是非价值，正是人籁。地籁在字面上是风吹众窍而发出的声音，比喻大地上各种人籁相互激荡而形成的共同体的是非、物论及其复杂的交互作用，它们构成地方、传统、历史的风土性。天籁在字面上指向天地间万物自鸣的声音，实质隐喻天道的运作节律或秩序，天籁也可以视为天德之和。子游"敢问其方"。"方"即道，但方与道又有所不同，方是"地道"，地道与人道皆可称为"方"，但天道不可方物，无体无方，不能称"方"。因而对"其方"的询问，其实是对生活在地上的人如何与闻地籁与天籁的探问。子綦的回答侧重地籁，而不直接说天籁："大地上的气息叫作风，风除非不起，一旦起来，大地上的所有孔窍都随风鸣叫。你没有听到外面那寥寥的风声吗？高大参差的深山里，百围大树全身的孔窍，有的像人面（鼻子、嘴巴、耳朵），有的像器皿（孔方而似枅，即木制的酒瓶，圆形如盘盂，浅则似臼），有的像大地上的洼（深广的水池）或污（浅平的污池），可以说众窍各不相同，千姿百态；至于风吹众窍的声音更是多种多样：激者（像激流声），謞者（像飞箭声），叱者（像发怒时的叱咤声），吸者（若嘘唏声入而细），叫者（若叫喊声高而上扬），譹者（如嚎哭声），宎者

（如狗吠声，声音细深而留），咬者（像悲哀声，声鸣而清）。
这不同孔窍发出的多样音声，相互唱和，前风刚刚过去，
后风就来到。前风中众窍唱出'于于'的声音，后面则以'喁
喁'的声音相和。清风徐徐的时候，和声就小；呼呼的疾风
下，和声就很大。风一停下来，所有的孔窍立即就寂静下
来。你难道没有见到那树枝摇动已经渐渐慢下来的景象吗？"

　　南郭子綦刻画风吹树木之众窍产生众籁的极为壮观的
自然景象，其目的在启发子游思考天籁——天道的隐喻。
子游说气象万千的众窍之声正是地籁，而萧管乐器等发出
的音声正是人籁，那么天籁是什么呢？显然，关切点还是
天籁，因为与"吾丧我"相关联的正是"天籁"。南郭子綦的
回答很深刻："吹万不同，而使其自己也，咸其自取，怒者
其谁邪？"这句话仍然是接着上文的地籁说的，天籁并不在
地籁之外，而就在地籁之中，因而可以就地籁（不离地籁）探
寻天籁。这里有两个无法分离的理解取向：一是"天"即"吹"
"使""怒"者，就是作为地籁众声的使动者；一是"万不同"的
地籁是"自己""自取"的，别无所谓天籁，所谓天籁不过是地
籁之自己、自取而已。前者是《则阳》中的"或使"说，宇宙有一
个终极的根据作为使动者；后者是《则阳》中的"莫为"说，万
物都是自为根据的，并没有一个在它们之上或之外的天道。

　　天籁的"莫为"，凸显的是万物之"自己""自己""自取"，
天籁即自然。"天籁即在地籁中，'自己'谓各自成声，'自
取'谓各因其窍"（钱澄之）[1]；"万窍怒号，非有怒之者，任

───────────────

[1]　钱澄之：《庄屈合诂》，第 22 页。

其自然,即天籁也。天籁在地籁、人籁之中,喻真君在百骸九窍之中"(马其昶)[1];"夫天籁者,岂复别有一物哉?即众窍比竹之属,接乎有生之类,会而共成一天耳。无既无矣,则不能生有;有之未生,又不能为生。然则生生者谁哉?块然而自生耳。自生耳,非我生也。我既不能生物,物亦不能生我,则我自然矣。自己而然,则谓之天然。天然耳,非为也,故以天言之。……故天者,万物之总名也,莫适为天,谁主役物乎?故物各自生而无所出焉,此天道也"(郭象)[2]。所有这些说法,都是否定天的实体化——即把天视为宇宙内的最高事物。天籁是万物的根据,而不是万物之一。

就"使""怒"者解,天籁即真君、真宰、造物主。"声出众窍,谁实怒之?盖有声声者存乎其中,不可得而闻见,此地籁中见之天籁也"(赵以夫)[3];"万物之有声者,皆造物吹之。吹之者,造物也,而皆使其若自己出。吹字、使字,皆属造物。……谁实使之?气发于内而为言,遂下一怒字,与怒而飞同,亦属造物"(林希逸)[4];"众窍之鸣,怒者其谁耶?分明有个主宰"(宣颖)[5];"声气所出之原,不归之天,而谓尽取诸人,可乎?分明实有个真宰主张之者,而特不得其朕,是以谓之天籁"(陆西星)[6]。

---

① 马其昶:《定本庄子故》,马茂元编次,黄山书社,2014 年,第 9 页。

② 郭庆藩:《庄子集释》,第 51 页。

③ 褚伯秀:《庄子义海纂微》,第 25 页。

④ 林希逸著,周启成校注:《庄子鬳斋口义校注》,中华书局,1997 年,第 15—16 页。

⑤ 宣颖:《南华经解》,第 12 页。

⑥ 陆西星:《南华真经副墨》,第 16 页。

　　以上两个层面，看似意思相反，实则相成。天道本身
作为世界及万物的根据，就是使之者、怒之者，但天道的使
之、怒之具有无为性，也就是使之自使。万物的自己、自取
来自天道，天道之使物，即让物自使。这就是《齐物论》没
有超越者（超越性实体）的超越性，或没有本体的本体论；
这种本体论既是物之不齐、物论之不齐的原因，也是物之可
齐、物论之可齐的根据。孙嘉淦指出："自己者，自以为已，
彼我之府也，所谓物也。自怒者，自取怒号，是非之丛也，
所谓论也。吹万不同，自已自怒，而使之者，天风。情万
不同，自我自取，而使之者，天君。"①

二　是非意识的心斗：知与成心

　　　大知闲闲，小知间间；大言炎炎，小言詹詹。其
　　寐也魂交，其觉也形开。与接为构，日以心斗。缦者，
　　窖者，密者。小恐惴惴，大恐缦缦。其发若机栝，其
　　司是非之谓也；其留如诅盟，其守胜之谓也。其杀若
　　秋冬，以言其日消也；其溺之所为之，不可使复之也；
　　其厌也如缄，以言其老洫也；近死之心，莫使复阳也。
　　喜怒哀乐，虑叹变慹，姚佚启态；乐出虚，蒸成菌。
　　日夜相代乎前，而莫知其所萌。已乎，已乎！旦暮得

---

① 方勇：《庄子纂要》，《方山子文集》第 16 册，第 203 页。

此,其所由以生乎!

大自然中,天籁隐身于地籁;在人类社会,天籁则隐身于人籁。人籁是什么呢?是人探寻意义、建立秩序而成立的是非意识,以及围绕着是非的种种物论。何以有人籁?人籁本质上是由主体的"知""言",以及"知""言"所攀援的对象"物"交织叠构而生成。但位于"知—言—物"结构底层的则是人之"心",所以庄子首先分别从知与言方面讲人籁,但无时无刻不在讲人心。更重要的是,知与言及其隐藏着的"心"的种种情态,虽然都是人籁,但如何从人籁发现天籁,即"在人之天"——庄子称之为"真君""真宰",才是重点。

《齐物论》以"大知闲闲,小知间间;大言炎炎,小言詹詹",上接关于天籁隐身地籁中的论述,人类的"知""言"就是物论的"众窍",如果人心是风,"知"为树木之众窍,"言"则为风吹众窍所发出来的人籁声音。"言"并非直接就是天道,但人们对天道的体验最终又表达为"言","言"限制甚至遮蔽着道的敞开,但活化了的"言"则能载道,所以天籁又在"言"中,表现使"言"之者的真宰、真君。本篇的大知与小知,虽然可以上承《逍遥游》的"小知不及大知",但语境不同,意义也不一样。《逍遥游》中的褒扬大知贬抑小知,在《齐物论》语境中则是大小俱遣。毕竟《齐物论》的脉络,小知与大知,一如地籁众窍一章中的"泠风"与"飘风":大知广博而小知分别;大言盛气凌人,小言论辩不休。言与知交织叠构,彼此促进,"非知则言不足以繁,知有小大,而言亦随之。小者非独小也,以大形之而见为小;大

者非能大也，临乎小而见大"①。大小相对，大者以大凌小
而讥讽小者狭隘，小知则以其细碎的分别计较而窥伺大知
之短指摘其简略；大言以盛气夺取小言所不及，小言以具
体而攻大言之无实。于是，大小言相互竞争以成儒墨所代
表的千差万别的种种物论，这些物论反过来又加剧了物之
不齐。这都是知之所自取，以知之不齐，以言成论，物之
不齐又被强化了。总体而言，物论之所以兴起，一方面可
以追溯到知与言，二者是物论之权舆，也是物论的要素；
另一方面，大小之知、大小之言的张力，推动了物论的成
立。② 如果说物论的核心是是非问题，那么，大小之辩就是
一切是非的启动者："大小四句，便尽是非底蕴。自大视
小，小何足道。然是非偏从此起，知之则知善待之矣。"（刘
辰翁）③问题的关键在于，知之不齐又是如何发生的呢？

　　如果言之发生原于知见，知见之发则是人们以知接物
的结果。人们在睡眠时精神与梦境交错，形寂而魂合，不
知知之所自往；醒来以后，形体开始活动而心魂外驰，而

---

① 　王夫之：《庄子解》，《船山全书》第 13 册，第 96—97 页。
② 　王夫之："盖物论之兴，始于小大之殊观；小者不知大，大者不知小；
　　不知小，则亦大其所大而不知大。由其有小大之见，而有贵贱之分；由
　　其有贵贱之分，因而有然否是非之异。由其有大小之见，因而有终始之
　　规；由其有终始之规，因而有悦生恶死之情。由其有小大之见，因而有
　　精粗之别；由其有精粗之别，因而有意言之繁。于是而有所必为，有所
　　必不为，以其所长，怜其所短。量有涯则分有所执，时有碍则故有所
　　滞，彼我不相知，而不能知其所不知。乃至穷达失其守，荣辱易其情，
　　辩言烦兴而不循其本，于内无主，倒推于外，殉物以丧己；而不知达者
　　之通一，无不可寓之庸也。"（《庄子解》，第 268 页。）
③ 　方以智撰，蔡振丰等校注：《药地炮庄校注》，第 298—299 页。

神不能凝，而不知知之所自来。《齐物论》所谓的"与接为构"，就是"心构"，心与所接（物与境）交合叠构而有种种纠缠。高嵣云："言本于知，而心构是病根。"①"构"包含相反相成的两面：一方面是"合"，心构就是意识对意向对象或意境的整合或合成，这是人醒来时心与物交接而无法停息下来的活动，它连接了意识与无意识的过程；另一方面则是"斗"，心与境交接时，种种好恶取舍都参与了交接，好与取走向合，恶与舍则走向"斗"，所以在"与接为构"的同时发生的是"日以心斗"。寐与觉本此一身，但常人却不能一之，醒来时意识所接之境或攻或守，以相构结，形成意识中的是其所是、非其所非。意识不仅仅是关于某物的意识，同时也是内涵是非的意识，这些或相是或相非的意识，具体展开为心构的不同情态：缦者（心计柔奸）、窖者（深藏不露）、密者（隐秘绵密）。当心构下降为心斗，不论是有意识还是无意识，成为以是相非、以非相是的意识时，都会算计着如何取胜，忧虑着会不会失败。意识处在虑胜而忧负的状态，失去了恬愉和从容，处于紧张恐惧中："小恐惴惴，大恐缦缦。"小的恐惧知道恐惧什么，有一个恐惧的对象，随对象的消除，恐惧也就消除；大的恐惧根本没有对象，无所不在，但又无迹可寻，不留痕迹却又渗透在每一个地方。故而，小恐犹知畏惧，大恐却不知畏惧，而其恐惧又时时刻刻，不可须臾而离。小恐尚处在明处，大恐藏在暗处，即便对之无所意识时，大恐也如同一张疏而不漏的大网弥漫着，作为无任何具体恐惧的恐惧背景而存在。

---

① 方勇：《庄子纂要》，《方山子文集》第 16 册，第 214 页。

只要日以是非意识的心斗不停息，这个背景就不会消除。所谓"得失胜负战于胸中，则不能无恐"①。

不论是非意识的心斗是疏密的抑或缓急的，都离不开主动攻击（发）与被动防守（留）两个层次："其发若机栝，其司是非之谓也；其留如诅盟，其守胜之谓也。""发若机栝"，是主动进攻的姿态，总是伺机寻找他人之是非，以生起心斗，其意识就好像张开的弓、将射的箭，机动即发；"留如诅盟"则是意识处于被动防守状态，深藏是非而不言，仿佛发了誓言定了盟约那样，意在静待时机，以胜对方。或攻或守，属意的都是是非意识的心斗。由于是非心斗的意识放不下，连身体在无意识中也处在紧张中，丧失了若无其事的恬静和从容，以致生意一天天消减，就好像秋冬之时阳气渐消。人陷溺于日日心斗以及生意日减的处境而不能自拔，不再能回返生意未消减时的原初状态。"其厌也如缄，以言其老洫也；近死之心，莫使复阳也。"而那饱经世故并精于算计者，如同被是非意识捆住一般，年龄越长，陷溺越深，以至于生意枯竭，如坠入沟壑，再也不能恢复生气了。

人内心中的是非意识与心斗，虽居于意识甚至无意识中，但必由内而发为可感的状貌情态：喜、怒、哀、乐、虑（多思）、叹（多悲）、变（多反复）、慹（多忧惧）、姚（浮躁）、佚（纵逸）、启（狂放）、态（装模作样）。这十二种情态正是是非意识显现的人籁，就如同地籁中"万不同"的音声；它们犹如乐之出于虚而无形，如气之蒸成菌而无根；它们好像白天与黑暗彼此相代那样交替迭生于意识之中，不能测知它们究

---

①　吕惠卿撰，汤君集校：《庄子义集校》，第 21 页。

竟从哪里萌动而来。人唯不能自已，所以才汨没于意识的各种情态变幻中而不能自脱。有朝一日，一旦领会了十二种情态在当下意识中的相禅相代相化，就会进一步追问它们生成的根据何在。

本节刻画人籁，从知与言、小大意识两者开始，二者构成物论的根源，而后专力于知的方面，知的核心则是意识接物而产生的是非意识心斗，由此产生人籁之"万不同"的"众窍"，最集中的体现便是在意识中交替迭代的十二情态。而后正式提出了齐物论的根本性问题：这些是非意识的种种情态究竟是咸其自取，还是另有使者怒者？宣颖指出："此节是与天籁节相配文字。……日夜相代乎前，即'吹万不同'三句意也。'莫之其所萌'，即'怒者其谁'意也。"①首先要强调的是，是非意识的心构，是具有普遍意义的世间性常人意识的写照，林希逸谓"形容世俗之用心"②。世俗之用心，即"我"之用心，此"我"外以"知""言""小大"，内以心斗及种种情态，汨没于世俗意识中而不能自拔。这个"我"也是物论之主体，在意识生活中，因"我"而有作为意向对象的"物"，因"我"之不同而有"物论"之不齐。其次，这是在为物论之不齐从心知上做铺垫。自"缦者，窖者，密者"以下十一种，以及"喜、怒、哀、乐"等十二种，人心之用知以生起是非意识各不相同，犹如万窍异鸣，此为物论之不齐提供了主观条件。释德清说："此一节形容举世古今之人，未明大道，未得无心，故矜其小知以为是。故其所言，若仁义，

---

① 宣颖：《南华经解》，第13页。
② 林希逸著，周启成校注：《庄子鬳斋口义校注》，第18页。

若是非，凡所出言皆机心所发，人人执之，至死而不悟。言其人之形器，虽似众窍之不一，其音声亦似众响之不同，但彼地籁无心，而人言有心，故后文云'言非吹也'，因此各封己见，故有是非。物论之不齐者，此也。"①"我"将自我禁锢在"我"与"非我"（他人与物）对峙的意向性意识中，"但任私情之所发，而不知有天真之性为之主宰"，"故任情逐物而不知返本"②。再次，就本节结构而言，从"大知闲闲"以下，发挥人心的"吹万不同"，直到"旦暮得此"以下，才深入"咸其自取，怒者其谁"的问题，而后进一步导出"真宰""真君"，以回应这一问题。而洞见真宰，就是"丧我"之实。③

　　　非彼无我，非我无所取。是亦近矣，而不知其所为使。若有真宰，而特不得其眹。可行己信，而不见其形，有情而无形。百骸，九窍，六藏，赅而存焉，吾谁与为亲？汝皆说之乎？其有私焉？如是皆有为臣妾乎？其臣妾不足以相治乎？其递相为君臣乎？其有真君存焉？如求得其情与不得，无益损乎其真。一受其成形，不忘以待尽。与物相刃相靡，其行尽如驰，而莫之能止，不亦悲乎！终身役役而不见其成功，苶然疲役而不知其所归，可不哀邪！人谓之不死，奚益！其形化，其心与之然，可不谓大哀乎？人之生也，固若是芒乎？其我独芒，而人亦有不芒者乎？夫随其成

①　憨山：《庄子内篇注》，第 24 页。
②　同上书，第 25 页。
③　同上书，第 27 页。

心而师之,谁独且无师乎?奚必知代而心自取者有之?
愚者与有焉。未成乎心而有是非,是今日适越而昔至
也。是以无有为有。无有为有,虽有神禹且不能知,
吾独且奈何哉!

"我"是作为"取"的主体而被构成的,而"彼"(上述是非
意识与心斗之诸现象或情态,自"缦者,窖者,密者"以下
十一种,以及"喜、怒、哀、乐"等十二种)都是作为"所取"而
被建立。所谓"彼",并不是独立于取之主体"我"之外、不以
"我"之意志为转移的对象,当"彼"作为"彼"被"我"构成时,
它已经带有"我"的印记。王夫之《说文广义》云:"彼,本训
云:'往有所加也。'谓往与物遇而与之相接也。故庄子曰:
非我无彼。自我而外谓之彼,然自我彼之,我之所彼也。
从皮者,有所加被之意,与我有相困相敌之势,我有以处
之乃可。曰彼己者,我之私也;彼者,物之偏也。皆非大
公之辞。故又为远之、轻之之词,于己之外有彼,我可施之
以治,而不在我函受之中也。又为指物而论赞之语,如云
'彼茁者葭'之类,亦我所指拟而见其然也。"①彼者我之所
取,我者取彼者,我与彼之间相互构成。"'彼''我'二字,
不可分作二件,这个我即上文子綦'丧我'之我。"(李腾方)②
"取"的主体是"我",而不是"吾"。"取"看似主动的自取行
为,其实所取者乃彼之偏,于彼有所取,则有所不取。取

---

① 王夫之:《说文广义》,《船山全书》第 9 册,岳麓书社,2011 年,第
381—382 页。
② 方勇:《庄子纂要》,《方山子文集》第 16 册,第 218 页。

与不取，表面上在于"我"之主动，然所取者非"吾"之真性也。钟泰谓"彼"即"此其所以由生"之"此"，以对我言，故易曰"彼"。离"彼"，即不复有"我"。而离"我"，则又谁取此者。故又曰"非我无所取"。①"我"与"彼"之间的相互构成，实际上产生于"我"自身"取"的机制，这一机制是将"彼"建立为外在于"我"的对象之过程，故而吕惠卿谓："彼者，外之之辞也。"②但何以有"取"的机制？"彼"与"我"都不是此机制的最终创建者，甚至可以说是此机制的产品，那么，何者才是其根源？《齐物论》用"不知其所为使""若有真宰，而特不得其朕"来回答，表明对于"我"这一主体而言，取的机制乃是"自取"，但这一"自取"本身又没有更进一步的原因，只能作为没有"所与者"的"所与"来理解。"是亦近矣，而不知其所为使。""彼"与"我"相互依存、共构，已经接近事情的实质，但又不知道究竟的根据何在。冥冥之中好像若有真宰，却没有任何征兆或迹象。"可行己信，而不见其形，有情而无形。""信"即消息，"行"即心行，即心内的意识活动，消息虽然存于自己，但在心中不可见其形，虽然有情（信）却无征，这是就人心进一步推勘作为"使之者""怒之者"的真宰何在。

"真宰在天，则有天籁；真宰在人，则有真君。无真宰亦无物"，对人来说，"欲求真宰，非可求之于天，仍是求之于人。求之于天，虽近于道，而不知其所为使，虽若有真宰矣，而不得其朕。惟求之于人，则真宰之端倪可知，

---

① 钟泰：《庄子发微》，第 33 页。
② 吕惠卿撰，汤君集校：《庄子义集校》，第 23 页。

可知则可行。"（藏云山房主人）①是非意识及其心斗之始发，以"其觉也形开"为前提，那么是非意识及其种种情态是否"依形而萌"或"即形而生"呢？进一步的探究就必须从"形"（即人之身）推勘真宰的存在："百骸，九窍，六藏，赅而存焉，吾谁与为亲？汝皆说之乎？其有私焉？如是皆有为臣妾乎？其臣妾不足以相治乎？其递相为君臣乎？其有真君存焉？如求得其情与不得，无益损乎其真。"前言真宰，此言真君，"宰"字重在主宰，"君"者重在治理臣民。

真君是人的身体，还是身体的某个卓异部分呢？百骸（百骨节），九窍（两耳、两目、口、两鼻、前阴、后阴），六藏（心、肝、肺、脾、肾。肾有二藏，左为肾，右为命门，故为六藏；一说即六腑，谓大肠、小肠、膀胱、三焦），共同构成我的身体，何者为是非意识所萌发之场所与依据，而当与之相亲呢？如果是非意识分散寄托在身体的某些部分，那就与这些部分相亲么？如果是散寄于身体不同部分，那么一人之身而有不同的意识，它们之间就会彼此不相喻、内外不相应。抑或身体各部分作为一个整体，而与是非意识即心构产生交互作用，那么对身体的每一部分都喜欢呢，还是偏爱其中的某一部分呢？如果既非全爱，又非偏爱，那是把它们都视为被动的臣妾，以听从你的指使吗？还是你以为它们彼此之间并不能自相治理而形成秩序？或者你认为它们内部可以轮流做君臣呢？或者认为另有主宰这身体各个部分的共同真君呢？身体各个部分为什么能够形成一个生命有机体，而且各个部分自有其运作节律与秩序呢？是

---

① 方勇：《庄子纂要》，《方山子文集》第 16 册，第 221 页。

非意识何以从"形开"时发生呢？不管我们是否认识或理解这个真君，对于它的本来情况都是无所损益的吗？

不在天籁、地籁中求真宰，而求在人之真君，这就是从"在天之天"（天籁），转向"在人之天"（人籁），后者才是物与物论的根据。但求于人之身的结果，正如郑圭所指出的："形声影响无非耦者，樊然淆乱，不可齐矣。凡此皆逐于形，而不得其君形者。君形者，主乎我而丧我，因乎物而化物。是人之天也。"（郑圭）①《齐物论》先从人心，再从人身，遍求使其所萌（是非意识及其心斗的根据）而不得；而此求或不求的活动本身，对使之者（根据）有何影响呢？显然，历历求之，了无可据。找不到是非意识萌发的根据，是否就没有根据了呢？"此段言真君即真宰，人自受形以来，此真君即与人相守而不去。"（藏云山房主人）②人是真君的探寻者，这一探寻是真君对人显现的主体性条件，本节就是这样一种真君的探寻，其结果则是"将世人一切知觉形骸尽为幻化，使人大失所恃"③。

"一受其成形，不亡以待尽；与物相刃相靡，其行尽如驰而莫之能止，不亦悲乎！"人既生以后便禀受身体，但其意识却将之执着为现成化、凝固化的甚至外在于意识的形体，而不知其是意识"心构"之产品；世俗意识以为它是不亡、久驻的实体，而不知其无时无刻不在迁流变化之中。意识主体每天都在与外在于它的物（意向对象或意向场所）相

---

① 方勇：《庄子纂要》，《方山子文集》第 16 册，第 392 页。
② 同上书，第 234 页。
③ 宣颖：《南华经解》，第 14 页。

撞相摩擦，就这么一天一天不知止步，不也很可悲吗？"终身役役而不见其成功，茶然疲役而不知其所归，可不哀邪！人谓之不死，奚益！其形化，其心与之然，可不谓大哀乎？"世人整个一生都被是非意识及其心斗机制所推动，驰逐奔忙而不见成功；纵然被这种莫知其所萌的机制役使而厌倦疲惫，也不知道当归于何处。这不是很悲哀吗？这种被无以名之的力量推动着、役使着的生活，即便不死，又有何益呢？形体一天天变化，日渐衰败枯萎，岁月令人老，而其心知状态也随之一起变化，灵气荡然，形神俱丧。这不是人生的大哀吗？从"不亦悲乎"到"可不哀邪"再到"可不谓大哀乎"，由是非意识的心斗带来的精神病理与错乱让庄子发出了一次又一次的悲叹："庄子前言悲，而此言哀者，悲未至于哀，而哀有甚于悲。言哀而继以'人谓不死奚益'之句，此其所可哀也，故言哀于后。"[1]世人在是非意识及其心斗中身心俱疲而又不知何以如此，人生难道就是这样的茫昧吗？这种生存的迷茫是所有人的共同命运吗？还是只有我面临这样的茫昧？"何以击空虚不痛，击身则痛？刺身不死，刺心则死耶？"[2]那种并非事关个人切身利益，而是事关所有人生存之惑的大悲大哀之情，推动《庄子》直击人类生存的"大哉问"；而直击生存困惑，既是探寻秩序与意义的动力，也是秩序与意义的构成本身。《齐物论》"一路推勘世情，俱从'丧我'对面着笔，古今来一切知觉形骸，皆处

---

① 王雱：《南华真经新传》，王水照主编《王安石全集》第 9 册，第 209 页。

② 方以智撰，蔡振丰等校注：《药地炮庄校注》，第 306 页。

于必尽，而惟无形之真宰常存"①。

"夫随其成心而师之，谁独且无师乎？奚必知代而心自取者有之？愚者与有焉。"与成形相应，成心是一成不变之心，是凝固化了的、不能随时而化的僵化意识，它往往把自我囚禁在成形之中，与他者对待。在大化流行的世界中，本来没有固化的存在，但成心将自我与世界都打上完成化、现成化的印迹。陶望龄《解庄》谓："受成形，则物我立；师成心，则是非起。所以然者，不识真君也。真心者，未成乎心者也；妄心者，成心也。"②《齐物论》表明，"我""取"的机制，与人的成心联系在一起，而成心又与成形相关联。"一受其成形，不亡以待尽"，"其形化，其心与之然，可不谓大哀乎？人之生也，固若是芒乎？其我独芒，而人亦有不芒者乎？"形与心的"成"，并不仅仅是"我"自己的，也是所有人的存在样式，是人之"茫昧"（不明）的存在样式之显现。在这个意义上，"我"是人之存在的一个基本面向，而"成形"与"成心"则是构成"我""取"活动的主观根源。成形指的是人的"身"，成心则是人的"成见"。成形与成心都是执着不化的，固执、受限于某一个具体的时位（时空）而不能通达其他。随其成心而师之，即"师心自用"。《人间世》中，孔子告诫颜子曰"犹师心者也"。师心自用，则每人都有师，不仅仅"知代（懂得事物变化）而心自取者"是这样，即便是不"知代"的"愚者"也是这样。换言之，成心作为"我"的基

---

① 刘凤苞：《南华雪心编》，第 31 页。
② 陶望龄：《解庄》，《陶望龄全集》，李会富编校，上海古籍出版社，2019年，第 1120 页。

本维度，具有普遍性，是日常状态下我们理解事物的基本视域。无论理解与认识如何展开，它都在具体的时空世界中展开，总是与某些特定位置形成的观看相联系。成心是成见，成见即偏见，它蔽于全体而见于一边一角，因而是"暗于大理"的一边之见、一曲之见。但自有形体之后，人就带着在这个世界里积聚而来的位置、时间、传统、习俗、习气、教育等所构成的视域，这一视域就是他理解一切事物不得不佩戴的"有色眼镜"。不管是智者还是愚者，不管是有意识还是无意识，都无法摆脱观察事物与世界的成见。成见因此也意味着人审视世界与事物的视角性方式，即人总是从他的某个或某些时位架构，达成对事物的观看。在世俗状态下，人站在特定时空中的观看，看到的只是特定时空里的现象，而不是特定的观看视角。视角自身反而成为达成日常观看的形式，没有成心，观看不能出现；有了成心，观看必定成为视角性认识，即不能避免一偏之见的遮蔽。有所见总是伴随着有所蔽。而且，这一观看本身也是"我"的"成见"进入观看、主导观看的过程，就此而言，所见的并不是中性的现象，而是渗透着价值判断（是非美恶）的"观点"，"观点"既意味着在某些特定"点"上达成的看，也意味着所看的乃是一些"点"，而非全体。

《齐物论》"未成乎心而有是非"的"未成乎心"，即初心，在那里，时间、位置的含义没有随着习得而充实，传统、习俗、风土、人情、礼仪、道德、社会、家庭等所构筑的前理解还没有在"心"中完"成"、凝"固"，人心还处在相对"空"与"虚"的状态。人的成长过程是习染、习得、习用等充实其心的过程，这个充实过程既是"成心"形成、观看得以可能，同时也

是遮蔽得以可能的过程。老子主张实其腹、虚其心，就是针
对成心已经形成的人而言的。孩子、婴儿常常成为赞颂对
象，因为他们还没有完全习得成心，就好像婴儿的肢体，
骨骼发育没有完成，所以身体的任何部位都很柔软，很有
弹性与韧性，官觉之间能够相互照看。长大以后，这些与
感官未分化联系在一起的移觉、通感功能反而退化，人不再
能听出颜色、看到声音，而是颜色被确定地交付给视觉，一
如声音被确定地交付给听觉。初心状态，是非观念没有形
成；而一旦有了成形，就有成心；有了成心，就有执着；
有了执着，就有是非。人的取"彼"与自"取"，其实就是"是
非"的生成过程，成心在这里起到了关键性的作用。"自'随
其成心'句至此，言物论皆人心所造也"①。从全文脉络看，
"自'大知闲闲'以下，一路蜿蜒曲折而来，至此乃揭出'是
非'二字，拍合物论，为一大结。以后即承此意，另开生
面，言所以不齐之故"②。此中之关键在于："是非本自无
定，皆成心为之耳"③。

三　道、言与物论

　　　　夫言非吹也。言者有言，其所言者特未定也。果

---

①　林云铭：《庄子因》，第 15 页。
②　刘凤苞：《南华雪心编》，第 32 页。
③　林云铭：《庄子因》，第 15 页。

有言邪？其未尝有言邪？其以为异于鷇音，亦有辩乎？
其无辩乎？道恶乎隐而有真伪？言恶乎隐而有是非？
道恶乎往而不存？言恶乎存而不可？道隐于小成，言
隐于荣华。故有儒墨之是非，以是其所非而非其所是。
欲是其所非而非其所是，则莫若以明。物无非彼，物
无非是。自彼则不见，自知则知之。故曰彼出于是，
是亦因彼。彼是，方生之说也。虽然，方生方死，方
死方生；方可方不可，方不可方可；因是因非，因非
因是。是以圣人不由，而照之于天，亦因是也。是亦
彼也，彼亦是也。彼亦一是非，此亦一是非。果且有
彼是乎哉？果且无彼是乎哉？彼是莫得其偶，谓之道
枢。枢始得其环中，以应无穷。是亦一无穷，非亦一
无穷也。故曰莫若以明。

　　物论的核心是是非，是非通过两大要素构建：一是知，
一为言。《齐物论》以大知、小知、大言、小言承接开篇天籁在
"吹万不同"的地籁中之显现，接着讨论"知"的问题，从是
非意识的交构与心斗开始，最终落实到"成心"。从本节开
始讨论"言"的问题。"言"在先秦的语境中，不仅仅是声音，
而且是人的带有态度、有所"取"而建立的主张，如孟子所谓
的"知言"，所谓的"杨朱墨翟之言盈天下""天下之言，不归
杨则归于墨"。故刘凤苞云："承上文始提出'言'字，特申
物论。"[1]陈继儒："言者，物论也，乃人声，非若吹万之可
比也。"蒋锡昌："言出机心，吹发自然，二者不同，故曰言

---

① 　刘凤苞：《南华雪心编》，第 32 页。

非吹也。"①言与是非之间的关系是，"从是非上转出个'言'字。盖是非出于口谓之言，无言则无是非矣"（李腾芳）②。人类社会中的言语与吹万不同的地籁有很大的不同。毕竟，地籁与天籁不隔，地籁完整呈现自身就已经是天籁，天籁通过吹万不同的地籁而使其自身显现，这里并没有有为意识的参与，因而并没有来自地上万物的阻力。但在人类社会，人有机心、有成心，人的有心与地籁的无心构成鲜明对比，正是这种成心使得言说与物论开启了更加广阔的思想世界：人各有见，此是而彼非，彼是而此非。这就使物论的言说充满了不确定性，各有所当，未可执一作为是非的尺度或标准。是非无定的言说者，自以为所说的和初生小鸟破壳而出的有声无辩、纯任自然的声音没有分别。果真没有分别吗？是非无定的物论已经把我们的世界经验转化为一种解释，这种解释已经使得经验的世界不同于自然的世界。自然世界的确定性使得它可以为人类生活所取准。"布谷枝头叫，种谷时节到"，布谷鸟在枝头叫，人们就将其作为农业播种谷物的时准。而人言则并非如此。方以智曰："人间禽言如鹊则报喜，鸦则报凶，鹳鸣则雨，布谷催耕，可听之为准。鷇音未定，则不可为准矣。"③

　　"道恶乎隐而有真伪？言恶乎隐而有是非？道恶乎往而不存？言恶乎存而不可？"大道本无所谓真伪，它隐匿于何

---

① 方勇：《庄子纂要》，《方山子文集》第 16 册，第 244 页。
② 同上书，第 248 页。
③ 方以智撰，蔡振丰等校注：《药地炮庄校注》，第 308 页。按蔡注本"鹳"作"鹳"，《方以智全书》（黄德宽、诸伟奇主编，黄山书社，2019 年）作"鹳"，似当为"鹳"。

处，真伪才会发生呢？真言本无是非，它隐匿何处，是非
才会出现呢？大道本来无所不在，在什么情况下它才会失
而不存？真言本来无所不可，在什么情况下它才会有所不
可呢？据《知北游》：“东郭子问于庄子曰：‘所谓道，恶乎
在？’庄子曰：‘无所不在。’……汝唯莫必，无乎逃物。至道
若是，大言亦然。‘周’‘遍’‘咸’三者，异名同实，其指一
也。”这是说道本无所不在，既然无所不在，本来无间于真
伪，真固然是道，但伪之所以为伪者，亦不能离道。然而，
当真伪既分，则大道必然有所不载。真言载道，本无有不
载；“是”“非”既分，则“非”与真言被区分，其实“非”是
“是”之反，而非真言之反，真言在是者成其为是、非者成其
为非上显现。① 这就是何以“道隐于小成，言隐于荣华”构成
对上述四个问题的回答的原因：道被小成遮蔽，小成则是
智者的一孔之见，为道之一偏，而非道之全；言为荣华所
遮蔽，荣华者非其真实，所以虚浮怒切，偏浮之知推动是
非心斗意识。“小成，谓安于一察以自好；荣华，谓狃于私
说以相夸，此道与言所以蔽也。”②是非无定的物论之所以产
生，正是大道之裂、真言之隐的表现。

　　“故有儒墨之是非，以是其所非而非其所是。欲是其所
非而非其所是，则莫若以明。”儒墨是物论的重要代表，以

---

① 原初的“是”不与“非”对，“是”“非”对立之后，对立的“是”已经不同于原
　　初的“是”。船山云：“惟其有是无非，故非者可现；若原有非，则是非
　　无所折衷矣。非不对是，非者非是也。如人本无病，故知其或病或愈。
　　若人本当有病，则方病时亦其恒也，不名为病矣。”（王夫之：《读四书大
　　全说》，《船山全书》第 6 册，岳麓书社，2011 年，第 395—396 页。）
② 林云铭：《庄子因》，第 15 页。

之指代一切物论，一切物论的核心莫过于是非问题。庄子所以列举儒墨作为代表，正因为它们体现了对是非的相反理解：儒之所是，墨以为非；墨之所是，儒以为非。物论者之所见，受限于其视角，必然只见自家之"是"，而不见其"是"之"非"；同理，但见人"非"，不见人"是"。由此而言，物论遮蔽了是非，不能同时呈现是非，故为一偏之见。视角既构成了是非所以可能的条件，同时也构成限制。超越的方式则在"欲是其所非而非其所是，则莫若以明"，"以明"意味着仍然在是非架构内部，但能"是"自己所"非"、"非"自己所"是"，达到一种"是""非"兼怀的视域，这就是"明"。"明"意味着对自身局限性的认识，因而是一种"自知"。儒墨互非对方之所是，互是对方之所非，其是非不同且相异相反。《荀子·荣辱》说"必自以为是而以人为非也"，这就是"自以为是"，而以他人所"是"为"非"。超克之路在于，既看到人家之"是"，又看到自家之"非"，这就是"欲是其所非而非其所是"的意思。要达到这一点，只有靠"明"而不是"知"来实现。"是其所是""非其所非"，是百家诸子的非彼即此之学，也就是所谓的是（此）非（彼）之学。但"是其所非"则是对"是其所是"的超越，"非其所是"，则是对"非其所非"的超越。这种跳出自身局限的观看，本质是对自身局限的理解，因而是一种"自知之明"。

　　物自身并无所谓是非彼此，只有在与人发生关系，基于人的视角加以观照时，才有所谓是非（彼此）。但既然物是在人的特定视角——作为观察点的这里（此）、那里（彼）——的观看中对人而成为物的，那么，"彼""此"就是物的构成中不可或缺的维度。是故物对人而显现无法与彼此分割，不过是人们基于这里（此）或那里（彼）而达成的不同观看的结果。彼此就是是非得以构成的时空位置，是非问题说到底是彼此问题，位置不同，视角不同，物因而有不同的显现。王敔云："是，此也。"王船山指出："夫其所谓是非者，岂是非哉！彼此而已矣。我之所谓彼，彼之所谓我也，无定之名也。见此之为此，而不知彼之亦有其此，自知而不知彼，遂怙之以为明；两相排而益引其绪，以相因而生，则立此而彼方生，使无此而彼不足以生矣。故有儒而后墨兴，有墨而后儒之说盛。夫相倚以生，则相倚以息，相倚以可其可，相倚以不可其不可，则攻人者召攻之媒也。若是，而圣人其屑以之哉？天之所籁，鸣虽异，而于天无益损也；任物之吹而无倚焉，则无所不照矣。虽然，亦因彼因此之现在吾前而照之耳。使无儒无墨，圣人亦奚照乎？照亦圣人之不得已而因焉者也。照之而彼此皆休矣，皆均矣。其所因者忘，而道定于枢；无穷之化声，以不应应之，而无不可应矣。若彼无穷之化声，生彼此之是非，则唯持其一曲之明而已矣。一曲之明，亦非不明也。故小知大知争炫其知，而照之以天者，无我无此，无耦无彼，固不屑以此为明也。"①

对于站在这里的人而言，他所看到的是基于这里的视域而构成的对物的认识，而不能看到从有别于这里（"此"）的另一个时空位置（即那里，或者"彼"）所达成的观看结果。人之明与昧主要受制于时空位置。人不能同时既站在这里（此）又站在那里（彼），这是时空对人的限制，亦是人之有

---

① 　王夫之：《庄子解》，《船山全书》第 13 册，第 103—104 页。

限性的体现。扬弃这个有限，并不是从这里跃入那里，不是通过摆脱这里，即对这里的出离，而达成对限制的摆脱，关键在于对作为时空架构的"这里"的彻底理解。将自己在这里的所知限定为视角的这里，也就是对这里的一种超越，给基于那里的不同于这里的观看预留了时空位置。在这个意义上，明不是跳出"这里"（是，此），而是与这里及其限制的体验联系在一起。唯其反转、内观，沟通彼此、是非的主体方得以形成。这是主体的转化，即从知与言所奠定的明亮意识中的主体（Ego）到明昧的深层意识的主体（Self）的进阶，"明"意味着解其主观之蔽，明其所不能明者，即作为界限之"昧"的存在。

"彼"（非）的经验来自"是"的经验，作为"是"的经验的外缘而被建立。换言之，作为"这里"的"是"，表达了基于"这里"（此）的自见，而"非"（彼）则通过作为"是"的对立方而被建立。超出了是非之见，即确立彼此是非兼怀的目光，这是从小的时空层级到大的时空层级的"上出"，如此是与非、彼与此皆在大视野之中。故钟泰有云："此皆出乎彼是之外，得以观而知之。……知者，明之知也。"①这种"上出"，对于在"此"的主体而言，是借助于在"彼"的他者经验得以可能的，"必置身于是非之外，易地以观，斯见彼出于是，则其为是亦因彼而然耳"②。即通过他者的经验而扩展了自己的视角性局限。

"彼是，方生之说也。虽然，方生方死，方死方生；方

---

① 钟泰：《庄子发微》，第38页。
② 林云铭：《庄子因》，第16页。

可方不可，方不可方可。""方生"有两种解释，一是"并生"
（刘武），即相互依存；一是"互生"，即相互构成，是中有
非，非中有是。"方"，时间过程中的将要，成玄英谓：
"方，方将也。"①"彼是，方生之说"意为，彼是之间永远处
在将来的开放着的状态，而不会处于封闭的完成状态。庄
子要求以开放的心灵面对是非彼此之辨。《吕氏春秋·安
死》云："其所非，方其所是也；其所是，方其所非也。"是
非彼此的变动不居，与"此"（是）本身的不确定性有关。空
间上的这里与时间上的现在，乃是"此"或"是"的地理历史
架构的基轴。作为立足"这里"（"此"）意义上的"是"，它并
不与静态的实体之"我"相关，而毋宁与动态之"我"所处的
具体时空有关，动态的主体之"我"有取于所接之物，甚至
以回忆、记忆、意识与无意识等多种方式将自己的经历、期
待、所携带的风俗传统，也就是其"本地风光"带到"是"的时
空中，构成其具体内涵。然而，"我"本身的时空又处在变
动组合中，作为与"是"（此）密切联系在一起的"现在"永远
与过去、将来处在某种关联中，这种关联也影响了现在的内
涵构成。就此而言，将"方生"理解为"并生"有其道理。刘
武指出："方，犹并也。彼是方生，即彼是并生。下文'方
生方死，方死方生'，即并生并死，并死并生也。"②同一空
间内的并存、共存，无论是就彼与此某一方而言，还是就彼
是之互为对方的意义来说，都是正确的；但毕竟这种解释
没有展示其内涵的另一个方面，即随着"是"（此）——"这

---

① 　郭庆藩：《庄子集释》，第 66 页。

② 　刘武：《庄子集解内篇补正》，沈啸寰点校，中华书局，1987 年，第 45 页。

里—现在"——的时空转换，时间上的今之所是，或成明之
所非。《寓言》与《则阳》对是非、然不然、可不可的讨论告诉
我们，三组对待都处在时空的毫无停滞的转换中，这一"周
流六虚""唯变所适"的变易观念使得是非、然不然、可不可的
任何确定性执着，都显然是一种不太可能的虚妄，只能是
以人测天，以心系物，立理限事，以人灭天。在方生方死、
方死方生的变易体验中，人既去除了对是非有定的执着，
同时也获得了精神层面上的发展与成长。在一个不再对是
非之有定有所执着的层次上，依然可以有所可，有所不可；
在可的时候同时也有不可，在不可的同时也可以有所可。
在此流变视域中对现有的可与不可的不断超越，构成精神
自我提升的方式。

　　"是非"与"可不可"不同："可不可动于心，是或非则形
于言。"①是非犹有所谓的客观性，虽然人们彼此基于不同时
位观看，但这些观看所共见者，尤其是当某种所见被体制
化为规范性时，就具有了客观性的意义。是非的产生未必
是客观的，但符号化以后就要求成为客观化或普遍化的律
则。而可不可与然不然关涉的是主观性的认可问题，它是
主观性的看作，褪去了客观性与普遍性的外衣。比如契约
的达成，并不一定基于客观与普遍，可以基于相互的认可，
即主体间的或博弈或沟通之后建立的妥协性共识。如果说
是非问题往往关联着规范的强制性，那么可不可的问题则
是交互主体性的体现。简言之，是非可以被视为客观的真
假与道德伦理上的对错，可不可则是主观性的相互认可与

----

① 　刘武：《庄子集解内篇补正》，第45页。

不认可。从"是非"到"彼此"，引出"成形"与"成心"，呈现"彼此"对"是非"的构成意义。从"彼此"到"可不可"，"是非"被进一步还原为主观化的可不可问题，可者为是，不可者为非。换言之，"是非"并非脱离人的判定或认可的客体化对象，而是与人的主观化认可不能分离。

有所可有所不可，这才得以构成"一家之言"，这意味着物论的出现。多元物论关联着显现世界的不同方式，体现了显现自身的相对性与主观性、多样性和条件性。即便你究际通变，即便站在高于是非彼此的位置，一个人所能成就的也只是一家之学与一家之言，而不可能拥有大道。大道自身是无规定的，它不能直接地完全地显现，而必须通过是非、彼此、然否的不同物论而局部地显现。一个人的经历、经验，所从属的时代、传统、风俗、家庭、朋友等，在历史的大视野内，都可以构成作为一家之言透视世界的"这里"（此）。"这里"并不是一个空间性的点，而是敞开世界的一个有限视角。作为物论的一家之言，是从其不可重复、不能复制的"这里"生长出来的世界经验。虽然个人可以"尚友千古""思接千载"，可以"参万岁而一成纯"，但毕竟难以摆脱作为视角的"这里"。"这里"正是他"尚友千古""思接千载""参万岁而一成纯"的位点。没有这一位点，一切会通都不可能。会通不仅仅意味着由"这里"出发抵达"那里"，更是将"千古""千载""万岁"带到当下的"这里"。百家学作为物论的一家之言，其正面意义正在于此。

"因是因非，因非因是。是以圣人不由，而照之于天，亦因是也。是亦彼也，彼亦是也。"上述脉络中的可与不可，已经超越了基于主体之我的执着，从不执着的主体转变为因任的主体。在自己有所可、有所不可以成就一家之言的情况下，人依然可以乐观他人之成，乐观他人之所可、所不可。在此他不执着，而是因任，对他人的可与不可、因是因非、因非因是，从事解蔽的思想劳作。所谓"因是因非，因非因是"，即因其所是而明其"是其所是"，因其所非而明其"非其所非"；同时由因其所是以见是之之非，非之之是。"照之以天"，即不由是非，不在是非之内，即"以明"。唯不在是非之内，乃可因是因非。钟泰指出："'以明''因是'，为此文之两支。后之译印度辩论者，即名之曰'因明'，然义实不同。彼先因后明，谓因喻以明宗。此则先明后因，谓明照而因物。彼因为原因之因，此因则因任之因，未可混也。……'以明'所以去执，'因是'所以善用。析而言之，大体如是。实则言'以明'即兼'因是'，言'因是'不离'以明'，两支仍一体也。"[①]不由是非，照之以天，唯见天均、天倪之运转，而不可执着任何成见、成心、成形。就人之立身行事必有接于物、不得不落于世间事物而言，是非、然不然、可不可，各有其理，亦各有其蔽，故照之以天，乃"明"。圣人因是非，因诸子，因百家，《天下》所谓"不敖倪于万物，不遣是非，以与世俗处"。庄子的齐物论与慎到等人的大不相同。慎到等的齐物论"舍是与非"，以使自己终身无誉，终身无毁，毁誉不沾身，最终导致"非天下之大圣"。《天下》批评其说"非生人之行，而至死人之理"。庄子对"人间世"的态度，不是单纯的出与入，而是"入乎其内"与"出乎其外"之统一；是非、彼此之超越，是"照后之言"

---

①　钟泰：《庄子发微》，第 39 页。

"两齐之论"，不同于俗解。刘武深谙此意："以道言之，无彼此；以世情言之，有彼此。"①既保留世情上的是非彼此，同时又以天照的形式提升是非、彼此，"果有乎，无乎，特未可定也。夫有彼此，然后有言语，既彼此之有无未可定，则言之有无亦未可定，更无论是非矣"②。

"照之于天"，即以"天""明"之，意味着从是非之"知"到"明"的层次跃升。照之于天，便是不由是非，但同时给是非保留合理的位置。故真正的齐物论，不是泯灭是非，而是主张有条件的是非，即将是非还归到是非在其中得以成立的脉络里。在这个脉络里，是非不再彼此相对。圣人照之以天，即"因是"，如同天任万籁齐鸣，各成异响，然于天却无损益。天无不照，圣人对百家之是非，独因其是，集众人之所是而是之，以成公是，则众人之是非彼此无有不是，但归于正而已。"非"得其正位，则为"是"，"是"是"是"，"非"也是"是"。如同天理贯通天下，合理者无所逃于天理，不合理者亦无所逃于天理。是非的有效性的显现，同时也是其边界的显现。

因其是、因其非而求更高一层的"是"，即不再是与"彼"相对的"是"，而是统和、综合了"是"与"非"的"是"。在此情况下，彼、此虽然还在，但已经不再相对，各自丧失了对对方的依赖性。彼此之间的有待性、有条件性消失，起而代之的是更高层次上的综合、会通。立足这个更高层次的彼此之综合，以应对在彼此对待层次上的是非，这就获得了更高

---

① 刘武：《庄子集解内篇补正》，第 46 页。
② 同上。

阶次的观念，犹如道的枢纽，又如圆环之中心，可以连通各端点。钟泰谓："枢者言其运，环者象其圆。圆而能运，所以应于无穷也。《盗跖篇》曰：'若是若非，执而圆机。''枢始得其环中'，所谓圆机也。如是，则'是亦一无穷，非亦一无穷'。'以明'之用若此，故曰'莫若以明'也。"①伍非百对道枢的意义进行了阐发："执此道枢以应是非，可以横说竖说，正言反言。无是无非也，可。或是或非也，可。亦是亦非也，可。俱是俱非也，可。所谓'是亦一无穷，非亦一无穷'者也。既然是非无穷，还有什么可以执着？由'彼是相生'之是非，演至'彼是相消'之是非，则'彼是说'亦不足为据矣。故曰'莫若以明'。此句（莫若以明）总结上文。自'故有儒墨之是非'以下，至'莫若以明'，皆发挥'彼是'之义而破之。"②

道枢的出场，是是非问题得以解决的关键。"枢"本义为辅助门开闭的转轴。道枢则意味着这样一种转轴，一方面，道枢是世俗意义上的是非、彼此的区别在其中消失了的关窍，它立于是非与彼此的根源处，也就是是非、彼此的分别被融化了的地方；另一方面，经由道枢的作用，世俗的是非、彼此又可以各得其合理性，其合理性边界也得以显现。《齐物论》的要旨正在这里。陶望龄云："以无是非处齐是非，乃此篇主意。"③照之以天，正是以超出是非的视域处理是非，是者还其是，非者还其非。一言以蔽之，"惟照之

---

① 钟泰：《庄子发微》，第39—40页。
② 伍非百：《中国古名家言》，中国社会科学出版社，第658页。
③ 陶望龄：《解庄》，《陶望龄全集》，第1123页。

于天,则因物付物"①。"道枢",一方面关联着"丧我",另一方面关联着"丧偶"。孙嘉淦指出:"不自以为是,乃所谓丧我;不以物为彼,乃所谓丧耦。物我大同,推而皆准,故曰道枢。""丧我者,内不见己,外不见人,浑然无间。""以明者,互观于人己之间,而知是亦彼,彼亦是,各一是非,取譬之方也。"②当"以明"通过道枢第二次出场时,不再是"自知之明",即对自身局限的认识,而是无物无我的无对待之境,是"天均自照"而得之大明。

> 以指喻指之非指,不若以非指喻指之非指也;以马喻马之非马,不若以非马喻马之非马也。天地一指也,万物一马也。可乎可,不可乎不可。道行之而成,物谓之而然。恶乎然?然于然。恶乎不然?不然于不然。物固有所然,物固有所可。无物不然,无物不可。故为是举莛与楹、厉与西施,恢诡憰怪,道通为一。其分也,成也;其成也,毁也。凡物无成与毁,复通为一。唯达者知通为一,为是不用而寓诸庸。庸也者,用也;用也者,通也;通也者,得也;适得而几矣。因是已。已而不知其然,谓之道。劳神明为一而不知其同也,谓之朝三。何谓朝三?狙公赋芧,曰"朝三而暮四",众狙皆怒;曰"然则朝四而暮三",众狙皆悦。名实未亏而喜怒为用,亦因是也。是以圣人和之以是非而休乎天钧,是之谓两行。

---

① 刘凤苞:《南华雪心编》,第36页。

② 方勇:《庄子纂要》,《方山子文集》第16册,第262页。

"以指喻指之非指，不若以非指喻指之非指也；以马喻马之非马，不若以非马喻马之非马也。天地一指也，万物一马也。"这里的"喻"并非隐喻、譬喻，而是晓谕。"以指喻指之非指"，即"指非指"；"以马喻马之非马"，即"（白）马非马"。"指非指""（白）马非马"皆当时名辩学家关切的问题，公孙龙子还撰写了《指物论》《白马论》专门阐发这两大主题。"指非指"，前"指"为能指，后"指"为所指，能指非所指，其意在区别能指与所指。在物论的争鸣中，面对同一物，能指不同，所指亦异。公孙龙子《指物论》云："物莫非指，而指非指。"对于公孙龙子而言，能指与所指应当区分开来。"物论"之"物"皆人之"所指"，"指物"之"指"则不是"所指"，不可同于"物"。《齐物论》更进一解，"以非指喻指之非指"代名家"以指喻指之非指"，意在显明所指由能指而立，要解构以能（指）为所（指）之执，不如并能指之，其执也就无法产生了。公孙龙子《白马论》以为马以命形、白以命色，命形者非命色者也，由此得出白马非马的结论，其宗旨在于区别马的全称不同于偏称；《齐物论》"以非马喻马之非马"，则在《白马论》基础上转进一解，即偏以存全。公孙龙子欲破除偏称与全称的混淆，但《齐物论》指出，全存于偏中，马存在于白马、黑马、黄马等之中，无白马、黑马等，则马则无以寓存。[①]"指非指""马非马"之论，所及之物及其世界，乃名言世界。《齐物论》以"非指""非马"所开启

---

① 钟泰：《庄子发微》，第 41 页。

的世界，乃是先于名言或后于名言的世界，它给出的方向是面向吾人原初经验中的事物本身，而此事物本身已经无法为名言及其逻辑所分析。褚伯秀甚至以前者为"常人之见"，而后者为"至人之见"，"指马涉乎形迹，所以不免是非；非指非马则超乎形数言议之表"。① 我们虽不必完全同意其观点，但两者的层次差异还是很明显的。

"天地一指也，万物一马也。"天地之大，可以一指观之；万物之多，可以一马观之。由"以非指喻指之非指"可见，"指"之外别有"非指"；由"以非马喻马之非马"可见，"马"之外别有"非马"。进一步的转进则在于，天地之大，可涵于一指；万物之大，可蕴于一马，此意大致相当于"一沙一世界，一花一天堂"。"指""马"由名言中的指称与象征转向事物本身。崔譔云："指，百体之一体。马，万物之一物。"②崔譔对指、马的理解已经不在名言世界之内。王夫之云："指之屈伸，因作用而成乎异象。马之白黑，因名言而为之异称。局于中者执之，超于外者忘之。故以言解言之纷，不如以无言解之也。浸使白其黑而黑其白，屈其伸而伸其屈，则名与象又改矣。则天地万物，岂有定哉？忘言忘象，而无不可通，于以应无穷也，皆无所碍。照之以天，皆一也，但存乎达之者尔。"③在这个超出名言的道枢理境，可以看到吕惠卿所指出的形上之境："天地虽大，无异一

---

① 褚伯秀：《庄子义海纂微》，第47页。
② 郭庆藩：《庄子集释》，第68页。
③ 王夫之：《庄子解》，《船山全书》第13册，第104页。

指，以其与我并坐而同体也，无我则莫知其为天地矣；万物虽众，无异一马，以其与我为一而同类也，无我则莫知其为万物矣。"①同时，天地一指、万物一马的理境，对于上升了的主体才能显现，它是一个主体上行至更高层次的体道体验。

上升了的主体，即是可以开启道枢之门的主体，对于他而言，"可乎可，不可乎不可"，即是将可还给可，将不可还给不可。可与不可，皆人之认可，人之认可与不认可，都被安置在恰当合理的位置。这既是对道枢参与的结果，也是道枢通过人的参与而得以显现。《文子·自然》："故至寒伤物，无寒不可；至暑伤物，无暑不可，故可与不可皆可。是以大道无所不可，可在其理。见可不趋，见不可不去。可与不可，相为左右，相为表里。"②道枢是可与不可在其中彻底消解的超越性绝对之境，这是就道枢自身而言；又是可与不可皆得以安顿，各自作为自身而显现的场域，这是就道枢的作用而言。人对道枢的参与，既在超越可不可的对立，上行到道的视域，这是根基的探寻问题；又在可者还归其可、不可者还归其不可的秩序，这是由根基而来的对世间性的可与不可的回应。道枢离不开人的参与，人在行道实践中才能将其开启，所谓"道行之而成"；经验世界中的物由人之谓之而使其然或不然，因而有"物谓之而然"。就道体的显现而言，道离不开人的参与，但通过人的

---

① 吕惠卿撰，汤君集校：《庄子义集校》，第31页。
② 王利器：《文子疏义》，中华书局，2000年，第344页。

参与而显现的道，便不再是道之全体，只是道之不完全的侧面。同样，被谓之而然的物，已经不再是物之自身，而是人对物的经验。人之参与道的显现，参与物即对物有所言说，这就是百家之物论。通过对物的言说以表达道的经验，这一方面是道自身运行在人类社会中的展开方式，另一方面又是人参与道的方式。在各种各样的物论中，道运行即有所成，物被言说即有所然，这种"成"与上文的"道隐于小成"关联起来，则为道之隐；但对人而言，道之显就是通过人之参与而显现。对道自身而言的"隐"，对人而言则是道之"显"，这里的"道"，乃是隐于小成的百家之"道"。百家之说，各有其道，其于大道皆有所发明，亦有遮蔽，故非道术，可以方术目之者也。道并行不悖，即各家学说并行不悖，各得其当，这是学说层面上的物各付物，这就是大道的视野。在万物层面，万物各有其道，各有存在方式，然不相碍而相通。在两大层面上都得其太和的，是"圣人"之"休乎天钧"。

物之自身并不存在"然"与"不然"的问题，是人对物的参与，才引出了"然"和"不然"的分化。物有所然，则有所不然。只有基于道的视域，物之然与不然才得以同时显现。那么，然于何处？不然于何处？《齐物论》的回答是："恶乎然？然于然。恶乎不然？不然于不然。物固有所然，物固有所可。无物不然，无物不可。"这一回答包含三个层次：(1)"恶乎然？然于然。恶乎不然？不然于不然。""然"与"不然"有明确的界限，这是人对待"然"与"不然"的通常方式。

（2）"物固有所然，物固有所可。"就物自身而言，它固有所然，有所不然；但对物的经验离不开人的参与，是谓之而然的，因而物之"所然"，本质上是物之"所可"，"所可"是对人而言的"认可"，故而物之固有然、固有不然，仍然离不开视角性认识的前提。（3）"无物不然，无物不可。"超越视角性认识，每一个事物都同时可以"然"与"不然"，即"然"与"不然"的合一。

莛（草本植物的茎）与楹（房屋的柱子）相比，前者小而后者大；厉（丑女）与西施（美女）相比，前者丑而后者美。恢（宽大）、恑（诡秘）、憰（欺诈）、怪（奇异）四者，其情各不相同，但在道的视域中，可通而为一。《德充符》曰："自其异者视之，肝胆楚越也。自其同者视之，万物皆一也。"道的视域是通达的，可以超越区别和差异，不同的侧面都是道体的不同显现。鲜花与牛粪，对于自然主义状态下的世间人而言，差别不可谓不大，爱鲜花而憎牛粪，乃人之常情；但若就道之视域通而观之，牛粪与鲜花对于世界而言，都是一样的不可或缺。这就是超越了个人的偏好而兼怀万物、兼怀不同物论的道通视野。

在道通视域中，分化就是其成就的方式，成就也是其毁坏的方式。譬如伐树为桌，桌子成了，树木毁了。分与成、成与毁，是你中有我、我中有你，相即相入、相涵相摄。进一步而言，"凡物无成与毁，复通为一"。"凡物无成与毁，复通为一"，重点在"凡物"，即从物之全体观之；"其分也，成也；其成也，毁也"，重点在"一物"。就一物论，有成有毁；就全体论，成在其中，毁亦在其中，则何成何毁？[1] 物之全体所以显现的方式，其实就是道的视域。陆西星在这里看到的是道物之辨："凡物有高下、美恶、常怪、成毁，自道眼观之，皆通一而无二矣，故曰：道通为一。盖物则不能无差，而我不生意见，不起分别，自尔互融交摄，曾何彼此之可言哉？至是而是是非非于是乎泯矣。"[2] 以道观之，是非、美丑、善恶都得以贯通，获得了超越它们的更高视野，又获得了安置它们、使之各是自身的可能性。但这要求人成为参与道的显现的达者。"唯达者知通为一，为是不用而寓诸庸。庸也者，用也；用也者，通也；通也者，得也；适得而几矣。因是已。已而不知其然，谓之道。"达者深切理解道通为一的真理，而承担一种调节者的角色：在物的层面，物各付物而不相害；在物论的层面，物论者各得其得而与他者之自得并行不悖。达道者"不自用，而寄诸人人之皆用也。寄诸人人之皆用，亦即我之用也"[3]。他并不凭借自己的聪明智巧，去分别万物的分和成、成和毁、美和丑、善和恶、是和非，而是对之采取因任的方式，让其自得其得，使之并行不悖。因任并贯通众人之自得其得，这就是达者何以无往而不自得的原因。无往而不自得，就是"得一"。达者并不在物论之外另立一个物论——作为终极的物论，可以代替并终结一切物论——这样的企图是以一个物论取代所有物论，同时也是将"道"下降为特定或具体

---

① 钟泰：《庄子发微》，第 42 页。
② 陆西星：《南华真经副墨》，第 27 页。
③ 刘武：《庄子集解内篇补正》，第 49 页。

的物论。《齐物论》反对这样的物论①，而走向"因是"，分各得宜，而又不知其然而然，此即受到来自天的推动。天无不覆，能让群异各安其所安，达者因是，忘道于不言，隐身于群异之各得其得、各安其安之中。大道流行，正是群异各得其得、各安其安，而不知其何以安其所安、得其所得之时，这就是在"一"中而忘"一"之名。

劳苦神明而强求"一"之，而不理解群异各安其安、各得其得即为道之"一"，则非"因是"。以不能忘言之道以要天下，适让群异各去其安、各失其得，而一于所谓的"一"。此所谓的"一"，为道之言，而不能化为道之行，为道之华，而不能化为道之实。则"道"之言，下降为众多物论中的一种物论，与其他物论竞争、冲突，而不能承担调节物论的功能，道反而被遮蔽了。《齐物论》以"狙公赋芋"的故事阐发此理：狙公是养猴人，分橡子给众猴，说："早晨给三升，晚上四升。"猴子们愤怒了。狙公又说："那就早晨四升，晚上三升。"猴子们全都欢喜起来。朝三暮四与朝四暮三，三四之名没有改变，橡子的数目也没有增加或减少，但猴子们迷惑于三四的颠倒而妄用喜怒。顺其所喜，避其所怒，

① 船山准确领悟到《齐物论》的这一意图："立言者，析至一而执一偏以为一，以为道体。夫缘用而体始不可废，如不适于用而立其体，则骈母枝指而已。达者不立体而唯用之适。用爱于亲，不待言无事于兼也，爱亲而已。爱有可兼，不待言无私于亲也，兼爱而已。用乎其得不用，因而用之，其用也亦寓焉耳。适得而几，奚有于自立之体哉？故言可已也，因乎彼此而通之，用无不适，而言可已矣。已适而用亦可已矣，知亦可已矣，如寓者之不留于逆旅。又何必于儒墨两端之外别立一宗哉？"（《庄子解》，《船山全书》第13册，第105页。）

因任其情而利用之，"是以圣人和之以是非而休乎天钧，是之谓两行"。"两行"意谓"不舍彼而取是，亦不舍是取彼"的包容彼此、兼怀是非。"天钧"之所为"均"，在于其能"等视是非，无所偏倚"，唯其如此，才能"和是非""通彼此"。"两行"在《齐物论》脉络中是"因是""以明"的合作，二者"如车两轮，如人两足，失一而不能行者也。如狙公赋狙，即知因是，而不知以明，以是失其和，而流为刻覈。后世法家之因任形名，盖此之类已"①。

> 古之人，其知有所至矣。恶乎至？有以为未始有物者，至矣，尽矣，不可以加矣。其次以为有物矣，而未始有封也。其次以为有封焉，而未始有是非也。是非之彰也，道之所以亏也。道之所以亏，爱之所以成。果且有成与亏乎哉？果且无成与亏乎哉？有成与亏，故昭氏之鼓琴也；无成与亏，故昭氏之不鼓琴也。昭文之鼓琴也，师旷之枝策也，惠子之据梧也，三子之知几乎，皆其盛者也，故载之末年。唯其好之也，以异于彼，其好之也，欲以明之。彼非所明而明之，故以坚白之昧终。而其子又以文之纶终，终身无成。若是而可谓成乎？虽我亦成也。若是而不可谓成乎？物与我无成也。是故滑疑之耀，圣人之所图也。为是不用而寓诸庸，此之谓以明。

---

① 钟泰：《庄子发微》，第43页。

在《齐物论》中，庄子将人的意识世界分解为四个层次：世界一，"以为未始有物"；世界二，"以为有物矣，而未始有封也"；世界三，"以为[有物]有封焉，而未始有是非也"；世界四，以为有物、有封且有是非。这并不是对物理世界的描述，而是对意识世界或世界体验之刻画，故而这里都用"以为"加以限定。它是人的一种"看作"，人们所居其间的世界只有一个，但对世界的"看作"可以有多个。上述四个层次是意识世界的四种类型，意识世界的不同层次对应处于不同（境界）层次的意识主体。至于那种向人显现而并不影响其自身独立于人的客观物理世界，并不构成庄子哲思的背景。① 四种世界，不仅仅是世界显现自身的方式，是人体验世界的方式，同时也是生存真理落实到人生境界中的不同层次。钟泰正确地指出，表面上这是从天地之初说起，一直说到万物之区分以及是非价值的成立，而实际上道说的是人之意识或体验的世界。② 就《齐物论》原文脉络而言，以上四种世界体验的讨论由"古之人，其知有所至矣"发端，"古之人"相应于"古之道术"，关联着三代以上

---

① 这已经是我们立足于现代智识背景的表述。庄子哲学中并没有今日意义上被剥夺了内在意义、与人的生存真理无关的"物理世界"。在庄子那里，谈论世界就是谈论世界向我们的显现，也就是我们的世界体验。我们理解《庄子》的困难在于，由于近代科学以及高度抽象化的心智，我们已经拥有一个独立于我们的世界体验的物理世界，这个物理世界于我们的体验、言说、行动来说，是一种客观性的非参与、非介入。但这种信念在庄子那里并不是其哲思的现成背景。

② 钟泰指出："此似自天地之初说起，而实就当人一念作是体勘也。"（《庄子发微》，第44页。）

"治出于一"格局下的帝王,在那里,神、明、圣、王并没有真正分化,而是包裹在未分之"一"中。因而,从"古之人"的视角来看,"未始有物"的世界一,是人之世界体验的极致,《齐物论》所谓"至矣,尽矣,不可以加矣";"是非之彰"的世界四则是"道之所以亏也"。

从生存论真理的视角切入,意识世界的四个层次可以划分为"方内"与"方外"。世界一与世界二皆在"方外"。从世界一到世界二是道之展开,从道与物浑沦未分的"未始有物"状态到有物无封的"万物并生"状态。同时这也是在人的体验中天道自身的分殊化显现方式,在这里还没有"名"以定"形"所带来的确定性。如果说世界一是"未始有物",那么世界二则是"天地与我并生,而万物与我为一"(《齐物论》),人与事物之间没有明确固定的此疆彼界,而是相涵相蕴、相即相入,一体性与并生性达到了某种平衡,人道与天道并没有处在张力性的对峙中,这里所有的是那种"与物同体"的浑然紧凑与舒展从容。从世界二到世界三,是天道与人道的分化,人道作为"人的机制"进入意识世界,成为人体验世界不可或缺的背景与底色,世界三中事物有了固定的分别,这种分别在事物方面乃是物之形色,在人那里则是命形命色之名。因而世界三是一个可以由人用名言加以规训、编码、分类的有序世界,同时意识世界中的万物进入"人道"机制之中。在这里,天道与人道之间未必发生抵牾,形与名的相称还没有被人为的价值所赋义,基于名言的分别为礼法提供了基础,但礼法本身并没有被执着。当然,在这里,事物的边界清晰、固定起来,所有的事物都受到来自名分的规约，人自身也处在这种规约的架构之内。名分的规约是一种达成政治社会秩序的方式，因为前名分的自然状态，对于具体社会的有序化方式已经不够充分，无法达成对人的组织和动员。名分以及据之建立的礼法正是一种新的原则，即正名作为人的能力，体现了人通过名言对世界的整饬要求；但名言以及基于名分而建构的礼法，已经将人们引向方内的世界。

在古典思想中，"方"具有两种内涵，既是"道路"与方法，同时也是"洞穴"与限制。作为道路的"方"，关联着地道而不是天道："天道曰圆，地道曰方"①（参见《大戴礼记·曾子天圆》《吕氏春秋·季春纪·圜道》《淮南子·天文训》）；"上法圆天，以顺三光；下法方地，以顺四时"（《庄子·说剑》）。在《周易》及其历代注释中，"方"与地道、坤德联系在一起。"方"意谓大地上的道，尤指人间世的生存真理，同时"方"本身又是对生存真理的一种限制，它只有在人间世的畛域才能成立。至于超越性的天道，非"方"所可限定，毕竟，天道就其自身而言是无方的。《易传》云"神无方而易无体"，杨简也强调"大道无方，奚可指定"②。就天道视角而言，"方"之为"道"恰恰是遮蔽天道之显现的洞穴，同时又关联着从方内世界显现天道、脱离"方"的可能性。在"方内"超越"方"的可能性，在于意识到"方"本身的限制，知"方"之为"方"是超越"方"的方式，意即从"方"到"大方"。

---

① 卢辩曰："道曰方圆耳，非形也。"（黄怀信主撰，孔德立、周海生参撰：《大戴礼记汇校集注》，三秦出版社，2005年，第612—621页。）

② 黄宗羲原著，全祖望补修：《宋元学案》卷七十四《慈湖学案·绝四记》，陈金生、梁运华点校，中华书局，1986年，第2477页。

"大方"解除了"方"的限制，本质是"无方"，所谓"大方无隅"（《老子》第四十一章）、"大器无方"（《蜀记》）①。在世界三中，有"物"的经验而没有"物论"的建构，有"彼此"的经验而没有"是非"的意识。在世界四，人为的价值使得"方内"的生存处于"人的机制"之内，而人各有"方"的是非价值分辨导致了共居大地和世间的私人化。这种私人化有其正面性的意义，它使得人们的世界经验以"物论"方式表达，文化宇宙得以建立，每个人以更深度方式参与了世界的生成，丰富并提升了世界经验。但其负面性维度同样不可避免，物论之兴起内蕴着纷争之根源，以及随之而来的共识瓦解的可能性。

在意识世界一和二中，事物并没有分别，即便有所分别，也不会凝固化，毕竟那是气化流行的世界。此中的区别在于，世界一关联着"造物者""天地之一气""万物之祖"等所表述的超越性天道，但天道隐藏在万物尚未分化的浑沌状态，天道作为超越性本原，即"本"，与原初世界体验中的开端，即天地之"始"，浑然合一。正是"本""始"合一，世界显现为"未始有物"的"浑沌"，也是庄子所谓的"无何有之乡"（《逍遥游》）②。世界二则是浑沌世界在意识体验中的

---

① 《三国志·蜀书·诸葛亮传》裴松之注，中华书局，1982年，第936页。

② 《庄子·列御寇》："小夫之知，不离苞苴、竿牍，敝精神乎蹇浅，而欲兼济道物，太一形虚。若是者，迷惑于宇宙，形累不知太初。彼至人者，归精神乎无始，而甘冥乎无何有之乡。水流乎无形，发泄乎太清。悲哉乎！汝为知在毫毛，而不知大宁！"生存真理一旦被具体的事、物所笼罩，就会耗尽精神，而不知道太初之境；方外的最高生存真理则是归精神于无始，而栖息于"未始有物"的"无何有之乡"。

分殊化，天地开辟，万物化生。由于一气流行，在聚散变合的过程中，万物本身不过是暂时性的凝聚状态，这里的无常之化乃是实在的真理，因而这是一个气化流行而没有确定性的变易世界。在此世界，万物之"本"（根据）和"始"（开端）得以分化，既离其"始"，所有存在者的生存依据便不再是"始"，而是"本"。① 作为"本"的天道遂从万物之开端，也即创始时刻（《天地》所谓"泰初"②、《老子》所谓"古始"）走向寓居万物而又不属于万物的超越性根据。但道物之辨在此并没有诞生，因为无论表里精粗，无非道之流行，没有高下贵贱优劣，更何况物物之间没有边界，相涵相蕴、相即相人。这里没有有意识、有目的的策略化行为的引入，事物之间处在"相与于无相与""相为于无相为"（《大宗师》）的状态。这里既没有意向性的主体，也没有意向化的客体，因而人与物的分辨并未呈现，天道与人道的对峙也没有彰显，名以定形的有序化并没有被作为秩序的原初形式。世界一无物存在，其中所呈现的未分之"一"，只是使万物得

---

① 《庄子·人间世》区分了"与天为徒""与人为徒""与古为徒"。显然，"与天为徒"并不等于"与古为徒"，尤其是在深具时间—历史—变化的意识的情况下，道贯古今而不滞留于古，所以《庄子·天运》否定了任何以三王五帝之法治理今之天下的观点："故夫三皇五帝之礼义法度，不矜于同而矜于治。故譬三皇五帝之礼义法度，其犹柤梨橘柚邪，其味相反而皆可于口。故礼义法度者，应时而变者也。今取猨狙而衣以周公之服，彼必龁啮挽裂，尽去而后慊。观古今之异，犹猨狙之异乎周公也。"根据钟泰，这里的"三皇五帝"当为"三王五帝"。
② 《庄子·天地》："泰初有无，无有无名；一之所起，有一而未形。"世界体验中的"泰初"时刻或"泰初"状态，在人的意识中万物没有被整饬，因而"未始有物"，无形而无名。

以在其中显现的境域；世界二中的"一"，乃是寓居万物之"一"，即"一"是万物各自展现自身所显现的秩序，这种秩序并非基于确定性的"形""名"，而是基于流行的气化及其过程性。世界二中，万物作为有机整体的一体性尚未被形和名分隔。

世界三的特点是有物且有封，有物的体验并不必然意味着有封。有封是这样一种体验，事物各有自己的既成分界，万物通过形与名被带入到确定性的秩序中，每个事物都有自己的分守。《天地》所说的"留动而生物，物成生理，谓之形；形体保神，各有仪则，谓之性"，可以对应世界三；正如其所谓的"泰初有无，无有无名；一之所起，有一而未形"可以对应世界一；而"物得以生，谓之德；未形者有分，且然无间，谓之命"对应世界二。一物之性，作为此物相对于他物的规定，受限于"形"，同时也构成了"形"之边界的内容，二者是对动态"生""化"过程的暂时"留"守，是相对于永恒的大化之流的暂时稳定形式。比较而言，"德"并非受限于"形"与"性"，而是可以突破"形"与"性"所刻画的稳定边界，上达流动的"命"。"形"构成天人之际的枢纽，未形之前有"命"，既形之后有"性"，"命"者天功而"性"者人能。"德"即便是"性"中之"德"，也源自天之所"命"。天"命"流行而无间断，落实到"形"与"性"中，物禀之以生，而有了相对稳定的世界秩序。这种建立在"形"与"性"基础上的世界秩序，展开彼此的差异，是一切礼法体制的直接根据。

"有封"并非仅仅是意识或体验的执着，也是万物的形与性展开的秩序。事实上，有封首先是彼与此的区分意识，但彼此的区分并不等同于价值上的是非分辨。如果说彼此的区分基于形、名、性，而形、名、性是原初世界体验展开自身不得不经由的环节，无事乎人的建构，那么是非价值的区分则基于主体性的有目的分辨和有为建构。在主体性分辨与建构中，事物不得不通过物论对人敞开自身，有序世界展开为物与物论的张力，正是这种张力赋予人一种相对于天地的本原位置，或者说一种配天的意义，因为人是世界秩序的调节者或主持者。人在其体验中不仅可能执着于由形、名、性所确定的事物边界，而且还可以产生对此三者的执着，不仅以形、名、性区分事物，还以之规训事物。通过形、名、性的符号达成对世界的编码、分类与归整，人也以此方式参与世界的形塑或有序化。在这个意义上，世界三意味着一种复合构造，即由形、名与性，天与人，物与（物）论等的彼此交织、相互渗透的复构，正是这种复构达成了对人而言的世界三的稳定秩序。但这种秩序的稳定性是暂时性的，也是相对性的，因为毕竟从天道视域呈现的世界一、二的不确定性与流动性并没有完全被褫夺，而是构成一切有序化的深层背景。事实上，庄子将浑沌置于一切有序化的背景深处，并将其视为有序化得以可能、有序化显现其自身限制的幽暗场域。在世界三中的人，生活在基于形、名、性以及人的主体性分辨而达成的由分守与界限所规定的秩序中，此与世界一和二基于气化而达成的整体性有着本质不同。

在世界三中，形化、名化以及随之而来的分守、界限，构成了性与礼在其中得以展开的场域。① 如果说儒家以礼乐之教执守于基于界限的秩序并向着形而上的天命，下学而上达，那么法家则将分守与界限视为秩序的全部，排斥形而上的流动与生化不已的超形名体验。庄子则并不否定形名，而是将之隶属于超越之天道的衍生物。《天道》："形名者，古人有之，而非所以先也。古之语大道者，五变而形名可举，九变而赏罚可言也。骤而语形名，不知其本也；骤而语赏罚，不知其始也。"从世界三言说形名，就会滞留于形名而不知其本。《天道》提出了通道德、退仁义、宾礼乐的方向："夫道，于大不终，于小不遗，故万物备。广广乎其无所不容也，渊渊乎其不可测也。形德仁义，神之末也，非至人孰能定之？夫至人有世，不亦大乎？而不足以为累。天下奋棅而不与之偕，审乎无假而不与利迁。极物之真，能守其本。故外天地，遗万物，而神未尝有所困也。通乎道，合乎德，退仁义，宾礼乐，至人之心有所定矣。"仅仅就世界三的基于形、名、性的世界秩序，无以最终守住有序性本身，因为没有触及秩序之本，秩序之本来自"未始有物"的"无有"。

世界四与前三者的最大不同，是"是非"的诞生，即产生人为的价值分辨，这是物论赖以成立的关键。如果说世界三面对的是不齐的"万物"，世界四导向的却是不齐的"物

---

① 《庄子·天道》："古之明大道者，先明天，而道德次之；道德已明，而仁义次之；仁义已明，而分守次之；分守已明，而形名次之；形名已明，而因任次之；因任已明，而原省次之；原省已明，而是非次之；是非已明，而赏罚次之。""分守"相应于"礼"。

论"。不齐的万物虽然为形、名、性的秩序所固定，但物论所揭示的是非才是人道机制中更重要的东西；礼法秩序虽然发端于形、名、性，正是基于是非的价值分辨才凝固化为现成秩序。与此相应，流动的开放性被降低到最低限度，基于价值的符号化秩序虽然可以表现为礼法秩序，更可展开为一切教条化秩序，如意识形态的符码秩序。在世界三中，物各有"方"，各自的"方"不可通约，无法共享，万物在其中"自适其适"。但是非、善恶、美丑的价值分辨所试图建立的是共同的价值标准，这是方内共同生存不可或缺的尺度，这些尺度本身就携带着方内的限制。适用于此一城邦的共同善美标准未必适用于天下，甚至未必适应于彼一城邦，一城邦共同体的美德在城邦之外也许意味着灾难。因而，只有到了世界四的时候，道体才是亏欠的。在世界四中，是非的标准是主观的或共同主观性的价值尺度，礼法秩序或意识形态秩序则是这种价值尺度的客观化机制，它把这个价值标准外化为制度、体制、机制、教条，以某种可见、可感、可以理知的方式使人在这个形名确定而是非无定的世界中有所遵循。但体制化与客观化的是非标准与每个人的"自适其适"必然存在着张力。这种张力本质上是是非机制作为人道的建构，与天道本身的张力：天道开显时，万物各正性命；人的机制开显时，每个人独有的性命之情必然成为社会构建的阻碍，因而必须按照动员与规训的形式加以改造。当人道与天道处在结构性张力中而天道受到了抑制时，这就导致了道体的亏欠，即生存在人道之中而远离了天道，天道与人道的平衡被打破。

　　《齐物论》建议的一系列"上行性"转化策略，从"有物有封有是非"到"有物有封而无是非"，再到"有物而无封"，再到"未始有物"的"视域上行"，每上行一步都是对前者的转化超越。在下层视域中有是非、成亏，在上行视域中是非、成亏的对峙则被超越。这样，我们就可以一种视域上行的方式，来俯瞰下层视域中的成亏、是非。"有成与亏，故昭氏之鼓琴也；无成与亏，故昭氏之不鼓琴也。"昭文善于鼓琴，其鼓琴成就了某一曲调和旋律，就会对其他曲调和旋律有所遗失；他不鼓琴，则既无所成也无所失。成玄英疏："夫昭氏鼓琴，虽云巧妙，而鼓商则丧角，挥宫则失徵。未若置而不鼓，则五音自全。亦犹有成有亏，存情所以乖道；无成无亏，忘智所以合真者也。"①人世间的一切事情有得即有失，其所以得者即其所以失者。晋平公的乐师师旷精通音律，举杖就可以击节，而无需专门的乐器，乐感好到极点。惠施好思善辩，累了就依靠梧树休息、吟叹。三人的才智都达到了上乘境地，远远超出一般人，可谓盛美。他们也深好自己的才智，终身从事，晚年依然行之不辍。他们自以为所造之境远远超出别人，也以自己所造所得去明示教导别人，但别人未必能领会并继承。所以惠施只能自己抱着这让人茫昧的坚白同异之辩而终其一生；昭文的儿子继续其父的琴业，终身从事，却无所成就，达不到昭文鼓琴的水平。《文子·自然》云："故无弦，虽师文不能成其曲。……至于神和，游于心手之间，放意写神，论变而形

――――――――――

① 　郭庆藩：《庄子集释》，第74页。

于弦者，父不能以教子，子亦不能受之于父，此不传之道也。"昭文之子没有昭文的才智，昭文却以其才智而父命子业，这正是非其所明而明之。

《齐物论》上述三子，都是以己之所明施加于人，以求他人亦能明之，结果反而不能成功。三子的问题并不在于因其才智而有所成，在于强求别人成己之所成，则"成"即"亏"。"若是而可谓成乎？虽我亦成也。若是而不可谓成乎？物与我无成也。"在三子，己之所成、所明，反显他人所不成、所不明，自己的美好带出的是他人的创痛，这都是"非所明而明之"的缘故。一种超出人间事务之成亏、得失、成败的当明者、当成者，必须提到求道者的日程上，这就是"滑疑之耀"与"以明"："是故滑疑之耀，圣人之所图也。为是不用而寓诸庸，此之谓以明。""滑疑之耀"是不明之明，即"明道若昧"，通于《老子》第五十八章"光而不耀"。"滑"谓通利调和，"疑"谓不定不决，"滑疑之耀"，既在众人之是非中，又不执着于特定的是非，而是调和贯通诸种是非。"滑疑之耀"是并不耀眼的光明、涵藏的光明，它并不出于某种具体立场去要求人，而是以出于每个人自身立场的方式去成就这一立场；它对于出于特定或具体立场的是非抱持不定不决的态度，看起来是昧而不是明，但其调和是非，使得是非、成亏各得所得、各成其成，因而又是一种"大明"。王夫之云："寓庸而无是非，无成亏，此则一知之所知而为真知，然后可谓之以明。夫滑疑之耀者，以天明照天均：恍兮惚兮，无可成之心以为己信；昏昏然其滑也，泛泛然其疑也；而遍照之明耀于六合矣。盖成乎爱则亏乎道，道无可成者也。亏乎道者自亏,而无能益损乎其真,则固无所亏也。繁言杂兴,师说各立,而适以亏道,则尽天下之言,无可是也。而鼓动于大均之中,乘气机而自作自己,于真无损益焉。故两行而庸皆可寓,则尽天下之言无容非也。无所是,无所非,随所寓而用之,则可无成,可有成,而滑疑者无非耀矣。疑儒疑墨,而非儒非墨,物论奚有不齐哉?知者不言,善者不辨。有言有辨,而一如其无言无辨,斯以为圣人。"①以天明照天均,是非、成亏兼怀,这就是以道观之的视域,它不再如同惠施等三子那样"独用己明,而不用众人之明,且欲众人明己之所明,故道隐而人终昧也",而是"不用己明,而寄之于众人之明,所谓'为是不用而寓诸庸,是之谓以明'者乃如此,非惠施辈之以明也。又寓诸众人之明,即因众人之明以为明。上文'圣人不由而照之于天,亦因是也'。"②

今且有言于此,不知其与是类乎?其与是不类乎?类与不类,相与为类,则与彼无以异矣。虽然,请尝言之。有始也者,有未始有始也者,有未始有夫未始有始也者。有有也者,有无也者,有未始有无也者,有未始有夫未始有无也者。俄而有无矣,而未知有无之果孰有孰无也。今我则已有谓矣,而未知吾所谓之其果有谓乎,其果无谓乎?天下莫大于秋豪之末,而

---

① 王夫之:《庄子解》,《船山全书》第 13 册,第 108 页。
② 刘武:《庄子集解内篇补正》,第 55 页。

大山为小；莫寿于殇子，而彭祖为天。天地与我并生，
而万物与我为一。既已为一矣，且得有言乎？既已谓
之一矣，且得无言乎？一与言为二，二与一为三。自
此以往，巧历不能得，而况其凡乎？故自无适有以至
于三，而况自有适有乎？无适焉，因是已。

　　夫道未始有封，言未始有常，为是而有畛也。请
言其畛：有左，有右，有伦，有义，有分，有辩，有
竞，有争，此之谓八德。六合之外，圣人存而不论；
六合之内，圣人论而不议。春秋经世，先王之志，圣
人议而不辩。故分也者，有不分也；辩也者，有不辩
也。曰：何也？圣人怀之，众人辩之以相示也。故曰：
辩也者，有不见也。

　　夫大道不称，大辩不言，大仁不仁，大廉不嗛，
大勇不忮。道昭而不道，言辩而不及，仁常而不成，
廉清而不信，勇忮而不成。五者园而几向方矣①。故知
止其所不知，至矣。孰知不言之辩，不道之道？若有
能知，此之谓天府。注焉而不满，酌焉而不竭，而不
知其所由来，此之谓葆光。

　　“今且有言于此”，在《齐物论》的文法结构中往往被视
为具有结构性的意义。有以为“有言于此”的“言”指的是《齐
物论》的道理，或者这句话之前的所有文本，而从这里开始
对前文的整个言述加以反思、扫除，以免执着；甚至有学者

---

① 　园，司马彪云："圆也。"（郭庆藩：《庄子集释》，第84页。）

认为，《庄子》可以分为两大部分，即以"今且有言于此"为界，前面讲述自己的主张，后面对这种主张展开反思。但王夫之与钟泰都准确地看到，这里的"有言于此"指的是本章中从"有始也者，有未始有始也者"到"天地与我并生，而万物与我为一"的文本。这样的理解，更加贴合《齐物论》全篇的语境。所谓"不知其与是类乎？其与是不类乎？"，其实就是指"有言于此"的"言"与上文"古之人，其知有所至矣"到"而未始有是非也"一段文本的关系问题。这两段文本的差别在于："古之人，其知有所至矣"一节自无说到有，本节则是从有说到无。前者说无封无是非，而大者自大、小者自小、寿者自寿、夭者自夭；此节则说"天下莫大于秋豪之末，而大山为小；莫寿于殇子，而彭祖为夭。天地与我并生，而万物与我为一"。说法有不类，精神则无不同。① 如果说此节是从"有始"到"未始有始"再到"未始有夫未始有始"，或者从"有"到"无"再到"未始有无"最后到"未始有夫未始有无"的"视域上行"，那么，上节则是从"未始有物"到"有物而未始有封""有物有封而未始有是非"的"视域下行"。"视域下行"的极处，落实于世间的物论及是非意识中；"视域上行"的极处，不但没有物论与是非，是非和物论所倚的物我也皆无，即"丧我"与"未始有物"之境。

"有始也者，有未始有始也者，有未始有夫未始有始也者。"如果人类经验中的天地万物有一个开端可以定名为"始"，继续视域上行则会追溯到此开端尚未被确立的时候，

———————

① 钟泰：《庄子发微》，第46—47页。

可以定名为"未始有始"，即"无开端的开端"，再继续上行追溯则是"未始有夫未始有始"，即"无'无开端的开端'"。这样的"视域上行"并非思维的纯粹推论，而是一种消除执着的方法。既然立一名便生一执，那么立名之后就需要边说边扫，以从根本破除执着。郭象将三个层次理解为：一，"有始则有终"；二，"无终始而一死生"；三，"忘一"，"夫一之者，未若不一而自齐，斯又忘其一也"。① 同样道理，如果从"有有"开始，视域不断上行，则会经历以下不同层次："有有"—"有无"—"有未始有无"—"有未始有夫未始有无"。郭象将此具体化为："美恶是非具"—"未知无无也，则是非好恶犹未离怀"—"知无无矣，而犹未能无知"—"此都忘其知也，尔乃俄然始了无耳。了无，则天地万物，彼我是非，豁然确斯也"。② 在视域的不断上行中，思维处于无尽的行程中，但如果成为往而不返的思想演绎运动，就会偏离生存经验，脱离人们置身其间的世间，因而"视域上行"的目的并不是没有终点的思维旅程本身，而是获得一种超越当下但又能观照当下的视域。所以，伴随着两个"视域上行"之后的，则是"俄而有无矣"，这就是回到是非意识产生的当下时刻，也是生命在其中展开自身的当下现场。在这个当下时刻，是与非、有与无是同时被给予的。在每一个生命现场，是非、有无给予的瞬间，是中有非、非中有是，有中有无、无中已有无，相即相入、相涵相摄。这样，有还

---

① 郭庆藩：《庄子集释》，第 77 页。

② 同上书，第 77—78 页。

是有、无还是无，是还是是、非还是非吗？

进而，《齐物论》得出了在每一个当下的体验中，作为物论成立条件之一的大小之辨，其实本身也是大中有小、小中有大、大者不大、小者不小的。进一步，这就到达了如下的观点："天下莫大于秋豪之末，而大山为小；莫寿于殇子，而彭祖为夭。天地与我并生，而万物与我为一。"天下没有比秋豪之末（动物秋天刚换的新毛，用以比喻微小的事物）更大的，没有比泰山更小的；长寿的莫过于过早夭折的殇子，而活了八百年之久的彭祖也可以算是夭折。之所以会出现如上的情况，乃是因为"天地与我并生，而万物与我为一"的生存视域，自此视域来看，自然齐小大、等寿夭了。与天地万物为一，我与存在者整体相即相入而为"一"，有此"一"还能有所言说吗？已经将其言说为"一"了，还能够无言吗？在这里，已经有了作为能指的"一"、作为所指的"一"以及作为所指之在其自身的"一"，所指之在其自身的"一"无法被能指与所指所穿透。譬如雷锋是一个人，这个人在其自身为一个具体的人，但"学雷锋"中的"雷锋"则是能指，所指则是毫无利己专门利人、为人民服务的雷锋精神。雷锋这个人不等同于雷锋的所指，更不能等同于雷锋的能指。这样，一与言为二、二与一为三，如此下去，就算善巧的历算家也不能穷其究竟，更何况凡人呢？不是要造出一个新的物论以解决或替代众多的物论，而是以因是的方式，面对被物论渗透的万物的世界。不是消除物论，也不是消除万物，而是让是者为是、非者为非，物与物论各得其所得，并行不悖，因之即可。《齐物论》在齐物和齐论问题上的纲领是："以天还天，地还地，万物还万物，是还众是，非还众非，万吹翏然，两行不悖之为齐也。故曰：'无适为，因是已。'无适者，各适也。"①

"夫道未始有封，言未始有常，为是而有畛也。"大道自身并非分界，言说本身也没有定常，但因为有了"是"就有了边界，毕竟有"是"则有"非"，"是""非"由此而被分别。众多物论就是由于为了争个"是"字，所以才有彼此、人我之界。这些为了分辨是非被设定的边界包括：左与右（上与下、尊与卑的不同）、伦与义（亲与疏、贵与贱的区别）、分与辩（剖析万物与分别彼此的差异）、竞与争（角逐胜负与对辩是非的不同）——这就是所谓的"八德"。这八德，是成心执着于己所是以为定常而与彼划清界限的方式。正是这种自我划界与自以为是的意识，导致了儒墨之是非的兴起。宇宙以外的事物，圣人存而不论，既不肯定也不否认，只是悬置它、听任它。宇宙之内的事物，圣人论述它而不评议它，不以某种是非作为标准去评论它，如赞赏或指责，而只是去理解它，通达它，不仅知其然更要知其所以然。《春秋》是经世的大书，是先王之道的记述，圣人理解讨论它，却不妄自加以价值评判，无所辩难。圣人于分析中有所不分，于辨别中有所不辨。为什么呢？因为圣人涵光敛耀，将真理存于生命中，切身受用；而众人则玩弄光景，喋喋不休，以辩逞其智，见称于世。而辩论之所以发生，乃是由于不能见道之广大。大道不可以名相称，大辩不能以言语争胜，

---

① 陶望龄：《解庄》，《陶望龄全集》，第 1124 页。

大仁无心于爱，大廉不露锋芒，大勇并不以血气逞能。大道一经言说，便不是它自身；言说通过论辩，便不能达成真言；仁者若有所爱，则有所不爱，其爱便不再普遍；过分追求廉洁，就会矫揉造作以至于虚伪；勇若有逞强之意，则不能成就真正大勇。"大道不称，大辩不言，大仁不仁，大廉不嗛，大勇不忮"，"大道""大辩""大仁""大廉""大勇"五者是浑然圆融的，是圆而神，无方无体，无有定常，因而也是不执不滞的。但它们又是"称""言""仁""嗛""忮"的否定，这五者是方的，有定常的。方与圆的区别在于："无封无常者，园也；有封有常者，方也。"①道在人那里的展开表现为融圆于方、融规于矩，即于方中显圆、于矩中见规。如果不能融合方圆，以圆化方，则"为道、为言、为仁、为廉、为勇，皆自据为德而迫欲示人，则道本圆而使之向方。方则有左、有右，有分、有辩，各为伦义，而互相竞争，我畸孤而物为仇耦矣。圣人无不见，而焉事此！"②对于《齐物论》而言，这是知止的智慧，知止于其所不知。若能真正的知止，必须理解"不言之辩，不道之道"。能够理解这不言的辩论、不落言诠的大道，就达到了"天府"的境界：向其中注入，却永远不满；向外倾倒，而永不枯竭，却不知道它所从来。这就是"葆光"。"葆"是蔽的意思，"葆光"是隐蔽着的光辉，"至忘而照，即照而忘，故能韬蔽其光，其光弥朗"（成疏）③。船山解释"天府"与"葆光"："葆之者，非为封

① 陶望龄：《解庄》，《陶望龄全集》，第1125页。
② 王夫之：《庄子解》，《船山全书》第13册，第111页。
③ 郭庆藩：《庄子集释》，第85页。

为畛，据为己德也；无不在吾所葆之中，故曰天府。为天
之府，则天不能以我为籥而吹之使鸣。其为光也，不能以
示人，若纷乱而无伦义，则为滑。其可彼可是，非彼非是，
而无成可师，则为疑。葆其滑疑，以含天明，则谓之葆光。
皆知也，皆不知也。是之谓'知止其所不知'。"①

四　尧舜关于征伐的对话

> 故昔者尧问于舜曰："我欲伐宗、脍、胥敖，南面而
> 不释然。其故何也？"舜曰："夫三子者，犹存乎蓬艾之
> 间。若不释然，何哉？昔者十日并出，万物皆照，而
> 况德之进乎日者乎？"

尧和舜都是上古具有神性色彩的"有天下"之"帝"。《论
语》《孟子》《荀子》《公羊传》等书，尧舜都被安置在这些伟大
儒家经典的终章。《礼记·中庸》明确指出："仲尼祖述尧
舜，宪章文武。"六经之一的《尚书》从漫长的上古史中截断
众流，"断自尧舜"，以尧舜为中华文明精神谱系之开端的
象征性符号。尧想攻打宗、脍、胥敖三个小国，以教化天下，
然而他犹豫不决，下不了决心，就问舜这是什么缘故。舜
的回答是：那三位国君，还生存在未开化的偏小卑微之地，

---

① 　王夫之：《庄子解》，《船山全书》第 13 册，第 112 页。

如同蓬蒿艾草藏身天地的不起眼角落，不足与争。既然你不能释怀，又何必去征伐它们呢？过去十个太阳一起出来，万物无不照耀。您德性的光芒超过了十个太阳，更当普照万物。

是非之争的问题在这里上升到政治社会的语境中，它不再仅仅是个人的精神成长与探寻意义的过程，而是共同体建立共同生活秩序的方式。尧舜关于攻伐未开化小国的对话，折射了政治生活在人类历史中不断重演、从来就没有终止的课题。章太炎深刻地察觉到这一与人类政治生活深刻相关的课题，他对此节作了深入探讨，这一探讨直接针对文野之辩，或者说先进—落后的区分，其本质是按照某一个相同的基点设定了存在的不同等级，这种等级序列的背后正是那种从低级到高级、从简单到复杂的进步逻辑。不同文明、民族之间的征伐，所依赖的正当性根据正是这样一种逻辑。"志存兼并者，外辞蚕食之名，而方寄言高义，若云使彼野人，获与文化，斯则文野不齐之见，为桀、跖之嚆矢明矣。""文野之见，尤不易除，夫灭国者，假是为名，此是梼杌、穷奇之志尔。"①在章太炎看来，进步价值观鼓励了文野之辩，也就是所谓先进与落后的分别。正是这种先进—落后之辩的进步逻辑，应对"虽践尸蹀血，犹曰秉之天讨也"②的现象负责。所以章太炎认为，《齐物论》尧伐三子章的深刻含义在于："小智自私横欲，以己之娴，夺人之

---

① 章太炎：《齐物论释定本》，王仲荦校点，《章太炎全集》第 6 卷，上海人民出版社，2014 年，第 118、119 页。

② 同上书，第 73 页。

陋，杀人劫贿，行若封豨，而反崇饰徽音，辞有枝叶，斯所以设尧伐三子之问。"①建基于进步叙事的文野之辩，给不正当的征讨提供了看似正当的理由。通过这种理由，可以不顾他者的意愿，以先进者或优越者的姿态发动征伐，以便把所谓文明与先进赠予那些在野蛮与落后状态中生存的存在者。一旦根除了自性，进步逻辑也就给现代改造（包括世界的改造与人自身的改造）的观念打开了端口。

正如赫尔德所云："所谓'开化'和'蒙昧'、'文明'和'野蛮'民族之间，不过是量的区别，而非质的不同。民族之画卷有五彩斑斓，依着时间和地点纷繁变化；而且，和所有图画一样，一切都取决于我们观看的视角。如果我们取欧洲文化的理念作为标准，那么我们确乎只在欧洲发现文化。如果我们更进一步，武断地划定文化与启蒙之间的界限，则我们是在迷雾中堕得更深，因为真正意义上的文化与启蒙乃是不可分。但我们若是脚踏实地，用最宽广的视野去看自然——自己的造物有怎样的目的和品性，它必定了解最多——展现给我们的人类成长之画卷，则它无非就是以某种形式的人类幸福和生活方式为目的的教育的传统。这一进程就如人类本身一样普遍。甚至经常是这样：它在原始民族那里有最生动的表现，尽管范围相对狭窄。"②真正的平等发生在非同一性的框架中，"俗有都野，野者自安其

---

① 章太炎：《齐物论释定本》，《章太炎全集》第 6 卷，第 76 页。
② 约翰·哥特弗雷德·赫尔德：《反纯粹理性：论宗教、语言和历史文选》，张晓梅译，商务印书馆，2010 年，第 20—21 页。

陋，都者得意于娴，两不相伤，乃为平等"①。这样，《齐物论》以深刻的哲学思考回应了平等政治的理想。

五 齧缺和王倪关于知之历程的对话

齧缺问乎王倪曰："子知物之所同是乎？"曰："吾恶乎知之！""子知子之所不知邪？"曰："吾恶乎知之！""然则物无知邪？"曰："吾恶乎知之！虽然，尝试言之。庸讵知吾所谓知之非不知邪？庸讵知吾所谓不知之非知邪？且吾尝试问乎女：民湿寝则腰疾偏死，鳅然乎哉？木处则惴栗恂惧，猨猴然乎哉？三者孰知正处？民食刍豢，麋鹿食荐，蝍蛆甘带，鸱鸦耆鼠，四者孰知正味？猨猵狙以为雌，麋与鹿交，鳅与鱼游。毛嫱丽姬，人之所美也；鱼见之深入，鸟见之高飞，麋鹿见之决骤。四者孰知天下之正色哉？自我观之，仁义之端，是非之涂，樊然殽乱，吾恶能知其辩！"齧缺曰："子不知利害，则至人固不知利害乎？"王倪曰："至人神矣！大泽焚而不能热，河汉沍而不能寒，疾雷破山飘风振海而不能惊。若然者，乘云气，骑日月，而游乎四海之外。死生无变于己，而况利害之端乎！"

---

① 章太炎：《齐物论释定本》，《章太炎全集》第 6 卷，第 76 页。

　　齧缺的"四问"与王倪的"四不知"，在"由人而天"的机制转换中步步提升的。齧缺的前三问：一方面由"知"，到"不知"，再到"无知"；另一方面则是由作为"彼"的物之同是，到作为"此"的"子"，再到"物"的自身。

　　在第一问答中，在"彼"（物）那里被经验到的"同是"（在《齐物论》的语境中，"是非"问题其实是"彼此"问题，共同之"是"，即共同之"此"），并不是源出"彼"（物）自身，而是作为"此在"的人之设置，就是以主体性分辩为其寄身方式的"知"。如果说物之为物的经验基础，不在物本身，而在于主体的意识结构，那么这里的主体，其目光也还是指向作为对象的物，而不是指向自身。知在这里构成了主体与对象连接的中介，知虽然是主体之知，但主体与对象都被知所结构化了。王倪的第一个"不知"，通过对"知"的否定，否定了"此"（主体）的设置；于是在"彼"处发生的（作为复数的）物之所同是的问题，被还原为在"此"处的（作为复数的）人的知与不知的问题。问题被转换了，从"彼"（物之同是）到"此"（子之知与不知），从"物"到"人"。在这种基础上，齧缺提出了第二个问题：你既然不知物之同是，那么你至少知道自己之不知（物之所同是）。

　　第二个问题的指向不再是"彼"（非），而是"此"（是）；问题的内容不再是"知"，而是"不知"，即你知你的不知吗？王倪的回答，与第一答相比，字面上看没有差异，但内容上实有不同。这里的要点在于对自己"知"其所"不知"也做了否定，这里的"不知"因而不再是第一问答中针对物（彼）而言的"不知"，而是针对自己（此）而言的"不知"。可以设想，第一问答中齧缺的领悟在于从知物（彼）到知己（此）的转折，不再是"知彼"，而是"知己"，甚至更彻底地，所有的"知彼"，都转化为"自知"的形式。"自知"本身已经超越了指向对象的"知"，因而具有了反身性，即在所有其他事物上所看到的，最终都是自己加到事物那里并最终可以返回到主体这里的信息，因而对一切事物的认识与理解都可以转化为自我认识与自我理解。老子曰："自知曰明。"①这就意味着第二问答中，已经发生了由"知"到"明"的层次提升。齧缺领悟了由"不知"而开启的"明"之地层。在这个层次，人在世界中所能看到的只是自己，物与世界都被视作主体之投射，被导向主体的自我理解，至于物与世界之自身则在这种"不知"中封闭。也就是说，第一层次中的作为设置者的主体与被设置者的对象被解构了，主体回到了自身，但在这个新的层次，主体只见自己不见事物，因而天地与众生无由对主体呈现。如果这样的主体进入政治生活，那一定是一个肩膀上仅仅扛着自己的"肩吾"②——政治上的独裁者或专制暴君，其统治形式一定只能是"由己出经，式义度人"。王倪对齧缺的回答本身就是一种启发式教学方法，"不愤不悱，不启不发"，以自己不知作为回答，既不知物之所同是，亦不知己之不知。王倪不知自己的不知，也包含不知自己的知。如此，知与不知在王倪这里失去了

---

① 《老子》第三十三章："知人者智，自知者明。"第十章："明白四达，能无知乎？"

② 肩吾是《逍遥游》和《应帝王》中出现的一个寓言人物，其义是肩膀上扛着自己的人，传达的是一种唯我论的生存样式。

分别，在这里被瓦解的，不再是主体通过知而设置的物之所是、所非，而是通过知与不知的分别而设置的物体与主体的分别。如果啮缺在第二问所把握到的自知之明，仍然是局限在物我之别中的"浮明"的话，那么王倪的回答犹如老子所说的"明道若昧"（《老子》第四十一章），或如《齐物论》所说的"滑疑之耀"，"滑乱不定，疑而不决，恍惚之中，有其真明"①。"自知"，相对于专注于对象的知而言，当然是一种"明"，但这种"自见"之明又不是真正的"明"。②《齐物论》云："欲是其所非而非其所是，则莫若以明。"王夫之指出，这里的"欲"正是"成心"的体现，而"以"本身则彰显了此"明"中内蕴着"人的机制"，"浮明而以之，乃自谓以明，愈明而愈隐矣"③。啮缺第二问中内蕴的自知之明，依然保持着是非设置者的权能，只要还限于所知与不知的对待，那么就不能至于"未始有物之天"④，就只能见我不见物，见己不见人。王倪的回答否定了知所不知，这就否定了知与不知的分别，这一去主体化的方式，使得主体得以进入"滑疑之耀"的恍惚状态，而正是这若明若暗的状态，将物从自知的"浮明"中解放出来，由此逼出了啮缺的第三问："然则物无知邪？"

物之居之所安、食之所甘、色之所悦，乃是《庄子》所谓

---

① 王夫之：《庄子解》，《船山全书》第 13 册，第 108 页。
② 《老子》第二十二章："圣人抱一为天下式。不自见，故明；不自是，故彰；不自伐，故有功；不自矜，故长。"第二十四章："自见者不明；自是者不彰；自伐者无功；自矜者不长。"
③ 王夫之：《庄子解》，《船山全书》第 13 册，第 102 页。
④ 王夫之："有封者，物自物，我自我……皆限于所知，而不至于未始有物之天。"（《庄子解》，《船山全书》第 13 册，第 106 页。）

的物之正处、正味、正色，其正者切于物的自身，而为物之
自然之觉，而非起于"知"之主体性分辨。物之各适其适，
居住于自身的正处、正味、正色之中，即为物之正性。物本
身是知抑或不知，则非人所能明，人所能做的最高可能性
便是以"滑疑之耀"，保持在"不知之知"与"知而不知"的恍
惚状态中，不以其"知"其"明"闯入、干预物之各适其适。物
之正处、正色、正味，即物之正性，不是为"封"为"畛"而据
为己德，而是听其自己，无所分辨，兼怀万物。不再追问
物有知抑或无知，这才是人所应做的，唯其如此，其知皆
其不知，其不知皆其知，如此，其知为葆光，其不知为天
府，而物自适其适、听其自己的可能性得以持存。与此同
时，主体虚化了自己，进入清明状态。"自知之明"作为第
二层次，是反身性的，不能及物；第三层次的"明"则是及
物的，不是只见自己，而是同时见到万物。从这个意义上
说，王倪的第三个回答，彰显了王者向着万物彻底开放自
己的品德。"明道若昧"的主体，克服了第二层次只见自己、
不见万物的病根，向着万物开放。齧缺从中受到启发，追
问更高的可能性，这就引发了第四问。

第四问："至人固不知利害乎？"虽然被问及的是"不知
利害"，但齧缺的关注点则是"至人"。王倪的回答更为耐人
寻味，他首先开门见山地说"至人神矣"。换言之，在第四
问，我们已经由前面的知、明（不知、无知）再次上升一个台
阶，这就是"神"，至人只不过是神的体现者。那么，为什
么至人之神与利害关联起来呢？这其中的逻辑是："物论之
不齐，依于仁义；仁义之辩，生乎是非；是非之争，因乎

利害；利害之别，极于生死。生死者，知之生死，而非天之有生死也。"①仁义、是非属于"人的机制"，是社会性范畴，但利害不仅仅是社会性的，同时也是生物性的。动物虽然没有理性与精神，却懂得趋利避害，这种趋利避害不需要理智思考，几乎可以在本能的层次上运作。孔子说"小人喻于利"（《论语·里仁》），即利已经渗透在小人的生活方式中，如同本能那样，不言而喻，主导着小人的视听言动、出处进退。相对于人性，生物性对人而言，最切近又最遥远：在被给予的层次上，生物性是最近的，它以不知不觉的方式进入生命的表面；但就主体工夫的次第而言，它位于生命的最里层，唯有经过人道的自觉习练，而后才有可能将生物性的层面纳入工夫习练的过程。"不知利害"，意味着对仁义、是非的超越，是更具有难度、更具挑战的工夫及境界，因为在这里，主体要挑战的是自己的生物性本质。而人身上的生物性是所与的天性。"唯虫能虫，唯虫能天"（《庚桑楚》），就是说，生物性里隐藏着天性。至人的"神"妙在由人的生物性开显天道。

面对天下时，众人的普遍取向是：求其治，而不知天下本"滑"（不确定与未决定）；求其明，而不知天下本"湣"（不可知、不可明）。因为求治、求明，而建构仁义与是非，但二者之要只是利害而已。② 啮缺显然已经能够辨识这一

---

① 王夫之：《庄子解》，《船山全书》第 13 册，第 114 页。在同页中，王敔注云："有知则谓之生，无知则谓之死。"通常所谓的生死，它的实际对象是人的生死意识。

② 王夫之：《庄子解》，《船山全书》第 13 册，第 115 页。

点，他由前文的不知与无知，体悟到主体之所以能够进于不知与无知乃源于其不知利害，一旦不知利害，则不再作为天下万物各适其适的秩序中的一个陌生"闯入者"。当众人以其聪明自我受役去求治求明的时候，王倪的回答提出了一种更高的可能性，不仅仅是对不知之浊明与无知之清明的超越，而且根据这种可能性，至人的愚芚一方面将自己从知与明的奴役中解放出来，另一方面更让人惊诧的是，正是这种愚芚与天下万物的滑滑吻合，从而构成把天下万物从主体性宰制中解放出来的防御性与解构性力量。总而言之，齧缺与王倪的"四问四不知"，业已涉及认识本身的层级性飞跃，就是从知（知与不知）、明（不知、无知）到神的跃升，而与此相应，经历上述认识层级跃升的主体本身的存在形式也发生了变化，到了最后，神人已经对应于至人。至人之所以为至人者，正在于一方面"乘云气，骑日月，而游乎四海之外"，有一种超越世间的视野；另一方面，"死生无变于己"，保持着精神品质的"内不化"。

六 梦与觉的人生吊诡

瞿鹊子问乎长梧子曰："吾闻诸夫子，圣人不从事于务，不就利，不违害，不喜求，不缘道；无谓有谓，有谓无谓，而游乎尘垢之外。夫子以为孟浪之言，而我以为妙道之行也。吾子以为奚若？"

　　长梧子曰："是黄帝之所听荧也，而丘也何足以知之！且女亦大早计，见卵而求时夜，见弹而求鸮炙。予尝为女妄言之，女以妄听之。奚旁日月，挟宇宙？为其吻合，置其滑涽，以隶相尊。众人役役，圣人愚芚，参万岁而一成纯。万物尽然，而以是相蕴。

　　"予恶乎知说生之非惑邪？予恶乎知恶死之非弱丧而不知归者邪？丽之姬，艾封人之子也。晋国之始得之也，涕泣沾襟；及其至于王所，与王同筐床，食刍豢，而后悔其泣也。予恶乎知夫死者不悔其始之蕲生乎？梦饮酒者，旦而哭泣；梦哭泣者，旦而田猎。方其梦也，不知其梦也。梦之中又占其梦焉，觉而后知其梦也。且有大觉而后知此其大梦也，而愚者自以为觉，窃窃然知之。君乎，牧乎，固哉！丘也与女，皆梦也；予谓女梦，亦梦也。是其言也，其名为吊诡。万世之后而一遇大圣，知其解者，是旦暮遇之也。

　　"既使我与若辩矣，若胜我，我不若胜，若果是也，我果非也邪？我胜若，若不吾胜，我果是也，而果非也邪？其或是也，其或非也邪？其俱是也，其俱非也邪？我与若不能相知也，则人固受其黮暗。吾谁使正之？使同乎若者正之？既与若同矣，恶能正之！使同乎我者正之？既同乎我矣，恶能正之！使异乎我与若者正之？既异乎我与若矣，恶能正之！使同乎我与若者正之？既同乎我与若矣，恶能正之！然则我与若与人，俱不能相知也，而待彼也邪？化声之相待，若其不相待。和之以天倪，因之以曼衍，所以穷年也。"①

"何谓和之以天倪？"曰："是不是，然不然。是若果是也，则是之异乎不是也亦无辩；然若果然也，则然之异乎不然也亦无辩。忘年忘义，振于无竟，故寓诸无竟。"

瞿鹊子与长梧子，是具有寓言意味的人名。王敔云："鹊有知，梧无知。瞿，两目惊视貌。鹊目不宁，梧寿最长，亦寓为之名。"②吕惠卿以为：鹊与梧，一者为鸟中的智者，一者为鸟之所栖息之树木；鹊之智表现在一方面工于筑巢，另一方面是知岁之所在，可谓有知者，事实上，所谓"瞿"彰显的正是有意识的审视察看，"视而趣之"；作为植物的长梧可以成为凤凰、瞿鹊的栖息地，但并非自己的选择，相对于瞿鹊子，长梧可谓无心者，"鹊而集之，为非其所然"。就此而言，瞿鹊子与长梧子的寓意可以理解为，瞿鹊子"知择长梧而集之，则以知而入道者之譬也。长梧不知择瞿鹊，则体道而无心者之譬也"。③ 瞿鹊子与长梧子的对话，讨论的主要是圣人的品质。瞿鹊子在此亮出了"所闻者"而不是"所见者"的身份，故其所述者推而至极可谓"造道之言"，而不能进升至"有德之言"。造道之言，实有所

---

① "化声之相待，若其不相待。和之以天倪，因之以曼衍，所以穷年也"，原在下一段"则然之异乎不然也亦无辩"后、"忘年忘义，振于无竟，故寓诸无竟"前，但吕惠卿本、宣颖本均将其置于此，蒋锡昌、王叔岷、陈鼓应等亦然之，现据以校改。

② 王夫之：《庄子解》，《船山全书》第 13 册，第 114 页。

③ 吕惠卿撰，汤君集校：《庄子义集校》，第 46 页。

见，但未必实有所得；有德之言，不仅实有所见，而且实
有所得，不仅得之于心，而且得之于身。瞿鹊子所闻的圣
人品质来自"夫子"，"夫子"与后文的"丘"联系起来，可以
看出正是指孔丘。宣颖、林希逸、林云铭等都说是孔子。另
一种说法以《经典释文》、向秀、成玄英为代表，以为瞿鹊是
长梧弟子，故称其师为夫子，崔云长梧子名丘。俞樾指出：
"瞿鹊子必七十子之后人，所称闻之夫子，谓闻之孔子也。
下文长梧子曰：'是黄帝之所听荧也，而丘也何足以知之！'
丘即是孔子名，因瞿鹊子述孔子之言，故曰'丘也何足以知
之'也。而读者不达其意，误以'丘也'为长梧子自称其名，
故《释文》云：'长梧子，崔云名丘。'此大不然。下文云：
'丘也与女，皆梦也；予谓女梦，亦梦也。'夫予者，长梧子
自谓也。既云'丘与女皆梦'，又云'予亦梦'，则安得即以
丘为长梧子之名乎？"[1]王叔岷指出："释法琳《辨正论·九箴
篇》以下文丘为孔丘，可证成俞说。"[2]钟泰也主张夫子指孔
子："《则阳篇》有长梧封人问子牢之言，'长梧子'即长梧封
人。'封人'著其官，'子'则男子之通称也。子牢，琴牢，
孔子弟子。长梧既尝问于子牢，必亦孔门之士。瞿鹊子称
'吾闻诸夫子'，而长梧子答之以'丘也何足以知之！'丘，孔
子名。弟子不当名其师，疑三千之中不能如七十子之心悦
诚服者多矣；不然，则狂者之选，放其狂言，而不复以礼
法自束，如孟子反、子琴张（张，牢字）之笑子贡，曰：'是

---

① 郭庆藩：《庄子集释》，第 93 页。标点略有补正。
② 王叔岷：《庄子校诠》，中华书局，2007 年，第 85 页。

恶知礼意！'（见《大宗师》）"①正如王叔岷所言："瞿鹊子与长
梧子，当是假托人名，不必实有其人，盖庄子见瞿鹊栖于
高梧上，因假托二人之问答与？"②

即便不能也不必坐实瞿鹊子与长梧子二人的历史身份，
仅仅作为寓言来看待，庄子还是暗示了二人与孔子之间的
关联，这是为什么？为什么孔子在这里出现三次？庄子通
过孔子意在透露什么样的消息？"圣人不从事于务，不就
利，不违害，不喜求，不缘道；无谓有谓，有谓无谓，而游
乎尘垢之外"，是对圣人品质的描述，这一描述是瞿鹊子闻听
于孔子。孔子"祖述尧舜，宪章文武"（《礼记·中庸》），显然
最能理解先王与先圣，而孔子本身又被视为圣人；其对圣人
品质的刻画，可谓以圣解圣，也就是基于自我理解说己分内
事，所言说者皆是其实有所得、存诸德性、不言而信者。在这
个意义上，可谓言而无言、不言而言，在瞿鹊子的转述中，保
留了这么一句："无谓有谓，有谓无谓。"解者多与《寓言》"终
身言，未尝言；终身不言，未尝不言"联系起来，③的确如
此。吕惠卿更进一步看到此中义理与孔子的关联："夫子能

---

① 钟泰：《庄子发微》，第 56 页。

② 王叔岷：《庄子校诠》，第 85 页。

③ 钟泰："'无谓有谓，有谓无谓'，《寓言篇》所云：'终身言，未尝言；终
　　身不言，未尝不言'，则语默亦齐矣，以此故得'游乎尘垢之外'也。"
　　（《庄子发微》，第 56 页。）林希逸："无谓有谓，不言之言也；有谓无谓，
　　言而不言也。"（林希逸著，周启成校注：《庄子鬳斋口义校注》，第 39
　　页。）林云铭："无谓有谓，未尝不言也；有谓无谓，未尝有言也。"（《庄
　　子因》，第 24 页。）杨柳桥认可林云铭的观点。（杨柳桥：《庄子译诂》，
　　上海古籍出版社，1991 年，第 52 页。）王叔岷："案《寓言篇》'终身言，
　　未尝言。终身不言，未尝不言'，与此文同旨。"（《庄子校诠》，第 86 页。）

废心而用形，其于圣智则谢之矣。而未之尝言，故学者所闻，特其文章而已。"①案《论语·公冶长》记载："子贡曰：'夫子之文章，可得而闻也；夫子之言性与天道，不可得而闻也。'"孔子之言性与天道之所以不可得而闻，并不是因为罕言或不言，按照《齐物论》"无谓有谓，有谓无谓"的思路，其实是不言之言或言而不言。孔子之"无言"，乃是循天之行，天不言而四时行、百物生，是以正如《礼记·哀公问》所言："无为而物成，天之道也。"天将自身显现在四时行与百物生之中，四时行与百物生就是天之不言之言，既可以说天不言而言，又可以说天言而不言。

正如子贡欲述孔子，而孔子不言，实际上是述天道之无为。《春秋繁露·深察名号》："天不言，使人发其意；弗为，使人行其中。"天之"使"，是其"为"，然而"不言""弗为"，又表明天之"使"四时行、"使"百物生，实际让四时自行、让百物自生，天道就在四时自行、百物自生之中。一如春天就在桃自红、柳自绿、草自青之中，在桃自红、柳自绿、草自青之外别无春天。《知北游》继述孔子关于天道与四时、百物关系的理解，曰："天地有大美而不言，四时有明法而不议，万物有成理而不说。"郭象注云："此孔子之所以云予欲无言。"②在论及天地四时万物之后，《知北游》接着说："圣人者，原天地之美而达万物之理，是故至人无为，大圣不作，观于天地之谓也。"圣人观于天地，是为了兼体天地

---

① 吕惠卿撰，汤君集校：《庄子义集校》，第 46 页。
② 郭庆藩：《庄子集释》，第 649 页。

之美，天地之美在其生而不有、为而不恃、长而弗宰之德，
"明白于天地之德者，此之谓大本大宗"（《天道》），故而圣
人无为无作，只是继述天地之德；唯其继述天地之德，故
圣人有观、有取于天地，而天地之德亦有见于圣人。圣人所
以"行不言之教"（《知北游》）①，正以其德配天地。由此视域
观之，孔子以"默而成之，不言而信，存乎德行"（《周易·
系辞上传》）的方式显示道，就是富于深意、耐人寻味的。故
当弟子以为孔子有所隐瞒时，孔子说："二三子以我为隐
乎？吾无隐乎尔。吾无行而不与二三子者，是丘也。"（《论
语·述而》）耐人寻味的正是孔子自言其"无行而不与二三
子"，则孔子之教，非言教，而是身教或德行之教，意在引
人自化。此正是"实有所得""存乎德行"的有德之言，而不
是"知及之"而不能"实有所得"的"造道之言"。问题是，既
然闻听于孔子，为什么孔子将圣人品质的表述称为"孟浪之
言"，不能切实执着，只能姑妄言之、姑妄听之？这正是有
德之言以造道之言表述出来后，不得不成为孟浪之言。瞿
鹊子以为"妙道之行"，孔子却以为孟浪之言，这一对比正
显示了瞿鹊子与孔子之间的距离。

　　瞿鹊子所闻于孔子的圣人品质如下："圣人不从事于
务，不就利，不违害，不喜求，不缘道；无谓有谓，有谓
无谓，而游乎尘垢之外。"这里可分三个方面：一，否定意
义的"有所不为"：不从事于务，不就利，不违害，不喜求，

---

① 并见《老子》第二章："是以圣人处无为之事，行不言之教；万物作而弗
　始，生而弗有，为而弗恃，功成而不居。夫唯弗居，是以不去。"

不缘道；二，无谓有谓，有谓无谓；三，游乎尘垢之外。
第二方面前文已经述及，这里要注意的是一与三。圣人为
什么"有所不为"？"不从事于务"对应《逍遥游》的"孰弊弊焉
以天下为事""孰肯以物为事"，钟泰根据杂篇《让王》"道之
真以治身，其绪余以为国家，其土苴以治天下，帝王之功，
圣人之余事"来理解二者，以天下为事、以物为事，只是修
身的余事，居于外而不出于内，圣人之所内者乃是修身。
《逍遥游》"孰弊弊焉以天下为事"与"旁薄万物以为一"联系
在一起，意味着当"天地与我并生，万物与我为一"时，这
个状态仍然有物，但人已经与物为一体，则"弊弊焉以天下
为事"自然不再可能；如果说"旁薄万物以为一""犹见有
物"，"孰肯以物为事"则更进一境，"并物而忘之"已经进入
未始有物之境，故而意义又深化了一层。事实上，《齐物
论》前文已经区分了"未始有物""有物而未始有封""有物有
封而未始有是非""有物有封有是非而道体亏"四个层次。瞿
鹊子转述其所闻的圣人品质，与圣人品质自身当然有一定
的距离。对瞿鹊子而言，圣人"不从事于务"；就圣人自身
而言，只是"未始有物"或"有物而未始有封"。这与后文长
梧子所谓的"旁日月，挟宇宙"形成对照，王叔岷谓："旁日
月，喻顺变化；挟宇宙，喻怀万物。"①由此可见，瞿鹊子所
描述的圣人"不从事于务"，实乃是圣人"旁日月，挟宇宙"，
也就是上文所谓的"天地与我并生，万物与我为一"，也就
是"有物而未始有封"之境。郭象注云："务自来而理自应

---

① 王叔岷：《庄子校诠》，第88页。

耳，非从而事之也。"成玄英疏云："务，犹事也。……夫体道圣人，忘怀冥物，虽涉事有而不以为务。混迹尘俗，泊尔无心，岂措意存情，从于事物！"①圣人并不是不会应事接物，只是事物不成其为汲汲自求的事务，因为遵循事物本身的逻辑，让其以自身节律运作，物自为物，自生自成，于圣人何事何务之有？故圣人不从事于务，实乃让物之自物、咸其自已，这就是允让。"不就利，不违害"，是瞿鹊子所闻圣人品质的又一特征，主要涉及"利害"，前述不以物为事，涉及有物而无封，无封也就无利害可言。

就《齐物论》的总体脉络来看，前一节中齧缺与王倪所说的至人，在本节瞿鹊子这里被转换为圣人，而圣人是通过孔子之言道出的，"游乎尘垢之外"对应上节的"乘云气，骑日月，而游乎四海之外"，"无谓有谓，有谓无谓"对应上章知与不知的"辩证法"。孔子因材施教、因人而异的启发式教学，针对瞿鹊子，将关于圣人的言说说成是孟浪之言，其中的原因被长梧子道破："女亦大早计，见卵而求时夜，见弹而求鸮炙。"长梧子之所以以瞿鹊子"太早计"，即操之过急，是因为他把孔子的这番言论直接视为妙道之言，这是远离大道的体现，暴露了瞿鹊子没有也不能充分理解孔子。于是本节的重点，在字面上便在于如何理解孔子所言的圣人，在深层义理的维度上则转义为如何理解孔子，这是进一步深入文本的关键。既然齐论问题解决的关键是"众言淆乱则折诸圣"，那么如何理解圣人（不仅仅是圣德，还

---

① 郭庆藩：《庄子集释》，第 93 页。

有圣行，还包括圣言）又进一步成了齐论的要点。

《齐物论》特别强调，长梧子"丘也何足以知之"与"丘也与汝，皆梦也"，必须在"姑妄言之，姑妄听之"的意义上加以理解。将"丘也何足以知之"与"是黄帝之所听荧（困惑）"联系起来，这里的"何足以知之"就不再是贬义，在本节的"有谓无谓""无谓有谓"以及上章的"知之非知，不知非不知"的脉络下，这一点是十分清楚的。进一步来说，孔子的不知与下文的"圣人愚芚"正好形成呼应，正如"丘也与汝，皆梦也"通过"予谓汝梦，亦梦也"解构。孔子关于圣人的言说，必须在新的意义上加以理解，它对理解者提出了自我提升、自我转化的要求。因为妙道因于所闻，而所闻并非妙道，言传耳听并非理解作为圣人的孔子的正当途径，[①] 由此，理解圣人犹如梦中之人自解其梦而自我觉醒，需要精神上的突破，即从自我的成心成形和万物物论交相建构的不断固化的牢笼中自我解放。对于不能自我觉醒者来说，圣言不过是以梦言梦。不能辨明有谓与无谓的辩证，不能深明梦与觉的吊诡，也就无以懂得孟浪之言与姑妄言听的意义，对于圣人及其言说的理解就不可能是"参万岁而一成纯"的开放方式，而只能是本节以"固哉"所表达的对言说和圣人的胶滞与执着而产生的固化。这里所试图指点的乃是

---

① 吕惠卿："妙道因于所闻，而所闻非妙道。……今之闻道者，自以为悟，而不知日损以至于无为者，皆瞿鹊之徒也。夫道，不可以言传，不可以耳听者也。则子言之，而汝听之，皆妄而已矣。然试尝妄言而妄听之，不知其奚若也，欲其忘言而以心契之也。"（吕惠卿撰，汤君集校：《庄子义集校》，第47页。）

一种切入圣人与圣言的合理路径，这正是解决齐论问题的要点所在。由此视角来理解这一通常被视为内篇自此开始诋毁孔子的片断，我们会发现《齐物论》文本修辞文法的复杂性与义理书写的层级性以及多元复调性质。

长梧子所说的圣人特点是："奚旁日月，挟宇宙？为其吻合，置其滑涽，以隶相尊。众人役役，圣人愚芚，参万岁而一成纯。万物尽然，而以是相蕴。"圣人依傍日月而运，挟持宇宙在其怀内，磅礴万物以为一体，仿佛任其殽然混乱而不顾，等视尊卑贵贱而不加区分。而众人驰逐于是非，忙碌奔波，与圣人之安于愚钝、杂糅古今万物以为整体性的浑沌，截然不可同日而语。圣人之所为，不过是遵循万物的运作机制与节律而已：万物本身就是如此，互相蕴含，彼此包藏，不分是非、可否、生死、利害。圣人的品质与万物的本真是一致的。他能够抱一，以自己之纯而怀藏万物之混杂，可谓兼怀万物。

我如何知道悦生恶死不是一种困惑呢？又怎么知道怕死恶死不正如幼年流落在外而不知归家一样呢？举个例子，丽姬是守边地艾的长官的女儿，当晋国国君要带走她时，涕泣沾襟；等到了国王居所，与王同床而寝，享用美食，就后悔当初的哭泣了。在变化不定的未知世界里，我们无法预知事情的结果，对未来的忧虑又多少是靠得住的呢？我们并不了解人死之后的情况，又怎能知道死了的人不后悔当初想方设法以求活于世呢？在梦中饮酒作乐的人，说不定早晨醒来时就遇到悲哀之事哭泣起来；梦中哭泣的人，天明或许会因打猎而欣喜。当人做梦时，并不知道他在做梦，不知道在做梦，而且还梦到他在梦中去占梦；醒来后才知道原来这一切都是梦。一个有了大觉醒的人，才能明白人的一生就是一场大梦。可是愚蠢的人自以为觉醒，自以为一切都清清楚楚：谁是君王，谁是马夫，好像荣辱得失、尊卑贵贱都是井井有条。这是何等的固陋啊。孔丘与你，都是在做梦；我说你在做梦，也是梦。这番道理，实在是人生最大的"吊诡"，似是而非，又似非而是。

梅列日科夫斯基在其最后一本书《小特雷莎》（1941）中写道："最深刻的、最能够把人引导到上帝那里去的事，都是在无意识状态下发生的。人不仅能够知道很多事物，而且也能够无意识地存在于很多事物之中。我们超极限的（陀思妥耶夫斯基称此为'无意识的'）来自极限的，'夜间灵魂'来自'白昼的灵魂'，我们的清醒距离类似于最深沉昏厥的梦幻只有毫发之间，这一间隔之对于我们，像深渊一样不可逾越。从依照存在秩序转入另外一种，从有意识的、'白昼的'，向无意识的、'夜间的'转入，像闪电一样突如其来。这两个概念之间有数学上所谓的'断裂'，而在宗教中这被称为'奇迹'。"①但是在《齐物论》中，梦觉被视为生存的悖

---

① 转引自 E.A.安德鲁钦科：《梅列日科夫斯基的探秘》（2000），罗森塔尔（Bernice G. Rosenthal）：《梅列日科夫斯基与白银时代：一种革命思想的发展过程》附录，杨德友译，华东师范大学出版社，2014 年，第 301 页。按这里所谓的将人引导到上帝那里去的"无意识"，意味着一种自发性的发生，"原始的、永恒的、自发的力量、上帝自由的和直接的赠礼"，对于这样的力量，"人几乎是无权干预的，就像对于大自然的没有目的的、和优美的现象一样，对于日月星辰的升降、海洋的寂静和暴风雨……无权干预一样"。

论，我们在梦中的时候并不知道我们是在梦中，我们在醒来时候同样也不能确定醒着是不是一场更大的梦境。从梦中觉醒，绝非易事。朱利安在阐释赫拉克利特"觉醒者将获得一个独一的、共同的世界，而每个昏睡的人只会沉浸在个人的世界中"时说：黑夜里，"人人缩进自己的角落，自己的世界；那世界有着他的美梦，有着独特的编码；夜的世界是闭隔的，不能被分享。沉睡，换言之，就是舍弃'共同'概念的透明，就是沉入个体人生的混浊，就是自闭在单一的自身的默默调整中，直到化尽一切疙瘩，拆除沟通桥梁，在思想上割断脐带。沉睡，就是自说自话无人解。黑夜，让人沉入个人内心深处，一如厄瑞玻斯般幽冥晦暗的深处。面对蜷缩的夜，'共同'是出路，它首先通过分享的言语所蕴含的共同，因此它要求人必须'觉醒'（参见赫拉克利特的另一句话'千万不要边睡边说话和行动'）"[①]。梦似乎从某种未知的维度向我们投射自己，当然它是以无意识的形式，使我们能够面对我们的无意识深处。梦并不遵循因果性逻辑，而是形象所象征的意义联系，因而它是世界与我们自身体验的超越名言及其逻辑的一种机制，在梦的世界中，真理被以符号方式加以象征。

　　觉醒的困难，如庄子所刻画的那样，是在梦中知道自己是在梦中。庄子的答案是："万世之后而一遇大圣，知其解者，是旦暮遇之也！"也就是说："解人难得，万世一遇，犹朝夕遇之。"伟大的灵魂都能体验到这种人生的梦觉悖论。

---

① 　朱利安：《论普世》，吴泓缈、赵鸣译，北京大学出版社，2016年，第34页。

马克斯·韦伯曾说："一个人要是没有一种被每个局外人嘲笑的奇特的迷狂，一种'生前千载已逝，身后寂寞千年'都取决于你能否对释读做出正确的推测的激情，那么他也就没有科学的天职，趁早改行算了。因为，人之为人，不能以激情去做的事情，就是没有价值的事情。"①"生前千载已逝，身后寂寞千年"，这一韦伯经常引用的说法或许来自德国学者 Paul Hensel 对卡莱尔思想的复述，卡莱尔在描述但丁特别是乔托笔下的但丁时曾说，这是一张悲剧性的脸，从这张脸可以看见一个毕生与世界对抗的战斗者，"这就是但丁的形象，但丁，'沉默千年的声音'"。② 刘勰《文心雕龙·知音》云："音实难知，知实难逢。逢其知音，千载其一乎！"同样表达了对梦觉悖论真切的感受。海德格尔在《维塞尔的访谈》中引用德国诗人海因里希·冯·克莱斯特（Bernd Heinrich Wilhelm von Kleist）的诗："他还没有面世，我就因他而退下，先他一千载，我已经虔恭于他的精神。"③诗人说理解他的人尚未出生，也许还要等待千年，但尽管如此，作为独体的他并不孤单。

《庄子》对梦觉悖论的解决方式，其深刻之处在于，将梦觉吊诡上升到伟大灵魂跨越世代与时空的相互理解上。

---

① 马克斯·韦伯：《科学作为天职》，李康译，李猛校，李猛编《科学作为天职——韦伯与我们时代的命运》，生活·读书·新知三联书店，2018年，第12—13页。

② 同上。

③ 《理夏德·维塞尔对海德格尔的采访》，贡特·奈斯克，埃米尔·克特琳编著《回答——马丁·海德格尔说话了》，陈春文译，江苏教育出版社，2005年，第12页。

"万世之后，而一遇大圣知其解者，是旦暮遇之也，言解之者希。""万世而一遇"，看起来无限悠长的时空，又如"旦暮之间之速"，伟大灵魂之间心有灵犀。"顾万世何久，旦暮何促。就世俗言之，旦暮诚非万世之比也。就通死生无古今者言之，则万世亦何殊于旦暮哉！惟世俗不解此，故于此数百千年一瞬之间，区而划之，一若尺寸之不可稍有差异。此其'固'又岂在'君乎牧乎'之下乎！是又言外之意，不可不善会者也。"①

　　庄子将万世的时间距离拉到工夫与心灵的距离架构内，当下解之，瞬间就跨越万世；不能解之，万世犹不能长于解者的瞬间。如果说种种物论的背后是人的灵魂与心智，那么物论与物论之间的相知就好像是一种梦觉的悖论。它在论辩中能够解开吗？还是论辩本身就是一种"于此数百千年一瞬之间，区而划之，一若尺寸之不可稍有差异"的"大固"，囚禁了人的灵魂对他者的开放？《齐物论》回到这个问题。我和你辩论，你胜了我，我败了，你就一定"是"吗？我就一定"非"吗？相反，我胜利了，你失败了，我就一定"是"吗？你就一定"非"吗？我们二人之间或者有是有非，或者都是都非吗？我与你作为当事人都不能相知，别人也就更加不能理解了。我们找谁来纠正我们呢？如果让和你见解相同的人来，既然他和你的见解相同了，你都不能纠正我，他又如何能纠正呢？让与我观点相同的人来，但既然他和我观点相同，我都不能纠正你，他又怎么可能呢？

---

① 钟泰：《庄子发微》，第 59 页。

让一个和你我观点都不相同的人来，既然他和我们的见解都不相同了，又如何能够纠正我们呢？让和你我观点都相同的人来纠正，既然他与我们的相同了，我们都不能相互纠正，他又怎么可能呢？那么我与你与他人都不能相知啊，那要等待谁才能校正我们呢？

人与人之间在横向层次上无法相知，无法获得是非的正解。"彼是莫得其偶""休乎天钧"，每个人在纵向的层次上可与天道相关联，并以此为基础展开人与人的横向关系，在内向的各得其极上用功。"'何谓和之以天倪？'曰：'是不是，然不然。是若果是也，则是之异乎不是也亦无辩；然若果然也，则然之异乎不然也亦无辩。'""化声之相待，若其不相待。"以天倪或天钧来解决不同物论之间的论辩中产生的校正困难，其实就是一种在是非之中但又超出是非的尺度如何可能的问题。《齐物论》提出，在不是的地方看到是，在是的地方看到其不是；在不然的地方看到然，在然的地方看到不然。是的如果真的是是的，那么是者异乎不是的区别就不需要通过论辩来解决；如果然的果真是然的，那么然异乎不然的区别也就同样不需要论辩了。各种物论无非就是不同的"化声"（变化的声音，指的是处在方生方死、方死方生中的是非之辩），它们彼此之间的相待，就如同它们之间的不相待，换言之，它们都不足以相正。答案还是在"和之以天倪，因之以曼衍，所以穷年也。忘年忘义，振于无竟，故寓诸无竟"中。以天倪或天钧来调和不同的化声（物论），任其迁流变化，是非转动于无穷无尽之境，圣人和之以心，也寄寓于无穷无尽之境，这就是回到人的那颗能够转动《法华》而不为《法华》所转的伟大心灵。船山云:"生死忘而忘年,是非忘而忘义。无要归之旨以为究竟,则槁木死灰固无妨于曼衍。……有一日之生,尽一日之曼衍,无成心而随化,以不益损乎其真,此《齐物论》之所以无伤于长言也。"①

七 "罔两问景"与"庄周梦蝶"

> 罔两问景曰:"曩子行,今子止;曩子坐,今子起;何其无特操与?"景曰:"吾有待而然者邪?吾所待又有待而然者邪?吾待蛇蚹蜩翼邪?恶识所以然?恶识所以不然?"
>
> 昔者庄周梦为胡蝶,栩栩然胡蝶也,自喻适志与,不知周也。俄然觉,则蘧蘧然周也。不知周之梦为胡蝶与,胡蝶之梦为周与?周与胡蝶,则必有分矣。此之谓物化。

罔两是影外之微阴,可以说是影子的影子,他问影子:"以前你在行走,现在你又停下来了;以前你常坐着,现在你又站起来了,怎么这样没有独立的操守呢?"影子回答:"我或许是因为有所待才这样的吧?我所待的东西又有所待

---

① 王夫之:《庄子解》,《船山全书》第 13 册,第 118 页。

吗？我所待的如同蛇之行走有所待于肚皮下的横鳞、蝉儿飞行有所待于翅膀吗？我又怎么知道所以这样，怎么知道所以不是这样呢？"表面上看，影子的影子待影子，没有影子哪有影子的影子？影子待形体，影子总是某个形体投下的影子，没有了形体又哪有影子呢？形体又待什么呢？如果推到最后，所有事物似乎都有待于造物主。这就再次将我们引到开篇"怒者其谁"的本体论问题。《齐物论》的回答是，有待无待不可知，由此并不能推论出作为终极根据的造物主的存在。既然造物主不存在，答案还是在忘年、忘义、寓诸无竟上面。如果并没有任何一种类型的终极存在可以作为我们的最后依靠，如果并没有终极的不变者、确定者、永恒者可以依恃，如果流动的不确定性与未知的深渊就是世界与人生的真相和命运，那么在最根本的层次上，我们将立身何处、心安何处呢？这就引出了物化的问题。在大化之流中随化而化，化中自有不化者，过渡到庄周梦蝶的故事。

　　梦蝶故事分为三层。第一层，梦境："昔者庄周梦为胡蝶，栩栩然胡蝶也，自喻适志与，不知周也。"第二层，觉境："俄然觉，则蘧蘧然周也。"第三层，物化之境，即梦即觉之境，两行之境："不知周之梦为胡蝶与，胡蝶之梦为周与？周与胡蝶，则必有分矣。此之谓物化。"在梦上觉，在觉上梦，梦觉有分而无分，故第三层物化，可谓有分于不分，不分于有分，犹如不辨之辨、不道之道。所谓物化者，亦是归于自身，所谓不化之化、化之不化者也。潘雨廷《易与老庄》提示这是一个"具有未济意味的既济"：（1）"昔者庄周梦为胡蝶"，"叙明当时之境"，梦蝶之人为作齐物论者。

（2）"栩栩然胡蝶也，自喻适志与，不知周也。"叙述"梦境"，可谓"梦化"。（3）"俄然觉，则蘧蘧然周也。"叙"觉境"，此谓"觉化"。（4）"不知周之梦为胡蝶与，胡蝶之梦为周与？"叙述"梦化觉化可消息为觉化梦化"，此即"境化"。（5）"周与胡蝶，则必有分矣。此之谓物化。"梦化、觉化、境化合而为"物化"，犹如四时运行百物化生，此即"无言之大言"。①物化之物，则有物矣；物化之化，则庄周为蝶、蝶为庄周，梦为觉、觉为梦，境为人、人为境，则化之为言，乃物之封畛的融化。不仅如此，由于物之封畛的泯融，"我"丧而"吾"见，此"吾"乃浑然与物同体之"吾"，是通于大通而融化了自我意识的"吾"，这是人的上遂之路，此即立于"未始有物"之境，而后物以不齐而齐，论以齐而不齐。

吴光明注意到，齐物论的梦蝶不能归结为佛教的空，因为庄子强调的是两个层面的意义：一是有分，这一点可以朱子对佛教与儒学的关于分与不分的对照来说，可以禅宗见山是山、见水是水的第三层次来说。二是物化，"有分与物化——俱为真实，且相依相生"。吴光明指出，梦蝶体验并不支持一切人类经验都是空幻（Maya）的观点。② 物化是精神境界的升华，它将主观性与客观性交融在一起，人与物、意与境、梦与觉等相即相入、相涵相摄。马其昶谓："物有分，化则一也……至人深达造化之原，绝无我相，故一切是非、利害、贵贱、生死，不入胸次。忘年、忘义，浩然

---

① 潘雨廷：《易与佛教 易与老庄》，上海古籍出版社，2005 年，第 271—272 页。

② 吴光明：《庄子》，第 200 页。

与天地精神往来，而待解人于万世若旦暮焉。"①这就是《齐物论》对待物与物论的方式。E.A.安德鲁钦科在其《梅列日科夫斯基的探秘》中写道："陀思妥耶夫斯基的人物则'不再感受到自己的躯体'，他们全然'投入浓缩了十倍的'内心生活，在极为短暂的瞬间重温了几十年的生活。"②《齐物论》梦蝶的庄子作为一种人格符号，他不仅不再感受到自己的身体，同时他的意识也忘却自己的意识；其意识活动沉醉在无意识的"浑沌性的秩序"中，在一种克服了自身重力的自发性中，如同蝴蝶那样，翩翩起舞。

---

① 马其昶：《定本庄子故》，第21页。
② 罗森塔尔：《梅列日科夫斯基与白银时代：一种革命思想的发展过程》附录，第303页。

第三篇
《养生主》："形劳而神不伤"如何可能

"养生主"的"生"，可以理解为生命力——生意、生机、生气。此"生"既见于人之一身，也显于天地万物，充盈整个气化的宇宙。"生"的意思极大！《周易·系辞上传》："生生之谓易。"《系辞下传》："天地之大德曰生。"汉语中与"生"关联的词语很广泛，如"生生""生活""生命""生民""人生""学生""先生""做生意""卫生院"等。在某种意义上，"生"界定了中国古典思想中宇宙人生的基调，与基督教思想中那在绝对者面前黯然失色的苍凉宇宙图像与荒芜的世间生存相比，这一点就更加清楚。"养生主"可析出以下双重内涵：一，以养生为主；二，养生之主。

"以养生为主"即"主养生"，在修身、齐家、治国、平天下的总体语境中，凸显养生的奠基性意义。《让王》亦云："夫天下至重也，而不以害其生，又况他物乎?""故天下大器也，而不以易生。""道之真以治身，其绪余以为国家，其土苴以治天下。由此观之，帝王之功，圣人之余事也，非所以完身养生也。"在《庄子》思想的总体脉络里，完身养生是道体在个人那里最直接的呈现方式，或者说是道的最直接的运用。"(以)养生(为)主"，其意相当于《礼记·大学》"自天子以至于庶民，壹是皆以修身为本"，即修身相对于齐家、治国、平天下更为基础，齐家、治国、平天下虽不能被修身所涵盖，修身对于三者则具有奠基性意义。家齐、国治、天下平在原则上最终落实为每一个人都自修其身、自正其性命，这是维持生生之机的根本，是与"生长""蓄养""保养"等相应的生命力的充盈状态。个人、家族、国家、天下最好的状态，不外是生生不息。广义的养生固然可以包含多个层面，但家族、国家、天下、政治与文明的生生之意，最终表现在"生民"的"生生"之气或"生生"之意中，"生民"的"生生"之意又由个体的"生命"体现。难以想象以下情况：社会、国家、文明、政治充满生意，而个体生命处在死气沉沉的状态；或反过来，国家、社会、政治、文明都出现了问题，人民依然生意盎然。这就是何以在身、家、国、天下的结构中，身是基础的原因。正是在个体那里展现的生意，为国家、社会、政治、文明的改善提供了可能与余地。如果没有这种存有生意的个人，那么家国天下最终也将失去承担主体。千重万重，还是修身为本，养生为主。不管是知识、政治、宗教，还是艺术、伦理、制度等，都以不同的方式指向生命之生机、生意的呵护与滋养。因此，"养生为主"意味着，就文明整体结构而言，个人的养生相对于齐家、治国、平天下而言，更为关键。

　　"养生之主"又可以解析为两种意思：一是"养生"之主，即对"养生"而言，最为核心与关键的东西是什么，比如养生的根本方式与基本精神、区分生之主与生之次等，即陆德明《经典释文》所说的"养生以此为主"①。二是养"生之主"，即养"生"之最主要方面，或养生命之主体，林希逸所谓"养其主此生者，道家所谓丹基也"②。"性"相对于"身"，"神"相对于"形"，均可谓"生之主"。"生之主"与"生之本"大致相当，《史记·太史公自序》所引司马谈《论六家要旨》云："神者生之本，形者生之具，不先定其神，而曰我有以治天下，何由哉？"这里的"神"就是"生之主"，与"形"作为"生之具"构成对照。③ "养生"之主与养"生之主"的侧重面不同，前者面对的是整个的"养生"，其所养者是全幅的"生"，而不仅仅是"生之主"（生的主要方面）。生的次要方面也是养

① 郭庆藩：《庄子集释》，第108页。罗勉道"此篇言养生之主"（《南华真经循本》，第49页）、王先谦"此养生之宗主也"（《庄子集解》，第28页），都以"'养生'之主"解"养生主"。

② 林希逸著，周启成校注：《庄子鬳斋口义校注》，第47页。朱得之"养其有生之主"、释性涵"当养其生之主。主者，即真宰也，所谓主人公也"、陆西星"养生主，养其所以主吾生者"等等，都是将"养生主"读作"养'生（之）主'"。（方勇：《庄子纂要》，《方山子文集》第16册，第434—435页。）

③ 释德清、吴世尚、胡方、林仲懿、刘鸿典以为《养生主》"以性乃生之主"；魏光绪、程以宁、周金然、陈寿昌以"神"为生主；陆西星、吴默、吴伯敬、孙嘉淦、王树柟、朱青长等以为"生主"即《齐物论》所谓"真君"。此外，黄元炳以"性天"为"生主"，"养生主"即"存心养性以事天"。（方勇：《庄子纂要》，《方山子文集》第16册，第434—442页。）

的内容，只是相对于主要方面，不具有优先性。如何安排"生之主"与"生之宾"、如何架构"生之使"与"生之役"等，均不涉及"生之主"，而归属"养生"之主。关于"养生之主"的以上两重含义，高嵋曰："'主'字解作生之主人可，解作养之宗主亦可。"①

在日常世俗，"养生"常常被降低为"养形"，成为生物学—生理学意义上的肉身躯体之照看、护理，其目的在于生理身体的健康与长寿，这样的"生"不仅失去了与神、明的关联，而且回避了"生"之所以为"生"的关键。换言之，内在于这一流行观念中的"生"之理解的错位，是以"生之宾""生之次"充当"生之主"。形体固然不能忽视，但那不是"生之主"。一旦将"生之主"理解为"形"，那么"养生之主"也就必然错位为以延长肉体生命为目的。《刻意》有谓："吹呴呼吸，吐故纳新，熊经鸟申，为寿而已矣，此道引之士，养形之人，彭祖寿考者之所好也。"显然，在《庄子》的脉络中，"养生"不能等同于养形，它包含着比养形更高、更深的层次，而养形不过是养生的最低层次，即便是真正的养形，亦不能通过仅仅养形的方式达成，而必须通过精神对形体的不断充实，而后形体才能得到真正的滋养。导引之士、养形之人的问题，就在于仅仅关注生理的生命。另一方面，一旦"生之主"得其养，则"生之次""生之宾"自然也会得到滋养。因而，无论在何种意义上，"生之主"相对于"生之宾""生之次"都具有优先性。

---

① 方勇：《庄子纂要》，《方山子文集》第 16 册，第 438 页。

　　《养生主》在结构上分为四节:第一节,"缘督以为经"与养生的基本原理,确立"缘督以为经",作为"养生"之主,即以中道原则作为养生的根本性原理,其本质是保持天人之际的居间性平衡。第二节以庖丁解牛为例,展示了中道原则的运用。第三节右师与泽雉,提出形神之间何为"生主"的问题。如果说第二、三节聚焦于"善吾生",第四节老聃之死与"薪尽火传",则重在阐发"善吾死",凸显死而不亡、薪尽火传者正为"生之主"。第一节中"吾生也有涯,而知也无涯"与第四节的"薪尽火传"构成对照,前者明养生之患在于以有涯之生随无涯之知,后者以无涯之知随有涯之生,化生之患为生之养。

一　"缘督以为经":"养生"之主

　　　　吾生也有涯,而知也无涯。以有涯随无涯,殆已;已而为知者,殆而已矣。为善无近名,为恶无近刑,缘督以为经,可以保身,可以全生,可以养亲,可以尽年。

　　《养生主》开篇很简洁,但含义极为深刻,庄子提出,养生的危殆在于以有涯之生追逐无涯之知。《养生主》开篇从生死之生说起,由生物学的生命所面临的不断耗散终至死亡的困境说到养生问题。"吾生"这个表达,显示了生死之

生并不仅仅为"我"专有，即便实现了从"我"到"吾"的存在
层次的转换，"生有涯"的问题依然存在，它是所有生物学
意义上的生命必然面临的无可逃避的问题。死作为必来的
大限，始终制约着生，警示生命的有限性。人自从出生以
来，其成长的过程，形体与精神日渐走向成熟，但机体的
衰老与死亡乃是不可避免的终点，在这个意义上，走向成
熟的每一步同时也是对死亡的逼近。不仅如此，生命所携
带的先天能量，自中年之后就一直处在不断消耗的过程中，
直至死亡。因而，任何意义上的"养生"，都是在面向死亡
的生物—生理的消耗过程中展开的，而且任何一种意义上
的"养生"，都突破不了生物学意义上死亡之大限，更无法
消除死亡之可能性。生物的生意寄居在形体中，随形体有
尽而有涯，所谓"年命在身有尽"①。生因死而有涯，死是形
体及其机能之耗尽，故而生物学意义上的"生"，既是形体
意义上的"生"，又是生死意义上的"生"。

生物学意义上的生死是无可避免的自然过程，这一过
程乃是一切生物体都不得不面对的。但对于无意识的生物
而言，生死被自然地维持在无意识中，没有意识过程的介
入，因此也就没有情感与意欲的进入，就此而言，它是无
生无死的。生物学的生死通过意识介入人的生命过程，使
之具有了不同于自然的情况，人成了携带着死亡意识的有
限生存者。意识对意向对象的探寻，很容易将生命本身视
为通过生命之目的以确定意义的过程。这种意识定向很容

---

① 宣颖：《南华经解》，第 25 页。

易导致以人为的价值(善恶)及其社会化机制(刑名)来表达目的或限制目的,使人与自然处在断裂或对立状态,而这种对立所带来的结构性紧张,是导致"生不得其养"的关键要素。如能将生死作为自然过程,作为昼夜更替那样的现象来对待,在意识中忘却死生,使得意识过程中的生物如同无物,生死的自然过程仍然继续发生,但生死的意识被解构了。

开篇的关键词"生",与另一个关键词"知"构成鲜明对照。知不仅仅是人对外部世界的认识,也包含对自己的理解。《庚桑楚》云:"知者,接也;知者,谟也。知者之所不知,犹睨也。"所谓"知者,接也",指心识与外物的接触而产生的见闻之知,由于外物无穷,所以这种知识是无涯的;所谓"知者,谟也",即基于人的意欲、谋虑而产生的关于人事的知识,它往往指向善恶是非等意见,而是非善恶意见也是无尽的。《徐无鬼》云:"知之所不能知者,辩不能举也。"追逐这种知识,表面上追逐外物,其实通过追逐万物不断扩展人自身的意欲,这种知之追寻使人处在往而不能自返的境地。相对于有限的人生,知识具有无限的可能性,即便在一切个体的人生终点,这种"知"也不会被穷尽。人类知识的每一步进展,都再一次将人类置身于更大的无知地带,不断扩展的所知只是主体日益呈现的"无知之幕"中的一个光亮地带,而这个光亮地带是嵌入巨大的"无知之幕"中的一个焦点而已。《秋水》云:"计人之所知,不若其所不知;其生之时,不若未生之时;以其至小,求穷其至大之域,是故迷乱而不能自得也。"若将有限的人生投入无尽的认知活动中，以知识的追求为主导，求知虽然可能成为悲壮且具有英雄主义意味的事业，同时也加速耗尽人的有限生命。更重要的问题还并不在于生命的耗尽，而是求知意志一旦膨胀，不能知止，不但会跨越伦理与道德的界限，无法抵制知识的不良运用，而且还会进一步跨越"天"所以赋予人的边界，进而抵抗甚至破坏宇宙自身所携带着的自然秩序与和谐。"知止乎其所不能知，至矣；若有不即是者，天钧败之"（《庚桑楚》），所谓"天钧败之"，即败其"天"。任人（意志、欲望、情感）而不循其天（天则），甚至无法无天，从而生发主体主义的幻象，助长人的傲慢与自负，最后的结果必然是天对人的"报复"。

进一步分析，知识有两种形态："知之为知之"之"知"，指向对象；"不知为不知"之"知"，回返认知者自身。"知无涯"之"知"作为逐物之知，是"知之为知之之知"，而不是"不知为不知之知"，后者才是真正的"知有所止之知"。《礼记·大学》谓"知止而后有定"，"定"为人类所有宗教与文明的共法。朱子云："定性者，存养之功至，而得性之本然也。性定，则动静如一，而内外无间矣。天地之所以为天地，圣人之所以为圣人，不以其定乎？君子之学，亦以求定而已矣。"[1]以有涯之生随无涯之知，其知不得有止，其人不能有定，其生则处于荡而不返的漂泊状态之中，既失去了约束，也失去了方向。从认识结果而论，"超越可知范围

---

① 朱熹：《定性说》，《晦庵先生朱文公文集》，朱杰人、严佐之、刘永翔主编《朱子全书》第 23 册，上海古籍出版社、安徽教育出版社，2002 年，第 3277 页。

的尝试,只能够再现已知的范围,而不是发现范围之外的东西"①。

就"生有限"与"知无涯"本身而言,二者并不矛盾,追逐无涯之知而不知止的态度与方式,以有限之生追逐无限之知,才对养生构成妨害,成为困扰人生的大问题。《养生主》以生与知开篇,《达生》开篇也以生与知对举,绝非偶然,二者可以相应于《圣经·创世纪》中的生命树与知识树。生命之树并不在知识的扩展,人类始祖之所以与生命树失之交臂,恰恰是因为着迷于知识甚至智慧。从知识树回返生命树,恰恰需要知有所止。"知止"是预防危殆的唯一方式。在这个意义上,求知与养形一样,不是养生之主。正如形乃生之宾,知乃生之役而非生之使,一旦以知"使"(驾驭、主宰)生,那么生之役反而僭位为生之使。对"知止"的关注,并非完全放弃知识,而是要求在生命树与知识树之间建立平衡。

养生之主,恰恰在于"生之主"与"生之宾"、"生之使"与"生之役"各归其位而不相僭。思想与认识包含在学习活动中,在原初的意义上,都是生命机体的营养或养料。只不过一旦被放置在"生之主"的位置上,逐物不返,就会有脱离营养与生长的倾向。人之性兼神与形、明与知。一方面,神充而形美,形在而或神亡,神以形为寄为寓,故而神为主,形为宾;另一方面,知之大用在解蔽,以达吾心之明,

———————

① 彼得斯:《交流的无奈——传播思想史》,何道宽译,华夏出版社,2003年,第178页。

而一旦求知的意志与冲动占据上风，性不但不明，或反为之奴役。故而，明为使，而知为役。换言之，在生（性）的结构中，神为形主，明为知使，养"生之主"，便在于养其"神""明"，而非"形""知"。《逍遥游》"凝神"与《齐物论》"以明"结合，方可触及全面的养生之道，这大概是《养生主》次于《逍遥游》与《齐物论》的根据。如果"神""明"不能主事，反为"形""知"之辅，那么"形""知"则反为"生之累""生之患"。相比较而言，养形之累显而浅，养知之累隐而深。作为生的构成部分，形与知本身并非不善，所不善者乃是在生命结构中的位置被改变，本来辅助神明的形知反而成为主事，养形养知占据主位，养性养神反处宾位。摆正主与宾、使与役的关系，实为养生大要。唯其如此，养生的事业才能摆脱一开始就面临着的来自养形与养知的侵僭。

《养生主》以有涯之生与无涯之知开篇，引出何者为"生之主"的问题，更进一步指出养生的危险来自"以有涯之生随无涯之知"。无涯之知与有涯之生，虽不是生之主，亦未必是生之害，它们也存在着成为生之辅助的可能性。真正的危险在于"随"，使得养生之主宾易位，将生命置于危殆的境地。知守其分，则不会逐物而不返。化除有涯之生与无涯之知的对反，并不能通过知识的扩展或深入而解决，换言之，任何一种认识的进路都只能进一步扩展这种对反。"已而为知者，殆而已矣"，所传达的正是这一点。

就知本身而言，它是无尽的，并不是知本身可停止，不过人可以为其认知活动设置边界，并守护这一边界而不僭越，此即为"知止"。即便在知之边界内，知就其本身而言仍然是无限的，但主体可以不在这一边界内作无尽的探求，而是安于其所不知，不以盲目牺牲有涯之生的方式扩展无涯之知。就更高的层面上说，人可以实现某种反转：以无涯之知随有涯之生，从而知之无涯如同有涯，生之有涯如同无涯。此中要点在生之有涯如无涯，《养生主》篇终以薪尽火传之象，隐喻生之有限而可无限（形有尽而神无尽）。通过"养"，有涯之生或可化为文化生命，参与未来世代生命之形构；或化为自然生命，融入宇宙大化的再造过程。有涯如无涯，有限如无限，则有涯与无涯的紧张在意识体验中得以化解。"生年不满百，常怀千岁忧"，百年之内的生物生命可以关联千年的文化时空，死者在生物生命终结之后依然可以通过文化生命与未来世代的生者进行精神性的交通。譬如，作为生活在清代的明代遗民，王夫之的生命所置身的外部时空虽然发生了变化，但他依然可以将自己贞定在历史变化的洪流之外，卓立于文化宇宙意识之中，独立不倚。不管是外部的贫贱、富贵、寿夭，还是时势之转移变化，都不能贰其志、改其行。在人的权能之外的时命，对他而言，虽"在"如"不在"。潘雨廷道出其中的道理："夫以有涯之生，养成无涯之生，此通乎死生之谓也。以无涯之知，养成有涯之知，此辨乎死生之谓也。生与知交相养，变化焉，消息焉，以无涯随有涯，不穷不殆，斯可论养生之道矣。"①无涯之生即性，养无涯之生即养性。只有将所养从"形""知""神""明"提到"性"的水平上，才有以

---

① 潘雨廷：《易与佛教 易与老庄》，第 184 页。

无涯之知随有涯之生、不穷不殆的可能性。

　　在提出了养生之危殆在于以有涯之生随无涯之知后，《养生主》实际上从反面间接提出了"知有所止"的要求。很自然地，"知"被放置在"养生之役"而不是"养生之主"的位置。既然求知与养形都不是养生之主，那么"养生"之主何在？《养生主》的回答是"为善无近名，为恶无近刑，缘督以为经。"在结构上，"为善无近名，为恶无近刑"两句为辅，"缘督以为经"为主，前者用以彰显后者。换言之，"养生"之主在"缘督以为经"。《养生主》第一节的复杂性就在于，生与知何为"生之主"的表层逻辑中，还包含着养生之主与养生之辅的深层逻辑结构。

　　就本义而言，"督"有两个具体的含义：一是督脉之督，一是督缝之督。若以"缘督"之"督"为"督脉"，则《养生主》降格为养精练气、养形延寿的"方术"，如后世内丹学那样。若以"督"为衣服背后的中缝，则"督"是隐喻，即以督脉或督缝隐喻中道，"缘督以为经"即郭象所谓"顺中以为常也"[1]，此为崔撰、李颐、郭象等的共同见解。遵循中道即为"养生"之主，即养生的总原则。中道难解，《养生主》以"为善无近名，为恶无近刑"例示其义，此两句通过两组相反相对的概念——善与恶、名与刑，为两者之间的中道提供了具体例证。中道本身未必非要从善恶之间、名刑之间的视角来理解，它所包含的"之间"（in-between）的结构，还可以有更广泛的应用，但善与恶、刑与名两组概念可以提供某种典范

————————

[1]　郭庆藩：《庄子集释》，第 109 页。

性的例示作用。就此而言,善恶、刑名并不是《养生主》的重点,重点当在"缘督以为经","缘督以为经"才是"养生"之主。那种从善恶、刑名的视角来理解《养生主》结构的方式,如王先谦,其实是错会了"缘督以为经"与"为善无近名,为恶无近刑"的关系。如果考虑到"督"除了"中"之义外,还有主宰、统帅、主导的意思,那么"主宰"本身并非实体,而是中道。在《庄子》整体脉络中,严格意义上的"真君""真宰"既非天,也非人,而是"中道"。顺中为常,即以中道为大经大法。刘凤苞云:"'缘督以为经',切指养生主宰,即上文所谓'真君'。经者,行也,行于虚空无物之地,犹之以无厚入有间而恢恢有余也。"①

由于中道本身不可见,必自具体的两端或两极而后可得见,故而中道可因、可顺而不可执。中之为道,非一端之可执,必在两端"之间"见之,是故"执其两端"而后可以用中。两端"之间"的位置,刻画了中道呈现自身的方式。在这个意义上,《养生主》所谓的善与恶、名与刑,不过是用以呈现中道的两端。"缘督以为经",在《养生主》中由"善恶刑名"带出。养生的中道,既不在善与名,也不在恶与刑,而在善与恶之间、名与刑之间。善与恶、名与刑,虽为中道的言说提供了背景,其自身却不是中道的内容。不离但又必须超越(beyond)善与恶、名与刑等,方可抵达中道,换言之,中道自我展布于善与恶、名与刑"之间"(in-between)的位置上。这就使得养生的中道,既在善恶之内,又在善恶

---

① 刘凤苞:《南华雪心编》,第 70 页。

之外，直达"善恶的彼岸"；同样，既在名刑作用的范围之内，又在其外。

"为善无近名，为恶无近刑"，一个流行的解读方式是，庄子以逃离名刑为目标，只要远离名刑就可以为善为恶了。在这种解读中，为善容易理解，为恶则难以为人们所接受，似乎庄子主张某种有条件的为善与为恶；有条件地为善还可理解，有条件地为恶则绝难接受，似乎庄子与善善而恶恶的世俗价值观构成极大反差，似乎庄子允许颠倒善恶是非。如果善之实与善之名同具，何必要摆脱善之名？毕竟名构成了人道秩序如名教、礼教不可或缺的要素，"为善无近名"难道不是有意识地逃名，从而逃离人道？逃名取向彰显的是其"畏名"，以名为累。问题不在于名，只要有善之实，名正言顺，名亦何恶？重要的不是逃名、去名，而是一旦人所从事的是真正的"为己之学"，何惧有名？为恶无近刑，则被理解为不论义理是非、专讲利害的功利主义取向。这种理解，毫无疑问是对庄子思想的偏离。钟泰对上述偏离进行了深入讨论："世儒或疑以为言无近刑则可，言为恶不亦过乎！则盍不观夫《庚桑楚》之言？其言曰：'为不善乎显明之中者，人得而诛之。为不善乎幽闲之中者，鬼得而诛之。明乎鬼、明乎人者，然后能独行。'夫'独行'者，天行也。不独曰人诛，且曰鬼责，其所以警戒夫为不善者亦已至矣。至夫二者，一不得以加之，是犹得以为恶目之哉？刘义庆《世说新语》载赵母嫁女，女临去，敕之曰'慎勿为好。'女曰：'不为好，可为恶邪？'母曰：'好尚不可为，而况恶乎！'（《吕氏春秋》亦有类此之纪述。）此云'为恶'，亦但

'不为好'之意耳，而尚何疑乎？"①如果说在庄子那里，连善都不屑于营为，又怎么可能主张为恶呢？在善恶相对的层次上，通常人们的主张是善善恶恶，庄子并不反对；庄子所要达到的是另一个层次，这个层次是对善恶机制的超越。

人间世的善恶刑名，乃是被主观认定，被实践礼法体制巩固的，因而它无法脱离"人的机制"，它与阴阳运化所展现的天道秩序未必一致，二者常常存在着某种张力。来自"阴阳之患"的"天刑"与来自"人道之患"的"人刑"之间可能存在着冲突，在获罪于天还是获罪于人之间，有时必须做出选择。一个人所为虽合乎天道，仍有可能遭逢违背天理的"人刑"，虽然得不到世间人们的理解，却可获得来自天命之良心的支持；也有可能遭受"天刑"，虽免于肉体上的"人刑"，却会带来良心上的终生不安。在《人间世》中，庄子明确提出了"人道之患"与"阴阳（天道）之患"的张力，这个张力与《老子》第七十七章对天人之际的体会相应："天之道，损有余而补不足；人道则不然，损不足奉有余。"《齐物论》"仁义之端，是非之涂，樊然淆乱"，正是本"天的机制"对"人的机制"的批判。

所谓名刑、善恶毕竟是体现"人的机制"的两组概念，与天道的机制构成对反。人的养生展开在天、人之间，既不能脱离"人的机制"，又不能囿于"人的机制"，而是在"人的机制"的地平线上，向着"天的机制"开放。褚伯秀云："至若圣贤，任天下之重，纪纲世道，扶持生灵，于善恶尤有不

---

① 钟泰：《庄子发微》，第 65 页。

得不为者。赏一人而天下劝，罚一人而天下戒，以天下之爱恶行天下之赏罚，若天地之运行，春夏生成而不以为恩，秋冬肃杀而不以为怨。盖天地无心，寒暑自运，物自生成，物自肃杀，时当然耳，恩怨无与焉。若羿之工乎中微而拙乎藏誉，近名之善也。能如飘瓦之中人不怨，斯无近刑矣。按此二句，即《道德经》'建德若偷'之义。……今经意盖谓世人所谓善恶私而有迹，特见其小者耳；圣贤所谓善恶公而无畛，为于无为，岂浅识所能窥哉？……夫为善、恶而近名、刑，不为善、恶而无名、刑，皆理之当然。今则为之而不近名、刑者，世人视之以为善、恶，而圣贤之心常顺乎中道，合天理之自然而已。故利害不能及，而道德之所归也。"[1]褚伯秀已经从超善恶的视角（"天的机制"）观照作为"人的机制"的善恶刑名，其宗旨指向中道，即"人的机制"和"天的机制"的均衡和协调。《淮南子·诠言训》："故不为善，不避丑，遵天之道；不为始，不专己，循天之理。不豫谋，不弃时，与天为期；不求得，不辞福，从天之则。"（又见《文子·符言》）《淮南子》所说的"遵天""循天""与天""从天"，并不是完全废弃人道，当人们陷溺于"人的机制"而难以自拔时，远离刑名、超越善恶就是向"天的机制"开放，这就是天人之际的中道所不得不采用的方式。《列子·杨朱篇》所述亦是在"人的机制"过分凸出的情境中显现中道："故从心而动，不违自然所好；当身之娱非所去也，故不为名所劝。从性而游，不逆万物所好；死后之名非所取也，

---

[1] 褚伯秀：《庄子义海纂微》，第 87 页。

故不为刑所及。"就"缘督以为经"而言，它指向的是"天的机制"与"人的机制"的平衡，或者说天道与人道的居间和贯通。

对于一般人而言，善与恶、刑与名之间的中道可以具有实质内涵。多于义务的行为被视为功德，而功德的行为不仅会带来人道机制的奖赏，还会有世间的名声，所谓"功名"，有功则有名；相反地，没有完成义务的行为则被视为道德的缺失，缺失的法权后果就是人道机制的刑罚。而在这两者之间的行为，则是合乎义务的本分行为，既能避免人道的奖赏与惩罚，也可消解世俗的关注。郭象注《庚桑楚》"券内者，行乎无名"云："夫游于分内者，行不由于名"；成玄英疏："券，分也。无名，道也。履道而为于分内者，虽行而无名迹也。"①在世俗生活层面，只要"安分守己"，也就没有特别引人注意之处，这就是通过对世俗注意的躲避达到隐身的目的。只有不被关注，保身、全生、养亲、尽年才能进入更为实质、更为内在而不受世俗干扰的层面，也是更为自由的境域。在《庚桑楚》中，庚桑楚居畏垒，三年而大穰，当地人民便欲"相与尸而祝之，社而稷之"，但庚桑楚认为这只不过是"窃窃焉欲俎豆予于贤人之间"，将其变为众人之标的（其杓之人），有违养生之旨。一旦"全其形生之人，藏其身也，不厌深眇而已矣"，则"祸亦不至，福亦不来。祸福无有，恶有人灾也"。可见，既不汲汲于世俗意义上的福，也不招致世俗意义上的祸，才能抵达更自在的境地，才能最大限度摆脱外在的纠缠，实质而充分地

---

① 郭庆藩：《庄子集释》，第 701 页。

从事保身、养生、养亲、尽年。这与《周易·坤卦》所云"括囊，无咎无誉"，同出一理。

安守本分，在客观上远离刑名的奖惩、超越世俗的善恶，主观上则进入"不愿乎外"的境地。就后者而言，钟泰在解释《外物》时云："'能游''不能游'之'游'，以无滞无着为义，'得游''得不游'之'游'，以自得自适为义。《中庸》曰：'君子素其位而行，不愿乎其外。素富贵行乎富贵，素贫贱行乎贫贱，素夷狄行乎夷狄，素患难行乎患难。君子无入而不自得焉。'无入而不自得，在于素位而行不愿乎外。不愿乎外，是此篇之本旨。故篇末再三以'游'为言。能游者，素位而行也。素者，无染义，即无滞无着义也。'且得不游'者，无入而不自得也。庄子屡言自适其适，自得与自适一也。'不能游'者反是。"①"不愿乎外"指向的正是"无入而不自得"的自由体验，即所谓"游"。"为善无近名，为恶无近刑"，要求尽其本分，素位而行，而无愿乎外。

在人间世，尽其本分而无愿乎外，则对因善而名、因恶而刑的"人的机制"有所超越，更重要的是，就保持了向着"天的机制"的开放。《淮南子·诠言训》云："守其分，循其理，失之不忧，得之不喜，故成者非所为也，得者非所求也。入者有受而无取，出者有授而无予，因春而生，因秋而杀，所生者弗德，所杀者非怨，则几于道也。"这里的关键是不愿乎外的行为成为"天的机制"的体现。作为人道机制的名与善的凸显，不可避免地导致天道的退隐。《诠言

① 钟泰：《庄子发微》，第640页。

训》又言："名与道不两明，人受名则道不用，道胜人则名息矣。道与人竞长，章人者，息道者也；人章道息，则危不远矣。故世有盛名，则衰之日至矣。欲尸名者必为善，欲为善者必生事，事生则释公而就私，货［背］数而任己。欲见誉于为善，而立名于为质，则治不修故，而事不须时。治不修故，则多责；事不须时，则无功。"是故，《诠言训》要求"修行而使善无名，布施而使仁无章""掩迹于为善，而息名于为仁"；否则，一旦善与名在"人的机制"下关联，则无法避免争乱。内在于《养生主》"为善无近名"中的正是这一逻辑。《骈拇》所谓的"上不敢为仁义之操，而下不敢为淫僻之行"，阐发的也是这一逻辑。

"为善近名""为恶近刑"同属人道的机制。"为恶无近刑"字面上庄子似乎支持某种不近刑前提下的"为恶"，但这绝非庄子的原意。《至乐》云："烈士为天下见善矣，未足以活身……若以为善矣，不足活身；以为不善矣，足以活人。"这里的"不善"，即世俗意义上"以为不善"者，即所谓"为恶"。恶与善，在人间世的逻辑上紧密关联。《列子·说符》引杨朱曰："行善不以为名而名从之，名不与利期而利归之，利不与争期而争及之，故君子必慎为善。"所谓慎为善，正见为善之名在人间世引发争乱，而终至于为恶。刘武认为："此即'为善无近名'之解也。夫为善而其终必至于争，则为善即恶也。争之极，必罹官刑矣。又《庚桑楚篇》：'为不善乎显明之中者，人得而诛之；为不善乎幽闲之中者，鬼得而诛之。'夫为不善，即为恶也。诛即刑也。然所谓恶者，非仅伤人之谓也，伤己之生，损己之性，即恶也。刑非仅官刑之谓也，伤生损性，即刑也。……盖名与刑，由于善恶，善恶生于有为，有为出于有知，去知则无为矣。无为，何有善恶，更何有名与刑哉？然则事物至前，何以应之？曰因之而已，顺之而已，即下句之'缘'也，又即下文之'依乎天理'也，'因其固然'也。"①

庄子对刑名、善恶所属的人道机制的超越，所欲抵达的是无名、无为而自然的"天的机制"。对于身处人间世的人们来说，向"天的机制"开放自身，就是在天道与人道之间建立连接，而这种朝向天、人之"际"的方式就是遵循中道。一旦行为在中道层次上展开，也就避免了由于"人的机制"而带来的精神与能量的消耗。人的生存之所以常常处在有生而不能养的状况，常常是由于来自与善恶、刑名相关的人际消耗，使得"自适其适"与"适人之适"往往不能平衡，或者为人舍己，或者舍人为己。因而，超越有为层次的世俗善恶，达于无为层次的至善，如《外物》所谓"去善而自善矣"，即在人间秩序与天道秩序中，以天道秩序的视野承担人间秩序的事业，以天道充实升华人道，则自然处于善恶之间、刑名之际的中道上，其实质是天人之际的居间平衡。成玄英云："夫善恶两忘，刑名双遣，故能顺一中之道，处真常之德，虚夷任物，与世推迁。养生之妙，在乎兹矣。"②

《养生主》以"缘督以为经"为养生之主，其所以为主在

---

① 刘武：《庄子集解内篇补正》，第75—76页。
② 郭庆藩：《庄子集释》，第109—110页。

于可尽养生的四项基本内容："保身""全生""养亲""尽年"。
这四者之间有着复杂的关联。"保身"之"身"乃是通常所谓
的身体，身体往往与灵魂、精神相对，偏重可见的感性存
在，即所谓"形色"，它是视、听、言、动的实际执行主体，也
是精神、灵魂的寄寓之所。相对于心（精神与灵魂）之被称为
"大体"，身体往往被视为"小体"。世俗所谓"养生"往往流
于"养身"，不能养其生之主，身则不能尽其养。但这绝不
意味着养生的事业可以完全放弃形色之身，身虽非生之主，
毕竟身体形色如有所残缺，作为生之主的"性"就无以寄寓，
故而保身之义甚大。不仅如此，人之德性亦必体之于身而
后为真。《老子》谓："修之于身，其德乃真。"《德充符》云：
"道与之貌，天与之形，无以好恶内伤其身。"形貌之身来自
天道，故而亦是人之所以为人之性，此意正如《孟子·尽心
上》所云："形色，天性也；惟圣人，然后可以践形。"一旦
践形，形色亦可以上升到人之所以为人的规定，人可以在
其感官中确定人之所以为人的特性，身体亦由此提升到人
性的水平，这是以性充形的结果，是故朱子对践形的解释
是："人之有形有色，无不各有自然之理，所谓天性也。
践，如践言之践。盖众人有是形而不能尽其理，故无以践
其形；惟圣人有是形而又能尽其理，然后可以践其形而无
歉也。"[1]刘凤苞所谓的"保身者践其形"[2]，可谓一语中的。

　　"全生"是全其生理，而人之生理即为人之性。吴汝纶

---

① 朱熹：《四书章句集注》，朱杰人等主编《朱子全书》第六册，第439页。
② 刘凤苞：《南华雪心编》，第70页。

谓:"生,读为'性'。"①故而"生"与"形"有着质的不同。《庄子·天地》云:"留动而生物,物成生理,谓之形;形体保神,各有仪则,谓之性。"《庄子·庚桑楚》:"全汝形,抱汝生。"生理之性藏于形中,它是德之光。《庚桑楚》又云:"道者,德之钦也;生者,德之光也;性者,生之质也。性之动,谓之为;为之伪,谓之失。"可见,"生"先于人之为,故而系之天之所命而非出于人之作为。全生,即全其所得于天命者,不以人为而损伤之,亦不以人为而增益之,《德充符》所谓"常因自然而不益生"。以得自天命者完整无损地还归于天,"全其有生之理",也即"尽其人之所以为人之性",成为真正意义上大写的人,从而"仰不愧于天,俯不怍于人",对得起天之馈赠的人之位格。

人之所以为人之性固得于天,而此身则源自父母之亲。《礼记·祭义》云:"身也者,父母之遗体也。行父母之遗体,敢不敬乎?""父母全而生之,子全而归之,可谓孝矣。不亏其体,不辱其身,可谓全矣。……壹出言而不敢忘父母,是故恶言不出于口,忿言不反于身。不辱其身,不羞其亲,可谓孝矣。"一己之"养生"同时关联着"养亲"。一些庄子的研究者怀疑这里的"养亲"之"亲"似与庄子思想不类,陈鼓应以"亲"为"身"之借字②,王叔岷则以为"亲"当为

---

① 吴汝纶:《庄子点勘》,《吴汝纶全集》,施培毅、徐寿凯校点,黄山书社,2002年,第14页。
② 陈鼓应:《庄子今注今译》,第95页。

"新"，"养亲"被解为"养新"。① 但是这样一来，"保身"与"养亲"都指向身体的保养，造成语义重复。其实，在《人间世》中，庄子借孔子之口明确指出："天下有大戒二：其一，命也；其一，义也。子之爱亲，命也，不可解于心；臣之事君，义也，无适而非君也，无所逃于天地之间，是之谓大戒。是以夫事其亲者，不择地而安之，孝之至也；夫事其君者，不择事而安之，忠之盛也；自事其心者，哀乐不易施乎前，知其不可奈何而安之若命，德之至也。"可见，伦常秩序中的孝亲与忠君同样为庄子所重，甚至庄子以为孝亲乃出于天命，因而不可解于心，孝子当"不择地而安之"，亦可看出庄子对养亲的重视。所谓"自事其心"，乃是更好地孝亲、忠君，最大限度地尽伦。问题的关键不在于养亲与养生的矛盾，而在于二者的关联何在。《孟子·离娄上》："事孰为大？事亲为大。守孰为大？守身为大。不失其身而能事其亲者，吾闻之矣。失其身而能事其亲者，吾未之闻也。孰不为事？事亲，事之本也。孰不为守？守身，守之本也。"一旦自己深陷不义，则亏体辱亲。钟泰说："庄子之义，盖同乎此，故亦以保身、养亲并言。"②养生之所以与养亲关联，在于不失其身，不亏其体，不辱其性，敬重自己的身与性，不因为自己而玷污父母的名声，不让父母担心自己，这本身就是孝亲养亲之大者。

"尽年"即尽其天年。死生有命，每个人有其给定的天

---

① 王叔岷：《庄子校诠》，第 101—102 页。
② 钟泰：《庄子发微》，第 66 页。

年，不以人为的因素而中道夭亡，这就是尽年。在天命的年数上，既不以人为的方式妄图逆天地增益之，也不以人为的方式减损之。问题的关键不在于此，而在"尽"其天年，这里的"尽"意为充分地实现、最大限度地充实。充实有限的有生之年，在其生存的每一个瞬间，充实其得于天的生理或生生之意。不仅每一个时刻都可以让生意最大限度地充满，而且充满生意在每一个时刻，这是一项永远没有极致与尽头的开放事业，在有生之年人所致力的空间是永远敞开的，尽年就是最大限度地投入这一事业中去，让意义每时每刻充满自己，他实际上成了一个人间世的体道者。《淮南子·俶真训》云："养生以经世，抱德以终年，可谓体道矣。若然者，血脉无郁滞，五藏无蔚气。"养生、抱德成了他存在的方式时，形体的滋养也就成了自行到来的副产品。

《养生主》以保身、全生、养亲、尽年阐发养生的四重效应，而这四重效应最终化解了《养生主》开篇所提出的有涯之生与无涯之知之间的张力。刘凤苞对四者的内涵进行了精准的阐发："保身者践其形，全生者复其性，养亲者即所生之理而推其所自生，尽年者完所生之分而不至于虚生，四句皆须还他实际。"①

---

① 刘凤苞：《南华雪心编》，第70页。

二 庖丁解牛：无厚有间，游刃有余

庖丁为文惠君解牛，手之所触，肩之所倚，足之所履，膝之所踦，砉然响然，奏刀騞然，莫不中音，合于桑林之舞，乃中经首之会。文惠君曰："譆，善哉！技盖至此乎?"庖丁释刀对曰："臣之所好者，道也，进乎技矣。始臣之解牛之时，所见无非全牛者。三年之后，未尝见全牛也。方今之时，臣以神遇而不以目视，官知止而神欲行。依乎天理，批大郤，导大窾，因其固然。技经肯綮之未尝，而况大軱乎！良庖岁更刀，割也；族庖月更刀，折也。今臣之刀十九年矣，所解数千牛矣，而刀刃若新发于硎。彼节者有间，而刀刃者无厚；以无厚入有间，恢恢乎其于游刃必有余地矣。是以十九年而刀刃若新发于硎。虽然，每至于族，吾见其难为，怵然为戒，视为止，行为迟。动刀甚微，謋然已解，如土委地。提刀而立，为之四顾，为之踌躇满志，善刀而藏之。"文惠君曰："善哉！吾闻庖丁之言，得养生焉。"

"庖丁解牛"是《养生主》阐述养生要义五则寓言中的第一个，也是最为核心的一个。寓言共设四象：庖丁、文惠君、牛、刀。"庖丁"之"庖"表明其职业，"丁"表人名，其意为万物盛大、壮实的时刻，以"丁"命名解牛的厨师，谓其生命力最为旺盛。就上述四象关系而言，庖丁以刀解牛，文惠君由庖丁解牛而得养生之理，故而这里不仅要处理刀与牛的隐喻，还要考虑庖丁与文惠君的关系，甚至解牛这个杀生的行为何以通于养生之理。其义理结构甚为复杂，其中的关键包括：一是技与道的关系，二是庖丁解牛的三个步骤，三是解牛的奥义，即无厚有间与游刃有余。由于内篇《养生主》与外篇《达生》在义理上有对应关系，故而讨论时可以对勘二文。

庖丁之手、肩、足、膝及其动作触、倚、履、踦，自成韵律，诸多要素结合成一和谐有机整体。进刀的动作在此被表述为"奏刀"，以见其内在的节奏韵律；"莫不中音"，照应于"合于桑林之舞，乃中经首之会"，以显"奏刀"的音乐性。《桑林》为圣王汤之乐，则庖丁解牛不仅"中音"，且"合乐"，从"中音"到"合乐"，始见其所造之境。按《礼记·乐记》区分声、音、乐三者：知声而不知音为禽兽，知声知音而不知乐为庶民，唯知声知音又知乐者乃为君子。声者物理之振动，音者声之成文而有节奏旋律者，乐既是天地之和，又是人心无伪之天则。乐贯通天人，故西人瓦肯罗德（W.H. Wackenroder）称乐语乃天使之语言而非人的语言，尼采与叔本华俱谓乐实为世界形上意志之写照而非其物理之写照。黄庭坚亦云"凡书画当观韵"，此与派脱（W. Pater）所谓"一切的艺术都是倾向于音乐的状态"（all the arts in common aspiring towards the principle of music)可以对勘。① 内在于宇宙万物之生命节律乃是天则,可当韵或乐之实质。孔子尝谓"兴于诗,立于礼,成于乐",乐之所以为究极之"终"境、"成"境,以其诚合于此天则也。事实上,"合于桑林之舞"与"乃中经首之会"具有不同的着眼点:前者是对庖丁(解牛动作)的直接描述,后者则是对庖丁与牛之关系的概括,郭象以"既适牛理,又合音节"、成玄英以"神彩从容,妙尽牛理",② 来概括这两个层面。传统看法以经首为《咸池》(黄帝之乐)首乐章,如此"乃中经首之会"仍不过是"莫不中音"的具体化,仍就庖丁而言,无关乎牛理。船山《庄子解》增一新解:"牛之经脉有首尾,脉会于此则节解。"③此解颇不同于前人。船山以为,旧说"合汤乐,又合黄帝之乐,鸾刀之声,讵能兼之?非是";"刀环有铃,所谓鸾刀。奏刀有声,合于乐节",乃是合于桑林之舞的意义;但"乃中经首之会",所说不再是鸾刀之铃声,而是庖丁之奏刀(进刀、抽刀、运刀),其所中者,乃默契暗合于牛身的经络之会。船山新解的优胜处在于,揭示庖丁解牛的活动与所解之牛的关系,进而可见庖丁解牛的神妙性所在:其一,就庖丁而言,其解牛的所有动作自成一和谐整体;其二,就牛而言,其身之经络筋骨自有天然之理则,亦自成一自我协调的机体;其三,庖丁和牛又构成一个有机协调的整

---

① 宗白华:《论中西画法的渊源与基础》,《宗白华全集》第 2 卷,安徽教育出版社,2008 年,第 98 页。
② 郭庆藩:《庄子集释》,第 111 页。
③ 王夫之:《庄子解》,《船山全书》第 13 册,第 121 页。

体。换言之，庖丁之活动并非外在于牛的天然理则，相反，乃正中其经络的天则会聚处，从而对应下文的"依乎天理""因其固然"。进而言之，庖丁解牛所以能"合于桑林之舞"，根源于其能"中经首之会"；经络之自相会合，体现的是造物之天机（天然的机制），庖丁解牛之神妙在于因应此种天机。此天机整体地隐藏于对庖丁解牛的叙述中。

庖丁解牛引发了文惠君的赞赏，此时文惠君所善乃庖丁之技。然庖丁说自己所好者道。这里首先关注的是道与技的问题。庖丁解牛之"技"固然炉火纯青，可谓无所不至其极，但这并非庖丁主要关注点，此中要者在于超出"技"之"道"，这才是庖丁真正的所"好"。庖丁"技"高，彰显其造"道"深，唯其能由"技"而"道"，故其解牛可旁通于养生，甚至曲畅乎修身、齐家、治国、平天下。《说文》解"技"为"巧"，又释"巧"为"技"。所谓"巧"者，从工丂声，最大的巧乃是以"人工"夺"天工"，故有"巧夺天工"之语。然一切技之巧毕竟是人工之巧，其合于天机，非其必然，乃偶然之遇，遇而合之，故谓之巧。技之巧者即必有其偶然之遇的成分在，此非技者所能把握，唯赖人、天之遇合。此与进乎道者超出偶然之遇合，以"道"操控其"技"者大为不同。"技"之所以为"术"，而非"道"，在于"道"者无所不运、无所不通，一"道"可旁通他"道"，此"道"可兼及彼"道"；而技之所通，或此一才、或此一事、或此一艺、或此一器，与彼一才、彼一事、彼一艺、彼一器，则多有扞格、限隔、滞碍。然"技"中之巧，以其熟练自应合于天理，未尝无"道"在，故可由"技"而"道"。生活中常有某种偏颇的天才，精通一技，往往以其技而通于生之理;反过来,通于大道者,亦自可提升其某一方面的"技"。《天地》提及"以道兼技":"故通于天地者,德也;行于万物者,道也;上治人者,事也;能有所艺者,技也。技兼于事,事兼于义,义兼于德,德兼于道,道兼于天。""兼"是"包"的意思。

自上言之,由道而技,以道兼技;自下言之,由技而道,以技载道。简言之,前者一般到特殊,特殊乃为一般中的特殊,后者特殊到一般,一般乃为特殊中的一般;前者由理而象而事,即藏理、象于事,后者由事而象而理,即以事载象、理。以工夫言,前者重心性涵养,后者重事上磨炼。欧阳修之卖油翁,是由技而道。庖丁之解牛,系自下言之,也是由技而道。然庖丁"所好者"为"道","进乎技",是以其解牛虽由"技"而"道",但又包含"道"的反哺作用,以"道"辅"技"。其"技"高,而不止于"技","道"在"技"中,以"道"进(提升)"技"。下文庖丁所云解牛三部曲以及解牛之理,皆"道言",而非"技术"。当然,从"技"到"道"的飞跃,包含着当事人存在状态的变化。对于从事解牛的庖丁而言,他似乎听到了来自牛体深处的声音,从牛的骨骼、肌肤、髋窦、膝理而来的声音,而这些声音在通常的自然状态下,是不能够用耳朵听到的,听到这些声音的条件是心性之纯粹不杂。在更深层次上,牛以何种面貌呈现在我们眼前,其实与我们具有何种心性状态关联在一起。

庖丁对解牛第一阶段的描述甚简,"始臣之解牛之时,所见无非牛者",赵谏议本"牛"上有"全"字,南宋蜀本同,王叔岷认为疑涉下句"全牛"而衍。"所见无非牛",可以指庖丁于一切时地——林林总总的大千世界，所看见的只是牛，其余视而不见；而"所见非全牛"者，谓庖丁解牛之时所见的只是牛相之全体，此语所针对的时地仅仅落在庖丁解牛之当下。两种表达的着眼点大不相同。问题在于，在什么意义上，从"所见无非（全）牛"到"未尝见全牛"的过程，才是工夫（道路）的揭示？显然，"所见无非全牛"，本质上是被观察到的现成结果，无涉工夫；"所见无非牛"，则无论如何都并非一种现成的状态，而指向不间断的工夫，一种由技而道的道路。在这个意义上，"所见无非牛"才贴合《养生主》的深层义理逻辑。具体言之，"所见无非全牛"，似乎意在揭示庖丁解牛的起点与日常状态下的人们对事物的观看并没有什么不同，庖丁也只是在解牛的时候才见到牛，而且一定是全牛；未解牛时，牛就与他无关。因而，这种理解乃是现象性的境界描述，不足以揭示内蕴在庄子文本中的三个深层问题：一，第一阶段的叙述在何种意义上构成对上文"所好者道进乎技"的回应？也就是说，第一阶段的叙述是在揭示"解牛之道"吗？二，解牛的第一阶段何以持续三年？三，在什么意义上第一阶段为第二阶段的到来提供了前提？即第一个三年对于庖丁之成为庖丁有何意义？钟泰的解释之所以超出常人，因为他提供了对上述问题的可能回答，揭示了内蕴在第一阶段中并向着第二阶段过渡的"变化之几"。十九年前开始解牛时，虽无后来的变化，但已有后来变化之"几"在。钟泰解释如下："'所见无非牛者'，用心之一也。《达生篇》承蜩者之言曰：'虽天地之大，万物之多，吾不反不侧，不以万物易蜩之翼，何为而不得！'彼云唯蜩翼之知，此云'所见无非牛'，正一意也。后世如张旭之善草书，见担水者争道，见公孙大娘舞剑器，而书皆大进，抑亦可谓所见无非书者矣！盖诚用心于一艺，即凡天下之事，目所接触，无不若为吾艺设者。必如是能会万物于一己，而后其艺乃能擅天下之奇，而莫之能及。技之所为进乎道者，在此。"①

　　《达生》举例说，痀偻者以神妙高超的技术捕蝉，"吾处身也，若厥株拘；吾执臂也，若槁木之枝"，意即站稳身体，犹如木根；把住胳膊，犹如枯枝。纵然天地这么大，万物这么多，他所知的只是蝉翼，除此之外再无其他，正所谓"用志不分，乃凝于神"——这正是第一阶段所揭示的解牛之道：在自己则惟精惟一、聚精会神，言其纯气之守；在外则不为物扰、不倚于物，遗物离人而立于独。唯其惟精惟一、纯粹不杂、志虑单一、念兹在兹，故而所见、所观、所感、所想、所为，无不围绕解牛之一事，然后乃能会万物万事于解牛之一事，所谓一即一切、一切即一者，此非"纯亦不已"之至诚不能会。唯其能会万物万事于一事，故能体认万物万事似皆为解牛一事所设，此亦某种意义上的"道通为一"之境；唯其能从万事万物之道会得解牛之理，是以其解牛之艺能擅天下之奇而莫之能及；唯其艺能擅天下之奇而莫之能及，故而观其艺者亦可从解牛之道旁通养生之理、齐家之道、治国平天下之理、在人间世出处进退之道，等等。这里隐藏着文惠君由解牛而得养生之理的奥秘。

---

① 　钟泰：《庄子发微》，第 68 页。

《知北游》中的另一个故事亦发明此理。为大司马锻造兵器的工匠已有八十岁，所锻造之钩无细微之差，其技精。大司马问："您是技巧高明，还是另有其道?"工匠回答："臣有守也。我二十岁的时候就喜爱锻造钩器，'于物无视也，非钩无察也'。"换言之，视听言动念虑等全副精力专注于钩，惟精惟一。当其精神持续地专注于某一个不变的对象时，精神从钩器之外的事物那里撤离，能量的耗散转为节约乃至聚藏，将精神集中于锻造钩器上，故而八十岁仍能毫厘不爽，这就是所谓的"用之者假不用者也，以长得其用"。能量精气的持久聚集会产生神奇的功效，避免能量消耗的方式便是以聚精会神的方式使用能量与精力。

"所见无非牛者"，乃惟精惟一、纯粹不杂的"聚精会神"之象，乃切实的入手工夫，其要点在于用志不分，唯其用志不分，而后有凝神之效。通行的理解则没有为这种工夫预留空间，并假设第一阶段的庖丁与通常状态下的普通人一样，不需要任何工夫便可呈现"所见无非牛"之境；且将这里的"牛"理解为"俗眼"中的全牛，则庖丁所指点者乃日常世俗现象之物，而非可以行走其上的大道。然庖丁明言其所好者道也，故其所谓"所见无非牛"乃是指点性的"道言"。另一方面，"所见无非牛"作为切实的工夫，又开启了三年之后"目无全牛"的境界。从第一阶段到第二阶段，有必然之理在其间，可谓丝丝入扣。基于"所见无非全牛"而能达到的理解，是横亘在庖丁面前的没有间隙的全牛之物象整体，因而没有入刀之处。"所见无非牛"所对应的理解乃是，以道观之，天地万物之理无不可通于解牛之理，是以惟精惟一、纯粹不杂，是一切道技的起始工夫。

　　第二阶段的庖丁如同具有通天的透视眼，看到的不再是自然状态观看方式下的牛相，由四肢百节、骨肉形骸、气血肯綮等融合而成的牛的有机整体消失了，其所见到的只是牛身筋脉骨肉的虚空间隙之处，也就是可以奏刀游刃而不伤害刀的地方。换言之，作为浑融无间的整体物象的牛此时解体了，日常世俗对牛的观看方式也解体了，庖丁看到的不再是外在于他的一个结构整体，而是进入这个结构整体的表面与内部的连接处，对于其虚其实，庖丁均有实际的证会。牛作为一个物象，如同人间之事、人生之惑，又如人间世本身，甚至如人的生命，错综复杂，彼此纠结，而又浑融无间，无有可以"下手""进刀"之隙，遑论解之。而《养生主》开篇所说的刑、名、善、恶，适增其厚，愈厚愈难分解。由后文无厚有间之理可知，第一阶段的聚精会神、惟精惟一，正是解者自身无厚之道，以此为基的"目无全牛"，乃是间隙的敞开，由此而得进刀之路。

　　"目无全牛"之理，与《达生》"津人操舟若神"、没人"未尝见舟而便操之"相互呼应。没水之人"未尝见舟"，非谓舟不在，视舟若无也，此与"未尝见牛"一样笔法。"目无全牛"者，非谓彼牛之不在，谓之忘牛也，忘牛而后有解牛之从容不迫。此等境界，可谓"覆却万方陈乎前而不得入其舍，恶往而不暇"。换言之，纵令身边事物千变万化、千头万绪，不入于心、无动于衷，则眼官耳官虽在，却能视而不见、听而不闻，是故彼之虽有如无，此之暇豫从容。此中超然之从容自得，缘于得失系缚不入于心胸，故其心澄明，其形寂静，"无重无轻，而但外皆轻，然后吾之重者存，斯以志不分而形尝静。形静则大用出，未见舟而便操之，无不可胜之物矣"①。此中道理，又如醉者坠车，虽受伤却不会摔死。醉汉的骨节与他人没有什么两样，遭遇危险结果却不一样，这是因为他心无所系，心中无有上车、坠车，生死惊惧一毫不入其胸中，因神全得以保全。当然，所谓"目无全牛"，则作为感官的"目"犹有所用，主目之心犹在，虽已忘牛，还不彻底。与此相应，目有所用，则"牛"犹有相，"刀"犹有迹。因此，第二阶段依然内蕴着进一步上达的空间，即更高的境界：就自己而言，是目不用（即下一段的"官知止"）；就牛与刀而言，是牛无相而刀无迹。

　　第三个阶段的特点是目不用，取代目视的是神遇。"不以目视"只是"官知止"的一个例子，其实在第三阶段，不仅仅是不以目视，耳、鼻、舌、身、意等感官亦皆停止，由是在感官状态下呈现的物象退隐，牛才真正无牛相。换言之，"更无牛"是"官知止"的必然结果。官，是司（某事、某职）的意思。官是复数的。某一部门总要有自己的"官"，管辖这个部门的事务，其他部门的事务则非其所辖。在这个意义上，官是分化的、部门性的、有边界的。人体有所谓五官，有所谓感官或器官，盖耳司听、目司看、鼻司嗅、心司思，不能夺亦不能代。《荀子·天论》云："耳目鼻口形能，各有接而不相能也，夫是之谓天官。"所谓"不相能"，按照《集解》的理解，即是"不能互相为用"。心也是人体一官，心官为

---

①　王夫之：《庄子解》，《船山全书》第 13 册，第 297 页。

君，五官为臣。尽管心官可以主导、统帅诸感官，但不能替代这些感官，心官依然有其自身的职能与界限。孟子说"心之官则思"，心官虽然可以对诸官提供的材料进行加工、统率，但它自身不能看、听、闻等。与此相应，一旦"官知"主事，生命就还处在眼、耳、鼻、口等各有所明、不能相通的状态。一般而言，人的器官各有所能，可以互补，却不能相互替代——这并不是人的经验的原初状况。在幼儿那里，常有通感或移觉的现象发生，例如听到颜色、看到声音，这种现象的发生是由于视觉区（枕叶）和听觉区（颞叶）交界处尚未定型。换言之，在儿童身上，人体器官的分化还没有最后完成，故而眼司看、耳司听的对应还没有最后确定，这是器官之间彼此相通的通感现象发生的根源。但随着感官的彻底分化，人的认识也就成了对整体性经验的简化，经验本身原初的相互贯通的场所性或全息性的机制被分化了的区域性机制所替代，这就是所谓的"官知"层次。在"官知"用事的层次，身体的一些机能由于分工而得到了大幅度的提升，同时另一些机能如整体的贯通与协调机能则随之退化，即机体的成长是以生命自身的有机整体性与相互通达性的削弱为代价的，也包括人这一相对独立的场域（人体小宇宙）与同样具有相对独立性的"大宇宙"场域（天）的感通能力的退化。人联通天地的机能"神"与"明"的隐匿，是这一退化过程的结果。神明隐匿，人与天失去了在直接与整体层次上相互贯通的可能性。只要神明退隐而官知主事，我们建立在官知基础上的认识就具有两重性：既敞开又遮蔽，此时此地的贯通与敞开对彼时彼地而言又是一种遮蔽或限隔，从这个侧面来说是敞开，在另一个侧面则是遮蔽。陆九渊说："宇宙不曾限隔人，人自限隔宇宙。"这里的"人"就是指官能分化而不能相通的第一人称意义上的我（即作为"主体"的"我"），其所以能限隔宇宙（即将本来与宇宙一体的人从宇宙分化出来），正是因为其"官知"主导了经验与活动。

在庖丁解牛的第三阶段，"官知止"意为感官用事而互不相通的状态之终结，经验与理性的分别之终结，于是庖丁达到了新的存在层次："神欲行""以神遇而不以目视"。在这个层次，身体诸种官能的界限消失，曾经失去了的移觉、通感能力得以恢复。《列子·黄帝》叙述列子的修道历程，九年之后达到如是境地："眼如耳，耳如鼻，鼻如口，无不同也。心凝形释，骨肉都融。"对世俗状态的人而言，眼看，耳听，鼻嗅，口言，但修道九年之后的列子，眼有耳的官能，耳有鼻的官能，鼻有口的官能。本来各有所明、互不相通的眼、耳、鼻、口，不仅有所明而且彼此相通，甚至诸官能交相互用、彼此互融。禅宗的马祖道一指出，若能返源，则六根（眼是视根，耳是听根，鼻是嗅根，舌是味根，身是触根，意是念虑之根）清净，且能互用。一旦到了六根互用的境地，诸官能就达到最大化，同时也是它们自身的停止，因为使诸种官能如此这般的是"神"，而不是官能自身。官能在"神"用事时被悬置了。《列子·仲尼》中的孔丘"能废心而用形"，而老聃之弟子亢仓子则"能以耳视而目听"，但亢仓子自己的说法是"我能视听不用耳目，不能易耳目之用"。之所以可能，在于"我体合于心，心合于气，气

合于神，神合于无"。亢仓子能以耳视而目听，好像是分化
了的感官在总体上又回归到一种浑沦的状态。而"能视听不
用耳目，不能易耳目之用"，这就是《养生主》所谓的"官知
止"，所以能够官知止，是由于"神欲行"，即所谓"体合于
心，心合于气，气合于神，神合于无"，这无疑是一种"神
动而天随"的境界。感官或官能是身体的机能或能力，它的
发用伴随着意识的照明，或者说，意识的照明成为官觉发
生作用的背景。官知主事的状态，意即意识（心）主事的状
态。无论是"心凝形释，骨肉都融"，还是"废心而用形"，
都意味着意识的照明作用退隐了，形体自发的作用展开了，
而支持这种自发作用的则是"神"。《淮南子·诠言训》云：
"神制则形从，形胜则神穷。聪明虽用，必反诸神，谓之太
冲。"庖丁的"官知止而神欲行"，正是《淮南子》的太冲之境，
不再有意识的照明作用。此时的庖丁解牛不再是"人的能
力"所达到的成就，而是人的能力悬置之后"天的机制"自发
运作的过程。

"神"之用事，不是主体主动地追寻牛身的"有间"，而
是与之不期然而然的相遇。"遇"这个字眼，表明"人的机
制"退隐，"天的机制"在其中展开。换言之，不是刀刃去寻
找"有间"的窾与隙，而是"有间"的窾、隙迎着"无厚"的刀刃
而来。"官知止"不仅意味着牛相消失，同时也是解牛"主
体"的消失，即一个可以为官知所把握的自我在这里被放下
了。"解牛"的庖丁"释刀而立"，意即庖丁在解牛的同时，
也"解"（分解）—"释"（放下）了自己，让自己得以成为"无
厚""无己"者。"己"之所以"有"，在于感官经验为基础而建

构的自我意识对自身的执着，感官为这种自我意识的执着不断摄取材料，使"己""有厚"。"官知止"，其目不视、其耳不听、其心不思，感官悬置不用，对自我的执着也被拆解，一个"无己""无厚"的新生命得以出现。"无己"与"无厚"就是生命在其自然状态与日常状态的本来"无间"之地敞开的"有间"。虽然"官知止"，而"神"游走在耳、目、心等之中，是以可以见所不见、闻所未闻；不听之中却有闻焉，不看之中却有见焉，不思之中却有得焉；其刀刃所行之处，即是"有间"的敞开之地。此正是"神"的绝妙之机。此中神妙，已是"莫之为而为""莫之致而致"的天之机制，非人的智力所可窥测。成玄英疏解"官知止而神欲行"云："既而神遇，不用目视，故眼等主司悉皆停废，从心所欲，顺理而行。"此与向秀所说"从手放意，无心而得，谓之神欲"①，其理相当。更无牛者，牛虽在如不在，与此相应，"我"之在亦如不在。

在《养生主》，"以神遇而不以目视，官知止而神欲行"正是"因乎天理，因其固然"的主观条件。人的机制隐去，天的运作方式出现了。虽然庖丁在解牛，然其举手投足，每一个动作，都不再出自第一人称的"我"。第一人称的我是"意、必、固、我"的主体。无我之我，身体与精神只不过按照天的机制工作。用《达生》中梓庆的话说，这里根本"无(人之)道"。前面庖丁说"所好者道也"，但到了"以神遇而不以目视，官知止而神欲行"的阶段，人之有道实即人之无道，人之无道实即可接纳天之道。故鲁侯问梓庆削木为锯

①　郭庆藩：《庄子集释》，第112—113页。

是否有术，梓庆的回答是"何术之有"。在"惟精惟一"系列
工夫之后，梓庆所有的只是"以天合天"，以"己之天"合"天
之天"：心静专而气不耗，是"己之天"；形躯至而材足焉，
是"锯之天"。用《达生》的另一个比喻，则是放弃"以己养养
鸟"，采用"以鸟养养鸟"。《达生》所谓的"至人之自行"，正
在于"忘其肝胆，遗其耳目，芒然彷徨乎尘垢之外，逍遥乎
无事之业，是谓'为而不恃，长而不宰'"。"忘其肝胆，遗
其耳目"，正是"官知止而神欲行"，意即第一人称之"我"退
隐，因为这个"我"遮蔽天行的机制。《达生》中孔子观水于
吕梁，丈夫游水，从水之道而不为私，完全跟着水流的节
奏，"我"之无道，恰恰是从水之道。从水之道而不是从
"我"之道，"与齐俱入，与汩偕出"，不以己意加其间，由
此可知，官知止而神欲行的境界，也是无私地因天、应天之
境。有人之行，但行所无事，安之若命，不行而行也。在
此境地，牛之相乃无相之相。有此无相之相意义上的牛，
为神所遇，则一切感官经验所见的牛，不管其来多少，皆
可以迎刃而解。

　　"官知止而神欲行"也是《大宗师》"同于大通"的境界：
"堕肢体，黜聪明，离形去知，同于大通，此谓坐忘。""堕
肢体，黜聪明，离形去知"所说的是"官知止"，"同于大通"
对应的是"神欲行"。《秋水》也描述了这种同于大通的境界：
"且彼方跐黄泉而登大皇，无南无北，奭然四解，沦于不
测；无东无西，始于玄冥，反于大通。"大通即无所不运、无
所不通，正是天机之神妙性，所谓"阴阳不测之谓神"者，

在此大通之境展现得淋漓尽致。在此境地，整个宇宙的神妙作用（即天行）得以无遮蔽、无滞碍地发用。庖丁解（分解）一释（放下）了自己，无南无北，无东无西，无固无执，空空如也，一俟天行之自行、物化之自化，而不容已意于其间。山水画家石涛所谓："天有是权，能变山川之精灵；地有是衡，能运山川之气派；我有是一画，能贯山川之形神。此予五十年前未脱胎于山川也，亦非糟粕其山川，而使山川自私也。山川使予代山川而言也，山川脱胎于予也，予脱胎于山川也。搜尽奇峰打草稿也。山川与予神遇而迹化也，所以终归之于大涤也。"①亦是此境。明乎此，则知庖丁所好之道者，实无道也；所谓无道者，非道体之无也，乃莫知其然而然、莫之为而为之天道也。

庖丁解牛的三个阶段，可视为解牛三部曲，也是一切事业如养生、治国、平天下的三个阶段。这三个阶段发生、持续的时间也值得推敲琢磨。"始臣之解牛之时""三年后""方今之时"是描述这三个阶段的时间词。由下文"今臣之刀十九年矣"可知第一阶段时间发生在庖丁与文惠君对话的十九年前，持续了三年之久，是为第一阶段；第二阶段经历的时间更长，十六年前一直到方今之时，持续了十六年之久；第三阶段则自"方今之时"开始，一个"方"字，表明这一阶段才刚开始，故而不需要交代持续时间，也不可能交代持续时间，因为这个阶段已经构成解牛境界的终点，是解牛

---

① 石涛：《苦瓜和尚画语录·山川章第八》，潘运告主编、译注《清人论画》，湖南美术出版社，2004年，第17—18页。

的完成状态，也象征着养生、治天下的最高理想状态。

　　为什么庖丁解牛三阶段是十九年，而第一阶段持续了三年？"三"与"十九"这两个数字有没有具体的意义？根据陈遵妫先生《中国天文学史》，我国自从公元前五六百年就开始采用三年置闰、七年再闰、十九年七闰的历法，从战国的四分历开始直到公元 412 年元始历发表以前，各家历法都墨守十九年七闰的方法。《汉书·律历志下》："闰法十九，因为章岁。合天地终数，得闰法。"扬雄《太玄告》云："岁宁悉而年病，十九年七闰，天之偿也。阳动吐，阴静翕；阳道常饶，阴道常乏，阴阳之道也。"①十九年七闰是天地阴阳之气变化的体现，是天道对人道不足的补偿，是人循天地之理所制法，体现了天人相合的思想。从这个角度来看，数字三与十九乃是借助历法周期之数表达体道思想。"三"在《庄子》中颇多，"十九"亦不是孤例，如《德充符》"吾与夫子游十九年矣，而未尝知吾兀者也"，《在宥》"黄帝立为天子十九年，命行天下"，等等。对人而言，三年置闰以合天数的方法，不致过差，达于小成，然犹有未通；十九年七闰，历法与天道运行完相密合，人法乎天、合乎天，而天又合乎人，这才是大成之境。②是以三年之数，在庖丁解牛的寓言中，乃道之小成；十九年，则道之大成。成玄英疏释《庚桑楚》"居三年，畏垒大壤"时说："三岁一闰，天道小成，故

---

① 扬雄撰，郑万耕校释：《太玄校释》，中华书局，2014 年，第 368 页。
② 田小中、覃君：《庖丁解牛新解》，《重庆文理学院学报（社会科学版）》2008 年第 2 期。

居三年而畏垒大穰。"①

在叙述了解牛三部曲后，庖丁对解牛之道总结道："良庖岁更刀，割也；族庖月更刀，折也。今臣之刀十九年矣，所解数千牛矣，而刀刃若新发于硎。彼节者有间，而刀刃者无厚；以无厚入有间，恢恢乎其于游刃必有余地矣。是以十九年而刀刃若新发于硎。"与前面叙述解牛的三个阶段，即工夫即境界的方式不同，这里将庖丁解牛上升到一般意义上的道的高度。前面是显述，此节是密言。庖丁之刀所以十九年若新发于硎，缘于他能以无厚而入有间。间即虚，乃入刀而刀不损伤之地。彼节者本来有"间"，由于刀刃厚，故而第一阶段"无非牛"而"无有间"；因为刀刃"无厚"，故"间"得以显现，第二阶段"目无全牛"而后其"间"自现。彼节者本有之间，对于有厚之刃不显，对无厚之刃才开放自己。因而，庖丁三年内所作的工夫只是使自己尽可能地"无厚"，唯其"无厚"，隐藏在"无间"中的"有间"才得以显现。这个时候，我们才能明白"目无全牛"，其实是"无间之间"的开显。"牛"隐而"间"显，"间"显然后刀刃可入。这一在无间之地发现间隙的能力，必从自己的无厚化开始。

名、刑、善、恶，乃有厚之道，游于刑、名、善、恶场域中，则本有之"间"，亦不得见，故"间"之本有在彼，显隐在此。所贵于无为者，即以己之无厚，因彼之固然，然后可以得其间。换言之，刑、名、善、恶乃人间世的机制，一循"有厚"

---

① 郭庆藩：《庄子集释》，第680页。

之逻辑，而天道之机制则是"无厚"。从"有厚"到"无厚"，也就是由"人"而"天"。天在物性自然上显现自身，因而对人而言，无厚其实就是自损，而不是自益。所谓无为之"益"，乃得于"无有"；所谓"无有"，即"无"其"有"。"其有"，本有者之自有，即便己赞之助之，亦是因于其有之自赞自助，故而"无有"之德、"无厚"之法，乃在"生而不有，为而不恃，长而弗宰"。无有之益，于"有"为"益"，于"己"为"损"。"损"之道，即"无有"之道、"无厚"之道。于己为损，于物为益，益物损己，此系从"人的机制"观察；设若从天的视角，则益物损己其实也是己之自益，即以损的方式而增益，这正是天道运行的机制。"天的机制"与"人的机制"存在着结构性的张力。以人应天、合天之道，必然是无厚之道，是人之自损之道。正因如此，为道者不是自益，而是自损，此与追求知识之扩充极为不同。《老子》第四十八章云："为学日益，为道日损，损之又损，以至于无为，无为而无不为。取天下常以无事，及其有事，不足以取天下。"这里所讲的"损"即无厚，即无为而无不为，让事自行而吾行所无事之道。能够耳视目听、废心形释之人，就是彻底无我之人，也是真正的无厚者。"游刃有余"的人生必是一种"无厚"而有"余心""余情""余裕"的生存状态。世间与人生等都是这样没有缝隙的无间存在，但于无厚的生存者而言，其缝隙乃得以敞开。

《知北游》云："人生天地之间，若白驹之过郤，忽然而已。"《盗跖》曰："天与地无穷，人死者有时，操有时之具而托于无穷之间，无异骐骥之驰过隙。"在天地之间，人的一生极为短暂，就如同白色骏马穿过狭窄得不能再狭窄的无间之隙。将人生比喻骏马之穿过无间之缝隙，或许是一极为古老的思想，无间于中、西、印。① 这"缝隙"，就是人生的"无间之间"，穿过它，"无间"的"世间"与"人生"就会成为可以"游刃"的"有间""余地"。在基督教《圣经》中，这"缝隙"被表述为"窄门"："你们要进窄门。因为引到灭亡，那门是宽的，路是大的，进去的人也多。引到永生，那门是窄的，路是小的，找着的人也少"（《马太福音》7：13-14）；"你们要努力进窄门。我告诉你们，将来有许多人想要进去，却是不能"（《路加福音》13：24）。如能进入那本来"无间"的窄门，就会发现宇宙人生的广阔余地。在《羯陀托奥义书》（Kathaka Upanisat）中，这"缝隙"被表述为"刀锋"："剃刀锋刃，越之维艰；智者有云，得道弥艰。"②生命的艰难就在于人生如在刀刃边行走，穿过刀刃，如同进入无间

---

① 《墨子·兼爱下》："人之生乎地上之无几何也，譬之犹驷驰而过隙也。"《史记·留侯世家》："人生一世间，如白驹过隙。"（亦见《汉书》之《魏豹田儋韩信传》《张陈王周传》。）《史记·李斯传》："夫人生居世间也，譬犹骋六骥过决隙也。"《三国志》卷六十《吴书·贺全吕周钟离传》："人居世间，犹白驹过隙。"

② 这里采用的是冯涛的译文，英文原文是 The sharp edge of a razor is difficult to pass over；thus the wise say the path to Salvation is hard.周煦良译文如下："一把刀的锋刃很不容易越过；因此智者说得救之道是困难的。"该句被毛姆小说《刀锋》用为卷首语，因而广为流行。徐梵澄译文为："从彼学以知。有如利刃锋，难蹈此路危。——圣者教若斯。"（《奥义书·羯陀奥义书》，《徐梵澄文集》第 15 册，上海三联书店，2006 年，第 325 页。）

之地，必须自己转化为真正的无厚者，才能开启无间之间，才能游刃有余，世间与人生成为真正的余地。庖丁解牛是生存论"余地"的开启，而开启的方式则是自我转化，自我转化的核心是"为道日损"而来的"无厚"。

为道日损，日进无厚，就是养刀之道；生命如庖丁所用之刀，不用则其潜能与力量得不到开发与利用，用则难以摆脱能量与精神之消耗。因而，用刀、善刀、藏刀、释刀之间的辩证，实际上关涉生命机体与能量之生养与消耗。使用所带来的消耗是不可避免的，即便不用，自我持存本身即需要能量的补给。因而，问题不在于对用的规避，亦不在于退回将能量收摄到自我持存中，而是如何在使用中将自我消耗降到最小、最经济的程度，将存养的效验提到最高值。庖丁解牛的活动之所以能够化能量的消耗为能量的畜养，成为一种精神性的存养，很大程度上因其关联着精神的愉悦。庖丁解牛时举重若轻，化解了诸多棘手难题；又举轻若重，小心翼翼地对待："虽然，每至于族，吾见其难为，怵然为戒，视为止，行为迟。动刀甚微，謋然已解，[牛不知其死也，]如土委地。"族是骨节盘结聚会之处，对解牛者而言是棘手的地方，庖丁于此时此地，"怵然为戒，视为止，行为迟"，更加谨慎小心，不敢有丝毫轻率马虎。息心、住目、歇手、戒慎恐惧，不会莽撞地勉强为之，也不会硬碰硬地面对牛，而是小心地寻其虚空间隙。一旦发现可以入刀的虚空，刀子轻微一动，牛迅速而解，竟不知其死。"如土委地"这个表达实有其深意：土本来自地，复归于地，庖丁解牛不过随其所如，聚集于地，不过是回到本来的归所。牛之被解，竟然不知其死，可谓视死如归，回归本来的去处。庖丁之解牛，不过"因其固然，依乎天理"，而后才有如土委地、万感退听的结果。庖丁解牛为举重若轻与举轻若重的统一。"怵然为戒，视为止，行为迟"，是寻找将己立于四两拨千斤、借力打力、以人治人的机括中，而后才有用力少而得其宜、理自解而刀无迹的效果。

　　完成了解牛活动的庖丁"提刀而立，为之四顾，为之踌躇满志，善刀而藏之"。踌躇满志，刻画其精神上的愉悦之感；为之四顾，则即便在如土委地、大功告成之际，庖丁还继续审视是否存在进一步提升的余地，可谓精益求精，念兹在兹。这里的"提刀""善刀""藏刀"与开篇的"释刀"构成一个养刀整体。养刀的第一步骤是"释刀"，放下刀子乃可养刀，一如养生者首先必须放下其生，外其生而生可养，此为养生第一要义。而后是"提刀"，提起刀子，一如生命在真正放下之后方得提起、兴起，向上而进也。养生者重在步步上达，穷理尽性至于命，所谓由人而天者，即上达之路。"善刀"，用刀之后常擦拭之，保持清洁，使其不生锈。时时勤拂拭者，积渐之功也。若解牛为顿，顿后之渐，渐后之顿，如环无端，不可阙废。一悟而再，再而三，所以无止境者，唯在渐顿无间、证悟结合，纯亦不已。

　　"善其刀"者，非刀之不用也，用而后拭，拭而后藏，则用为养，不用亦养。庖丁解牛的寓言，其实也交代了庄子对养形避世之人的看法。庖丁不是不用刀，而是用刀刀不伤。这个用刀意味着世上与事上磨炼不可或缺,我们不可能以逃离人间世避免生命消耗的方式来保养生命,因为那样无异于生命的了断,这种意义上最好的养生方式就是死亡。换言之,人间世过去是、现在是、将来仍然是人无法舍弃的居地。这正是《养生主》之后继之以《人间世》的深层理由。但庄子并没有将人间世及其世上与事上的磨炼视为养生、治国、平天下的全部,视为生命事业的全部,而是保留了"释刀""善刀而藏之"的另一个面向,这个面向使我们发现了世上与事上磨炼的边界,这也是人间世的边界。养生不能总是将刀子(生命)毫无止息地交付给解牛活动,在解牛之外,在应事、应世之外,还存在另一种保养的工夫。这是生命超越了世事、超越人间(人与人之间)的维度。如果说,解牛如同应事、应世,是生命之显,那么释刀、藏刀便是生命之密。庖丁解牛之所以神乎其神,因其显中充实着密。"释刀""善刀""藏刀",将养刀归于无用之养,而解牛不过是其"无用"背景下发生的"有用之用"。每一次用刀都凸显了释刀、善刀、藏刀的大用。其显者可得而见,其密者则不可得而述。在用舍行藏间,我们人生的每一次用,都不应该是完全的显,这可见的显镶嵌在不可见的藏的背景中。而我们"藏"在哪里?《达生》有个回答:"圣人藏于天。"藏于天,就是从"人的机制"中退却,进入"天的机制"中去,以这样的方式构成自己存在方式的庖丁,所解的就不仅仅是牛,同时他也悬解了自己。后文以老聃为例讨论的"帝之悬解"(天之悬解)提示我们,如果不能将自己(也就是作为意必固我的主体的第一人称自我）解掉，庖丁就根本无法完成真正意义上的解牛。解牛与解自己乃是同一个过程，解牛的关键是发现可以进刀的"有间"，自己解自己的关键则是使得自己"无厚"，由人而天。从这个意义上，"无厚"对庖丁而言，不仅指向了解牛，也同时指向了人之"自解"，此自解正是无厚有间的妙诀。

庖丁在解牛后讲述其解牛之道，文惠君善其道而得养生焉。从解牛之技到解牛之道，又由解牛之道体悟养生之理，由技而道，由此道而彼道，可见道之周流遍在，旁通而互成。连接解牛与养生的则是"缘督以为经"，即顺中以为常。顺中则不滞于善与恶，亦不滞于刑与名，不落入左右一边、上下一端，又能达于上下左右，此中道之所以立身者。不落于一边、一面，是以顺中者无滞无碍、空空如也。《论语·子罕》载孔子之言："吾有知乎哉？无知也。有鄙夫问于我，空空如也。我叩其两端而竭焉。"所谓空空如也，即是顺中者无滞无碍之境。唯其无滞无碍，可达于任何一边、任何一面，因而可以无所不运，无所不用其极。所谓"无为无不为"，正是顺中者行其所无事的境界。庖丁能够"缘督以为经"，正是其解牛达到无厚有间、游刃有余神妙之境的根源。唯其"缘督以为经"，故而其人虽有人之貌，而有天之形。庖丁在人间世为"人之小人"，于天道而言，则为"天之君子"；反之，文惠君虽为人间世的"人之君子"，在天而言，则为"天之小人"。是以文惠君闻道于庖丁，而非庖丁闻道于文惠君。由文惠君闻道于庖丁，以见天道未尝不在人间显现。庖丁立身人间世，而藏身于天，即可为天之君子。是故，道之在天下，无所不运，未尝不见之于樵渔屠夫、愚夫愚妇，圣人之所以学于众人者，以此。

三　右师与泽雉：何为"生之主"

> 公文轩见右师而惊曰："是何人也？恶乎介也？天与？其人与？"曰："天也，非人也。天之生是使独也，人之貌有与也。以是知其天也，非人也。"泽雉十步一啄，百步一饮，不蕲畜乎樊中。神虽王，不善也。

关于公文轩何人，刘武有一个大胆的猜测，他就是上面的文惠君。[①] 这个猜测是否真实，无法判断。但文中的"右师"的确是高官，《左传·文公七年》："夏四月，宋成公卒。于是公子成为右师。"杨伯峻注："宋以右师、左师、司马、司徒、司城、司寇为六卿。"[②] 右师身居高位，这里却不书其名，很可能是个隐于官吏阶层中的高士。公文轩见到这样的人大吃一惊，受到了某种震撼。他之所以吃惊，乃是右师之"介"。右师之"介"是自然的，还是人为造成的呢？这是公文轩提出的问题。而后他意识到这并非人为，而是

---

① 刘武：《庄子集解内篇补正》，第 77 页。
② 杨伯峻：《春秋左传注》，中华书局，1990 年，第 556 页。

出于"天的机制"。"天也，非人也……非人也"，并非右师之言，而是公文轩自问之自答。公文轩见右师一节触及的正是天人之际的问题。但此中义理颇难明晰。

"介"的意思是"独"，"独"有特异、非同寻常的意思，具体有三种解释：一是独立不依，气象特别，迥异于常人；二是先天独足（先天残疾）；三是受刑而被砍一足。[1] 通过右师之"介"要达成什么论证目的？一种理解是引出形与神关系，表明二者之中何者为"生之主"，而"泽雉"一节正好构成对此问题的补充；另一种理解则是阐发"为恶无近刑"，与此相应，"泽雉"一节则被用来理解"为善无近名"。

以右师之"介"为遭受人刑的"刖足"（郭象、褚伯秀、郭嵩焘等），可以导向形神二者何者为生之主或"为恶无近刑"的问题。就形神何为生之主的解释取向而言，历史上的解释仍可划分为两种：一是正面的解释，右师形残而神全，作为养生的正面典型。褚伯秀以为右师对于刖足"一安于命而归之天，知所当全者在乎德性。德者与生俱生，性则为生

---

[1] 以"独"解"介"之外，还有以"助"解"介"，助即宾副。如赵以夫以"介"为相师："右师，蒙瞍也。介，相师者也。人莫不有目，而我独无，是天使我独，非人所能为，因引雉以自解。雉在泽中，十步方一啄，百步方一饮，不能忘机者，以目有所见，惧物之害己也。虑患如此，岂料置身樊笼，为人所畜，是两目之明不足恃。故曰：'神虽王，不善也。'神寓于目，精采发见谓之王。言恃目防患而不得免，不若无目者之一委于天也。"（褚伯秀：《庄子义海纂微》，第 94 页。）赵以夫的解释很奇特，将右师解释为天生的盲人相师，其所以成为相师，因盲人无所可见，便无得失之意，而能遵循天道。这样的解释会引发更多问题，而且赵将泽雉在野与在樊中的状态都视为负面性的，显然这样的解释与全文的脉络无法合拍。

之主，不离于斯二者，是谓得其养矣。形之残兀，何加损焉？欲人安于患难而顺其性命之情，则吾'有尊足者存'，所养非形骸也"；① 钱澄之以为右师"忘其独而自适""一顺乎天，故安之若故，以为天实生之使然"；② 郭嵩焘以为"外形骸，齐生死，而何有于介哉"，③ 等等，都体现了这种思路。其归结在形与神、形与性的对峙，如宣颖所论，"介足付之天然，则形骸之不足为损益也明矣"④。另一种是负面的解释，将右师作为不能养生的负面案例。如陆西星认为"右师处于樊笼之中，不及泽雉多矣"；⑤ 再如释德清认为"右师生而贪欲，自丧天真，故罪以取刖，即是天刑其人，使之独也"，"今右师之介其足，即是天使之不全也"，"此一节言不善养生者，见得忘真，见利忘形，自取残生伤性之患，不若泽雉之自适也"。⑥ 右师之刖足也有两种可能性：一是右师无辜而被刖足，人间世"人刑""天刑"并非一致，甚至相反，右师将无辜之人刑归于无可奈何之命，而致力于全神守真，因而以其生命实践敞开了外其形骸而神为生主的生存真理；一是右师因罪而受刑，人刑即是天刑，右师之残生伤性丧真，从反面传达了何为生主的问题。两种解释都无法直接从文本中得到确证，都需要补充性的环节才能完成论证。设若右师遭受人刑，何以被追问的是"天与？其

---

① 褚伯秀：《庄子义海纂微》，第 95 页。
② 钱澄之：《庄屈合诂》，第 54 页。
③ 郭庆藩：《庄子集释》，第 117 页。
④ 宣颖：《南华经解》，第 27 页。
⑤ 陆西星：《南华真经副墨》，第 50 页。
⑥ 憨山：《庄子内篇注》，第 63 页。

人与?"何以进一步的回答是"天之生是使独也,人之貌有与"。如果"介"与"独"都是指的是"一足",何以进一步提出"貌"的问题?这是当前的理解难以处理的。

王先谦或许意识到以刖足解"介"的困难,故而对"介"与"兀"进行区分:"介者天生,兀者人患。"①这样右师就不是因罪遭刑,而是天生残疾,以此表明右师"形残而神全""知天而处顺"②的养生者正面形象,再导出形神何为生之主的问题。但仅以天生残疾,如何让公文轩惊讶?这里隐含的逻辑其实是右师"神全",而且"神全"展露在形貌中,神全是主,残足是宾,二者鲜明对照,这才是让公文轩所惊讶者。然而,残足无论是天生还是被刖,都不是神全的必要条件,一个全形之人仍然可以有神全的气象。刘武接续王先谦的思路,既然"不为恶,且有如右师之受天刑者,更何可为恶以自近刑乎?此段喻为恶无近刑"③。这就将本节的宗旨引向了"为恶无近刑"。虽然未必同意右师天生残疾,但林云铭、朱文雄、孙嘉淦、刘凤苞、陶崇道、刘武等都将之视为"为恶无近刑"的案例。④ 与此相应,泽雉则是"无善无近名"的例证。这样的解释面临的问题是,"为善无近名,为恶无近刑"成了《养生主》的主旋律。在刘武的阐发中,我们看到了这种取向。刘武将"右师"节的宗旨断定为"为恶无近

---

① 王先谦:《庄子集解》,第 30 页。

② 同上。

③ 刘武:《庄子集解内篇补正》,第 81 页。

④ 林云铭以为"喻右师受禄被刖,非养生之道也","通段发'为恶无近刑'之义"。(《庄子因》,第 32 页。)

刑","泽雉"节则是"为善无近名","老聃"节为"再喻为恶无近刑",① 这本质上将《养生主》用以显现中道的善恶、刑名主旨化了。

"为善无近名,为恶无近刑",并不是《养生主》要证成的观点,它只是阐发"缘督以为经"的例示。按照王先谦的理解,庖丁解牛用以阐发"缘督以为经",右师故事是"为恶近刑"的负面典型,泽雉则是"为善无近名"的正面榜样,老聃之死与薪尽火传的故事又视为阐发"为善无近名,为恶无近刑"的象征化思辨。这样解读反而使得对全文义理具有结构性意义的"缘督以为经"边缘化了,可视为一种结构上的误读。不仅如此,以"为恶无近刑"来解释右师之介,会进一步导致文本解释上的困难。根据这样的逻辑,文本中的"天与?其人与?",理解为右师之一足是先天残疾,还是后天人为的呢?如果是先天残疾,就无法进一步理解"天之生是使独也,人之貌有与也"中的"独"与"有与";如果是受刑而被砍去一足,就难以贯通"天之生是使独"。一种融洽的理解方式是:右师受刑,不是人事,而是天命。由于人之貌来自天,而非人,所以右师"形足"虽残,但不以为意,而是重其精神性的"尊足"。这样右师故事就可解读为,右师虽残缺一足但并不自弃其精神性的"神"和"性",安心于养性与养神。在形体残缺的情况下还可以养其生意,何况形体健康的人呢?由此右师故事又回到何为生之主的解释路线上。公文轩所惊讶的并非右师的"形足"如何,而是其

---

① 刘武:《庄子集解内篇补正》,第 81—83 页。

"尊足"所支持的独立不倚的非凡气象。以刖足或生来残足对本节中的"介"与"独"加以实体化的解释，反而错失了根本，而且使得文本的可理解性成为问题。于是，有吕惠卿、陈详道、钟泰等的新解释出场。

　　吕惠卿的理解重在右师本人与众不同的非凡气象："右师盖人貌而天者也。介则'介如石焉'之'介'，言其遗物离知而立于独，故公文轩见而惊之，疑其为天为人也。'天之生是使独也'，言所得于性命之理，本如此也。若夫与物接而其貌有与者，则人而已矣。"①吕惠卿注意到"介"与"独"都是内在精神的外在符征、气质与气象，这才是真正让公文轩大为惊异并引起共鸣，而且不用右师解释公文轩本人就能领悟的，即右师能够"遗物离知而立于独""独与天地精神往来"。陈详道同样突出"介"与"独"作为内在状态与精神境界的可感化表现意义："'介'者，不与物通，独而无与。右师尽其所受乎天者如此，而与人之貌有与者异"，"盖处世而与物游者，未尝无所防；离人而入于天者，未尝不自适。右师惊于人，则神王而善可知矣。"②钟泰进而指出："此承上天理（引者按：庖丁解牛一节有"依乎天理"）言。表性之出于天，而非人之情识知见所可得而拟似也。……公文见右师而惊，惊其气象之殊常也。介，特也。'恶乎介'者，言何以特立而超于物外如是也。'天与？其人与？'诘其天为之乎，抑人为之也。'曰：天也，非人也'，答其是天而非

---

①　吕惠卿撰，汤君集校：《庄子义集校》，第58—59页。
②　褚伯秀：《庄子义海纂微》，第93—94页。

人也。何以辨之?则以天者无耦,无耦故介,故曰:'天之
生是使独也。''是'即指养生之生言,亦即指性言。'人之貌
有与'者,言若出于人,则有与而非独也。'有与'即有对,
有对则有待,有待则恶能介也?于此提出'貌'字,知公文
所惊者貌,而非惊其偏刖也,明矣。……'以是知其天也,
非人也',此是指独言。然则天人之别,一言而决矣。明
此,则知向之'喜怒哀乐,虑叹变慹',纷然杂起者,其无
关于性分,而直为吾心之累耳。所以'圣人不由,而照之以
天'也。"①钟泰感慨,自郭象误"介"作"兀",以偏刖解介,
人们对本节中"独""有与"的理解都发生了偏离;后世只有
吕惠卿以《田子方》"人貌而天"解右师之介,能得正解;焦
竑《笔乘》之解略与吕说同,但不如吕说显豁。钟泰认为,
"不独见右师造道之深,即公文能见之而惊,而以天人发
问,亦自眼力心孔,为非浅学者所易几及也"。②的确,焦
竑《笔乘》以"见独"解"介","右师知识俱忘,而澹然游心于
独。公文轩已望而知之",③惊为天人。焦竑强调,公文轩
意识到右师造道之深,迥非"人的机制"所能理解:"夫天之
生人,自有知见,而人不得以偶之,此天之使也。苟不知
知之自知,见之自见,又为知见以益之,则有与而属之人
矣。即老子所谓子何与人皆来之众也。"④显然,钟泰对本节
的解释最为深刻系统,义理与逻辑无不洞彻,深得其中

---

① 钟泰:《庄子发微》,第 70—71 页。
② 同上书,第 71—72 页。
③ 焦竑:《焦氏笔乘》,李剑雄点校,中华书局,2008 年,第 560 页。
④ 同上。

精髓。

如此，右师之介就是其天而不人、人貌而天的气象发显。《田子方》刻画了老聃的类似气象，其本质是"见独"的体验，完全为"天的机制"所主导，没有一毫的人欲造作，因而精神凝聚，专一纯粹，而生意自显。人貌而天者必定是"独"的，因"独"天人之际中人与天之间的纵向性机制，落在横向性的人人之际中，由此而有世间罕见的精神气象。"遗物离人而立于独"，着眼的是从人与人、人与物的横向架构中脱离和上出，"独与天地精神往来"的着眼点是进至人与天的纵向架构。每个人与天的沟通，都必须由自己做出，以自己的方式沟通并回应天。即便在与天贯通的过程中，人与人可以相与为友，也依然需要以每个人自己的方式回应天命，毕竟自己的方式根植于天命所与的性情才等禀赋中，根植于自己的成长历程与所在的时空视域。在人与天的交通中，一方面天道无亲，常与善人；另一方面则是天地不仁，以万物为刍狗。尽管人各有其才情气质，但天对个人都是平等的，个体皆可独立而不倚地与天相通，见道者必然是见独者，他一定是精神与身体上都能站立起来的人，故而其体验结构是纵向的，而不是横向的。《礼记·曲礼》曰："离坐离立。"郑注："离，两也。两相丽，谓之离。"立于独而又天人相丽，天人相丽而人人相离，这就是真正意义上的"独"。《天地》曰："故执德之谓纪，德成之谓立，循于道之谓备，不以物挫志之谓完。""独立"之"立"，即直立，这是人体姿势之正。但真正地站起来达于姿势之正，需要德成。《在宥》："独往独来，是谓独有。独有之人，是之谓至真。"《天地》："举灭其贼心，而皆进其独志。"《田子方》："遗物离人而立于独。"这种"独"正是其由人而天的征象。

儒家讲气象，孟子讲"践形"，本质上都是以性充形、以神充貌。践形必然生色，生色就有气象，有气象必有光辉。《孟子·尽心上》："君子所性，仁义礼智根于心；其生色也，晬然见于面，盎于背，施于四体，四体不言而喻。"孔子温厉威仪，周敦颐光风霁月，程颢一团和气，都是德充于内而形于外的气象。右师修养性、神——此为生之主——而成就特别的气象。

水泽中的野鸡找食物艰难，但也不希望被养在笼中。《韩诗外传》卷九提供了泽雉故事的详尽版本："君不见大泽中雉乎？五步一啄，终日乃饱，羽毛泽悦，光照于日月，奋翼争鸣，声响于陵泽者何？彼乐其志也。援置之困仓中，常噉粱粟，不旦时而饱，然犹羽毛憔悴，志气益下，低头不鸣。夫食岂不善哉？彼不得其志故也。"泽雉在大自然中生存，整天忙碌寻觅食物才能将自己喂饱。一旦将其养在米仓中，随时可以吃饱，食物无忧。在这种生存状态中，泽雉反而丧失了在大自然整天觅食的劳碌生存所具有的勃勃生机，精神萎靡，志趣低下。泽雉之所以不愿畜养笼中，宁愿生活在大自然，因为各种形式的藩笼都将脱离"自适其适"而导致"失性"，致使生意的根基受损，毕竟那些樊笼的主人都是"以己养养鸟"者，而不是"以鸟养鸟"者。《养生主》文本中的樊笼，隐喻那些虽然表面给予安定生活但实际以剥夺生意为代价的所有活动方式或机制。

泽雉一节中的"神虽王，不善也"意在提示，右师之所以特异于常人，外显其纯粹天真之殊常气象，正在于其以神充貌、以性充形。如果说右师一节意在彰显，唯有以神充貌、以性充形，才能由人而天，全天之所以与我者，由人而天的机制转化，乃无厚有间之道、游刃有余之路，那么"泽雉"节则进一步神王而不善其神，即忘善之善、忘适之适，这是由"人之天"而进于"天之天"。在《养生主》的整体义理结构中，以神充貌、以性充形，乃养生之道。性与神得之于天，形貌声色亦人之天性。养生之要在以天还天，则养生者，行所无事，"其生也天行，其死也物化"（《天道》），如此而已。故右师与泽雉的故事，重在"其生也天行"，所以"善吾之生者"；下文老聃之死、薪尽火传，则重在"其死也物化"，是"所以善吾死者"。

四 老聃之死与薪尽火传

老聃死，秦失吊之，三号而出。弟子曰："非夫子之友邪？"曰："然。""然则吊焉若此，可乎？"曰："然。始也吾以为其人也，而今非也。向吾入而吊焉，有老者哭之，如哭其子；少者哭之，如哭其母。彼其所以会之，必有不蕲言而言，不蕲哭而哭者。是遁天倍情，忘其所受，古者谓之遁天之刑。适来，夫子时也；适去，夫子顺也。安时而处顺，哀乐不能入也，古者谓是帝之县解。”指穷于为薪，火传也，不知其尽也。

养生哲学的最大问题还是生死问题。《大宗师》云：“善吾生者，乃所以善吾死也。”作为自然生命，人皆有死，无可幸免。古希腊甚至从中发展出一种向死而生的意识，即带着终有一死的意识来面对当下生存，将这个短暂的生存看作通往超越性不朽的朝圣之旅。在这个寓言故事中，老聃是实名，而“秦失”则是一个虚构的隐喻，“失”本又作“佚”，以此为名，暗喻其为游心方外的隐者。在老聃的丧礼上，秦失仅仅哭了三声就出来了，就好像《大宗师》中的孟孙才，人哭亦哭，却不像众人那样哭得尽情。秦失的弟子们感觉这并无任何哀戚之情，未能全尽礼数。既然老聃是老师的朋友，何以老师一点伤心的样子都没有表现出来，至少礼数也该到位吧。

这段话的解释之所以有分歧，关键在于对“弟子”“夫子”“其”的理解上。“弟子”究竟是老聃之弟子，抑或秦失之弟子？如是老聃弟子，则“非夫子之友邪”中的“夫子”当指老聃。老聃的弟子责怪秦失礼数不周，吊唁只是敷衍，难道你不是老聃先生的朋友吗？是朋友就当尽朋友之礼。而秦失的话显示老聃并非“博大真人”“至人”，因为这么多人来哭老聃，如哭其子、哭其母，如此哀痛，似衬托老聃未能去其形迹，由以感会人心，未能做到既忘人又能使人兼忘己。如此老聃就是养生的一个负面案例，而后面“帝之县（悬）解”的“夫子”则不是老聃，而是得道的其他人。如此理解，将秦失视为主角，以侧显老聃之过。

上述流行理解与老子形象相去甚远，也与《庄子》中老聃的形象不符，更与内篇书法不同。老聃作为真正的隐者，《史记》本传谓其"其学以自隐无名为务"，故而"人见其人"，而与常人无异，实则如《田子方》所说，其人貌而天，高露发美，睟面盎背，发于四肢，四体不言而喻。盖其和光同尘，不欲表露，其谁能识？《庚桑楚》有藏身不厌深眇之叹。不能使"人见其人"者，则其自身未能舍人；未能舍人者，也就未能切实反真。由此观之，老者哭之，少者哭之，老者少者未必皆老聃弟子。老聃之死一节出现了两个"有名"的人物：一者老聃，一者秦失。老聃是实有其人，秦失则是想象性的寓言人物。秦失的出现，实质上是老聃的陪衬，真正要写的老聃根本不用出场，通过秦失与其弟子的对话而以不出场的方式出场。这才是《庄子》常用的书法。

"老聃"一节在整个《养生主》中起到什么作用？显然，"帝之县解"与"遁天之刑"是两个核心概念，这一段本以"老聃之死"呈现另一个庖丁，是"庖丁解牛"的呼应与深化，只不过这一次庖丁所解的不是牛，而是自己。就此而言，"帝之县解"，即顺天而自解，即所谓不解之解。这另一个庖丁——老聃没有直接出场，其间接出场就是形体生命的终结，它与接下来的薪尽火传之喻关联起来，获得了更深的内涵。薪尽而火传，老聃之死实即对生命的自解自释，在这个解与释中，形体虽然终结，精神生命却传递下来，而且是"不知其尽"的。在这里，我们看到了《养生主》开篇"生有涯而知无涯"的反转，另一种新的可能性，即"知有涯而生无涯"被提出。《老子》所谓"死而不亡"的情况在这里出现了，与此相应，死与生在意识中的对立必须重新理解。

在此段中，必秦失而后"非人"的老聃才能被理解，而众人之哭则是不能理解老聃的象征。秦失一开始也拟如众人那样行礼，因为当初他也认为老聃与众人一样生活在"人的机制"中，但当他吊唁时，忽然醒悟，意识到老聃已经超越了"人的机制"所定义的人。秦失之所以能够认识到这一点，与他也是一个在上达过程中的"游方之外"者有关。秦失之"佚"，是"佚其名"的寓意表达，传达出他是自隐无名者。《说文》："佚，佚民也。一曰，佚，忽也。""忽"即"忘"，《说文》："忽，忘也。""佚民"又作"逸民"，段玉裁注："许作'佚民'，正字也；作'逸民'者，假借字。"①佚民，即隐逸者，隐居遁世而独善其身之人，朱骏声《说文通训定声》谓："佚民者，独乐其身之民也。"隐逸者其心有所忘，自忘其世，自忘其身。"秦失"（秦佚或秦逸）之名，秦为姓，失（佚、逸）状其德。秦失所以能超越弟子，通达老聃，当在其德，此其所以能与老聃为友者。友者，友其德也。友道之根据，在于超越时空中被给予的人伦（如君臣、父子等并不能由个人自由选择），达到构成意义的开放性人伦。如父子兄弟是所与性的（基于血缘），而不是构成性的；夫妇虽然不完全是所与性的，但一经形成，即为限定性的（基于伦常），而非开放性的。然而，友作为人与人的关系，则是构成性的、提升性的，而非限定性的、给定性的，此中有妙合

---

① 段玉裁：《说文解字注》，许维贤整理，凤凰出版社，2015 年，第 666、890 页。

在天者居于其间。儒家常说天地之为父母，庄子则以天地为友，所谓"独与天地精神往来"（《天下》），所谓"睹无者，天地之友"（《在宥》）。《大宗师》中给出了一系列的"游方之外"者，他们之所以能够相与为友，默契于心，乃是以各自与天地为友，或各自与道为友作为前提的。在这个意义上，友道因基于纵向性的与道、与天为友，而后能与人为友，故而友道即道在人与人之间最直接的显现方式。这或许就是朋友可以贯通于五伦之中而为之纲，以超越五伦的方式成就五伦的原因。

就《养生主》文本而言，直到老聃之死，秦失方知老聃"非人"，"非人"必须从《庄子》整体脉络中加以理解。老聃客居人间世，作为"天地之友"的"睹无者"，能"独与天地精神往来"，故而又能不为世间所囿。右师如此，老聃如此，秦失亦如此。司马迁以"莫知其所终"描述老聃之"独"，而秦失与老聃为友，至于死而后知老聃之"非人"，正是其"独"的体现——"独成其天"——"独"之为"非人"，乃所以彰显其"天"。秦失所以有老聃"非人"之叹，实则叹其能够由人而天，实现自我悬解。《田子方》："孔子见老聃，老聃新沐，方将被发而干，慹然似非人。孔子便而待之。少焉见，曰：'丘也眩与？其信然与？向者先生形体掘若槁木，似遗物离人而立于独也。'老聃曰：'吾游心于物之初。'"游心于物之初，即与道为一，这正是老聃在人间世能够悬解之根源。

"遁天之刑"和"帝之县解"构成对立的两极。"天"与"帝"不过是同一者的不同称谓。《则阳》有"遁其天，离其性，灭其情"的表述，正是"遁天"的内涵，遁天者受限于、偏胜于"人的机制"，因而不能达到天人之际的居间平衡，有悖于中道——"缘督以为经"。"天刑"，即人之"自刑"，天道通过人遭遇精神上的自我矛盾与冲突即"阴阳之患"，导致人内心的不安与忧疾，这是心理与精神上的疾病及其带来的痛苦和焦虑。在本节中，"老者哭之，如哭其子；少者哭之，如哭其母"，是"遁天之刑"的主体，他们并不能真切理解造物者劳我以生、息我以死的真谛，而执着于世情，不过是对"与造物者为人"的固执，而不知这只是无尽且无常的造化过程之插曲。老聃能够做到"适来，夫子时也；适去，夫子顺也。安时而处顺，哀乐不能入也"，达到"帝之县解"的奥秘。《大宗师》："得者时也，失者顺也，安时而处顺，哀乐不能入也，此古之所谓县解也。"生则顺其为生，没则自然从容就死，人之哀乐之情不入胸次，不为生死所系缚，这就是悬解。悬解是意识世界中的心灵真理，它解放的是生死意识带给人的重负，让生命放松，在这个变化无常的造化之流中，无执无主，唯变所适。

《养生主》结尾的薪尽火传，隐喻性或神不因形亡而敝朽，薪火相传而"不知其尽"的精神生命才是所当养者。这无疑是对生有涯而知无涯的倒转。在物质主义视野看来，人死如灯灭，什么都没有了，这就是以死为"尽"，这样的信念其实是将生命执着为物质性的形体罢了。如果能够领会到生命并不能为形体所穷尽，在形体之外还有精神，而形体生命的死亡不过是精神生命的再生，那么我们就会理解，薪有穷而火无尽，从而更进一步理解知有涯而生无涯。

在这个意义上，老聃之死之所以与薪尽火传的隐喻构成上下文，正是将老聃作为"养生主"的人格象征，他能够顺中以为常，实现帝之悬解，因而其形体生命之死，正是其精神生命之再生。如果生死不过是大生命的不同瞬间，生死与死生之间有着无尽的循环，那么"人之生也，一息一得耳。向息非今息，故纳养而命续；前火非后火，故为薪而火传，火传而命续，由夫养得其极也，世岂知其尽而更生哉"！① 郭象的这一解释，将养生主的原理提到了精神生命的"更生"——重新开端或再生上。成玄英接续这一宗旨做了更加详尽的解释："前薪虽尽，后薪以续，前后相继，故火不灭也。亦犹善养生者，随变任化，与物俱迁，故吾新吾，曾无系恋，未始非我，故续而不绝者也。""夫迷忘之徒，役情执固。岂知新新不住，念念迁流，昨日之我，于今已尽，今日之我，更生于后耶！"②薪尽火传，象征善于养生的人因任变化，对于大化流行过程中的故我与新我都不再系恋，而是将生命立身于日新更生的变化之流中，养生的精义便在于这种随时的自我更新运动。

---

① 　郭庆藩：《庄子集释》，第 121 页。
② 　同上书，第 121—122 页。

第四篇

《人间世》："应世"与"游世"的辩证

　　《逍遥游》以"游"开篇，当游心于无何有之乡、广漠之
野、六合之外、天地一气时，所游者不在世间，而恰是对世
间的超越。然而，人又不能不生存于世间，作为在世者而
存在，就不得不回应、应对世间种种处境与问题。世间即人
间世，在横向的意义上，由当世人与人之间的交互性构成
"人间"；在纵向意义上，由上下不同世代的人与人之间的
交互关系而构成"世"。生在人间世，不仅要回应人与社会
的关系，还要回应人与历史的问题；不仅要面对生人之间
的关系，还要面对生人与鬼神的关系。前者有政治伦理社
会的君臣父子问题，后者有人与传统、未来的关系。更重要
的是，在人间世，人还必须回应深层的人与天之关系。在
应世过程中，游是否仍然可能？如果可能，应世是否可与

游世合一？如果人在有限的此生与当世，无法确立生存的意义，希望是否在来世抑或其他？所有这些都是人生在世不得不面对的基本问题。

"人间"并不等同于"我你之间""我他之间"或者"我你他之间"，而是"人与人之间"，我你、我他、我你他之间只不过是人间的特定呈现方式，但并不构成人间的本质。我是谁的问题与人是什么的问题，并不在同一个层次：我是谁，你是谁，我与你的问题，关涉到"人"这个种属的内部，即不考虑或不涉及人之外的其他存在者，我你他不论是谁，都首先被限定在"人"这个种属内。人是什么的问题，则预设了"人"这个种属与其他存在者的关系，乃至人与天的关系，显然关联着更高的视野。在这个意义上，人与人之间若是被化约为我你之间，就不能发现"人间"这个表述中作为背景的时空构架。换言之，人间的维度是双重的，甚至是三重的，一则是我你或我他之间，一则是天人之间，一则是人物之间。比如第一部分的三个故事中，无论是颜回之卫、叶公使齐，还是颜阖傅卫灵公太子，这些都发生在"人间"的第一个层次，相较而言是表面的，更深的则是天人之际的层次。第二部分中的匠石之齐、南伯子綦游乎商之丘、宋有荆氏者三个故事，都发生在人物之间。由人物的问题转进到人人尤其是天人的问题。支离疏的故事以"支离其形"者，反衬"支离其德"者；接舆与孔子的故事，将人间的问题背后所蕴含着的"世"的问题揭示出来——"人间"实即"世间"，携带着世代意识经验的人立身于人间，也就同时立身于过去、现在与未来，以此三世相通的生存论大视野开启面对天人、我你、人物的生存，这即是"天"赋予人的"命"，人必以人之"义"而待天之"命"。人间世在这个意义上是一个时空架构，是一个场域，人在其中得以成为人的场域。

生而为人是天所命，是被给予性的，成为人、依据天守和位分行动，则是艰难的责任、艰难的自由。"人间世不过有二端：处人与自处是已。处人之道，在不见有人。不见有人，则无之而不可。前三段是其事也。自处之道，在不见有己。不见有己，则以无用而藏身。后四段是其事也。""凡处人而撄患者，又只因自处未能冥然。盖与人生竞，病根在用己之见未消也。所以前说处人，后说自处，是一套事。"①

在结构上，《人间世》可以分为三个部分。第一部分，人间世的两难生存处境，具体包括：（一）颜回之卫以游说暴君；（二）叶公子高使齐；（三）颜阖傅卫灵公太子。第二部分，不材之木与人间世中的生存之道，具体包括：（一）匠石之齐，栎社树托梦；（二）南伯子綦游商丘见大木；（三）宋有荆氏与材之患。第三部分，"支离其德"与"无用之用"，具体包括：（一）以"支离疏"寓言"支离其形"；（二）以孔子与接舆故事寓言"支离其德"；（三）山木自寇。第一部分阐发人间世生存的悖论处境，即个人往往处在阴阳之患（天刑）与人道之患（人刑）的两难处境中，解决之道在于端正存人与存己的关系，自事其心，以得于天的内在之德直面事情本身。第二部分基于不材之木的隐喻，直面将人从世间性机制的动员与征用中解放出来的可能性，以展开如

---

① 宣颖：《南华经解》，第29页。

寄之人生。第三部分通过"支离其形"引出"支离其德",进而揭示基于往世与来世的视野重新理解现世生存的方式,在"无用"于现世的状况下,仍可开放未来"大用"的可能性。基于以三世面对当世的"无用之用"视野,《人间世》发展出在天下无道的状况下存道于身的人生智慧。

一 颜回之卫：存己与存人的辩证

颜回见仲尼,请行。曰："奚之?"曰："将之卫。"曰："奚为焉?"曰："回闻卫君,其年壮,其行独;轻用其国,而不见其过;轻用民死,死者以国量乎泽若蕉,民其无如矣。回尝闻之夫子曰:'治国去之,乱国就之,医门多疾。'愿以所闻思其则,庶几其国有瘳乎!"仲尼曰："譆!若殆往而刑耳!夫道不欲杂,杂则多,多则扰,扰则忧,忧而不救。古之至人,先存诸己而后存诸人。所存于己者未定,何暇至于暴人之所行?且若亦知夫德之所荡而知之所为出乎哉?德荡乎名,知出乎争。名也者,相轧也;知也者,争之器也。二者凶器,非所以尽行也。

颜回去向孔子辞行,想去卫国,拯救百姓。因为卫国君主年轻气盛,行事独断,对于国事任意轻率,从不反省自己的过错。他随意役使人民,视民如草芥,不顾百姓死活,以至于牺牲的人不计其数,人民生活在水深火热之中,无路可走。我听老师说过,太平的国家我就离开,危乱的国家我就去治理,医生门前多病人。我愿意以我所学改变卫国的状况,那里或许还有得救。"治国去之,乱国就之",与《论语》"危邦不入,乱邦不居""有道则见,无道则隐",侧重点有所不同,前言救民之仁,后陈存身之智,义各有当,未必矛盾。《论语·微子》:"天下有道,丘不与易也。"正因为天下无道,所以才去努力改变它;若天下有序,又何必去改变它呢。可见,庄子通过孔子之口所说的话,并非后人所谓的随意改造,以使之符合庄子的想法。但孔子告诉颜回,此去非但不能解决问题,反而无异于自己前去受刑,原因有二:首先,"夫道不欲杂,杂则多,多则扰,扰则忧,忧而不救";其次,"古之至人,先存诸己而后存诸人。所存于己者未定,何暇至于暴人之所行"。

杂则不能齐,多则头绪纷而不能一。《老子》第二十二章:"多则惑。"颜回的想法里杂糅了名与知,使一体之仁德不能齐一,不一是其扰与忧的根源。在现实中,最大的不一乃是己与人的不一,这也是颜回无以改变卫君的根源。"杂""多""扰"与下文中"定""一""虚"相对应。后面对颜回的教化或治疗,就是以"定"治"杂"、以"一"治"多"、以"虚"治"扰"。颜回现在之所以不能"定""一""虚",而为"杂""多""扰""忧"所困不得救,源于其内无所存,内无所存则随外而荡。而"存"则有"存人"与"存己"之分,存己是存人的条件,一个不能存己的人不可能存人。德以存己,而名与知关联存人。颜回存己与存人杂糅在一起,前者的优位未显，不能将存己与存人统一，根由在存己方面未能定。"定""一""虚"皆是自反性的心上工夫。

人心之杂多是由于德之所荡。德就其修为方向而言是存己的，就其效果而言又可指向他人。实有诸己是德之信，不能实有诸己，就会停留在名的层次上。德行为名所败坏，智慧因竞争而外露，偏离了存己的轨道，丧真去实，而指向他人。在人间世生存的困难就在于，德被名所败坏，知被用作竞争的工具，人们通过名与知相互竞争甚至倾轧，而不是用以存己。在人间世，正如莱茵霍尔德·尼布尔所说，生存的意志（the will-to-live）往往被转化为权力的意志（the will-to-power）或追求"权力与荣耀"的欲望（the desire for "power and glory"）。与此相关的是，人不仅仅对肉体的生存感兴趣，还祈求得到声望和社会的认可。这就使得人和人之间的冲突，从来就不仅仅是相互竞争的生存冲动之间的简单冲突；权力和自负的表达是相互竞争的，指向他人的权力和威望造成了严重的威胁，而每一个人或群体都试图捍卫自己的权力和声望。因为拥有权力和声望总是对他人权势和声望的某种蚕食（encroachment），这一冲突就其性质而言，要比自然中的各种生存冲动之间的简单竞争要顽固、艰险。①

名与知正是颜回"杂""多""扰""忧"的根源，即未能脱于名与知的诱惑，存己不能有定。名与知还关联着人间世

---

① 莱茵霍尔德·尼布尔：《光明之子与黑暗之子》，赵秀福译，北京大学出版社，2011年，第16—17页。

中人人相与的困难,因为在名与知编织起来的世界,人与人都求名而用知,故而人间犹如藩篱、牢笼,以致下文用"入游其藩"的"藩"来表达人间。以名与知为"凶器"的表达,也显现了人间世的艰难,人人以名与知自厚,祸患不可避免,人间就成了刀子进不去的"无间"之地,游刃不能有余。名与知是人之有厚而无间的根源。颜回的"杂""多""扰""忧",正是他不能超越名与知的机制,而使自己"有厚",进一步的根源则在于,当"名""德""知"都不再指向存己时,便为"用于世"的逻辑所主导。孔子以"虚""一"对治颜回之外,还传达出颜回若去卫国,卫君亦以"名""知"与之乘势斗捷,颜回必死。这一在名与知的机制下发动的相轧相斗,使得存己与存人都不再可能。卫君行独自用、轻用国民,其存人不可能,而存人的不可能根源于不能存己。存,即察,存己就是省察自己,反求诸己。下文"端虚""勉一""心斋"等,都是反求诸己的存己活动。整个颜回故事的基调都在突出"存己"的意义。在人间世,他人并不在我的权能边界之内,人唯一所能把握的是存己,即尽自己对自己的责任。

"且德厚信矼,未达人气,名闻不争,未达人心。而强以仁义绳墨之言术暴人之前者,是以人恶有其美也,命之曰菑人。菑人者,人必反菑之,若殆为人菑夫!且苟为悦贤而恶不肖,恶用而求有以异?若唯无诏,王公必将乘人而斗其捷。而目将荧之,而色将平之,口将营之,容将形之,心且成之。是以火救火,以水救水,名之曰益多。顺始无穷,若殆以不信厚言,必死于暴人之前矣！且昔者桀杀关龙逢，纣杀王子比干，是皆修其身以下伛拊人之民，以下拂其上者也，故其君因其修以挤之。是好名者也。昔者尧攻丛枝、胥敖，禹攻有扈，国为虚厉，身为刑戮，其用兵不止，其求实无已。是皆求名实者也，而独不闻之乎？名实者，圣人之所不能胜也，而况若乎？虽然，若必有以也，尝以语我来。"

　　如果你做到了德行纯厚信用坚实，则德不外荡，可是这并不意味着就能够通达人气，感化他人；如果你做到了不争求名声，虽然解决了自己不争的问题，但并不等于能达人心，他人可能不能悦服而与你相争。达人气是气上的通达，即气质性的吸引、以类相召、以类相从；达人心则是心灵层面的感应，不排除有气质性的吸引，但更有超越气质性的理性之相悦，如"德不孤必有邻"，就是人心上的通达，人同此心，心同此理。达不是闻达之达，而是通达之达。《论语·颜渊》："子张问：'士何如，斯可谓之达矣？'子曰：'何哉，尔所谓达者？'子张对曰：'在邦必闻，在家必闻。'子曰：'是闻也，非达也。夫达也者，质直而好义，察言而观色，虑以下人。在邦必达，在家必达。夫闻也者，色取仁而行违，居之不疑。在邦必闻，在家必闻。'"朱子对"达"有很深刻的理解："达者，德孚于人而行无不得之谓。"[①]达，德修于己而人信之，则己之所行无窒碍。按沈居

---

① 　朱熹：《四书章句集注》，朱杰人等主编《朱子全书》第六册，第 174 页。

士的理解："达者德立行成，闻者有名而已。"①阮元指出：
"达也者，士大夫智类通明，所行事功及于家国之谓也。"②
"达"有两层意思：一是"通"，一是"生"，而"生"通"圣"。
"达"是"圣"之次，"圣"是已成之"达"，"达"是未成之"圣"。
圣贤道德之始，无不由达而臻者。孔子批评颜回不达人气、
不达人心，本质上仍是其在存己上有问题。

　　若是勉强以仁义、准则一类的话语陈述于凶暴之人面
前，这便是利用别人的劣迹来炫耀自己的美名。这是伤害
别人，别人也必定会反过来伤害他。更何况，若卫君真的
爱慕贤者憎恶坏人，那他身边自会有贤人，又何劳你去标
新立异呢？你在他面前即便不违抗他，他也必然借着别人
进言的机会，争取战胜你。在卫君的盛气凌人之下，你的
目光会眩惑，面色和顺下来，嘴里不知说什么好，容貌相
形见绌，于是你便会动摇，姑且成全其意。这样一来，你
去卫国，就好比以火救火，以水救水，不但无益，反增卫
君的过恶，而你也因此成为长恶、济恶之人。可见，当你存
己未定时就想去存人，还未存人，自己先失了初衷。舍己
从人，病人尚未被医治而医生先行成为病患之人。一个人
不能止恶，并不因自己所为而增加其恶，明哲保身，在存
己上用功，也是一种"知止"。孔子告诉颜回，言轻出则灾必

①　程树德：《论语集释》，程俊英、蒋见元点校，中华书局，2013年，第
　　1002页。
②　阮元：《揅经室集》，邓经元点校，中华书局，1993年，第29页。阮氏
　　又云："所谓'达'者，乃士大夫学问明通，思虑不争，言色质直，循行
　　于家国之闲无险阻之处也。"（《揅经室集》，第30页。）

随，再继以言难出而祸更不可逃。先警醒颜回，如果存己未定，则必堕入知与争的牢笼中不能自拔；继而让其明白在存己未定的情况下去存诸人，则非但不能存人，更会影响存己。

孔子继续以历史上的事例教育颜回：从前夏桀杀害了敢于直谏的关龙逢，商纣王杀害了力谏的王子比干，桀纣就因为他们修身爱民，显出自己的过恶，排斥他们。这就是喜好名声的结果。个人的存己在人间世进行，一定会引发他人的反应。关龙逢、比干以修身得民心，最终导致君主的嫉恨。君主自身也是争名者，君臣之间以名相轧，一方面导致了关龙逢、比干之死，另一方面则加快了夏、殷之亡的步伐。丛枝、胥敖、有扈三国相攻以求名实，尧、禹这样的人都改变不了他们，不得不兴兵伐之。三国求取名实，最终不能免于灭国。而尧、禹这样的圣人，为了平治天下，使其圣王之名符实，对三国用兵不止，也是求实无已的表现。求名求实的执念，即便圣人也不能胜，何况你颜回呢？求名与求实不同。一般人求名，往往是为了虚名。尧、禹乃是圣王，绝不是为了求得虚名，其过则在求实。圣王是"名"，能平天下则为其"实"。尧、禹并不贪图圣王名号，想要实实在在的天下太平。求实之心太切，求实无已，过于执着，以至为了平天下而发起攻打三个小国的战争。"皆求名实者"中的"皆"，可以同时概括关龙逢、比干和尧、禹。前者好名，后者求实，都是有所囿、有所执。回到颜回的语境，如果他以为自己有才德可以使卫君重视，这是好名；如果一心想要用仁义绳墨之言来治好卫君的暴虐，这是求实，都不是上上之策。颜回肯定不是这样,必定有他的理由,"若必有以"(你一定有所依恃)。

《人间世》运用了医学隐喻来讲政治社会的治理。正因为病人多了才可见医院医生的名气,同理,如能救治乱世才能名显于人间世。颜回看到卫国有病,虽有救治的愿望和仁心,但缺乏救治的本领。善医者必先能自医,后才能医人。仅仅有救治的愿望和仁心,只是具备了医者之心,尚无救治的能力。孔子要颜回先看到自己的疾病,先行自医,再去医人,自度而后度人,存己而后存人,这是探本之论。《维摩诘》尝曰:"众生病愈,则菩萨病愈。"庄子的逻辑反其意:"菩萨病愈,斯众生病愈。"

> 颜回曰:"端而虚,勉而一,则可乎?"曰:"恶,恶可!夫以阳为充孔扬,采色不定,常人之所不违,因案人之所感,以求容与其心。名之曰日渐之德不成,而况大德乎?将执而不化,外合而内不訾,其庸讵可乎?"
>
> "然则我内直而外曲,成而上比。内直者,与天为徒。与天为徒者,知天子之与己,皆天之所子。而独以己言蕲乎而人善之,蕲乎而人不善之邪?若然者,人谓之童子,是之谓与天为徒。外曲者,与人之为徒也。擎跽曲拳,人臣之礼也,人皆为之,吾敢不为邪?为人之所为者,人亦无疵焉,是之谓与人为徒。成而上比者,与古为徒,其言虽教,谪之实也。古之有也,非吾有也。若然者,虽直而不病,是之谓与古为徒。

若是则可乎?"仲尼曰:"恶,恶可!大多政法而不谍,
虽固,亦无罪。虽然,止是耳矣,夫胡可以及化?犹
师心者也。"

"端虚""勉一","内直外曲""成而上比",皆是颜回的
"有以",即他所依恃的。孔子将颜回逼到"无以进"的境地,
一无所恃、一无依傍,才是"无以"。"有以"则"意""必""固"
"我",有我则有求名求实的欲望;"有以"则执"以"——执
"法"与执"我",即生我法二执。"若必有以","必"即所谓
"意必固我"之"必",固而不通,拘泥既定现成的框架,这
无疑是师其成心、师心自用的表现。

"端"与"勉",是颜回前面所表现出来的精神状态。
"虚"是对"扰""忧"的克治,"一"是对"杂""多"的克治,二
者显示颜回在受教于孔子之后,已有所进步。但"端而虚",
只是"端形而虚心",容貌端正谦虚,其虚在容而非心,并
非真正的"虚";下文颜回在虚上的进展,是在心的层面的
"心斋",以对治"端而虚"。之所以有"端而虚",是因为颜
回从孔子前言中受到教化,为了克服强言自炫以下拂上之
言,以"端而虚"来自医或存己。"勉而一",是"勉一而一
志",并非真正的"一";"杂""多""扰"是"存己未定"的表
现,颜回因此黾勉存己以求自定于"一",对治"杂""多"
"扰"之患。颜回虽然有进步,但仍有问题,问题不在"虚"
"一",而在"端""勉",存有待之心,处在人为的、外在的、
做作的、不自然的状态,由于"有以"背后是"有我"。"端虚"
"勉一"表明颜回向着存己的方向下工夫:为去除"杂""多"

而求"一",为去其"忧""扰"而求"虚"。然"一"与"虚",在颜回的"端"与"勉"中,皆成了"有以"之"必",拘执不化。这种有所依傍、有所凭借而不是空空如也的状态,反而使得颜回在一定意义上无法摆脱"我执"的自恃与自专,是另一种意义上的自蔽,是"以阳充孔",必将引发新的不定,即"采色不定";也将导致执而不化,以自尽之道去应对他人,陷入《应帝王》所谓的"以己出经式义度"要求别人,"藏仁以要人",或如本篇所说在"未达人气""未达人心"的情况下,"强以仁义绳墨之言术暴人之前者"。

如果颜回以现在"端而虚,勉而一"的状态去见卫君,会发生什么情况呢?卫君锋芒毕露,血气方刚,不仅盛气凌人而且喜怒无常,他清楚一般人不敢违背他的意志,对于别人的规劝也是极力压制,以自快其意。对于这种人,即便是用日渐之德慢慢转化都很困难,更何况想让卫君有幡然改变的大德呢?颜回若去规谏卫君,他"端而虚",尽可能谦虚以迎合卫君的心理,以求为卫君所接纳;"勉而一",以求意见一致。孔子批评颜回,这些做法对于卫君甚至连局部的改变都不可能,更不能期待卫君有幡然的大觉悟,结果只能是颜回自身的"将执而不化,外合而内不訾"。"执而不化"是颜回"勉而一"之弊,固执己见而不能随物变化;"外合而内不訾"是说颜回在内心固执己见,表面上投合卫君,不仅内外不一,而且于事无补。

颜回听了孔子的教导,更上一层楼,提出以"内直而外曲,成而上比"来应对卫君。"内直"是"与天为徒",既然我与人君都是天的儿子,也就不必独求异于人,人也未必贵我。在天面前，一切人都是同胞，世间的爵禄并不能使之可欣，刑法也不能使之畏惧，面对上天保持内心的坦然，本着所禀受于天而人人皆有的良知存己应世，这就是内直。内直之人，只是尽其在己之天，我去劝谏卫君，只是尽己之心，至于结果如何，他人是遵从抑或违背，我对此皆无期必之心，就好像儿童不知利害那样。内直，是与天为徒，也就是师天，是师心自用的克制良药。外曲，是与人为徒，也就是以世人为师。执笏、长跪、鞠躬等，这是人臣所行的，大家都这样做，我也这样做，别人就不会指摘我。成而上比，是与古为徒，也就是以古人为师。我所说的能尽教责之实，但借古讽今，将教责寓托于古人，并非我自己的私言。

"内直外曲，成而上比"，颜回在存己方面又有所进。"内直"相对于"端而虚"、"外曲"相对于"勉而一"、"成而上比"相对于"执而不化"，更进一步，有了变化之方。天理本直，内心本此坦然面对他人，哪怕是有着国君位势之人，也无所容曲，尽我在天之直。内直之所以是与天为徒，就在于它的尺度并非世间性的价值与标准，而是超越性的天道。在超越性的天道面前，人间世的名声、地位、权势都只与人爵有关，失去了优越性，人之君子或许只是天之小人，而天之小人甚或可以是人之君子。在天道层面，人无贵贱，人在道德与精神层面直承这种平等，每个人都是平等的"天民"，直道而言，更无疑惑，颜回存己的实践在这里业已上升到天道的层次。外曲则是世间性的层次，那里有方内的礼法秩序，是人爵主事的场域，价值是非区分了伦理上的小人与大人，礼教或名教体制区分了君臣上下尊卑的层级秩序,名位不同,礼数也随之不同,繁文缛礼规定着这套层级秩序。内直之人也不能不生活在人间世,无法不面对这套被体制固化的等级秩序,哪怕这套等级秩序与人皆为天之子的道德—精神秩序有着显著的张力与冲突。外曲便成了内直者在人间世的生活方式,既然生活在世间,便不再轻率地违背世间的礼法,而是在不失己与不失人的前提下,尽可能按照礼法要求去做,在行为中合同于世俗。虽然人间世的礼法总是有其问题,但其存在的必要性也不待而言,故而并不随意违背人间世的礼法,而是随人之所为,尽可能遵守。要保持内在的直与方,在外则必不得不以圆融的方式应对世情,使外在行为曲合于世间性礼法,而心则始终内直于天。一个人遵循人间世的礼法秩序,既没有对在上者的谄媚,也没有以其内直自炫,亢节自高,而能随时变化,以保持在心之内直。与"执一而不化"者相比,这无疑是一大进步。"与古为徒"的"成而上比",即借助历史的能量来转化现实,以过去的言行规谏君主,不仅能够达成规谏的效果,而且把古人引入当下,即便说出来极为尖锐刺耳,那也是古人的言行,与现在的言说者无关,君主也就无以罪之。颜回以"成而上比",来回应孔子"外合而内不訾"之教。

颜回的存己以师天、师人、师古的方式克服"端而虚,勉而一"带来的弊端。师天(内直)、师人(外曲)、师古(成而上比),已经关联着存人的问题,但以此劝谏卫君,在孔子看来还是有问题:一方面,颜回"大多政法而不谍",正人之法太多而不能圆通无碍,执而不能通达;另一方面,颜回的方法只能做到自己无罪，免遭刑罚，却不能感化卫君。在颜回内直于天、外曲于人、成而上比于古人中，孔子看到的还是颜回的"师心"。颜回的"法多"分明是"法执"，而孔子说颜回的问题是"师心"。一言以蔽之，颜回的问题在于"有我"，"我"立在那里，与"天""人""古人"相对待，"法执"说到底还是因为不能彻底去"我执"。存人之不能，还是被归结为颜回存己的不充分，存己的不彻底还是因为颜回之"师心"，师心则不能丧我，不能丧我则无以化物。

> 颜回曰："吾无以进矣，敢问其方。"仲尼曰："斋，吾将语若。有心而为之，其易邪？易之者，暤天不宜。"颜回曰："回之家贫，唯不饮酒不茹荤者数月矣。如此，则可以为斋乎？"曰："是祭祀之斋，非心斋也。"回曰："敢问心斋。"仲尼曰："若一志，无听之以耳而听之以心，无听之以心而听之以气。听止于耳，心止于符。气也者，虚而待物者也。唯道集虚。虚者，心斋也。"

孔子将颜回自以为可以依靠的东西打掉以后，颜回又向上进了一步："无以进"。由"端而虚"经"内直"后更进一步的境界：一无所有，一无所得，空空如也，何有以进？王船山云："有以者，以其所以者为有。端虚、勉一、曲直、上比，皆其所以，则皆据以为有者也。"[1]"有以"则有"人"而不能有"天"，"天之化物，天无自有之天，因之而不齐者

---

① 王夫之：《庄子解》，《船山全书》第13册，第131页。

皆齐矣"。^① 颜回的"无以"，已经构成心斋的条件，所以孔子进一步教化他：凡事有心去做，怎么能轻易成功呢？若以为轻易而有心去做，以己强合于人，以人强就于我，不但与人不通，更不能合乎天道。《天地》："无为为之之谓天。"睥天之为，正与"有而为之"相对。事情之所以做成，表面上是人力所致，内里则有暗与天道合者为之根基。所以孔子进一步要求颜回心斋，化去有为之心。斋者，齐也，齐其不齐以致其齐。

　　颜回家里贫穷，一连几个月都没有饮酒吃肉了，这算是斋戒吗？孔子说这是祭祀敬神的斋戒，而不是精神的斋戒——心斋。心斋要做到"一志"，聚精会神，保持注意力的高度集中。林希逸指出，"一志"就是"一其心而不杂"。"无听之以耳而听之以心，无听之以心而听之以气。"听之以耳，是以耳朵为官能听外部的声音，是外听；听之以心，则是反听或内听，即听的对象不是外部物理对象，而是意识活动。《文子·上德》："夫道者，内视而自反。"听之以心者，即反听也。听之以气，则是听之以神，既不用心官也不用耳目，即《养生主》的"官知止而神欲行"。对于以上三种听的方式，林疑独有如下阐发："听之以耳，正听也。听之以心，反听也。听之以气，无听也。"^②如果借用佛教的四证分思想来说，正听即日常状态下的听，指向外在对象，而不是主体自身，听到的是"相分"（所听）而不是"见分"（能

---

① 　王夫之：《庄子解》，《船山全书》第 13 册，第 131 页。
② 　褚伯秀：《庄子义海纂微》，第 112 页。

听）。"听之以心"或"反听"，包含两种层次：听到的是"见分"而不仅仅是"相分"，能从所有的"相分"返回到"见分"；听到的是"自证分"，即从所有的"见分"返回到"自证分"。"听之以气"或"无听"，即听其自然，泰然任之，所听到的是"证自证分"。"相分"好比布，"见分"好比尺，"自证分"好比是根据尺所量布的长短，"证自证分"好比是对于所量布的长短的证实。

"听止于耳，心止于符。气也者，虚而待物者也。唯道集虚。虚者，心斋也。"耳朵的官能是听觉，同时也受到听觉之限制。听之以心，不再基于耳朵感官，但还是有意识对象与意识活动的共构，意识对象与意识主体的符应关系就是心止于符的内涵。听之以气，用精神来听，投入全部的存在来听。听之以耳，使用的是耳朵但受限于耳朵的官能；听之以心，使用的是心但受限于心与物相符的意识形式。精神之听并不限于任何一种官能，也不限于任何符号，它所要求的恰恰是废黜一切的官能与符号，只有在空无虚寂的场所，才能开启以全部存在从事的倾听。人类学家梦西·李说：正是这个作为某物（something）的虚无（notingness），才使人们感受到非存在的整体性，从而为自由的空间命名并赋予我们以零（zero）。① 听之以气，使人得以从官能（无论是耳目之官还是心之官）的局限中解放出来，从意识因专注而带来的紧张性中解放出来，达到从容、宽裕、自然而然的

---

① Dorothy Lee, *Freedom and Culture*, Englewood Cliffs, N. J.: Prentice-Hall, 1959. p.55.

精神状态。听之以气,本质上是不听之听,不再着意于听,而是"听其自然""听之而已""听他去罢"意义上的"听"。一般的听,指的是"能听",这里的听是以"所听"为主体的听;"能听"让自身处于被动的状态,让"所听"处于自主状态。在更本质的意义上,能所的对待其实已经消解,因为并非出于我的意欲的自发性力量及其节奏主导了人的存在。

　林希逸指出:"听之以耳,则听犹在外;听之以心,则听犹在我;听之以气,则无物矣。听以耳,则止于耳,而不入于心;听以心,则外物必有与我相符合者,便是物我对立也;气者顺自然而待物以虚,虚即为道矣,虚者道之所在,故曰唯道集虚,即此虚字便是心斋。"①"听之以气"的心斋,本质上是以无心方式达到对世界的最大敞开状态。"虚",虚化了自我,复归于无心,也就不再有我的意识,不再有作为我的对象的意识,"无我无物,所谓虚也"②。而且,虚也为物之自行到来预留了空间,准备了条件。只要我们放下了一切人为的干扰,气便按照自己的方式运行,心斋的要义便在于放弃主观的有意识的人为干扰,为气自身的运行预留空间。

　孔子的心斋之教,仍然强调"一""虚",这与前面颜回的"端虚""勉一"有什么不同呢?钟泰指出:"颜子亦尝言端虚、勉一矣,夫子既未可之,而所以教之者,曰'一志',曰'虚而待物',曰'唯道集虚',犹是'虚''一'二语,则又何

---

① 林希逸著,周启成校注:《庄子鬳斋口义校注》,第62—63页。
② 钟泰:《庄子发微》,第84页。

也？夫待端而虚，则未能全虚也。待勉而一，则未能真一
也。此所谓有而为之者也。若夫子所云'一'、所云'虚'，则
一空依傍，全出自然，此人天之分，未可同日而语也。故
颜子闻之即应曰：'回之未始得使，实自回也。得使之也，
未始有回也。'"①心斋思想的核心是"唯道集虚"，即通过心
斋向道的敞开，而道的敞开又通过虚来进行。《淮南子·精
神训》："虚无者，道之所居也。"《淮南子·诠言训》："虚
者，道之舍也。"《子华子·执中篇》："惟虚为能集道。"所有
这些表述，都显示了道与虚的关系。道通过虚而自行开显，
人的心斋与皓天之虚以化物，同为道之所集，于外无偶，
于内无我，可达于人之心气而俟其自化，以其自化而化他。

颜回曰："回之未始得使，实自回也；得使之也，
未始有回也，可谓虚乎？"夫子曰："尽矣。吾语若。若
能入游其樊而无感其名，入则鸣，不入则止。无门无
毒，一宅而寓于不得已，则几矣。绝迹易，无行地难。
为人使易以伪，为天使难以伪。闻以有翼飞者矣，未
闻以无翼飞者也；闻以有知知者矣，未闻以无知知者
也。瞻彼阕者，虚室生白，吉祥止止。夫且不止，是
之谓坐驰。夫徇耳目内通而外于心知，鬼神将来舍，
而况人乎？是万物之化也，禹舜之所纽也，伏戏、几蘧
之所行终，而况散焉者乎？"

---

① 钟泰：《庄子发微》，第85页。

颜回从孔子那里闻听心斋，当即发生自我转化。颜回于孔子之言默契无间，闻听即化，速若如影之随形、响之应声。他自陈尚未听闻心斋，实实在在感受到自己的存在；受教心斋之后，意识中就不再有我，这种忘我是否就是心斋之虚呢？孔子告诉他，心斋的神妙已尽于此。"未始有回"，颜回已将以前的种种见解、种种伎俩一扫而尽，更无丝毫粘滞。心斋之前的颜回有我，有我则有物，有我有物则不能达于虚；心斋之后的颜回无我，无我则无物，无物无我自然就虚。有我，是意识执着于形躯而建立为我，意识中与我相对者则界定为非我（物），我与非我不能无隔，而我又要作用于非我，使之按照我的意愿转化改变，这就是不能虚的根源。但现在，意识不再执着于我，我与非我之区隔被融化了，物之来与不来，已无意必之心，更无任何期待，物我皆得其虚，不相为碍。

在自我彻底融化以后，颜回的存己已经完成，接着孔子教导颜回如何存人。"若能入游其樊而无感其名，入则鸣，不入则止。无门无毒，一宅而寓于不得已，则几矣。"樊，指樊笼或藩篱，在这里比喻危难之地、祸患难免于身的卫国。其实人间世也是一个樊笼，很多人以此为自由的限制，追寻从樊笼中解脱。但真正的解脱不在樊笼外，逃离樊笼，或毁坏樊笼；只能是游于藩笼之内，如此则藩笼不复为藩笼，而成为能"游"的自由空间。人间世有种种限制，人们只能在限制中获得自由，而不是逃离人间世的限制本身，关键的是化自由之限制为自由之条件。"入则鸣，不入则止"，是把自己比喻为鸟，在樊笼中生活，他人听得进去就鸣叫，听不进去就停止。也就是说，规谏不能随意而发，对于愿意接受它的耳朵才去规谏。解构了意必固我，也就不期待对方，更不期待结果，只是在适宜的时机下尽自己的责任，如此而已。人生在世，不能不应物，但应物不同于自修，对时机、机缘的把握非常重要。人不可能是一个纯粹理性的存在者，不考虑接受者条件的深刻透彻全面的说理，很难被接受，更谈不上引发人的生存论的转化。真理总是在得宜的时机中显现，脱离了这种机缘，真理就蜕变成教条。愤悱启发的时刻总是在来学而非往教的情境下敞开。更何况，生存论的真理并不能在言说中完全呈现，只能在身体的受用及其行动的运用中具体显现。这种显现也需要机缘。这里体现机缘的"入则鸣，不入则止"，是对执而不化的真正否定，是意必固我的真正瓦解，我执与法执被克服了，一切都是非现成的、流动性的。因而，"一宅而寓于不得已"，才是真正的智者，能够在变动处化机为缘，随在而显道，在无尽的变化之流中总能实现自我的贞定。

　　"无门无毒"针对的是"医门多疾"。对于"医门多疾"不能灵活理解，就会蜕变为教条，"无门无毒"正是对治任何教条化病理的解药。一旦将医生的门面与药物摆出来，讳疾忌医者就会有意识避开。卫君病入膏肓，又讳疾忌医，你以医者的身份去见他，他不但不会接受治疗，还将对你进行压制。只有无门者，才能无往而非医；只有无药者，才能无往而非药。病人不用避讳，也不会逃避。《知北游》："汝唯莫必，无乎逃物。"当你超越了固必不化的时候，别人才不会从你这里逃离。郭象注"无门无毒"："使物自若，无门者也。付天下之自安,无毒者也。"①医者过于彰显医者身份,也就同时凸显了对方是病人,这反而容易成为新的樊笼。

正确的方式在于"一宅而寓于不得已,则几矣"。"一宅"就是"宅于一",以"一"为家,居住在"一"中,自然就会"不杂不扰"。而"一"在哪里呢?"一"就寓居在"不得已"之中,在这里并没有现成性或业已完成了的"一";"不得已"是一种活的情境,人在此情境下以"虚而待物"的方式调动自行运作的潜在能量。《庚桑楚》:"动以不得已之谓德。""一"作为终极安顿,并不等于确定性,而是流动着的"不得已"者,这是中国古典思想的深邃智慧。"不得已"里没有任何的人为,只是受到了天机的鼓荡,以自然的方式回应它。在卫君的故事中,若言之者无迹,只是不得已而应之,闻之者也不拂,这差不多就是入世之道或应世之道了。说"则几矣",意思是也就差不多了,为更有进者预留了空间。

孔子教颜回的,既是存人,又是存己。"不得已""不入则止"等业已暗示,人间世并不如我们想象的那么美好,美好的理想未必能够在人间世实现,我们做我们所能做的,对于其结果却不能抱以期必之心。人们必须明白,在应世中,结果非人力所能掌控,其中总是有在天之命的成分。以某种美好的理想来要求人间、要求他人的那种构思或意志,在人间世本质上是行不通的。人在应世中所能做的只是尽其在己者,尽到对自己的责任;至于应世,不得已感而后动,如此而已。

---

① 郭庆藩:《庄子集释》,第138页。

　　"绝迹易，无行地难。"在人间世，不走路容易，而行走不留足迹则很难。人生在世往往有诸多无奈，世道人心让人绝望至极，从人间世逃离，隐世、避世、绝世，是容易的；困难的是虽然绝望，仍然对人间世不离不弃。同样，不涉世、不做事是容易的，难的是涉世无心，行而无迹。为人的机制所役使，执着造作，容易虚伪；为天的机制所推动或牵引，就不会有任何人为造作。听闻以翼飞行，未听说无翼的飞行，以无翼而飞者，正如听之不以耳和心，以神运之而已。常听到"有知之知"，即以知之为知之的方式去认识，没有听说"无知之知"，即以不知为不知的方式去认识。无知之知，缘于不得已感物而动的以寂照之；对于在知之之知畛域之外的天道，只能以无知知之。无论是"以无知知"，还是"以无翼飞"，都是出于自然，不得已而后动，正是"为天使难以伪"的体现。身在樊笼而应世如此，能应能游，应世即为游世，游世即为应世。

　　看窗牖缺处，阳光透入，充满空虚的房子。人心虚静到了极点，无知无欲，光明自现，这是大定之后生出的慧光，一切吉祥便会降临这个静止的虚空。如果我们不能让此心止于虚静，就会"坐驰"，即便坐着不动，人心也向外飞驰。重要的是让耳目之官内通，将注意力转向内在意识，反听内视，眼、耳、鼻、舌、身、意不再从外在的、感性的见闻起知，进一步六根又能通感、互用、交融，克服各有所明而不能相通的状态。一旦内通，鬼神都来归依，何况人呢？故而这集虚之道，是万物所化生的根据，也是禹、舜应世的枢轴，伏羲、几蘧终身行之，更何况我们这些普通人呢？

"殉耳目内通而外于心知"，是集虚之道的工夫进路，它以外于心知的方式克服师心自用。只有耳目内通者，才能明白"师心不如师古，师古不如师天，师天不如师物"①，物之所在，即师之所在。师物即师法蕴藏在万物之中的造化，造化造物，不着痕迹，鬼使神工，而又无物不化。存己与存人统一于"化"，在终极层次，存己就是存人，存人就是存己。毕竟，人与己的区隔发生在意识的表层，即明亮意识的层次；而在晦暗意识的深层，那种超出了意识或者贯通了意识与无意识的深处，人己浑然，总归一气。

二　叶公子高使齐：化解阴阳之患与人道之患的两难

叶公子高将使于齐，问于仲尼曰："王使诸梁也甚重，齐之待使者，盖将甚敬而不急。匹夫犹未可动，而况诸侯乎？吾甚慄之。子常语诸梁也曰：'凡事若小若大，寡不道以欢成。事若不成，则必有人道之患；事若成，则必有阴阳之患。若成若不成而后无患者，唯有德者能之。'吾食也执粗而不臧，爨无欲清之人。今吾朝受命而夕饮冰，我其内热与？吾未至乎事之情，而既有阴阳之患矣；事若不成，必有人道之患。是两

---

① 王夫之：《庄子通》，《船山全书》第 13 册，岳麓书社，2011 年，第 499 页。

也，为人臣者不足以任之，子其有以语我来。"

　　叶公子高为楚大夫，曾为叶县尹，姓沈，名诸梁，字子
高，将要出使齐国，临行前咨询孔子："楚王交给我的任务
很重要，但齐国对待使臣的态度，表面礼貌尊敬而实际上
敷衍冷淡，普通的人尚且不易感动，我又怎么能影响齐国
国君呢？因此，受命之后，很是惶恐。夫子曾经告诉我：
'凡事无论大小，没有一件事是不合于道而能愉快地成事
的。事情若不能办成，就会遭受人道之患；若能办成，则
会遭受阴阳之患。无论事成还是不成，能够免于两种祸患
的，只有有德的人才能做到。'"人道之患是指来自人或国家
等的责备与惩罚，阴阳之患则是来自体内阴阳之气即喜怒
哀乐爱恶惧的冲突或交战所导致的心之忧苦。《庚桑楚》：
"寇莫大于阴阳，无所逃于天地之间。非阴阳贼之，心则使
之也。"陆树芝注云："寇能害人，而阴阳之为寇莫大焉。以
盗之为寇可逃而免，而阴阳之为寇无所逃于天地之间也。
然岂阴阳之能贼人哉？唯心不知所持，若或使之，故阴阳
之患得而中之也。"①《在宥》提出"喜怒即阴阳，不和反伤人"
的洞见："人大喜邪，毗于阳。大怒邪，毗于阴。阴阳并
毗，四时不至，寒暑之和不成，其反伤人之形乎？"在人间
世应事，往往因事情的得失成败而扰乱内心之和顺，而有
阴阳之患。阴阳之患，对人而言是"天刑"，即上天通过每
个人皆有的良心而对之惩罚，上天并不会直接执行天刑，

①　陆树芝：《庄子雪》，第 279 页。

总是通过人心的不安让人自刑。

叶公子高还没有动身去齐国，事情还没有去办，就已经遭受阴阳之患了。他说自己平常粗茶淡饭，厨房里都不举大的烟火，所以也就无需乘凉，他的饮食并不能增加体热。但早上接到出使的命令，晚上就不得不饮冰水以解内热，事情还没办，阴阳之患就来了。万一到时候事情办不成，还会有人道之患。叶公子高给出了人间世应事极端性的两难处境，无论事情结果如何，都无法逃脱天人两患。阴阳之患与人道之患，在《庄子》语境中，就是天刑与人刑。"患"是人间世的基本处境，人间世的所作所为，往往会有来自他者的回应，这是交互性的。道德、伦理与法律等规范之所以成立，就是为了协调彼此的行为，以使人们免患。患很难根除，因为他人不可为我所测知，在人间世的场域中，我不可能明晰他人对我的态度与行为，他人对我也是如此。更重要的是，人的欲望往往超出其能力，人要求超出其能力的结果，那本来是天的畛域，但人按照自己的意志与愿望枉顾天命的存在，这也将导致患的产生。有患则不能无忧，忧患意识就是事先防患的意识。在人间世生活，要想做到无患，只有有德者才能做到，患与事之成不成没有本质的关系。即便一个在世俗意义上被视为很成功的人，也还是不能免患。毕竟，患并不是自我权能领域内的事情，而是在人间世发生的，这个场域对于患的产生有重要的影响。能否免患，并不以改变人间世而是以转化自己为前提，这就是为什么有德才是免患的根本。叶公子高作为人臣，事情还未开始，已经有了阴阳之患，而人道之患的到来似乎也很难避免。在这种焦虑下，他来请教孔子，希望获得指导。

> 仲尼曰："天下有大戒二：其一命也，其一义也。子之爱亲，命也，不可解于心；臣之事君，义也，无适而非君也，无所逃于天地之间。是之谓大戒。是以夫事其亲者，不择地而安之，孝之至也；夫事其君者，不择事而安之，忠之盛也；自事其心者，哀乐不易施乎前，知其不可奈何而安之若命，德之至也。为人臣子者，固有所不得已。行事之情而忘其身，何暇至于悦生而恶死？夫子其行可矣！

孔子说："天下有两条基本的大经大法：一是不得不承受的命，一是不得不当为的义。"子女皆由父母所生，因而子女之爱父母，正是固结于内心而不可解的命。父母与子女的感情，不仅有天然的血缘关系支撑，而且有长期共同生活的无意识积淀。对于子女而言，父母是无法选择的，是受于天的。不可解，是不可分解、不可放下，无法摆脱、无法逃离，是命之所与，必须面对。同样，父母之爱子女，也是不可解的，并非出于效用主义的报恩。《淮南子·缪称训》："慈父之爱子，非为报也，不可内解于心。"父母与子女之爱，可以说是人间世伦理生活的最集中体现。臣之事君，是义，无所逃于天地之间。人类作为群居的存在者，必然结合成政治共同体，就有了君臣之义，君统率臣，臣侍奉君,君臣以义合。"分义相投,非关天性"(成疏)①;"道合则服从,不可则去"(《礼记·内则》);"为人臣之礼,不显谏,三谏而不听,则逃之"(《礼记·曲礼下》);"君臣以义合,名分虽严,必各尽其道"(冯厚斋)②。所有这些都表明君臣之义与父子之亲的区分。朱子云:"庄子说:'子之于亲也,命也,不可解于心。'至臣之于君,则曰:'义也,无所逃于天地之间。'是他看得那君臣之义,却似是逃不得,不奈何,须着臣服他。更无一个自然相胥为一体处,可怪!故孟子以为无君,此类是也。"③其实,臣之事君,不得不然,非自然相胥;子之爱亲,自然而然,相胥一体。朱子将君臣之义混同亲子之命以责庄子,问题很明显。虽然君臣之义无所逃于天地之间,但可以去此君就彼君,就像今天一个人可以移民,选择自己的公民身份。君臣之义是双向的,君臣各尽其道、各当其位而已,并非在情感上不可解于心。当然,朱子的观点在另一种意义上也是可以辩护的,船山已对之作出了详尽讨论。④

父子是伦理秩序的中心,君臣是政治秩序的中心,前者围绕着家,后者围绕着国。家与国是人间世之基本事物,人与人之间共同生存的两大建制化形式。家不家、国不国,是人间世最大的失序,家国失序则个人安顿也会成为问题。

---

① 郭庆藩:《庄子集释》,第 144 页。

② 程树德:《论语集释》,中华书局,2013 年,第 230 页。

③ 黎靖德编《朱子语类》,王星贤点校,中华书局,1986 年,第 2991 页。

④ 王夫之:《薑斋文集》,《船山全书》第 15 册,岳麓书社,2011 年,第 233—234 页。

子女爱父母，不可解于心，事亲尽吾爱，无论环境顺逆，只求父母的安适，这才算得上至孝。既然事君无所逃于天下，但行吾义，无论事之难易，只是安心做去，这才算得上至忠。"不择地""不择事"是忠孝的最高表现。人之事心，也像事亲、事君那样，对环境和条件无所选择，不论所处哀乐之境，不为所移则一，正如事亲事君之不择地、不择事。知其不可奈何，在人的权能边界之外，则安之若命，任其自然，如此乃为至德。事亲、事君是事心的陪衬，事心才是《人间世》的要点。事亲与事君是伦理之事，事心则是道德之事；事亲与事君是存人，事心则是存己。未能存己，焉能存人，是故事心更具有基础性意义。"事亲事君，皆由心起。心上无工夫，则事亲事君触处皆碍；不然，亦伪而已。故特提出事心一层。事心者，从事于心性之学也。"①在这个意义上说，不能事心者不能事亲、事君。免于人道之患和阴阳之患的关键在事心上成为有德者。事心并非与事君、事亲在同一序列，以事心之德推动事亲、事君，方能达于至孝、至忠。以事心之德面对人间世的人道之患和阴阳之患，方得免患。刘凤苞指出："夫子提出'命''义'二字，以君亲并说，议论正大和平，将人道、阴阳之患一齐撇开。然此二层只是衬出'自事其心'一层，善事君亲，此理显而易见；自事其心，则微妙难窥。身以外有形之君亲，不外乎忠孝之经；身以内无形之君亲，不易于哀乐之境。人但知以事亲陪事君，不知二者均是陪衬下文也。以自事其心融会上二

---

① 钟泰：《庄子发微》，第91页。

项，外则可以处人道之患，内更可以消阴阳之患。”①

在世为人，当然会有不得已的生存处境，不得已处或义、或命，或不可解、或无所逃。但只要按照事物本身的逻辑去行动，该如何时便如何，是怎么样就怎么样，忘却自身的利害得失，哪里顾得上悦生恶死呢？孔子告诉叶公子高：“你放心出使齐国好了！”孔子所告者，是但尽吾职分之所当为，不知有其身，这就是事心之要。叶公子高之所以还未动身就有阴阳之患（内热），乃是因为不能忘其身。钟泰指出：“叶公之甚慄内热，皆起于不安；而所以不安者，则以爱身之故。不知身有所制，制之于命，非人所可得而自专也。《达生》篇曰‘达命之情者，不务知之所无奈何’，盖谓是也。故既告之以安命，又进之以忘身。忘身安命，则尽性矣。尽性者，生死一齐，又何暇悦生而恶死乎？此所以劝其行也。”②事心之德，对叶公而言可谓对症下药。

　　“丘请复以所闻：‘凡交近则必相靡以信，远则必忠之以言，言必或传之。’夫传两喜两怒之言，天下之难者也。夫两喜必多溢美之言，两怒必多溢恶之言。凡溢之类妄，妄则其信之也莫，莫则传言者殃。故法言曰：‘传其常情，无传其溢言，则几乎全。’且以巧斗力者，始乎阳，常卒乎阴，泰至则多奇巧；以礼饮酒者，始乎治，常卒乎乱，泰至则多奇乐。凡事亦然，

---

① 刘凤苞：《南华雪心编》，第 95 页。
② 钟泰：《庄子发微》，第 91 页。

始乎谅，常卒乎鄙；其作始也简，其将毕也必巨。

"言者，风波也；行者，实丧也。夫风波易以动，实丧易以危。故忿设无由，巧言偏辞。兽死不择音，气息茀然，于是并生心厉。克核大至，则必有不肖之心应之，而不知其然也。苟为不知其然也，孰知其终？故法言曰：'无迁令，无劝成，过度益也。'迁令劝成殆事，美成在久，恶成不及改，可不慎与！且夫乘物以游心，讬不得已以养中，至矣。何作为报也？莫若为致命。此其难者。"

一旦理解了"自事其心"的生存论真理，便可以进一步讨论"事之情"了。"盖知自事其心而忘其身，而后可以论事之情也。不能自事其心而忘其身，则为祸福利害之所动，虽欲论事之情，岂可得乎？凡请复以所闻者，乃所以论事之情也。"（吕惠卿）①孔子接下来讨论出使的"事之情"：大凡国家之间相交，邻近的国家，必须用信用相互维系；距离远的，必然要通过辞令取信于彼此。而辞令则由人来传达。使者不得不面临的困难在于："夫传两喜两怒之言，天下之难者也。"传达能让双方都高兴或让双方都愤怒的话，实在是天下最难的事情。如果双方都喜欢，必然有过多溢美的成分；若都愤怒，必然有过多溢恶的成分。溢美与溢恶，都是过当，过当就近于虚妄，虚妄就不容易被相信。人若不相信，要么被认为有辱君命，要么被视为欺骗对方，灾

---

① 吕惠卿撰，汤君集校：《庄子义集校》，第76页。

患就降到传话人身上。有格言说："传其常情，无传其溢言，则几乎全。"这就是说，要剔除溢美溢恶的过当之言，如实以传，但求辞达，传话者就可以自全。

传言是人间世一个典型现象，传言者作为人与人（两个国君）之间的中介，与一方的关系会影响到与另一方的关系。传言仿佛一个颇能透析人间世生存处境的思想实验。我们处在多重的人与人之间，人与人之间的关系有些是显现的，有些则是隐藏的，我们不可能对其中的所有参数、变量都具有透明化的了解，更不可能完全了解各方之所要与所想。而我们又必须在这种情境下展开自己的行动。法言给出的是行事之情的原则，即不以人际的得失利害为怀，直面事情本身的逻辑。这是在我们的权能边界内可以把握的方式，事情的结果或许无可预料，但我们的应对方式则可以问心无愧，这样我们才能以超出得失利害、直面事情本身的方式免去阴阳之患。

凭借智巧在人间世角力争胜者，始以明争，继以暗斗，最终以异乎寻常的机巧，阴谋诡计，相互伤害。以礼饮酒者，起初是讲规矩的，喝醉以后就混乱了，乱到极处则寻求超出寻常的纵乐，宾主献酬的名分伦理失控。几乎所有的事情都是这样：始以信实，终以鄙诈收场；争端往往从合理的斗力（实力较量）开始，最后斗智斗巧斗谋，颠覆原有的规矩秩序，社会陷入无法掌控的失序格局。"烦生于简，事起于微"，人间世的争端往往从简单的小事情开始，最终酿成难以收拾的局面。由于人间世涉及的变量与参数不可知，哪怕是自以为有布局能力的棋手，最终也会遭遇始料未及的系列变化，甚至自己也可能只是他人布局中的一枚棋子。

"言者，风波也；行者，实丧也。"言语或溢美或溢恶，或使人喜或使人怒，捉摸不定，犹如风波，风来波起，相乘不息。激于言以行之，则丧其情实。由于言语之无定性犹如风之生波，变动不居；由于传言的任务容易失实，失实则会给传言者带来危险。愤怒的发作往往并没有别的原因，只是传言的不实或失当。困兽被逼到绝境，往往嚎叫咆哮，气息急促错乱，生出害人之心，这是它被激怒的缘故。你若苛责逼迫太过，对方的乖戾之心反而被激起，作为对你的回应，你却还不知道对方为什么这样，那又怎能知道最终的祸患呢？所以法言说："无迁令，无劝成，过度益也。"不要以个人的意志和意愿，改变所传的使命；不要超出使者的本分，强促事成。人为的迁令和劝成，都是对事情的增益，增益是过当，必将面临危殆祸患。各方都能欢喜的好事，不是一下子就能促成的，需要长期不懈的努力；但事情变坏很容易，快得连你悔改都来不及。所以，言行不能不慎重！

面对人间世阴阳之患与人道之患的两难处境，人如何处世应世呢？《人间世》的回答是："且夫乘物以游心，托不得已以养中，至矣。何作为报也？莫若为致命。此其难者。"这里的关键是："乘物以游心，托不得已以养中。"乘物，就是接物应事，而不是回避、逃避事情，然而应接事物的目的不是为了个人的利益，也不是为了事情的成败，而是通过迎接事物来游心。事心固然是事亲、事君的基础，但事心又不外于事亲、事君，在事亲、事君中游心，这才是最高的事心。所谓的物，即人间世的事情，就成了一种游心的寄寓方式。在人间世的两难之地，面向事情本身，以历练此心，以游心于世，那么应世处世即为游世之展开，游世即为游心之展开。在人间世中，人生如寄，"讬不得已以养中"，这就又回到了颜回章的主题，寓于"不得已"，把自己的游心生活寄托于时刻发生变化的无常世事之中，以养内心中的成德之和，后者的实质是天人之间的居间平衡。钟泰指出：这里的"游心"，即"因应无滞，而人道之患可以免矣"；所谓"养中"，"则忧惧尽捐，而阴阳之患可免矣"。如果说颜回章"一宅而寓于不得已"，重在凸显"不得已"，那么这里的"讬不得已以养中"，则重在"养中"。其中有脉络性的区别："对颜子之言'不得已'，意在无犯难；对叶公之言'不得已'，意在不苟免。此中又稍有分别，不可不知也。"①

　本章以"何作为报也？莫若为致命。此其难者"做结，通常的解释是给出一个如何出使齐国的结论：何必在齐国如何回应使者的问题上考虑计较呢，你能如实地传达君命也就不容易了。这样的解释在脉络中收不住上文的"成物游心""讬不得已以养中"，也不能照应本篇全文。钟泰给出了如下的理解，颇具深意："'致命'，即《易·困》卦象曰'君子以致命遂志'之致命，与上'天下有大戒二，其一命也'及'知其不可奈何而安之若命'，两'命'字相应。常解以致君

---

① 钟泰：《庄子发微》，第 93 页。

之命说，非也。安命，但安之而已，其义浅。致命，则以至于命，其功深。故曰'此其难者'，应'传两喜两怒之言，天下之难者也'。言彼尚非难，难实在此耳。"[1]"致命"是"至于命"，相对知命、安命，境界更深。不得已者何？命也。"讬不得已以养中""一宅而寓于不得已"，皆落在"命"上。生存于人间世，不能无患，得以免患者，不在事之成败，不在得人之欢喜，而在至于命（不得已）。天人之际，命既包含天人权能的分界，又指向天人的居间联结。

三　颜阖将傅卫灵公大子：
存人不失己，外化内不化

颜阖将傅卫灵公大子，而问于蘧伯玉曰："有人于此，其德天杀。与之为无方，则危吾国；与之为有方，则危吾身。其知适足以知人之过，而不知其所以过。若然者，吾奈之何？"蘧伯玉曰："善哉问乎！戒之，慎之，正女身也哉！形莫若就，心莫若和。虽然，之二者有患。就不欲入，和不欲出。形就而入，且为颠为灭，为崩为蹶。心和而出，且为声为名，为妖为孽。彼且为婴儿，亦与之为婴儿；彼且为无町畦，亦与之为无町畦；彼且为无崖，亦与之为无崖。达之，入于无疵。"

---

①　钟泰：《庄子发微》，第93页。

　　鲁国贤人颜阖将前往卫国担任卫灵公太子蒯聩的老师,就先去请教卫国贤大夫蘧瑗(字伯玉):"有这么一个人,天性凶残刻薄,如果教导无方,他必将危害国家;如果我以规矩约束他,就会危害自身。其知只能看到别人的过错,从未省察自己,看不到问题出在他自己身上。'天生通是杀气,适足以知人之过,此世上聪明刻薄奇险人病症,最难医治。'①对于这样的人,我当如何呢?"蘧伯玉回答:"问得好!千万要戒慎,先端正你自己。要教导这样天性顽劣者,求其方法,莫若这样:一方面,'形莫若就',外表上要对他恭敬随顺,一天天与之亲近,取得其信任;另一方面,'心莫若和',对他心存调和诱导之意。做到'就'与'和',还是有危险,进一步的方法是:'就不欲入,和不欲出'。'就'的目的是身与之近,外形顺之而不是迁就苟同于他,否则成了'就而入',不但不能影响他,自己反而先行陷落了。'和'的目的是为了诱导,但诱导之意不能表现出来,这就是'和不欲出'。若因外形随顺而陷落,自己与之俱败,恐怕还会带来国家的颠覆灭绝、崩溃倒塌。如果'心和而出',圭角稍露,接引意图表现出来,他就会以为你是在为自己博得名声,以他的恶来显你的美,他就会把你视为妖孽,随之而来的便是身危。""就之失在入,入则与之同;和之失在出,出则与之异"②,这就是化人的两难。关键还在于出入之间、就和之间、同异之间的居间平衡,这也是一种

---

①　方以智撰,蔡振丰等校注:《药地炮庄校注》,第 392 页。

②　吕惠卿撰,汤君集校:《庄子义集校》,第 79 页。

"中道"，是前文"养中"主题的进一步展开。

　　对于天性顽劣、心地刻薄之人，并没有一定的方法可以对治，只能顺而化之，至于最终能否化，则看机缘，因而化之者更需耐心。"彼且为婴儿，亦与之为婴儿；彼且为无町畦，亦与之为无町畦；彼且为无崖，亦与之为无崖。达之，入于无疵"，就是顺化之法。此与《寓言》"彼来，则我与之来；彼往，则我与之往；彼强阳，则我与之强阳"，异曲同工。如果他要耍孩子脾气，你也跟着一起玩耍；如果他的行为没有规范方寸，你也跟他一起漫无边界；如果他表现出什么都无所谓，那么你也表现出一切都不在乎。在机缘适合的时候，达之，也就是对之加以疏导、引导、接引，使其遭遇自己行事方式的内在矛盾与困境，进而指点其走出矛盾与困境必须以自我转化为前提，达到无恶之地。这里的关键还是要化除疏导、接引他的痕迹，在不知不觉中，让其自我转化。对于教导他的人来说，需要的不仅是智慧与德性，还要有机缘，因机才能点化，随势才能利导，"如禹治水，行所无事，可以杀其奔狂，行险而不失其信也。不则，流为揣摩纵横之术矣"。"那能到你形就心和？此中须具杀活不露锋芒，致人而不致于人"。[1]

　　　　"汝不知夫螳螂乎？怒其臂以当车辙，不知其不胜
　　　任也，是其才之美者也。戒之，慎之！积伐而美者以
　　　犯之，几矣。汝不知夫养虎者乎？不敢以生物与之，

---

[1]　方以智撰，蔡振丰等校注：《药地炮庄校注》，第 393 页。

为其杀之之怒也；不敢以全物与之，为其决之之怒也；时其饥饱，达其怒心。虎之与人异类而媚养己者，顺也；故其杀者，逆也。夫爱马者，以筐盛矢，以蜄盛溺。适有蚊虻仆缘，而拊之不时，则缺衔毁首碎胸。意有所至而爱有所亡，可不慎邪？"

你不知道螳螂吗？它奋起两只胳膊想挡住车轮，却不知道自己并不能胜任，自恃才力之美。要引以为戒，慎重对待啊！你如果夸耀自己的才华去冒犯他，也就像螳螂那样置自己于危险的境地。你见过饲养老虎的人吗？不敢以活的动物喂养它，是怕激发它残杀的本性；不敢把整只的小动物给它，是怕唤起它猎杀的本性。要调适它饥饱的节奏，疏导它的怒心，它就会慢慢被驯服。老虎本与人异类，反而讨好喂养它的人，就是因为养虎者懂得顺从它的本性而引导它；老虎之所以会伤害人，那是因为逆反它的本性的缘故。爱马的人，用竹筐盛装它的粪，用大蛤盛它的尿，可谓爱之至也。偶有蚊虻附在马身上，他便出其不意用手拍打，结果马儿惊吓得挣脱了衔勒逃跑，毁首碎胸，爱意荡然无存。爱马的人拍打马身是出于善意，但爱意太切，反失所爱。"用情过当，而意外之患骤不及防，天下事大抵皆然也，独马也乎哉？"[①]。陆树芝指出："保护之意愈至，而平日之爱转亡。螳臂之喻，言传恶人不可恃才而逆之。

---

① 刘凤苞：《南华雪心编》，第 103 页。

养虎之喻，言当顺而导之。养马之喻，言当徐以化之。"①

尽管本章所讲的是存人问题，但存人离不开存己，"此存诸人者之善术也。存诸己者，不悦生而恶死，定于虚一矣；而后存诸人者，乘物以游心。伯玉之言，一乘物以游心也"②。在人间世生存，乘物以游心，存人就是乘物，游心才是生存的意义所在。《外物》："唯至人乃能游于世而不僻，顺人而不失己。……心有天游，室无空虚。"游世的主体是心而不是身，因而游世即游心。"形莫若就，心莫若和""就不欲入，和不欲出"，在更一般的意义上，有时候人间世的生存不得不以"心"与"形"的分离为前提，我们在人间世所表现出来的未必就是内在心性最真实最直接的流露。虽然我们在外形上对他人、对世间采取了可见可感的"就"与"顺"，但我们的心里依然保持对他人、此世的引导之意，更重要是保持自己的"就"而不"入"、"和"而不"出"，这就是"外化而内不化"。在人间世生存往往不得不如此，我们必须戴上面具，才能保守内在的本真；而对于他者的接引，只能从随顺开始，在适当的时机予以引导而已。时机与机缘都不系于人，而是天人的遇合，有偶然的因素，但存己的准备才是能够面对机缘而能不失之的主体性条件。

---

① 陆树芝：《庄子雪》，第52页。
② 王夫之：《庄子解》，《船山全书》第13册，第139页。黄庭坚曾经将《人间世》中的养虎、《达生》中的牧羊、《养生主》的解牛、《达生》中的承蜩关联起来，作为自养与所养、自尽与尽人的连接点："养虎牧羊，是谓观其所养；解牛承蜩，是谓观其自养。所养尽物之性，自养尽己之性。"（方以智撰，蔡振丰等校注：《药地炮庄校注》，第281页。）

四 "不材之木":人生如寄的生存论真理

匠石之齐,至于曲辕,见栎社树。其大蔽数千牛,絜之百围,其高临山十仞而后有枝,其可以为舟者旁十数。观者如市,匠伯不顾,遂行不辍。弟子厌观之,走及匠石,曰:"自吾执斧斤以随夫子,未尝见材如此其美也。先生不肯视,行不辍,何邪?"曰:"已矣,勿言之矣!散木也,以为舟则沉,以为棺椁则速腐,以为器则速毁,以为门户则液樠,以为柱则蠹。是不材之木也,无所可用,故能若是之寿。"

匠石归,栎社见梦曰:"女将恶乎比予哉?若将比予于文木邪?夫柤梨橘柚,果蓏之属,实熟则剥,剥则辱;大枝折,小枝泄。此以其能苦其生者也,故不终其天年而中道夭,自掊击于世俗者也。物莫不若是。且予求无所可用久矣,几死,乃今得之,为予大用。使予也而有用,且得有此大也邪?且也若与予也皆物也,奈何哉其相物也?而几死之散人,又恶知散木?"

匠石觉而诊其梦。弟子曰:"趣取无用,则为社何邪?"曰:"密!若无言!彼亦直寄焉,以为不知己者诟厉也。不为社者,且几有翦乎!且也彼其所保与众异,而以义喻之,不亦远乎?"

　　木匠名石，前往齐国，到了曲辕这个地方，看到神社中有一棵栎树。社是祭祀土地神的，古人往往选择大树以为社而祀之，故曰丛社。《周官·大司徒职》云："树之田主，各以其野之所宜木，遂以名其社与其野。"《白虎通》云："社稷所以有树何？尊而识之，使民望见即敬之，又所以表功也。"栎树生长在祭祀土地神的社中，因而具有某种神圣性。这棵栎社树形体巨大，树荫可以遮蔽数千头牛，树干要百人合围来量度。此树从山下高过山顶，十丈以上才有分枝，单其旁枝就可以做数十只独木舟。四方来观看它的人就像赶集一样。然而匠石经过那里，连看都不看一眼，径直前行。同行的弟子停下来饱看一番后，追上匠石询问："自从我手执斧头跟随师傅以来，还未曾见过如此的木材。先生竟然不肯一视，为什么呢？"匠石告诉弟子："这栎树是无用的木材，做舟船会下沉，做棺椁会迅速腐朽，加工成器具很快就会坏掉，用它做门户会渗出脂液，做梁柱就被蛀虫腐蚀。这的确是不材之木，正因为它无所可用，才可以长这么大、活这么久。"试想如果它真的有用的话，会有多少人争着砍伐它。栎社树正因为无所可用，才得以终其天年，以此隐喻无用乃大用，《人间世》据此阐发"大德不官""大道不器"的生存智慧。

　　匠石回家后，栎社树前来托梦，对他说："你想把我当作什么呢？是以那有用的文木来比方我吗？山楂树（柤）、梨树、橘树、柚树，以及那些树上结果、蔓上结瓜的植物吗？它们的果实一旦成熟，就遭采摘；大的枝条被击打，遭扭曲，甚至被折断，小的枝条则被扯歪，生机泄去。它们的果实好吃，有用，所以才生机受到戕害，不能终其天年而中道夭折，以其有用而招来世俗的迫害。所以说，它们是'自掊击于世俗者'，其毁其伤皆由自取，不得怨天尤人，以此罪世罪俗。人间世的事物无不如此。很久以来，我就追求无用，这何其艰难！毕竟在人间世，世人都以有用之才相互激励，以成为国家与社会的栋梁为光荣，一个人几乎不能忍受别人说他没有用，所谓'天生我材必有用'，一直激励着世人。在这样的世俗氛围中，求取无用更是艰难，我也是历经几多周折，九死一生，差点丧命，终于得以成为无所可用者，这无用正是我的大用。我若有用，我还能活到现在、活得这么久吗？"栎社树对匠石特别指出："且也若与予也皆物也，奈何哉其相物也？而几死之散人，又恶知散木？"这是说，你和我都是物，何必要相互看作有用或无用之物呢？"相物"之"物"，为动词，以物视之，通常所谓的"物"就有"用"的内涵，以物视之，也就是从有用的角度来看某物。但把物看作有用的并不是物，而是作为使用者的人。物只是使用者出于自身视角以物视之。你以为我无用而称我为散木，你自以为有用并非散人，你还不知道你的有用实际上将会害苦你的一生，在我的眼里，像你这样以有用自求的人已经是将死之人了。"夫唯不物，乃能物物，而物与物奈何哉其相物也？"①正因如此，你作为散人，又怎么能理解散木呢？

匠石从梦中醒来，把梦告诉弟子。弟子问道："既然它

---

① 吕惠卿撰，汤君集校：《庄子义集校》，第 82 页。

求无用，那又何必做社树呢?"言外之意，栎树作为社树，以为祭祀，这不还是一种用吗? 社树的例子不正反显天下并无无用之物，因而你即便想成为无用之木，天下又怎么能让你成为无用之木呢? 人间世是这样一个场域，人与人之间的交互关系，由此生成复杂的世网，每一个网眼都被其他网眼所期待以成为相互性的有用者。一个人在这个复合世网中自求无用，简直是痴人说梦。匠石对此的回应是:"密! 若无言! 彼亦直寄焉。""密"一般解释为"默"，即无言，匠石告诫弟子不要说了。但文本在"密"字后紧接"若无言"，这就使得"密"字反嫌重复。刘武业已注意到密与默涵义有别，默指的是缄默不言，密则指隐秘勿泄，即通常所谓的保密。"密"下接"若无言"，是戒弟子无以以下诸语外泄也。之所以有戒密之意，"一以儆于梦责，恐复为栎所闻; 二以社为众所祈福托保之处，泄则恐众知其无保民之用而来纷议"。①

　　匠石让弟子保守的秘密是什么呢? 其实就是"彼亦直寄焉"。"寄"就是本故事所欲揭示的生存论真理。每个人生活在人间世，只是寄托于世，不要把世间的生存视为我们的本质，以此缩减我们的生存。当我们寄托于世时，生命有无以被所寄托的人间世所穷尽、所笼罩的维度。在栎社树的脉络里，它并非自成有用的社树，而是寄于社而为社木，如此而已。寄于社而为社木，遭受那些并不了解的人的诟病、遭受众人无用之讥而能自全，这正是它的自隐方式。如

---

① 　刘武:《庄子集解内篇补正》，第114页。

果它不寄托于社而为社木，则有人会来剪伐，虽不能做器具，但用作烧火的木材总还是可以的。在人间世，要以隐身的方式活下来是很难的，要想无用也是很难的。人们总是能够为你找到某种对他而言的用途，所以真正要想无用之用，也就不得不寄托在特定的用里面。社木为用，人们礼敬祭祀，这样的有用只是对世人而言的，而不是就栎树自己。栎树隐身社木的"用"里而自全其生。"且也彼其所保与众异，而以义喻之，不亦远乎?"栎树保全自己的方式，与众多的世间物有本质差别，如果以世间物的视角来看，那距离是很遥远的。虽然在人们的生活世界里，可以看到栎树，与之遭逢，但另一面，它距离世人很遥远，那距离不是世间之内的标尺所能衡量的。如果仅仅以为它是托庇于神社而无自己的体道历程，那么它的保全就是偶然与幸运的。事实上，栎树在长期的甚至终其一生的上下求索中，早已人生如寄，寄于社木，寄于人间世，以寄于人间世的方式成就自己。那个被世间性所界定的"我"，在栎树那里消失了，它以无我之我面对人间世，人间世因此也就可以寄托在它身上。这就是人寄世、世寄人，人与世既相寓居又两忘。

南伯子綦游乎商之丘，见大木焉，有异：结驷千乘，隐将芘其所藉。子綦曰："此何木也哉？此必有异材夫!"仰而视其细枝，则拳曲而不可以为栋梁；俯而视其大根，则轴解而不可以为棺椁；咶其叶，则口烂而为伤；嗅之，则使人狂酲，三日而不已。子綦曰："此果不材之木也，以至于此其大也。嗟乎，神人以此不材!"

　　南伯子綦，即《齐物论》中的南郭子綦，《大宗师》中的
"南伯子葵"，修道者。他到宋国商丘游览时，看到一棵奇
异的大树：如果集结一千辆四匹马驾驶的马车，都可以隐
蔽在它巨大的树荫下。子綦道："这是什么树？一定有可堪
大用的异材。"他仰望其枝杈，拳曲不直，不可以作为栋梁；
俯看其主干，文理盘旋，质地松懈，又不能制作棺椁；以
舌头舔其树叶，口舌当即糜烂；用鼻子闻闻，就会狂醉三
天醒不过来。南伯子綦感叹说："这真是不材之木，所以才
得以长得如此之大。嗟乎，神人以此不材。"神人以其不
才——无用，而成就其神人。正如宣颖所说："神人亦以不
见其材，故无用于世，而天独全也。"①

　　本段以南伯子綦为故事主角，与匠石为主角的故事，
同写不材之木，同写无用之用，但侧重有所不同。从人物
方面来看，匠石是木匠，有长期的经验，还带着弟子，可
谓木匠中的高手。他对于栎树，并无惊诧，远望就知其不
材。而南伯子綦则是修道之人，并非木匠，所以见了大树
很是惊讶，几经观察才知其为无用之木。就不材之木而言，
前者隐身于社，观者如市，是隐于市而藏无用于有用之中
者，寄社以自保。而子綦所见大树，不材无用，无殊樗木，
故唯形如樗木之南伯子綦才能见之、异之。匠石是世间人，
遇到了寄托世间的人，因而受到震撼和教育；南伯子綦是
修道者，探寻神人之所以为神人的生存真理，于商丘大木
得以印证其学。

---

① 宣颖：《南华经解》，第 37 页。

宋有荆氏者,宜楸柏桑。其拱把而上者,求狙猴之杙者斩之;三围四围,求高名之丽者斩之;七围八围,贵人富商之家求樿傍者斩之。故未终其天年,而中道之夭于斧斤,此材之患也。故解之以牛之白颡者,与豚之亢鼻者,与人有痔病者,不可以适河。此皆巫祝以知矣,所以为不祥也。此乃神人之所以为大祥也。

宋国有一个叫荆氏的地方,很适宜生长楸、柏、桑三种树木。这些树木,长到了比拱(两手合握曰拱)把(一手所握曰把)稍大,就被砍去做耍猴用的木杆;长到了三围四围左右的,就被砍伐去做高大的屋栋;长到了七围八围的,就被富商之家砍去做了独料棺材。那里的树木都不能终其天年,在其生长的过程中,即被斧斤所砍伐夭折了,这都是由于它们有用而带来的祸患。所以在为解除水灾而祭祀河神时,大凡牛额角有白色的,猪有高鼻子的,人有痔疮的,都不能当作祭品,投到河里去。这是巫祝们都晓得的道理,因为它们都被视为不祥之物。然而,巫祝们所以为的这种不吉祥,在神人看来不正是大吉祥吗?

钟泰指出:"巫祝所以为不祥,乃神人之所以为大祥,言神人所为固有非外人所知者,盖犹是上节'所保与众异'之意。以是益知此之不材非寻常之所云不材也。"[1]如果这里的"不材"并非寻常所说的"不材",其内涵何在?吕惠卿解之曰:"盖道之体,有之以为利,无之以为用。是以圣人神人

---

[1]　钟泰:《庄子发微》,第 101 页。

之于用，致之为尤深，藏之为尤密。智虽落天地而不自虑，能虽穷海内而不自为，辩虽雕万物而不自悦。无用而用，以之通不材而材，为之使则游人间之世。吉凶与民同患，尤不可以不知此者也。"①

五 "支离其德"与"无用之用"

支离疏者，颐隐于脐，肩高于顶，会撮指天，五管在上，两髀为胁。挫针治繲，足以餬口；鼓筴播精，足以食十人。上征武士，则支离攘臂而游于其间；上有大役，则支离以有常疾不受功；上与病者粟，则受三钟与十束薪。夫支离其形者，犹足以养其身，终其天年，又况支离其德者乎？

孔子适楚，楚狂接舆游其门曰："凤兮凤兮，何如德之衰也！来世不可待，往世不可追也。天下有道，圣人成焉；天下无道，圣人生焉。方今之时，仅免刑焉。福轻乎羽，莫之知载；祸重乎地，莫之知避。已乎已乎，临人以德！殆乎殆乎，画地而趋！迷阳迷阳，无伤吾行！吾行郤曲，无伤吾足！"

山木自寇也，膏火自煎也。桂可食，故伐之；漆可用，故割之。人皆知有用之用，而莫知无用之用也。

---

① 吕惠卿撰，汤君集校：《庄子义集校》，第84页。

"支离疏"之所以得名，是由于他是"支离其形"者，即成玄英所谓的形体上"四支离拆，百体宽疏"①，但释德清以为这是既"支离其形"又"支离其德"的隐喻："支离者，谓堕其形。疏者，谓泯其智也。乃忘形去智之喻。"②而支离疏故事的结尾"况支离其德者乎"，显然是将"支离疏"定位为"支离其形"者，以引出"支离其德"者。《德充符》接续了《人间世》"支离其形"与"支离其德"的主题，根据我们的理解，孔子作为"支离其德"者在《德充符》中出场，而与兀者、恶人所代表的"支离其形"者分属两种存在层次，即超越性人格与圆满型人格。《人间世》为《德充符》埋下了伏笔：颜回之卫、叶公子高使齐、颜阖傅卫灵公太子、匠石之齐、南伯子綦游乎商之丘、宋有荆氏者宜楸柏桑、孔子适楚等，故事的角色都是居住在人间世的某个地方，这个地方是世间性的政治—伦理空间——国家。人生活在国家之中，甚至以国为家，国成为世间性的最大系统化体制。相对于国，将居住场所世间化的还有家、天下。家、国、天下，与其说是世间性的空间，毋宁说是世间化的机制。人生存在家、国、天下之中，也就同时将自己世间化，即作为世间性的方内生存者，不得不面对实践的礼法体制。世间化机制之所以能够将人纳入其系统与场域中，恰恰是通过意识对形体的领受，而将其固定化为世间性的主体。但支离疏是无名者，"支离疏"只不过是世间性意识以其形体而给予他的临时性名字，这里既没有姓氏制度也没有名号等世间性机制的作用。支离

---

① 郭庆藩：《庄子集释》，第 166 页。
② 憨山：《庄子内篇注》，第 86 页。

疏还是一个没有国家的人，《人间世》并不书写其国家之名，是因为他在任何国家都是这样的生存方式，这种生存方式并非出自国家机制的塑造作用，因而可以视为独立于国家机制，虽在其中而不受影响。

支离疏的"支离其形"，表现在："颐隐于脐，肩高于顶，会撮指天，五管在上，两髀为胁。"他的面颊缩在肚脐里，不容易被看到；他的两肩高过头顶，脑后的发髻不像常人那样朝向背，而是朝向天空；由于高度驼背，他五脏的脉管都从脊背向上凸起；腿部与胸胁（从腋下到肋骨尽处的部分）几乎合并到一起。与形体正常的人相比，支离疏是"支于正而离于常"，是形体上的"畸人"。

支离疏靠缝洗衣服，足以糊口；为人卜筮算命，所得的粮食能够养活十多个人。国家征兵时，年轻人都躲藏起来，而支离疏则大摇大摆地出入征兵的集市，从未担心被征去打仗；国家硬性分摊的劳役，世人躲都躲不掉，但支离疏因为身体的缘故不用为此担心；国家赈济病人，支离疏还可以领到三钟米粟和十捆薪柴。支离疏故事的重点在于："夫支离其形者，犹足以养其身，终其天年，又况支离其德者乎？"显然，支离疏作为支离其形者，作为世间的畸形人，无法被世间化的机制所接纳，作为"异类""另类"与"正常人"区隔开来加以对待。然而正是这种被给定的畸形身体，使他得以疏离于世间性机制，有可以终其天年的从容人生。如果联系上文不材之木的故事，以不材之木彰显无用适成大用，这里以人之形体不全恰成为全。这并非要人自戕其形体生命，而是要警醒世间性机制及其相关的生存处境，它把人带到了艰难的生存与命运的张力中。支离疏这样的人只能算是因祸得福的人，对于世间性的生存者而言，没有谁愿意为了能有他的"福"而承受他的"祸"——支离其形。支离疏的故事的"支离其形"，只是为了引出"支离其德"，"支离其德"之人不仅忘形，进而忘德。忘形是在意识体验中自我遗忘，它是以无己、丧我的意识体验重新赢获作为上行性大生命的自我；忘德则是据此忘形的内德也一并忘却。黑格尔说："精神只有通过在绝对的支离破碎中自我发现才能获得它的真理。""精神是这么一种力量，仅仅在它沉思否定性的程度上，它才与之面对面，与之共处。这种延长的滞留是一种神奇的力量，将否定性转化为给予的存在。"[①]以支离其德的方式生活，我们将以无我之我来面对人间世。既然我的意识与世间性意识具有共构性，那么这也就意味着一种超越了世间性意识的世间性生活方式，与这种方式相连接的则是"无用之用"。"支离其德者不自见，不自伐，藏其用于无用者也。"[②]

孔子与接舆的故事是以无用之用的方式来阐发"支离其德"的可能性。郭象注"支离其德"："神人无用于物，而物各得自用，归功名于群才，与物冥而无迹，故免人间之害，处常美之实，此支离其德者也。"[③]按照郭象的理解，人间世的神人本质上就是支离其德者。孔子到楚国去，楚狂接舆

---

① 转引自汪民安编《色情、耗费与普遍经济——乔治·巴塔耶文选》，吉林人民出版社，2003 年，第 273、278 页。
② 陆树芝：《庄子雪》，第 55 页。
③ 郭庆藩：《庄子集释》，第 168 页。

来到孔子的门外，歌唱凤鸟之歌："凤鸟啊！凤鸟啊！你本有圣德，何以如此落魄呢？来世不可期待，往世不可追回。天下有道时，圣人可以成就他的功业；天下无道时，圣人只求全其生。如今之世，但求免遭刑戮。福轻若羽，但世人不知举起；刑戮之祸，如大地般沉重，世人却不知引避。算了吧，算了吧。以德临人，就好像画地为牢那样自限其中，危险啊！但世人还要投身其中。世路艰难，如满地荆棘，不要被刺伤了脚；还是以迂回的方式在世间行走，才不致伤了自己。"整个故事，只记载了接舆之歌，没有给孔子说话的机会，但孔子接着在《德充符》中三次出场，这可能就是《庄子》内篇作为一出哲学戏剧，孔子"支离其德"的问题在《人间世》提出，而进一步阐释则交给《德充符》。

故事引用的接舆之歌"来世不可待，往世不可追"，与《论语·微子》不同，《论语》作："往者不可谏，来者犹可追。"《吕氏春秋·听言篇》引《周书》作："往者不可及，来者不可待。"似与《人间世》呼应。显然，《论语》编者与庄子对接舆故事的处理有侧重点与寓意上的不同。《史记·孔子世家》："孔子下，欲与之言。趋而去，弗得与之言。"结合《德充符》的讨论，可以看出孔子深知接舆（隐者、游方之外者），故下而欲与之言，然而接舆并不真正了解孔子（游方之内者），故"趋而避之，不得与之言"。孔子与接舆的深层对话始终没有发生。接舆有所"必"，以为方内不可游，游必方外，故方为游之障碍；而孔子则无可无不可，方外固可游，方内同样可游，道之流行发用，无间于方内方外。《外物》老莱子曰："夫不忍一世之伤而骛万世之患，抑固窭邪，亡其略弗及邪？惠以欢为骜，终身之丑，中民之行进焉耳，相引以名，相结以隐。"人生存于充满创伤的人间世，心有不忍之情而去救治；然有仁心而无仁术，救治活动可能引发更大的伤害；以其一世的热情与救治而招致万世的祸患，这是才智贫乏，还是思虑不周呢？用取悦于当世作为仁惠，不顾一生的耻辱，这不过是中等智力水平的人所能达到的地步而已。《人间世》将《论语》中的"往者""来者"改为"往世""来世"，这是"世"代生成的时间意识之提升。面对人间世的复杂，人与人之间的相处之道不能以祸患万世的方式来施惠当世，这样的施惠牺牲了未来，其实只是一个有我者想在当世获取更大的利益或声名赞誉罢了。所以往世与来世的连接，并将它们在当世重新打开，这才是隐藏在《人间世》中的生存真理。以万世视野面向当世，则"道贵于无名无迹，有名有迹，则假夫禽贪者器，于是救天下者反以祸天下后世矣。此经世者所不可不知，亦为道者所不可不知"①。

庄子通过接舆和孔子的故事提出，"方今之时，仅免刑焉"成为一个时代的创痛性标识，"外部的决定性已经变得如此不可抗拒，而内部的推动力再也无济于事时，人在这样一个世界中还剩下什么可能性"②？当世已无所可用，强用则不可避免地带来既自伤又伤人、既伤今时又伤后世。道之不见于天下，而可见之此身，不见于今世，而可见之未来。其道何在？"无用之用"是庄子对此的回应，唯有以无

---

① 钟泰：《庄子发微》，第 635 页。

② 米兰·昆德拉：《关于小说艺术的对话》，艾晓明编译《小说的智慧》，智慧大学出版有限公司，1994 年，第 37 页。

用之用，才能将此身开放为过去与未来的人文时空，"参万岁而一成纯"。

世间性意识对有用的执着，说到底只是对当世的执着，将人的本性与自我缩减为当世性的，一个在与当世的你他之中以"相刃相靡"方式交构的"我"。这样的我是有用之用中的承担主体，人间世则成为主体与主体之间的关系，人间世充满千难万险也就无以避免。开启无用之用的生存论视野，就成为从当世性甚至是世间性意识中解放出来的关键，《人间世》就以此作为它的结尾："山木自寇也，膏火自煎也。桂可食，故伐之；漆可用，故割之。人皆知有用之用，而莫知无用之用也。"山木做了斧头的把柄，人们又拿斧头去砍伐山木，在这个意义上山木是自我砍伐；油脂能够燃火，火又熬干油脂，油脂可谓自我煎烧。桂心可调味食用，所以砍伐它；漆树的汁可供器用，所以割裂它。人们都知道有用之用，却不理解无用之用。无用之用，才是在人间世中生存又能从中超出的根本所在。唯有以人间世的机制与天道的机制相互协调，才能在应世中游世，游世而不离应世。无用之用，作为在人间世人之性与己之性两尽的方式，以否定的方式达成更高层次上对人间世的肯定。往世与来世的引入，在支离破碎的人间世别开生路，以"参万岁而一成纯"的方式开启"千世上之心与千世下之心""引触感发"①的精神宇宙，在这一精神宇宙中，"文为天地之心"，"千圣之心与千世下之心"可以"鼓舞相见"。②

---

① 方以智编《青原志略》，张永义校注，华夏出版社，2012 年，第 14 页。
② 庞朴：《东西均注释》，中华书局，2016 年，第 183 页。

第五篇

《德充符》：从"支离其形"到"支离其德"

　　《德充符》被视为对形残者所象征的道家"游方之外"生存方式的赞歌，这种主流的单一性解释实则未深入《德充符》的内在逻辑与思想脉络。《德充符》是《庄子》内篇的第五篇，"德充符"的本意是德充于内而符征于外。"德"即得，得之于心，实有诸己；"充"即充实，充实于内，必形著于外而呈现生命之光辉。道德的充沛会由内而外滋润身体，从而使得生命具有感化人心的精神力量，表现出某种威仪或气象，这就是德充以后的外显之"符"。对《德充符》的通常理解，是以形残者（如兀者）或貌丑者（如"恶人"哀骀它）为"德充符"的代表人物，这些人之所以能够忘记自身的形体残缺，正是内德充实，以德而忘形。内德充实而致"支离其形"，即在意识中解构了对作为意向对象的身体及其我属性的执着。全文中的其他人物都被视为衬托他们的配角。

　　上述通行理解有其局限：其一，孔子贯穿在《德充符》全文六节中的三节，显然孔子的角色很吃紧，并非可有可无，也绝非被否定的配角，尤其是当孔子以至人面貌第三次出场时。但如何处理孔子的角色及其意义，通行理解显得无能为力。其二，通行理解不得不将常季、子产、惠施等视为多余人物。但对追求"人无弃人""物无弃物"的哲人庄子而言，任何一个角色都非可有可无的，通行理解同样无法定位这些人物，甚至错误地将惠施的故事视为画蛇添足。这并非《德充符》的局限，而是解释者的局限。其三，通行理解受道家叙事的现成化框架影响，先行设置或接受了凝固化的道家视野，以此去检视《庄子》，必然导致《庄子》"非庄"现象，哪怕被视为庄子自作的内篇，遇到无法理解处，也将其视为"非庄者"的植入。对庄子这样以"与化为人"为宗旨的一流心智而言，我们应该看到，是一流心智定义了学派，而不是学派定义了一流心智。所有从某种学派的固化视角切入一流哲人的思路都难以避免陷入困境。其四，影响甚远甚广的通行理解并没有洞彻《德充符》叙事与结构的复杂性，实际上是以单一线索削减了《德充符》乃至《庄子》的丰富意蕴，虽然可以通过身体残障者阐发《德充符》义理中的"支离其形"，却无法从精神层面阐发"支离其德"。我们认为，"吹万不同"而"咸其自己"的多元生命类型、交织叠构的复调脉络、隐显交互内嵌的多样线索，对理解《德充符》全文非常重要，唯有开启这种多元的复调性、立体性、交响性的阐释方式，才能充分理解《德充符》的思想世界。不能见其众生，则无以见其天地；不能见其天地，则无以见其道体。

《德充符》中存在着三种类型化的人格及其变形：其一，"游方之外"的超越性人格，以其对世间性及其机制——方（身体与社会及其礼法秩序）——的超越为特点；此类人格能够"支离其形"，因内德充实而忘其形体，对形体残缺超然安之；但超越性人格可游于方外而不能游于方内，形而上（超越性）与形而下（世间性）被置于相互否定的紧张对峙状态。其二，"游方之内"的圆满型人格，能进一步"支离其德"，由忘形进一步忘德以至"上德不德"；这种人格超越了"超越性"，融圣于凡、化圆为方，在方内即可游，既可通于方外，又能安于方内；圆满型人格在超越性与世间性、形而上与形而下之间达成了相即相入、交互内嵌的平衡。上述两种人格都可以做到"游"的境界，但超越性人格无法理解圆满型人格，而圆满型人格却能理解超越性人格。第三种人格则是普通的常人，既不能游于方内，也不能游于方外，但他仍然生活在形而上与形而下的张力性结构中，既可能走向超越性，也可能向形而下沉落，生活充满着可上可下的无定性，形而上、形而下对于他都意味着一种可能性。超越性人格在《德充符》中构成显的线索，其代表是形体残缺者、相貌丑陋者以及老聃。贯穿于全文并三次出现的庄子笔下的孔子则作为圆满型人格的符号，相对于超越性人格，这是隐的线索。常人的代表是常季、子产与惠施：常季是生活在世间但又渴慕超越性的常人亚型；子产则是常人中的"人之君子"，其人性被缩减为世间性及其礼法；常人的最下者则是惠施所象征的亚型，彻底失去了对于超越性的敏感，生存的形而上维度与精神实质匮乏。

《德充符》以"伯""仲""叔""季"的排行来暗示以上三种人格的层次或品秩：对于"寓言十九"的《庄子》一书而言，"伯""仲""叔""季"具有耐人寻味的寓意，绝非字面上的称名符号。"伯昏无人"是道体的人格化身，理所当然排在"伯"的位置。方内者与方外者都必须师法大道，故而"伯昏无人"是子产（生活在方内）和申屠嘉（生活在方外）共同的老师。孔子以"仲尼"的名义出场，隐喻圆满型人格是最接近道体的体道人，但即便是最高人格也不能立处"伯"位而只能处在"仲"位，表明道体具有开放性，永远不可能被完全实现，达到"仲"位已经是人格的最高可能性。与此相应，人永远无法完成，总是具有无法穷尽的开放性前景。"叔山无趾"是兀者、恶人的代表，位置在孔子之后，"支离其形"的超越性人格在品秩上低于圆满型人格，这一点我们与《德充符》的主流理解分道扬镳。与"伯"（道）、"仲"（游方之内的圆满型人格）、"叔"（游方之外的超越性人格）相比，"常季"是常人的代表。常人可上可下，"常季"是其中的向上者，其心性能够敏感于来自超越性的牵引，这构成其内蕴突破方内的可能性。若不能感受到超越性的牵引，就会完全沉降在"方内"，不能自拔于世间性，无法向着超越性开放自身，如同惠施那样，发生生存论的畸变。常人生活在超越性与世间性的张力性结构中，惠施作为常人的又一类符号，象征着完全丧失了超越性的维度，世间性成了其生存的全部，因而其生存处于陷溺与沉降的形而下状态。

三种人格的交互相遇构成隐/显的不同线索。《德充符》由六段组成：一，孔子与常季关于兀者王骀的对话；二，兀者申徒嘉与子产；三，兀者叔山无趾与孔子；四，恶人哀骀它与孔子；五，从以德忘形到上德忘德；六，庄惠之辨。每一则故事都存在隐/显的结构，其中两种或三种人格交锋与交会。这些交锋与交会，体现了《德充符》的复调逻辑与多元脉络，但又不限于平面化的多元，而是给出了人格上行的线索与视域。以此方式，我们实质性地开启了对《德充符》内在化理解的独特视域。

一 孔子与兀者王骀：圆满型人格与超越性人格的隐显交会

鲁有兀者王骀，从之游者与仲尼相若。常季问于仲尼曰："王骀，兀者也，从之游者与夫子中分鲁。立不教，坐不议，虚而往，实而归。固有不言之教，无形而心成者邪？是何人也？"仲尼曰："夫子，圣人也，丘也直后而未往耳。丘将以为师，而况不若丘者乎？奚假鲁国，丘将引天下而与从之。"

鲁国的王骀受过刖刑，被砍去了一只脚，然而跟从他游学的人，和跟随孔子的一样多。这引起了常季的好奇，就向孔子请教。直接出场的是仲尼与常季，王骀则是通过

二人的对话间接出场。常季问，王骀作为形残的兀者，何
以弟子数量竟与孔子不相上下；更奇怪的是，王骀立不言
教，坐不议论，可是弟子们皆能实有所得。《淮南子·俶真
训》："坐而不教，立而不议，虚而往者实而归，故不言而
能饮人以和。"《则阳》也有"不言而饮人以和，与人并立而使
人化"，此与《知北游》"圣人行不言之教"相通。这种无形之
中感人心之默化是如何可能的呢？孔子对常季的回答，是
褒扬王骀为圣人，自己还没有来得及前往求教，表示愿意
带着鲁国人甚至天下人都去师从他。这里使用了隐微的笔
法刻画孔子的让德于人，而能够让德于人正是孔子其德内
充之符征。在执着于字面化理解的现代，这一点常常被忽
视。在显的线索上好像是写王骀，孔子是陪衬，但就隐的
线索而言，其实是写孔子，写孔子与兀者的第一次交会。

> 常季曰："彼兀者也，而王先生，其与庸亦远矣。
> 若然者，其用心也，独若之何？"仲尼曰："死生亦大
> 矣，而不得与之变；虽天地覆坠，亦将不与之遗；审
> 乎无假而不与物迁，命物之化而守其宗也。"
> 常季曰："何谓也？"仲尼曰："自其异者视之，肝
> 胆楚越也；自其同者视之，万物皆一也。夫若然者，
> 且不知耳目之所宜，而游心乎德之和。物视其所一而
> 不见其所丧，视丧其足犹遗土也。"

常季奇怪的是，王骀是个形体残缺的兀者，远超寻常
之人也就罢了，何以影响超过孔子？常季之问，显示其作

为世间性人格，既不能理解超越性人格的"支离其形"，更
不能理解圆满型人格的"支离其德"。孔子让德于王骀，正
是其"上德不德"（即"支离其德"）之表现，常季却理解为王
骀之声闻德音超出孔子。孔子的让德实质上是忘德，忘己
之德更能显人之德，终极性道德显现的并不是自己，而是
照见并引发众生之德。常季并不能理解这一点，这也是何
以兀者形体残缺与内德充实的鲜明对照对他更具有吸引力
的原因。常季提出的问题是："若然者，其用心也，独若之
何？"一个"若然"留下了伏笔，王骀之"王"于孔子，其实是
"若然"。如果将不同的兀者视为同一种人格类型的不同侧
面，那么王骀之高于孔子，不仅是常季的看法，也是王骀
的看法，叔山无趾与老聃的对话正表明兀者对孔子有如此
看法。但在《庄子》文本中，这一出于兀者（超越性人格）与
常季（常人）的看法，其实只是"若然"，自更高的视角来说
并非如此。

孔子对常季的回答，紧扣住一个要点——王骀之"用
心"，其心始终与超越性（不变者、不遗者、不迁者）同在，这
就是"守宗"。"宗"是不变、不遗、不迁的超越性，即命物之
化者、世界变化的最终根据。王骀之用心在于对超越性的体
验，与形而上的天道合一或冥契的体验："死生亦大矣，而
不得与之变；虽天地覆坠，亦将不与之遗；审乎无假而不
与物迁，命物之化而守其宗也。"在此，形上与形下的区分
被突出：形而下者处于永恒的变化之流中，从生到死，又
从死到生，正如万物之迁流不息，即便是天地也会有覆有
坠；但形而上者是变化的根据，它自身并不变化。《天道》：

"审乎无假，而不与利迁，极物之真，能守其本。"变化中的事物都是暂时性的，非其本真状态，本真的存在并不为变化所左右。《渔父》："真者，所以受于天也。"这里的"天"与"天地覆坠"之"天"显然有所不同，后者是形之大者，前者形而上者，是天之运化过程中显现的不变不已之天德。《天下》"以天为宗"，即是以天德为宗，这才是万物的最终根据。王骀体道的关键在于，心朝向形而上的道，由此而有超越性的体验，这使他虽然立身于世界的变化之流，却能够做到不被变化所影响，能够"外化而内不化"。《知北游》："古之人，外化而内不化……与物化者，一不化者也。"心德之不化，即与天道之德通一无隔，立于"命物之化而守其宗"，同其无假、不迁、不遗。《老子》第四章："道冲而用之或不盈，渊兮似万物之宗。"大化迁流不息，而心有以主宰之，则不与之变化。即便"外化"依然，而其心"内不化""一不化"，即心与形而上者（《庄子》中的"道""无假""真""宗"）合一的体验，其实质是天德充溢于自己的灵魂——这就是王骀的用心所在。形而上的道超越了生死、变化、迁流，甚至超越了万物在其中共在的世界，表现出永恒的稳定品质。王骀的安定便以此永恒的道为根据，其生命以天德为宗，使他超越了对形而下事物的依赖，超越了流转变化，灵魂立足于宇宙、万物与人生的共同根源之处。

　　孔子指出了王骀这一精神生命的本宗所在，即心与能化万物而自身不化的超越性的合一。但常季对孔子的解释依然困惑，心与道一何以能让王骀忘其形残之躯，何以能够历经死生而不变其朝向超越性之心？仲尼进一步解释：

肝和胆在人体内紧密相连，但若从差异视角来看，二者犹如楚国与越国那样彼此悬殊；设若从同一的视角来看，则天地间万物都是一气之所化。从形化视角来看，万物以不同形而彼此相代；从气化视角来看，则万物之不同形不过同归一气之化。万物是以千差万别的形式对我们呈现，还是以同一方式对我们呈现，归根结底与我们观看它们的方式相关。耳目等不同感官分别了声色，目以视色，耳以辨声，当我们以耳目各有所适的方式去面对世界时，世界自然呈现给我们的是各各不同、千差万别而永远无法统合的万物。然而，当我们"不知耳目之所宜"，也就是"不必定耳听而目视"[①]、不以我们的官觉来区划万物的时候，我们就会达到"自其同者视之，万物皆一"的另一种境界。对官觉功能区划的超越，达致通感或移觉的状态，也就是宣颖所说的"浑六用为一源"[②]的境界，六根并用、浑然一体而不可分割，可以耳视而目听——这个存在层次的本质是"游心于德之和"。刘辰翁说："世人见不越色，听不越声，故耳目各有所宜。不知耳目之所宜，说得至人之玄冥，所谓'耳里着得大海水，眼里放得须弥山'，方见是游心于德之和。"[③]"游心于德之和"包含两个重要规定：一方面，"游心"发生在心的层次，是精神生命的真理而不是自然生命的真理，王骀所以能够"无形而心成"，因其"用心"于"游心于德之和"。另一方面，"德"指天德，即天在生化、运化过程（天的生化、运

---

①　宣颖：《南华经解》，第 40 页。

②　同上。

③　方以智撰，蔡振丰等校注：《药地炮庄校注》，第 412 页。

化过程即天道）中表现的品质，"以天为宗"本质上是以"天德"为"宗"，就其主宰的意义而称为"宗"，就其运化过程中不随天塌地陷而变化的品质称为"德"。"天德"即是人超越性的根据——"宗"。"天德"的本质是"和"，和同彼此而为一体，《庄子》的"以道观之"就是和同万物的视角。对游心者而言，"天德"之"和"，一方面打破了耳目之宜所关联的观物方式及其主体性意欲，另一方面则是突破经验中事物的分划和区隔。正是由于王骀能够打破在内的耳目之宜、在外的万物之别，他才能够在生存中体验万物无不相通、无所区隔，遗忘了得失意识。既然万物一体，又哪有得到与失去的区别呢？因此，王骀视自己的丧足犹如遗土，也就十分自然了。泥土来自大地，遗土即以土还土，人之丧足也不过是"以虚还虚"而已。王骀在自己的意识中，早已遗忘了自己是个兀者，或者说，是兀者与不是兀者，这些在世人看来很清晰的分别，在王骀那里早已泯除。这就是王骀凝心于天德，使其得以超越形而下事物及其分别，对丧足不着意的原因。

> 常季曰："彼为己，以其知得其心，以其心得其常心。物何为最之哉？"仲尼曰："人莫鉴于流水而鉴于止水。唯止能止众止。受命于地，唯松柏独也在，冬夏青青；受命于天，唯尧舜独也正。[①] 幸能正生，以正众

---

① 张君房本"独也"后有"正"，"舜"作"尧舜"，并有"在万物之首"五字："受命于地，唯松柏独也正，在冬夏青青；受命于天，唯尧舜独也正，在万物之首。"俞樾以为"在冬夏青青"中的"在"乃"正"之误。

生。夫保始之征，不惧之实，勇士一人，雄入于九军。
将求名而能自要者而犹若是，而况官天地、府万物、直
寓六骸、象耳目、一知之所知而心未尝死者乎？彼且择
日而登假，人则从是也。彼且何肯以物为事乎？"

孔子对王骀的理解启发了常季，常季的问题从王骀"其
用心也，独若之何"进一步上升到"物何为最之哉"：王骀只
是内在心性中"游心于德之和"，然而为什么那么多人心悦
诚服于他呢？"最"有两种理解：一是推崇、尊崇，为众所
尊；一是聚，为众所归。常季对孔子所理解的王骀作了如
下理解："彼为己，以其知得其心，以其心得其常心。""彼
为己"，是说王骀的学问根本还是"修己"，其修己之学的关
键是以下两个步骤："以其知得其心""以其心得其常心"。
知、心、常心构成三个层次，也是常季所见王骀"用心"之次
第（工夫上的先后之序）：知者外发，指向意向性对象；心
者内存，是意向活动的主体；"以其知得其心"，从知的对
象转向主体，意识活动中发生的由外而内的转向；心是意
识活动的主体，而常心关联着超越性的意识体验。郭嵩焘
以为"以其心得其常心"，即"体以证道"，[①] 这呼应了上文的
守宗之说。常季的疑问正在这里，王骀得其常心而忘生忘
形，只是在内在精神层面自我超越，而无以及物，况且超
越性意识人皆可以，何以王骀独能让众人归服？常季之问，
本质上涉及一个人在心性层面上的德充，何以有外溢于他

---

① 郭庆藩：《庄子集释》，第 178 页。

人、影响感化他人的符征？这是对生存真理之核心的"大哉问"。

孔子以两个隐喻回答：一是人莫鉴于流水而鉴于止水，一是唯松柏冬夏青青。前者是说静止而非流动的水面才能照见自己的形象，为人所取鉴。水之静止并非为了人的取鉴，而是止水能满足人的取鉴要求。这个隐喻的用意是在强调，王骀内德充实，人自归服，是王骀生命中道德本身的吸引力，而不是王骀作为具体个人的吸引力。人从游王骀，收获了自己，就好像取鉴止水照见了自己。德本身就有一种激发、召唤、引导的精神能量，这才是王骀以德修己而众人自来归服的奥秘。

孔子的第二个隐喻：一样根植于大地，历经冬夏而常青不凋者，只有松柏独在，为万物所取正；同禀命于上天，只有尧舜那样的圣人，能够独得其正，以其自正性命而为众人所取正。正是贯通万有之性命中的天德的力量，使人之"自尽其性"同时关联着"尽人之性"。就天德而言，人性、己性、物性本无区隔，只不过是天德在己、人、物那里的不同显现方式。王骀只是自修其德、自正性命，却能激唤、引发他人的归从，这本质上是对天德的归从，是王骀在其生命中展现了天德的存在及其能量。这里的关键点是"幸能正生，以正众生"。"正生"就是"正性"，"正性"就是"守宗"，"守宗"即是"保始"；"幸"字按照陆树芝的理解："言舜非有意于正众生，乃己正而物自正，若有天幸然。"①"正"则如

———————

① 陆树芝：《庄子雪》，第59页。

《管子·法法》："正者，所以止过而逮不及也。过与不及也，皆非正也。"人物禀受天地之命为其性，在性分之内则为正，超出则为不正。性命之正，既是内在于性分的天德对人的约束，同时也是通过性分而上达天德的超越性体验之路。在止于性分约束的意义上，人物、人人、人己得以区别开来，各有自己的性命；在上达天德的超越之路上，则上达万有的共同根源，在那里德的力量是无法被形而下事物所区隔的。

以上两个隐喻已经解答了常季的困惑，但孔子的回答继续深入。每一个人在其生命之始，便禀受了天命之德，凡能保始守宗的必有征验，而无所畏惧就像勇者以一人之身英勇地闯入九军战阵，就是一种征验。求名要誉的人尚能以功名之心压制惧死之心，如此英勇，何况超越功名乃至一切形而下者而直契天德的超越性人格呢？勇士这种人格类型的极致是"全于气"，精气神能够持久地聚焦于某一焦点或目标。而超越性的人格能够契于道，"官天地、府万物、直寓六骸、象耳目、一知之所知而心未尝死"，其心能够统合天地、包藏万物，视天地万物为同一大生命、大身体的不同部位，把自己的形骸视为心灵暂时客居的旅舍，视耳目之官所闻见为同一大生命流转变化的迹象。他在常心中敞开的是"万物皆一"的体验，即《天地》"万物一府，死生同状"。"一知之所知"中的"一"是动词，是统一、合一，"一知"之"知"是"智"，"所知"是"境"，"一知之所知"谓"智""境"不再有分别，没有认识主体与认识对象、认识场所的区分，只是超越性的精神（常心）自身，超越了生灭、流转和变化，正是"死生无变于己"的"一不化"者。王骀之所以为王骀，正在于他的心灵向着超越性的精神敞开自身，天地万物在超越性的精神——常心——这里都成了流变迁化的形而下事物。气化过程中的形生形死乃是自然过程，而王骀独立高蹈于遗世的超越之境，面对"化则无常""唯变所适"的世界，不与物迁而守其天德，此其所以为常者。正是由于王骀将自己的生命存在奠基于超越性常心上，故而他随时将登假于高远的道境，与道为体。"人则从是"，那些跟随他的人所向往的也正是王骀身上与道合真的超越性生存方式，他们被王骀所吸引，那是王骀所承载的超越性人格导致了人们的归心，而非有意识地吸引人们来归从于他。立足于这种超越性生存方式，他又怎么可能把世间事务放在心上呢？

　　整个故事对王骀的刻画着眼于其冥契形而上天德的超越性体验，具体而言可分为三个层次：第一，超越性的向度，《德充符》从"死生亦大矣"到"命物之化而守其宗也"，刻画王骀人格中的超越性；第二，以德忘形的向度，从"自其异者视之"至"视丧其足犹遗土也"，刻画王骀德全而形无所累，忘其丧足的根本在于德全，自得其德则伴随精神上的快乐而不以丧足为意；第三，超越性的感染力量，从"人莫鉴于流水"到"何冑以物为事乎"，刻画王骀内德充溢而人自来归，超越性天德的力量有超出寻常的激唤性与感染力，这也正是鲁国何以有那么多人从游王骀的奥秘。

　　兀者王骀并未直接出场，而是通过常季与孔子对话间接出场。从显的线索来看，故事的主角是兀者王骀；但就隐的线索而言，故事的主角则是孔子。孔子口中的王骀属于超越性人格，"游心于德之和"所刻画的正是王骀的超越性生存样式，其本质是在精神（心灵）世界中探寻自由，其方式是与形而上的天德冥契玄合。形而上的道体在王骀那里的显现发生在心灵中，以此为根基的生活则是纯粹超越性的精神生活，这种生活是对世间性的政治和伦理机制的超越。王骀的生活形式由心与形的张力界定，他在二者之间将生存坚定地奠基在心而不是形上。他之所以能够忘形，乃因心始终朝向形而上的超越之旅，德充于内而忘形，不见所丧。孔子在这里作为"德充符"的隐性主体，让德于王骀，愿率领天下人而从王骀学习；既然王骀的超越性人格通过孔子得以无隐蔽、无奥秘地呈现，则孔子并不在此种境界之下，然而这一点更加隐蔽。作为圆满型人格的象征，孔子深切理解王骀之所以为王骀，理解超越性的存在方式。然而，王骀是否深知孔子之所以为孔子，这里并未交代，直到叔山无趾的故事中才又有孔子与兀者的第二次交会。

二 兀者申徒嘉与子产：超越性 人格与方内君子

申徒嘉，兀者也，而与郑子产同师于伯昏无人。子产谓申徒嘉曰："我先出则子止，子先出则我止。"其明日，又与合堂同席而坐。子产谓申徒嘉曰："我先出

则子止，子先出则我止。今我将出，子可以止乎，其
未邪？且子见执政而不违，子齐执政乎？"申徒嘉曰：
"先生之门，固有执政焉如此哉？子而悦子之执政而后
人者也？闻之曰：'鉴明则尘垢不止，止则不明也。久
与贤人处，则无过。'今子之所取大者先生也，而犹出
言若是，不亦过乎？"

第二个出场的形残者是申徒嘉，与他一并出场的是郑
国执政子产，他们同是伯昏无人的学生。"伯昏无人"这个
人名的象征意义，成玄英疏云："德居物长，韬光若闇，洞
忘物我，故曰伯昏无人。"[1]伯昏无人是道之人格化身，吕惠
卿精准揭示了这一符号的象征意义："道，吾不知谁之子。
象帝之先则长于上古，物无以长者也。伯则长者也，昏则
吾不知谁之所自出也，吾不知谁则无人也，伯昏无人则道
之强名也。"[2]"伯"意最高、最先。"昏"是"明"的反面——对
于因有"玄德"而"愚芚"的圣人而言，世俗所肯定的"明"反
而是最难化解的"昏"，以"昏"为名暗示了对分别智的超越，
相应于《齐物论》"滑疑之耀"，或《老子》"恍惚窈冥"[3]的状
态。"无人"则是人的机制销尽，天的机制尽显。"不知谁之
子"，则为"众父父"，即终极根据。申徒嘉则可视为与王
骀、哀骀它等同一类型的超越性人格在不同情境下的化身或

---

① 　郭庆藩：《庄子集释》，第 181 页。
② 　吕惠卿撰，汤君集校：《庄子义集校》，第 96 页。
③ 　《老子》第二十一章："道之为物，惟恍惟惚。惚兮恍兮，其中有象；恍
　　兮惚兮，其中有物。窈兮冥兮，其中有精，其精甚真，其中有信。"

应身。伯昏无人、申徒嘉、子产三个人物各有其类型学上的象征意义：伯昏无人是道的人格化象征；本篇中所有兀者与恶人包括老聃，共同构筑了超越性的人格类型，申徒嘉是游方之外的变身，敞开了超越性人格的又一侧面；子产则是方内的君子，执着于方内的礼法而不能超拔。

故事通过申徒嘉与子产的对话展开，伯昏无人间接出场。不论是拘泥方内而不能上达的子产，还是游方之外的申徒嘉，都师事伯昏无人，这一现象是耐人寻味的，寓意着唯有道才是统合各种人格类型的最后根据。上文中的仲尼（孔子）作为游方之内与圆满型人格的代表，也后于伯昏无人，二者是伯仲的次第。游方之外的申徒嘉（及其变形如王骀、叔山无趾、哀骀它等）、游方之内的孔子、处方之内的君子子产等，都是伯昏无人的学生，意谓一切人都师法道体，以道体为根据。文中的"伯仲叔季"显示了精神境界的不同位阶，子产本质上是与常季同一位阶，即世间的君子，"人之君子"；而申屠嘉作为刑余之人，无疑是"人之小人"，却可以是"天之君子"。这就是方内与方外、人爵与天爵、人道与天道的结构性张力。

申徒嘉与子产都是伯昏无人的学生，子产是郑国执政大夫，申徒嘉是受了刖刑的残足之人，因而子产以与其同行为耻，就对申徒嘉说："我先出来，你就留在屋子里；你先出去时，我就留在屋子里。"第二天，他们两人又在同一间屋子里同席而坐，子产很不高兴，就对申徒嘉说了同样的话。同行子产尚且不屑，何况同堂同席呢？子产再次强调："我现在要出去了。你是留下呢还是出去？你看见执政官，也不避讳，难道你要与执政比肩吗?"字面上好像子产看到申徒嘉是残足者，而不屑与之为伍；实质上，在方内的世俗社会，子产是执法者，申徒嘉是礼法所判定的罪人，子产作为方内社会有德有位的君子，相对于普通庶民，无疑是"大写的人"①，他对申徒嘉的不屑，与他对政治社会的礼法的尊重关联在一起。正是礼法赋予了他们二人在世间的不同身份，也正是礼法构成了子产看待自己与申徒嘉的尺度。他不知道还有比世间礼法更高的尺度。

　　申徒嘉对子产的回应则意在给出比礼法更高的尺度。他首先反诘子产："伯昏无人先生门下也有执政官吗?"伯昏无人以德教人，先生之门乃论德之地，非论位论势的恰当场域。世俗之位往往与体制化的礼法秩序关联在一起，却未必与德相应；而且倚仗位势说话，不仅拘泥于世俗礼法规定的分别，更显内德之匮乏。"你得意于自己的执政之位而轻视他人吗?"申徒嘉引用了从伯昏无人那里听到的教诲继续诘难子产："镜子明亮可照，尘垢就不会粘留其上；一旦尘垢粘留其上，则镜子就不再明亮。久与贤人相处，就会无过。""你在先生面前所以取重者，在于求学先生之道，以广大自己的德性；现在你却出言如此，拘泥礼法而不通，且以势位压人，这难道不是更大的过错吗?"申徒嘉之所以为"徒"(学生)之"嘉"(优)者，正在于他明白伯昏无人的教

---

① 子产，姓公孙，名侨，字子产，郑之贤大夫也。《论语》《孟子》《左传》对其事迹均有记载。《论语·公冶长》："子谓子产有君子之道四焉：其行己也恭，其事上也敬，其养民也惠，其使民也义。"《宪问》："或问子产。子曰：惠人也。"《集解》："惠，爱也。子产，古之遗爱。"

人，与其说在于礼，毋宁说在于德。而子产所执着的名位
终究不出礼的范围，子产始终不能逾越方内，正是《天下》
"君子""百官"的代表："以仁为恩，以义为理，以礼为行，
以乐为和，熏然慈仁，谓之君子。""以法为分，以名为表，
以参为验，以稽为决，其数一二三四是也，百官以此相
齿。"君子拘泥于政治社会的礼法，虽优于百官但不能理解
圣人；百官执着于礼法规定的数度，虽上出于庶民，而不
能理解礼法的精义。无论君子还是百官，都将道德等同于
方内的礼法（无论是伦理的还是政治的），因而无法超越方
内理解道德；而申徒嘉从超越方内的视角理解道德，经由
内在精神（心灵）的敞开来沟通天道、天德，至于外在的行为
以及对行为的规范与制度则不被视为道德显现的恰当通道。

　　子产羞与刖者并行，很大程度上是政治社会礼法秩序
的要求，尤其是刑余之人见执政而回避，更是古礼之要求，
但"执政只可在朝堂上称，先生之门无政，则无执者"（陶崇
道）[1]。同学于伯昏无人，二人是进德之友，不应有礼法规
定的尊卑身份。申徒嘉以为，取法先生以广大己德，求为
大人，这才是"来学"[2]之意。子产非不明此理，然其所理解
之"大人"为方内礼法秩序所限。对子产而言，全形之人不
与刑余之人同行，自是尊敬全形，并非贬抑刑余，如对罪
人的惩罚恰恰是对其人格的尊重。同样道理，庶人与执政
身份有别，先出后出而不同时，所以尊执政，礼别尊卑上

---

[1]　方勇：《庄子纂要》，《方山子文集》第 17 册，第 723 页。

[2]　"来学"与"往教"相对。对于以成就人格、培养精神上的大人为目的的学
　　问，《礼记·曲礼上》："礼闻来学，不闻往教。"

下，其实敬重的是礼法秩序。子产作为礼法秩序中的君子，是谨于礼者。形全之人不与刑余之人同行，为的是别善恶、分刑名，这也正是礼之精神。然以道观之，物无贵贱，礼之所别未必合乎自然天道。礼以别异，尊卑、贵贱、上下之等皆生于礼，是自其异者观之，非自其同者观之。自同者观之，重在物之和同，"德之和"，是对礼法秩序的形而上超越。申徒嘉之"大人"，乃是从天德层次而言的大人，不是方内人道礼法界定的大人。人之君子，或为天之小人，是以大人须超越方内礼法，与天德相通。在政治社会失序的情境下，尤其如此。

> 子产曰："子既若是矣，犹与尧争善。计子之德，不足以自反邪？"申徒嘉曰："自状其过以不当亡者众，不状其过以不当存者寡。知不可奈何而安之若命，唯有德者能之。游于羿之彀中，中央者，中地也；然而不中者，命也。人以其全足笑吾不全足者众矣，我怫然而怒；而适先生之所，则废然而反。不知先生之洗我以善邪？[吾之自寐邪？] 吾与夫子游十九年矣，而未尝知吾兀者也。今子与我游于形骸之内，而子索我于形骸之外，不亦过乎？"子产蹴然改容更貌曰："子无乃称！"

申徒嘉以德非子产所执之"礼"，子产则以"德"来反诘申徒嘉："你受刑残足，还试图与帝尧这样的圣人争品德的高下，在我看来，你的品德还做不到自我反省，不然又怎么会因犯罪而受刑呢？"换言之，你的品德尚且不能弥补亏体之过，却反过来过责于形全之人。子产的回应似直击兀者的痛点。但子产的诘难预设了德礼一致，礼法秩序下的罪人一定是德之有亏者，既然申徒嘉是刑余之人，其德必有亏。恰恰这个"德亏"之人，反以德非礼。这是站在方内礼法秩序的子产无法忍受的，与其说是为了个人，毋宁说是为守护礼法秩序。德礼一致的信念，暗含着执政在德上必然高于刑余之人，这一点正是子产傲视申徒嘉的根本。

申徒嘉对子产的回应针对的恰恰是德礼一致。申徒嘉的回应包含三个层面：首先，"自状其过以不当亡者众，不状其过以不当存者寡"，这句话的语境与子产所说的申徒嘉"与尧争善"、其德"不足以自反"密切相关。申徒嘉的回应紧扣子产所谓的"自反"，并从"自状其过""不状其过"两个层面展开"自反"。为自己的罪过申辩，自以为不当受刑的人很多；不为自己的罪过申辩，以为自己应当受刑的人少之又少。在个人的层面，前者是推诿罪过，后者是承担罪过。然而，申徒嘉试图揭示的不仅仅限制在个人层面，当与不当涉及义，犯罪受到惩罚，行善受到嘉赏，都是义的体现。但在政治社会的方内世界，义总是要由人来判断，因而总是落实为"以之为义"。看似客观化的礼法体制总是由具有一定立场、性情、利欲与视角的主观者来承担与实施，义总是要下落到被指认、被认为的义的层面，因而给礼法体制带来当否的问题，即礼法秩序有可能是"不义"的，这是对子产信念出发点的深刻反思。

当更多的人们为自己的过错申辩以为不当受刑时，往往关联着礼法世界的如下事实：有的人行恶犯过，却未必遭受礼法的惩罚；有的人遭受了礼法的刑罚，却未必是由于行恶犯过。贪官盗贼很多，受到礼法制度惩罚的总是其中少数，甚至是礼法制度本身，给了贪官盗贼犯罪空间与条件。《庄子》一书中的《骈拇》《马蹄》《胠箧》诸篇，已经深刻地意识到这一点。行恶犯过而受惩罚，相对于大量做了同类行为却没有遭受礼法制度惩罚的人，只是不幸与幸运的不同。对于未尝行恶却被政治社会认定有罪而遭受礼法惩罚的人而言，他们或许将体会到关涉善恶的生存真理并不能由礼法体制来裁定，而是必须从个人内在灵魂与超越方内礼法的天道的直接相通才能被界定。在理想的良序社会中，德礼应当一致，然而现实社会二者总是充满张力，而在失序的社会中，二者之间甚至是冲突或对抗的关系。德礼张力的背后，是更为深层的天人之间的张力。每一个个人都生存在这种张力构筑的方内社会中，个人之行恶犯过，即便不遭礼法体制的人刑，也无以免天刑——这是良心的自我谴责带来的"阴阳之患"，即对健康生命的阴阳之和的焚毁。为罪过申辩，以为自己不应该受刑的人很多，这样的人无视自己的过错，将受刑归结为礼法制度的不义，或者归咎于礼法执行运用时出现的偏差。他们停滞在礼的层面，没有看到自己的过，更没有上升到德的层面。不为罪过申辩，以为自己应当受刑的人少之又少，他们没有受到礼法的惩罚，却能够直视其过，并从超越礼法的天德天道层次来审视善恶。前者正是子产从礼法或人刑的视角观看申徒嘉，后者则是申徒嘉从天德与天刑的视角来看自己所受的刑法。剧情由此而得以反转：那些全足而未受人刑的众人，却无有足够的理由为自己当受天刑作正当的申辩；申徒嘉作为人刑的遭遇者，却能经得起天道的考验，而不为自己所遭受的人刑申辩，因为他在道德上获得了天道的支持，因而无惧于不公的人刑。尽管人刑关涉礼法的正当与否，但对个人而言，在失序的政治社会里，这却是一个具有偶然性的命运问题。

申徒嘉对子产回应的第二个层面："知不可奈何而安之若命，唯有德者能之。"这是申徒嘉对子产"计子之德，不足以自反"的回应，只不过这一次的重点不在"自反"，而在"德"。子产以为，申徒嘉之德甚至不足以自我反省，何德之有？这分明是对申徒嘉自身之德的否定，只有否定申徒嘉有德，申徒嘉对子产的批评就会转换为无德之人不自省却以德责人，因而其对子产的指责就会自行瓦解。然而，一旦意识到德礼张力及其背后的天人张力，礼法制度所带来的刑罚就会转变为幸与不幸的命运问题。一个人即便可以把握自己的行为，却无法完全避免来自礼法体制的刑罚；即便他行善，也可能被视为恶而受礼法的人刑。建构美好的良序社会总是人的渴望，但人类社会的最好状态也不过是不乱即治，从来就不存在一个所有的善都得到报偿、所有的恶都得到惩罚的绝对正义秩序。这是方内礼法秩序必然的局限，它无法满足人们对秩序的深层要求与渴望，人们不得不以个体的方式去面对以礼法秩序的方式反显的天道层次上的失序。然而，有限的个人又无法改变作为个人生存环境的失序现实，这就是知其不可奈何的命运。作为遭受人刑者，申徒嘉必然深刻地体验到天人的张力、德礼的冲突，然而他能够安之若命，直面自己内在的灵魂，以灵魂作为位点沟通天道，以心与天的贯通获得天德的力量，来面对失序的礼法社会。这正是他承受人刑而不为自己申辩的原因。换言之，当对人刑的承受成为对命运的承受时，申徒嘉已不再寄希望于方内礼法的正义性，而是诉求于心灵的超越体验作为回应命运的根基，外在身体的遭遇——形残——已经变得不再重要，重要的是自己在内在精神中回应天道与命运的心安与否。兀者申徒嘉由此在天人张力中坚定了选择了"与天为徒"，在德礼张力中毫不犹豫地选择了德，对出于人、出于礼法秩序的不义已经不再系缚于心，这就是方外兀者申徒嘉超越性生存的出发点。他将如何回应命运作为自己的根本性挑战，不求改变方内世界，但求自己灵魂的完满。故而对他来说，完满的生存必须超越世间及其礼法，宁愿得罪于人，也不能获罪于天。只要不获罪于天，只要不遭受天刑、天谴、天责，只要心灵向着天道敞开，那么一切世间的不义、不公都是无可奈何的命运，可以安之任之。显然，当兀者以王骀的名义第一次出场时，走向超越性体验所要面对的主要问题是心灵对身体的突破，也就是精神生命对形体生命的突破。当兀者以申徒嘉名义再次出场时，超越性生活指向的不再是灵魂对身体的突破，而是对方内礼法秩序的突破，对世间无常命运的超越性回应。

申徒嘉对子产回应的第三个层面："游于羿之彀中，中央者，中地也；然而不中者，命也。"这一回应进一步标识了人在世间不得不面对无常命运的生存处境。当政治社会作为每个人在其中自我表达的共同场域时，个人对目标的追逐可能引发倾轧、斗争、竞合与冲突，其中固然并非没有美善，但暴力、冷酷与无情在历史上从未被消除过，世间绝非爱与信流溢充满的美好场域。即便一代代人通过自我牺牲的方式试图重建社会，美好理想到头来仍是存在于内心的乌托邦。庄子通过申徒嘉之口，冷峻而清醒地向人们呈现了世间生存的严酷处境：并不存在所有罪恶终结于一旦或一朝的开端时刻（伊甸园）或终结时刻（末世论终点），生存的真相就是人们不得不随时面临世间秩序与天道的张力，个人不得不生活在"阴阳之患"与"人道之患"的双重压力之下，而且必须对此做出回应。庄子使用了一个令人心惊胆颤的比喻，勾勒人的这种生存处境：世间之人都是随时猎杀他者的射手，每个人都被环境培养成后羿那样的出色猎手，每个人也因此随时都在他人的射程之内，方内的礼法秩序是一个残酷无情的人刑之网，每个人随时都可能成为射手的猎物而被捕杀。

在这个无所不在、每一个人都被卷入其中的人刑之网中，被猎手射中乃是必然，不被射中则纯属偶然与幸运。暂时的逃脱不是能力与德性的体现，只是纯粹偶然；反过来，被射中，遭受人刑，也并非德性的亏欠。申徒嘉刻画了如此冷酷的世间性生存的基本处境，不仅礼法所关联的方内秩序彻底失去了天道意义上的道义根基，而人道意义上的善恶、是非、道义也蜕变降格为猎手手中的箭矢，它戕害的不只是人的生命，还有天德。申徒嘉对子产的回应引发了奇异的翻转：申徒嘉的受刑刖足不再是问题，子产的全足反而成了问题。"在羿彀中，且当必中之地，然有不中，乃倖免耳。是足之全不全，不关于有德无德，皆命使然也。""不说己之受刑为不幸，倒说人之不受刑为幸，正见自以为不当亡者，皆不当存者也，把全足人一总骂杀。"①在人刑之网中，没有遭受人刑的人纯属偶然与幸运，当他们以其全足作为道义制高点的象征嘲笑刖足的兀者时，当他们把幸运等同道德、不幸与不义关联时，正是他们缺失天德、根本上无法理解天德的表征。

　　申徒嘉进一步通过伯昏无人向子产阐发了何谓天德，这是回应的第三个层面。申徒嘉的受刑刖足是在天人张力中宁获罪于人不愿得罪于天的结果，他以世间受刑为代价走向超越性的精神生存之路。然而，那些拘执于礼法、生存视野为世间所限的人——如子产——总以己之全足笑其残足，申徒嘉对此也曾难以抑制自己的愤怒。但当他到了伯昏无人那里，怒气全消，恢复常态。不知是先生以善教化他，还是申徒嘉醒悟了呢？在伯昏无人门下游学了十九年，先生似乎从来不知申徒嘉是受刑的兀者。这就是先生的"饮人以和"，不知不觉中造成申徒嘉的自我转化。申徒嘉表述"怫然而怒"时，用的是"我"；先生"洗我以善"时，被洗去、被转化的也是"我"；"十九年"后，"我"已不存在，变成了"吾"——所有这些语词的精微选用都显示了申徒嘉在伯昏无人那里的存在转化。"十九年"，是阴阳之数，象征着精神上的大成之境。② 与伯昏无人游，即心与道游，与道游乃

---

① 林云铭：《庄子因》，第 56 页。
② 陈赟：《论庖丁解牛》，《中山大学学报》2012 年第 4 期。

是游心于德之和，游十九年之久，大成于道而有真德，从而忘记自己是兀者，正所谓德有所长而形有所忘。而伯昏无人的"未尝知吾兀者"，也正是其游于德者忘其形的写照。

再回到子产的问题，申徒嘉给出了二人在生存层次上的对照："今子与我游于形骸之内，而子索我于形骸之外，不亦过乎？"徐仁甫以为，与申徒嘉游于形骸之内的人不应是子产，而应该是伯昏无人，因此他主张在"今""子"两字之间加个"夫"字，原文就变成了"今夫子与我游于形骸之内，而子索我于形骸之外"，其意重在申徒嘉与伯昏无人的交往是交心，是精神上的游心，而子产与申徒嘉只是在形交的层次。① 但这并无文本或版本上的支持。其实这句可以这样理解，子产与申徒嘉同学于伯昏无人，所贵者乃在游心于德，不在形骸；子产却索人于形骸，没有达到游心于德的层次。申徒嘉本质性地提出了同门者是形交还是德友的问题，更指出子产的混淆，以索人以形的方式索人以德。在申徒嘉对德与形在世间方内的捆绑进行分离（这一分离背后关联着德礼分离、天人分离）之后，谨于礼的子产受到深深的震荡，幡然醒悟，改容更貌，这就是申徒嘉生命人格中的精神力量。

如果说在王骀故事中，游方之内的孔子能够深刻理解游方之外的兀者王骀，那么在这一节里，拘泥于方内礼法秩序的子产无法理解游方之外的申徒嘉。这是方内与方外的第二次交会，其中的不同在于孔子与子产的精神位阶不

---

① 　徐仁甫：《诸子辩正》，中华书局，2014 年，第 71 页。

同：孔子在方内能游，不受制于方内礼法，而是内涵了超越方内的维度；子产在方内不能游，执着于方内礼法，错失了形而上的天德。方内与方外的第一次交会，方内以隐蔽的方式胜出，即游方之内者理解游方之外者，第二次的交会则以显明的方式给出方内者无法理解方外者。设若在这里与申徒嘉交会的不是子产，而是孔子，那么申徒嘉的局限就会以另一种方式呈现：对方内礼法的放弃，虽然有着深刻而充分的理由，但毕竟方内世界是人的居所，对于方内礼法的关注，仍有其更加深刻的理由，这种理由是游方之外者所无视的。更进一步，设若申徒嘉的精神生活再行突破，那么被突破的将是对德的执着，达到真正的忘德，而后德与礼、德与形、天与人之间看似无解的张力得以化解，至少是缓和。这大概正是陈景元对子产与申徒嘉俱有批评的原因："子产师伯昏之道而未能忘我，申徒同出师门而未能忘德。"[①]

三　叔山无趾与孔子的相遇：超越性人格无法理解圆满型人格

　　鲁有兀者叔山无趾，踵见仲尼。仲尼曰："子不谨，前

---

① 蒙文通：《重编陈景元〈庄子注〉》，《蒙文通全集》第 5 册，巴蜀书社，2015 年，第 456 页。

既犯患若是矣。虽今来，何及矣？"无趾曰："吾唯不知
务而轻用吾身，吾是以亡足。今吾来也，犹有尊足者
存，吾是以务全之也。夫天无不覆，地无不载，吾以
夫子为天地，安知夫子之犹若是也？"孔子曰："丘则陋
矣。夫子胡不入乎？请讲以所闻。"无趾出。孔子曰：
"弟子勉之！夫无趾，兀者也，犹务学以复补前行之
恶，而况全德之人乎？"

申徒嘉在德形之间坚定选择了德，是以德忘形的又一
典范，并将个人修养上的德形问题引至政治社会中的德刑、
德礼问题，及其背后的天人问题。天人问题既呼应了《人间
世》人生在世的吊诡性两难——阴阳之患与人道之患，又开
启了《大宗师》"天人不相胜"的必要性。这个深层问题仍是
引而未发的，《德充符》以叔山无趾的故事直面这一深层
问题。

与兀者王骀一样，兀者叔山无趾也冠以鲁，子产冠以
郑，哀骀它的国籍是卫；申徒嘉、闉跂支离无脤、瓮㼜大瘿则
不署国籍。这是颇为耐人寻味的。对于一个超越性心灵而
言，国籍、性别、种族等一切方内的规定都是形而下的，无
与于形而上的超越体验。申徒嘉的例子真正体现了对世间
性方内秩序的否弃，只专注于人的内在精神或心灵，因而
其国籍消失了。而叔山无趾有两点值得注意：一是鲁国国
籍，与游方之内的孔子同处一个国家；另一点是他的"叔"
字排行与孔子的"仲"字排行，显示了二人的精神品秩。兀
者叔山无趾在王骀、申徒嘉之后出场，这个次序也传达了兀

者系统内部的排行，王雱以为这大概也是"叔山无趾"以
"叔"命名的原因。

　　叔山无趾名为"无趾"，主要有两种理解。一种是将趾
理解为足（脚），正常人以脚行走，故趾可象征人的行止。
"无趾"即"无足"，呼应文本中的"亡足"；"踵见仲尼"的
"踵"则为"至"之意（奚侗、朱桂曜、王叔岷等）。另一种同样
合理的理解是，叔山无趾受刑斩去脚趾，故名"无趾"，无
趾只能"踵"行，即以脚后跟行走。此解呼应"踵见仲尼"，
与此相应，"亡足"就是"亡其全足"。

　　叔山无趾是象征性寓言人物，以"无趾"命名叔山，则
叔山在形而下层面是受人刑的被刖者，在形而上层面"其行
无趾"，则是无迹无相的至人。无足而行，犹如"以无翼而
飞"。《人间世》："绝迹易，无行地难。""闻以有翼而飞者
也，未闻以无翼而飞者也。"《晋书·隐逸列传·鲁褒传》引
鲁褒《钱神论》云："无翼而飞，无足而走。"叔山之"无趾"，
即无迹、不着相的象征，亦衬托仲尼的有迹、着相。然叔山
所以为"叔"而后于仲尼孔子者，则在于表面有相者其实在
更深层次则无相，而表面无相者在更深层次则或有相的复
杂辩证逻辑。

　　叔山无趾拜见孔子，仲尼对无趾说："你以前行为不谨
慎，受刖刑之辱。现在虽来求教，但断足不可复续，又怎
么来得及补救呢？"叔山无趾的如下回答让孔子震惊：第一，
自陈其过。我以前不知务德，而轻用吾身，触犯人刑，遭
受刖足之辱。第二，区分"形足"与"尊足"。我所以来您这
里，乃是由于我形而下的"形足"虽刖，形而上的"尊足"犹

存，我是为了保全"尊足"才来这里的。虽受人刑，道德却未受损。叔山无趾在阴阳之患（天刑）与人道之患（人刑）的张力性生存中，宁可获罪于人而不愿得罪于天，为了保存尊足而牺牲形足，这在某种意义上是在方内性世间面向超越性生存的代价。一个没有精神性追求，只是精心于算计得失与免患的人，无论如何都不会牺牲形足而保守尊足。当世间的好人伦理变成乡愿时，这种伦理只不过是维系世间利益最大化的工具。叔山无趾坚定选择了尊足：形足虽刖，德则未亏；刖刑乃是人刑，忍受人刑，不愿意违背良心而遭受天刑。叔山无趾与申徒嘉、王骀、哀骀它等，都属于这种为了不受天刑而情愿选择人刑的人，其心其神其性反而不伤，是以能泰然处之，怡然自得，忘形而进德不辍。为了做"天之君子"，毅然放弃"人之君子"，成为世间之"小人"。庄子哲学作为一种创痛性哲学，它看到了天人之间的深刻张力，当这种张力以某种不可调和的冲突方式存在时，大多数人选择苟全于世，免除世间的人道之患，而获罪于天，导致人心的阴阳交战、天人交战。《德充符》的兀者宁愿做形体的小人，也要做精神的巨人；宁愿牺牲形足，也不愿失去形而上的尊足。这一方面固然反映了世间生存的艰难，同时也彰显了他们这一选择所具有的崇高性与震动人心的巨大感染力。曹础基指出，叔山无趾的轻用吾身其实是在"影射社会黑暗，不知务，不懂世务"[1]，这无疑是正确的。的确，这是一种反讽的方式。"不知务"，恰恰是叔山

---

① 　曹础基：《庄子浅注》，中华书局，2007 年，第 63 页。

无趾保持着世间少有的天真，以人待人的天真。人间世却是争名夺利的角斗场，于天道上而言的天真之人在人人都是射手和靶子的世间只能是幼稚之人，吃亏受欺甚至成为牺牲品。这正是叔山形体上"失足"、道义上"尊足"的深层原因。

叔山无趾回应孔子的第三点则涉及兀者与孔子的交会："夫天无不覆，地无不载，吾以夫子为天地，安知夫子之犹若是也？"于万物，天没有不覆盖的，地没有不承载的。天地之德没有任何偏私，面向一切存在者而无例外，这就是天地的伟大品质。叔山无趾本以为孔子之德犹如天地，哪里想到孔子竟如此看重人的形体而不注重人的内在精神。叔山无趾对孔子的批评，意在说孔子之道到底是世间之道，其精神世界无法承载游方之外的超越性生存。

孔子对叔山无趾的回应是承认自己的固陋，同时诚恳地邀请叔山无趾进门来，向孔子及其弟子讲所闻之道。这是再次书写孔子的让德于人、自卑尊人，孔子德性之伟大正于此体现，他能够承载一切伟大人格之伟大，而不以一种类型的伟大拒绝另一类型的伟大，这就是终极德性的开放性，一如天地之德从来不掩盖而是凸显万物的美善，自己却隐身、化身其中。这里要注意孔子对叔山无趾称呼的改变：叔山无趾刚来时称呼"子"，当叔山讲出"尊足"时，孔子改称"夫子"。① 孔子已经理解叔山并非普通的世间人，而是非同寻常的游方之外者，孔子虽然不与之同路，却对之

---

① 王叔岷案语："前云'子不谨前'，称无趾为子，此改称'夫子'，知其非常人也。"（《庄子校诠》，第 185 页。）

表达了最大的敬意。王叔岷注解成玄英疏"无趾恶闻，故默然而出也"时却说："无趾不愿闻孔子所讲也。"[1]曹础基也说："孔子请入，无趾不但不入，反而出，表示根本看不起孔丘。"[2]这是错误的。不少注家都注意到，叔山无趾进到孔子与弟子所在的住所里，他的人生经历被孔子视为对门人而言生动的一堂课。

叔山无趾进来后有没有讲其所闻之道，《德充符》没有记载，只是以"无趾出"一笔带过。从上下文来看，叔山无趾很可能如郭象所说"闻所闻而出，全其无为也"[3]，没有讲任何东西，这才与兀者"立不教，坐不议"的生存风格相应。故陈景元云："仲尼请无趾入室讲道，而无趾目击意达，不言而出。"[4]孙嘉淦指出："不叙讲以所闻之语，直接'无趾出'，而于夫子语弟子、无趾语老聃处补点之，避实取虚也。"[5]叔山讲或未讲，所讲者何，关键看叔山无趾走后孔子的反应，以及进一步叔山无趾与老聃关于孔子的评价，这是对孔子反应的反应。

面对弟子，孔子依然将叔山无趾视为教学案例：叔山无趾这样受刑的兀者，尚且竭力学习以修补前行之恶，作为全形的弟子们更要勤奋勉励。就孔子与常季关于王骀的对话而言，他深切理解，无论是王骀还是叔山无趾这样的

---

① 王叔岷：《庄子校诠》，第 185 页。

② 曹础基：《庄子浅注》，第 63 页。

③ 郭庆藩：《庄子集释》，第 187 页。

④ 蒙文通：《重编陈景元〈庄子注〉》，《蒙文通全集》第 5 册，第 456 页。

⑤ 方勇：《庄子纂要》，《方山子文集》第 17 册，第 730 页。

兀者，他们追寻的是外其形骸、超越礼法而专注于内在精神的超越性之路。但对于游方之外的生存方式，孔子在学生面前保持高度缄默，只是从方内生存的视角教育学生向叔山无趾学习。这种错位乃是基于因材施教、"中人以下，不可语上"[1]的启发性原则。从这个视角来看，"孔子以无趾之迹，诲门人之心"[2]，似有心与迹的错位，然而这不是对叔山无趾之道的贬抑或降格，而是考量学生的适应能力，也有"下学而上达"[3]、不可躐等的为学次序问题。由于这些考量，孔子对弟子所说的叔山无趾，叔山无趾反以为孔子拘泥于方内礼法，无法理解超越性生存真理，这正是叔山无趾和老聃所共有的孔子生命图像。

孔子在以叔山无趾教育弟子的时候，使用了"全德之人"[4]的表述，其实质内涵是"全形之人"，形体完全、没有遭受人刑的人。然而就是在这里，可以看到孔子与叔山无趾一系兀者的不同理解。兀者们追寻心灵的超越性之路，这一道路完全系之于精神，而不系于形体；但在孔子这里，形与心在德上并不必然分离，分离只是精神旅程的一个阶段，在更高阶段二者仍然可以合一。孔子所代表的游方之内的道路，不仅要保护尊足，还要爱惜形足，进一步在德

---

[1]　《论语·雍也》：子曰："中人以上，可以语上也；中人以下，不可以语上也。"

[2]　蒙文通：《重编陈景元〈庄子注〉》，《蒙文通全集》第 5 册，第 456 页。

[3]　《论语·宪问》：子曰："不怨天，不尤人，下学而上达。知我者其天乎？"

[4]　《德充符》中有两处"全德之人"，在叔山无趾故事中，"全德"兼形质而言，"全"意谓本来无缺，是就天之所禀而言；在哀骀它故事中，"全德"离形质而言，全其所禀于天之德，全是就修而完之而言。（钟泰：《庄子发微》，第 120—121 页。）

与形、德与礼、天与人之间取得平衡。至于舍形足而全尊足的超越性生存之路，只是少数卓越精英之士所能走的道路，世间众庶必须找到自己的方式以维系天下有道的局面，否则即便少数卓越之士，其心能够纵横六合之外，其身也无以在此世间立足。对身体和世间的超越，在孔子这里又与保身、保世关联在一起，但对超越性人格而言，身与世则是被克服乃至被超越的病理性存在。

> 无趾语老聃曰："孔丘之于至人，其未邪？彼何宾宾以学子为？彼且蕲以諔诡幻怪之名闻，不知至人之以是为己桎梏邪？"老聃曰："胡不直使彼以死生为一条，以可不可为一贯者，解其桎梏，其可乎？"无趾曰："天刑之，安可解？"

叔山无趾与孔子交会的结果是，叔山无趾不能理解孔子，将孔子的位阶等同于子产那样拘泥于方内礼法而无法超越的世间性人格，方内之礼似乎构成了孔子生存高度的限定。所以无趾以为孔子并非至人，因其无法突破世间秩序。但问题是，无趾与老聃的对话都以疑问结尾，《德充符》留下了疑问。通过无趾语老聃所呈现的孔子，只是他眼中的孔子；至于他的视角不能及的那个孔子，则必须穿透这些疑问才能抵达。

孔子之所以不是与叔山无趾、老聃同路的至人，叔山无趾的根据在以下两个方面：其一，"彼何宾宾以学子为？"《德充符》是以孔子问礼于老聃的历史故事为底本，孔子请教老聃的是礼，叔山无趾以为孔子学习老聃的生存方式，学习的方式则是"宾宾"。"宾宾"，俞樾以为"频频"，王叔岷从之。实则"宾宾"形容的是揖让进退之礼，在这里指习于礼仪。"学子"即学者，指门人弟子。钟泰正确指出叔山的意思是，孔子教弟子以礼，叔山无趾师从老子道德之教，以超越方内礼法为进路。[①] 方内与方外的边界正在于礼，孔子教弟子门人恭敬习礼，被叔山视为拘于方内而不能超越的体现。孙嘉淦指出，叔山无趾"天资高旷，见孔子之务学守礼，以为拘谨。而不知内外一原，显微无间，动容周旋，即是天命流行，圣人之所以立极千古而无流弊者正在于此"。[②] 其二，"彼且蕲以諔诡幻怪之名闻，不知至人之以是为己桎梏邪？"方内礼法建立在以名定形的名教上，人的社会身份受制于君臣父子夫妇之名位，名位不同，礼数也就相应有所不同。叔山以为孔子不能超越方内礼法，追求并受制于"名闻"，叔山以"諔诡幻怪之名闻"即怪诞不经的名闻来揭示礼教之弊。同时也隐含孔子"有心以聚人"，此正与兀者"无心以动众"构成对比。[③] 然而，孔子所追求的与礼相关的名闻，对于至人而言，难道不是牢笼、枷锁、桎梏，是精神突破必须冲决的心灵内在德性的阻碍吗？

对于叔山无趾以上两个问题，老聃的回答是耐人寻味的：那为什么不让孔子齐一死生、等视是非，从而解除这些桎梏或枷锁呢？显然老聃的回应依然基于游方之外的视角，

---

① 钟泰：《庄子发微》，第 116 页。
② 方勇：《庄子纂要》，《方山子文集》第 17 册，第 734 页。
③ 刘武：《庄子集解内篇补正》，第 134 页。

这与《大宗师》中的"孰知生死存亡之一体者，吾与之友矣"是一致的，毕竟老聃在《养生主》中已经被视为"帝之悬解"的代表。换言之，何以不引孔子走上游方之外的超越性人生之旅呢？叔山无趾对此表达了否定性的看法："天刑之，安可解？"叔山无趾以"天刑"论孔子，是说孔子在人刑与天刑、人爵与天爵中选择了存人爵、去人刑，由此失去天爵获天刑。在天人冲突时，叔山无趾毫不犹豫地选择遭受人刑而全其天德；在他看来，孔子则是为了全其人而获罪于天。殊不知孔子尝云："获罪于天，无所祷也。"（《论语·八佾》）在天人问题上，孔子既不放弃人，也不放弃天，不做非此即彼的决断，而是站在天人之际的位置，两尽其道，不以人害天，不以天捐人。孔子知天人之所为，不去触犯天，也不放弃人的位分，故而其排行只在伯昏无人（道的化身）之后，而先于叔山无趾（而王骀、哀骀它、申徒嘉等只是同一类生命人格的不同变形）。在《大宗师》中，孔子曰："丘，天之戮民也。虽然，吾与汝共之。"正可视为对游方之外者的回应。诚如吕惠卿所云，"游方内而不必出，安天刑而不必解"①，这是一种"不出之出""不解之解"，即安于方外之人所谓的"天刑"，方内虽不完美，却是人的家园，当心安于方内时，方内生存本身即可上升到游的层次。② 这就是何以孔子仍然教弟子礼法，并在礼法之中超越礼法，而不是

---

① 吕惠卿撰，汤君集校：《庄子义集校》，第 142 页。

② 陈赟：《方内如何可游？——庄子哲学中的两种生存真理及其张力》，郑宗义主编《中国哲学与文化》第 20 辑《庄子哲学》，上海古籍出版社，2022 年，第 52—78 页。

在礼法之外另建超越性的生存之路。

《庄子》"相忘于江湖""坐忘""心斋"的奥义，都是通过孔子的故事来呈现，这绝非偶然。遗其形足而存其尊足，兀者重冥绝迹，选择形而上者，放弃形而下者，孔子则是形足与尊足两存而又两忘。《德充符》后文"忘其所不忘""不忘其所忘"，唯独孔子可以当之，而兀者则难当之。因为"忘"，首先不是无而忘之，既无，则无须忘，而是有而忘之。兀者失足，隐喻无而忘之；孔子存足，象征有而忘之。兀者忘其无足，孔子忘其有足。无足而忘其无足，不以人有足而己无足介怀，以尊足行，重内而轻外，重冥而轻迹。有足而忘其有足，则失足与不失足，皆无可无不可，因皆可忘之故。形足与尊足，如鱼"相忘于江湖"，彼此相济而不自知。兀者一流追求的是"无翼而飞""冥而无迹"，故能尘垢糠秕、陶铸尧舜，以人间事业如浮云，以其不足为，亦不屑为。然《人间世》中孔子恰恰说："绝迹易，无行地难。……闻以有翼飞者矣，未闻以无翼飞者也。"不走自无痕迹是容易的，真正难的是走不着地。对于孔子而言，像兀者这样的至人是容易达到的，更难的是有迹而忘迹。这一点关涉德的内外之辩。王煜指出："具体的德，应该同时充盈于内以及应物于外；抽象的德仅指'德之自己'或'德之在其自身'（virtue-in-itself）。就充于内言，属于'冥'；就应于外言，属于'迹'。若果视冥作为至高无上，那么难免视迹为束缚，甚至绝迹而孤冥。但是大成而浑化的至德，不可停滞于孤冥的阶段。孤悬独特的冥表示对冥的顽固黏着以及

对迹的轻忽疏略"；"在道的浑沌境界，道的在其自身（冥）
与道的对其自身（迹）辩证地圆融为道的'在且对其自身'（in-
and-for-itself）。……儒道佛三家的共理之精粹，正在迹冥
圆融的最高境界"；孔子"不以迹为迹，不视桎梏作械杻，
而恒保安泰愉悦的心境"。① 这正是叔山无趾所无法理解的。
事实上，对于世间取其超拔的隐者一系，孔子的回应是"鸟
兽不可同群，吾非斯人之徒而谁与"。孔子虽然深刻理解与
天为徒的意义，但他坚定地不舍人间，坦率地感慨其是"与
人为徒"者，是一个世间生存者。对天德的保守，如果说在
兀者那里被引向对形体、世间礼法的超越，孔子则将之引向
对形体、对世间的滋养。乐天与安土在兀者那里被分离，在
孔子那里则被重新连接。所以孔子所提供的生存方式，既
在兀者之前，又在兀者之后。在兀者之前，向庸言庸行开
放；在兀者之后，仍然指示了生存真理的更高可能性。

按照李腾芳的看法，这一章兀者与孔子的交会，突出
的是孔子不能理解兀者，其理由是：当叔山无趾见孔子时，
孔子的话落在形足上表明他不能理解兀者；当叔山无趾亮
出尊足后，孔子对门人说的话依然在迹上不在心上，故而
仍然不能深解兀者。② 实际上情况恰恰相反，孔子之能够理
解兀者，在王骀的故事中已经清晰表达过；兀者如何看待
孔子，这才是叔山无趾故事兀者与孔子交会的要点。王骀

---

① 王煜：《老庄思想论集》，联经出版事业股份有限公司，1979 年，第 344 页。
② 方勇：《庄子纂要》，《方山子文集》第 17 册，第 732 页。

的故事彰显的是游方之内的孔子能够很好理解游方之外的兀者，申徒嘉的故事彰显的是拘泥方内的子产无法理解游方之外的兀者，叔山无趾的故事则反过来阐说另一面向，游方之外的兀者无以理解游方之内的孔子。

四　哀骀它与孔子：圆满型人格对超越性的超越

> 鲁哀公问于仲尼曰："卫有恶人焉，曰哀骀它。丈夫与之处者，思而不能去也。妇人见之，请于父母曰'与为人妻，宁为夫子妾'者，十数而未止也。未尝有闻其唱者也，常和人而已矣。无君人之位以济乎人之死，无聚禄以望人之腹。又以恶骇天下，和而不唱，知不出乎四域，且而雌雄合乎前。是必有异乎人者也。寡人召而观之，果以恶骇天下。与寡人处，不至以月数，而寡人有意乎其为人也；不至乎期年，而寡人信之。国无宰，寡人传国焉。闷然而后应，泛而若辞。寡人丑乎，卒授之国。无几何也，去寡人而行。寡人恤焉若有亡也，若无与乐是国也。是何人者也？"

这一节引入恶人哀骀它的故事，对比以上三个兀者的故事，构成了一种突破。这一次关注的不再是形之残，而是形之恶，形之恶与德之美构成巨大反差。形残与德全的张力，凸显德礼张力及其背后的天人张力，因而归结于阴阳之患与人道之患、人刑与天刑之间的分离与抉择。形之美恶相对于是非刑赏，虽然不涉方内的对错问题，不涉礼法体制的刑赏问题，却是浸入生命无意识深处的人情好恶问题。是非对错要有公共性的礼法加以节制和约束，人之好恶却难有共同的规范。在这个意义上，哀骀它的故事从更深的层面展示形与德的张力，也正是这种张力将超越性生存推进到前所未有的高度。

卫国哀骀它之所以被称为恶人，乃是指其容貌极其丑陋。"恶借为亚，《说文》：'亚，醜也。象人局背之形。'"① 显然，与前文的兀者相比，哀骀它四肢健全，却奇丑无比，故事并没有刻画哀骀它究竟如何貌丑，而是突出其非同寻常、让人惊讶的人格感染力：男子与他相处，都不愿离开他；妇人见到他，都请求父母，与其做他人的正房之妻，不如成为哀骀它的偏房小妾。这样的妇人们多得以十为单位来计数也不够。世人一旦有机会有条件，总想向他人展示自己的个人主张和与众不同之处，而哀骀它的特点是"和而不唱"。一般而言，唱先而和后，"哀骀它为至人，其于世也，既无所求，又欲存身，不得已而曲从之，譬诸唱、和，则人先唱，而我后和，盖感之而应，不敢为天下先，

---

① 王叔岷：《庄子校诠》，第 188 页。

《天下》'推而后行，曳而后往'，'人皆取先，己独取后'是也"。①《淮南子·诠言训》："圣人常后而不先，常应而不唱。"《文中子·事君》："子之言应而不唱。"应即和。哀骀它总是应和别人，从未凸显自己，从未试图按照自己预先设定的目标对别人加以引导乃至改造，他总是未尝先人，随感而后应。相处时，他总是让别人处在中心，处在主位，从来都不把注意放到自己身上，就像衬托鲜花的绿叶，悄无声息地凸显他人的美丽。也正因如此，他本人的魅力无可遏制地以光而不耀的方式释放出来。他一无权力地位，无法救济别人的苦难；二无资产财富，无以满足人的物质需求；三无惊艳美貌，相反，丑得让人惊骇；四无引人瞩目的才智，知识所及不出于四境。然而就是这样一个男子，具有不可思议的人格魅力，身边聚集了很多人。

　　鲁哀公很惊诧，这究竟是什么样的人呢？想必有异乎寻常之处。鲁哀公召见哀骀它，一开始的印象就是相貌丑陋无比；与之相处还不到一个月，就对他产生了好感；不到一年，对他完全信赖。鲁哀公将国政交付于他，但是没过多久，哀骀它就悄然离开了鲁国，不知所踪。鲁哀公怅然若失，他实在无法明白，哀骀它究竟是什么样的人物？他将哀骀它的故事讲给孔子，希望孔子解答他的困惑。

　　　　仲尼曰："丘也尝使于楚矣，适见独子食于其死母

---

① 吴林伯：《庄子新解》，京华出版社，1998年，第82—83页。

者，少焉眴若，皆弃之而走。不见己焉尔，不得类焉
尔。所爱其母者，非爱其形也，爱使其形者也。战而
死者，其人之葬也不以翣资；刖者之屦，无为爱之，
皆无其本矣。为天子之诸御，不爪翦，不穿耳；娶妻
者止于外，不得复使。形全犹足以为尔，而况全德之
人乎？今哀骀它未言而信，无功而亲，使人授己国，
唯恐其不受也，是必才全而德不形者也。"

孔子以隐喻回答：他曾出使楚国，路上偶见一群小猪，
正在吃刚刚死去的母猪的奶，突然它们发觉母猪已死，便
惊讶地弃之而逃。这是由于它们发现母猪已经不再像活着
时那样看顾它们，母猪失去了生命力，仿佛与它们生死两
样、不相为类了。"所爱其母者，非爱其形也，爱使其形者
也。"小猪爱它们的母亲，并非爱其形体，而是爱那使形体
具有生命力的精神。精神不是形体，而是"使其形者"。郭
象注："使形者，才德也。"成玄英疏："才德者，精神也。
豚子爱母，爱其精神；人慕骀它，慕其才德者也。"[1]小猪的
故事意在揭示，哀骀它的人格吸引力正在于他的精神，即
后文的"才德"。形体再美好，一旦失去精神滋养，也就失
去了生命力。

孔子再以隐喻进一步阐发：在战场上牺牲的人，不用
棺饰（翣，垂于棺的两旁）下葬，因为那个场合连棺椁都没

---

[1]　郭庆藩：《庄子集释》，第 193 页。

有，又何来棺饰；同样，遭受刖刑而失足者，不再爱惜有足时所穿的鞋子，因为已经没有穿鞋子的脚了。之所以如此，是因为失去了根本。婴以棺为本，鞋以脚为本，棺既不在，婴又何存？脚都不在了，鞋子又穿在哪里呢？这是从反面说哀骀它的魅力来自其才德或精神，而非形体。形体与精神之间，精神为本，形体为末。生存真理如果不能向作为根据的精神敞开，而以形体为要，就不能具有持久的生命活力。

孔子更进一喻：做天子的宫妃们不能剪指甲，不得穿耳孔；刚刚娶妻的男子，官府不再役使，使其形逸，以享新婚之欢。这两个例子，呈现的是"全形"，意在引出"全德"。人们对形体的保全都如此重视，更何况对哀骀它这样的全德之人呢？哀骀它尚未言说，人们已经信服于他；并未立功，人们已经亲附于他；使人心甘情愿把国家政权交给他，还深怕他不肯接受，这样的人必定是"才全而德不形者"。是他生命中道德或精神的莫名力量，发出光辉滋养人们，人们才在不知不觉间为其所化。这里的"才"并非通常所谓的才能、技能。《寓言》"受才乎大本"与《天地》"物得以生谓之德"相通，"才"即本性，本性之内容即天降之德，故《庄子》语境中的"才""德"意通，皆禀于天。陈详道以为："德全则显而为才，才全则入而为德。"①"才全"实即"德全"，"易'德'曰'才'者，以接云'德不形'，不可用两德字，故不

---

①　褚伯秀：《庄子义海纂微》，第159页。

得不变其文也"。① 德全，不但是精神的饱满，而且是绝对
的自足圆满。在哀骀它这里则是超越一切权力、财富、荣誉、
地位、知识、处境的纯粹而绝对的超越精神，即天德之无遮
蔽、无遏止的朗现。

　　哀骀它是超越性人格的典型，其"至诚纯出自性情，而
非原于学养。宗教性之人格，大皆不由学养知识来。所以
谟罕默德原为佣工，耶稣原为木匠，释迦原为王子"，而慧
能目不识丁。这种超越性的圣贤不可积学而致，不可模仿，
也不可以修养的方式超越。这种超越性的圣贤体现了绝对
无限之精神，乃相形以见世人之卑狭，故而世人不能不崇
拜。世间一切有抱负、有气魄、有才情、有担当之事业家、天
才、英雄豪杰们，在超越性圣贤面前也无不自觉自身之渺
小，莫不对此等圣贤俯首礼拜。他们并非不知自己的长处，
驰骋人间世，甚至可以震荡一世。然而，于超越性圣贤而
言，世人一切所有，富贵功名、妻室儿女，以至抱负才情、
英雄事业等等，皆成虚无。世人忘不了自我，超越性圣贤
却忘掉世间大地上所有一切，而直与绝对者合一。他们在
精神上便超过世人、涵盖世人，世人在其面前一无所有，在
此绝对伟大充实面前不能不低头。低头则接触其伟大充实
而分享之，自进于伟大充实；不低头则自满于世俗所有，
反成渺小。这就是唐君毅所说的，崇拜超越性圣贤人格之

① 钟泰：《庄子发微》，第 121 页。

精神世人不能不有的道理。① 哀骀它作为超越性人格——游方之外的天人、神人或至人——方内的任何事物对他而言都没有吸引力，也正因如此，他的人格精神对于那些只能生活在方内且不能游的人具有根本性的吸引力。人们越是不能超越于方内的礼法秩序，就越是对哀骀它这样的超越性人格有一种着魔的归服感。

> 哀公曰："何谓才全?"仲尼曰："死生、存亡、穷达、贫富、贤与不肖、毁誉、饥渴、寒暑，是事之变，命之行也，日夜相代乎前，而知不能规乎其始者也。故不足以滑和，不可入于灵府。使之和豫通，而不失于兑，使日夜无郤，而与物为春，是接而生时于心者也。是之谓才全。""何谓德不形?"曰："平者，水停之盛也。其可以为法也，内保之而外不荡也。德者，成和之修也。德不形者，物不能离也。"

鲁哀公进一步问："何谓才全? 何谓德不形?"孔子首先列出人之权能边界之外的畛域，即"死生、存亡、穷达、贫富、贤与不肖、毁誉、饥渴、寒暑"等，孔子称之为"事之变""命之行"。这一畛域中的事物，如同昼夜在我们面前循环交替，迁流无常，而我们的智性无以洞彻其开端。这些事物，对

---

① 对超越性人格与圆满型人格的区分，参唐君毅：《人文精神之重建》，《唐君毅全集》第10卷，九州出版社，2016年，第175页。

于我们而言是典型的"在外者"，是作用于我们而我们又无法改变或消除的运作机制及力量，可将之归属于"无可奈何"的"命"。这些权界之外的事物，我们不能改变它，不能改变它作用于我们的方式，但可以改变我们对它的态度，即我们唯一所能做的是改变我们回应它的方式。"才全"，则不让命搅乱吾人本性中的和顺，不让命惊扰吾人的心灵，心灵是精神的安宅。"滑和"即"乱和"，"和"上承"游心于德之和"，下接"德者，成和之修也"，和是德之所以为德者。《缮性》："知与恬交相养，而和理出其性。夫德，和也；道，理也。"和即德，乱和即乱德。如何才能不让主体权界之外的命（无法左右、不可测度的事之变、命之行）乱德？孔子的回答是使心灵不受在外者的影响。对于在外者，心灵不能不有所感，但感而不受，而非拒之门外，以简单排斥、抗拒的方式并不能化解在外者对心灵的影响。所以孔子提出一方面"使之和豫通，而不失于兑"，另一方面"使日夜无郤，而与物为春"，两个方面综合起来就是："是接而生时于心者也"。而这就是才全，也即德全。

"使之和、豫、通，而不失于兑"，和即和顺，豫即愉悦，通即流通、通达。对于在外者的事变命行，我们安于对之的无可奈何，不以之影响心灵的和顺与愉悦。"兑"的本义是穴，即耳目口鼻等感官；"不失于兑"，即不要使心灵的和顺愉悦之气散失于耳目口鼻之官。《山木》："化其万物而不知其禅之者，焉知其所终？焉知其所始？正而待之而已耳。"表达的也是这种对待在外者的态度，万物的流转变化并不能影响内心的和顺愉悦，在外与化俱化而在内（精神）不为外化所化，这就是心灵的不失其正。"使日夜无郤，而与物为春"，心灵的和顺愉悦之气通畅，不受阻碍和时变命行的影响，"无一息罅隙"，与万化交融为一体，虽然与物推移，其心总是充满生生的喜悦，"随物所在，同游于春和之中"①。"是接而生时于心者也"，心灵的和顺、愉悦、通达之所在，即是生生的春意之所在，对于至人的心灵而言，仿佛四时并不在天地，而是接续发生在他的内心。宣颖解释说："是四时不在天地，而吾心之春无有间断者，乃接续而生时于心也。"②万象变化，一刻不息，我们无法测知也无法驾驭，是我们无法左右的命运。然而，我们的心灵在与之交接过程中，在外顺从无常之变化，不失精神之和悦通达，"造化在我胸中一片活泼，《中庸》'浩浩其天'一句注脚，莫过于此"③，这样的心灵状态就是"才全"，其本质是德的完备自足，"德充于内者无假于外，德馁于中者外饰无益"④，独立于变化之流而超拔其上，这也是超越性生存的根据所在。

但最高的德是不形的，"何谓德不形?"孔子以隐喻方式加以阐发：天下之平，莫过于静止的水面，静止的水面被视为"平"的最理想化标准。《天道》："水静则明烛须眉，平

---

① 宣颖：《南华经解》，第44页。
② 同上。
③ 同上。
④ 褚伯秀：《庄子义海纂微》，第162页。

中准，大匠取法焉。"建筑工人使用的水平仪就是利用水平原理制作的仪器。水之所以为求平者所取法，在于其能"至平"，其所以能"至平"，在于能够"内保之而外不荡"，内保其清明，外不随物动荡。这是以水喻德。德的本质就是和，全其性中之和，就是德的工夫修养。内德而不外荡，无往而非德，物自不能离之，这就是德充之符。也就是说，德不形者如同水之平者那样，可以成为人们取法的尺度或标准。

> 哀公异日以告闵子曰："始也吾以南面而君天下，执民之纪而忧其死，吾自以为至通矣；今吾闻至人之言，恐吾无其实，轻用吾身而亡其国。吾与孔丘，非君臣也，德友而已矣。"

鲁哀公后来告诉孔子的弟子闵子骞说："开始的时候，我以为国君治理天下，只要执掌治理人民的法令，关怀百姓的生死，就已经是治理天下的通途大道了；听到孔子讨论哀骀它的那些话，我才担心自己并无实德，不免于轻用自己的身体而危亡自己的国家。我和孔子，并非君臣，而是进德之路上的道友啊。"这里要注意的是，鲁哀公存在状态的变化，来自孔子而不是哀骀它。尽管哀骀它对于鲁哀公有着魔似的吸引力，那是超越性人格投射出的光辉与能量。在与哀骀它的交往中，鲁哀公只是被其强烈吸引，不知其然而然，除了纯粹的仰慕与自我徇失，再也没有其他东西。超越性人格只能照见我们作为世间生存者的渺小与卑微，只能激唤我们放弃世间身位甚至自己。我们的世间维度一再下拉着我们，此与超越性的人格对我们的上提，形成一种结构性的张力，我们就在这两种力量中摇摆不定、时上时下、此消彼长。然而，在孔子这种圆满型人格那里，我们看到的是超越性人格的退隐，孔子的让德于人，使得我们不是面对超越性人格那样失去自己，而是重新获得自己。鲁哀公存在状态的转变，之所以在孔子这里而不是在哀骀它那里发生，很大程度上是鲁哀公通过孔子而赢获了崭新的自己。

孔子与形残者的第一次交会，意在引出游方之外的王骀完全可以被孔子所理解；第二次交会，意在表明游方之外的叔山无趾本质上并不能理解游方之内的孔子；在前两次交会中，孔子在显的线索中好像是个配角，只是为了引出游方之外的兀者。但到了哀骀它故事即第三次交会时，情况发生了改变，哀骀它作为兀者的变形，呈现了新的面相，同时孔子也获得了"至人"的精神位阶。要知道在第二次交会中，叔山无趾与老聃否定的正是孔子的"至人"位阶。孔子的至人之位阶的"死"而后"生"，恰恰表明了以孔子为中心的隐的线索已经走上前台，而以形残者为中心的显的线索则在后撤。

五 超越"超越性"：从"以德忘形" 到"上德忘德"

闉跂支离无脤说卫灵公，灵公说之；而视全人，其脰肩肩。甕瓷大瘿说齐桓公，桓公说之；而视全人，其脰肩肩。故德有所长而形有所忘。人不忘其所忘，而忘其所不忘，此谓诚忘。故圣人有所游，而知为蘖，约为胶，德为接，工为商。圣人不谋，恶用知？不斫，恶用胶？无丧，恶用德？不货，恶用商？四者，天鬻也。天鬻者，天食也。既受食于天，又恶用人？有人之形，无人之情。有人之形，故群于人；无人之情，故是非不得于身。眇乎小哉，所以属于人也！謷乎大哉，独成其天！

在圆满型人格被视为至人以后，超越性人格的限度反而彰显了。"闉跂支离无脤"并非人名，而是形容一个人的外形特征。在方内世间，人们总是通过耳目之官所接触的那些特征来定位人的形象，这就有了"闉跂支离无脤"指称人的现象。"甕瓷大瘿"也同样并非人名。闉，屈曲，下体盘区；跂，脚尖点地而行，脚跟不着地；支离则是上体伛偻不正；脤，即唇，无脤，即没有嘴唇。"闉跂支离无脤"就是指代一个下体曲屈、上身驼背并缺少嘴唇、总是踮起脚尖的人。当他去游说卫国国君卫灵公，国君很喜欢他；接触了这个畸形之人，国君再去看那些形体完全的正常人，反而觉得很是异样，毕竟以阐跂支离无脤作为标准，正常人不过"其脰肩肩"，没有什么特别之处。"其脰肩肩"，脰即脖子、颈项；肩肩，通常解为细小，在训诂和义理上皆无着落。刘武认为，上"肩"字指"项下之膊"，下"肩"字意为"任也，负担也"，"其脰肩肩者，谓其颈乃肩膊肩负之也。言灵公视阐跂而悦之，忘其形之恶，视形全之人，惟见其以肩任负其颈耳……盖阐跂德充于内，故灵公忘形悦德，非然者，形貌虽全，不过以肩肩脰之常人耳。盖以肩肩脰，人人如此，无足悦也。下文'德有所长，形有所忘'句，即说明此处之义者也"。[①]"瓮㼜大瘿"刻画的是这样的外形特征，颈脖上长着巨大的肉瘤，就像悬挂着瓮㼜那样，瓮㼜指的是装东西的陶器。当他去游说齐桓公的时候，齐桓公很高兴，反过来看正常人，也觉得他们颈项太过瘦长，反显丑陋了。阐跂支离无脤和瓮㼜大瘿都是相貌丑陋的畸人（形体不正者），这是通过形体的丑陋来反衬他们的内德充实。卫灵公与齐桓公忘其形而悦其德，正见二人内德充溢，而那些没有内德的正常人，形貌虽全，但也只不过是以肩负颈的常人罢了。而以肩负颈，人人如此，无所可悦。

阐跂支离无脤和瓮㼜大瘿的故事，意在引出"德有所长而形有所忘"，这是对本篇六位形残貌丑之人的总结。德与形之间具有某种张力：重视形体则昧于德性，长于德性则

━━━━━━━━━━

① 刘武：《庄子集解内篇补正》，第 141 页。

忘其形体。问题的关键在"忘形"，然而不专注于德，又怎能忘形呢？所以"忘形"的关键还是"全德"。"人不忘其所忘，而忘其所不忘，此谓诚忘。"在世俗人层次，所忘者是德，所不忘者是形；德有过于常人者，形虽不全不美，人将忘其形。德是不当忘的，人或以忘德为代价去关切形，这就是真正的遗忘。这一遗忘拘泥于世间生存的负面价值，是应该被克服或超越的。换言之，人们应当将形体的完整与否、美丑与否抛诸脑后，直面内在德性的召唤而朝向超越性的生存。在超出世俗生存的更高层次，所当忘者不仅是形，更当忘德，"忘形易而忘德难也，故谓形为所忘，德为不忘也"[1]。忘形而又忘德者，这就是另一层次的真正的遗忘，它是褒义的，是"德不形"的精义所在。所谓"德不形"，并不仅仅是德内守而不外荡，而是"上德不德"式的"忘德"，即真正有德者，并不以德临人，相反总是让德于人，光而不耀，隐德于形，和光同尘，融圣于凡，销圆于方，这就必然导致对超越性圣贤人格的超越。孔子作为《德充符》中隐的线索，其意义也在这里。

《德充符》提出的问题是：圣人游于何处？圣人之游，是"游心"，是精神的自由，无涉形体。所游者何？"游心于德之和"。世俗意义上的知、约、德、工无关乎精神自由，相反可能为之带来影响或障碍。"知为蘖"，《说文》段注曰："凡木萌旁出皆曰蘖，人之支子曰蘖。"对于游心者而言，智计之巧是进德游心的枝蘖，"至知不谋"（《庚桑楚》），游心

---

① 郭庆藩：《庄子集释》，第 200 页；王叔岷：《庄子校诠》，第 198 页。

于德，拒绝谋略化、工具化的智术；约束人的礼仪不过是胶漆的外在黏合，其代价或如《骈拇》所说，"待绳约胶漆而固者，是侵其德者也"，如果不曾砍斫其内在的连接，那又何必使用胶漆呢；布施恩惠不过是笼络人心的手段，而"至德无得"（《秋水》），如果大本无丧，又何必以德相互招引和标榜呢；将技巧机关视为商贾般获利的手段，如果不将自身作为世间的货物，又何须用机巧技艺将自身加工为待售的商品呢？"不谋""不斫""无丧""不货"，才是游心者的"天鬻"——即"天养"而非"人养"，一种纯粹精神馈赠的食粮。这种精神食粮禀受于天，一切形式的人为（知、约、德、工）都无与于这种天养。游心者具有常人的形貌，却能超越常人的好恶。具有常人的形貌，所以他与人同群，共同生活在世间；但他又没有常人的好恶，因而世间性的是非价值不会扰乱他的身心。他渺小的身体毫无疑问与常人一样属于世间，属于方内的礼法秩序及其机制；然而他的精神不属于世间，总是向着天德之和敞开自己的灵魂。游心者当然是在世者，但又有此世所无以穷尽的东西，那就是他向着天道天德敞开的心灵。在此意义上，游心者具有在世而又不属于世的双重身位。

无论是超越性的人格，还是圆满型的人格，都是在世而不属于世的。然而超越性的人格，以其在天人之间的张力体验，坚定选择了绝对超越性的天德，其生活完全是由纯粹精神来界定的，表现为对形体最大限度的脱离，最终从人性、从世间社会的共同价值、从宇宙的节律中的逃离，以终极的超越性作为生存根据。这种超越性只能是创造性

与自由性本身，也是德之和的绝对展现本身。但圆满型的
人格要从这种绝对的超越性回转，回到宇宙节律，回到世
间，回到人性，他将超越性融在凡俗性、庸常性的日常生活
世界的生生之意中，与贩夫走卒、渔樵等共同生活。超越性
人格以超越性的上提力量激唤着对形体的遗忘以及对天德
的向往，圆满型人格则将德的遗忘视为德的展开形式，大
德之烂漫光大即是大德之自我隐藏。在前者，世间性的常
人徇失了自我，为向上的力量所牵引；在后者，世间性的
常人重新肯定了自己，为自己在社会、世间与宇宙中自我
定向。

六　惠施：常人人格的生存论畸变

惠子谓庄子曰："人故无情乎？"庄子曰："然。"惠
子曰："人而无情，何以谓之人？"庄子曰："道与之貌，
天与之形，恶得不谓之人？"惠子曰："既谓之人，恶得
无情？"庄子曰："是非吾所谓情也。吾所谓无情者，言
人之不以好恶内伤其身，常因自然而不益生也。"惠子
曰："不益生，何以有其身？"庄子曰："道与之貌，天
与之形，无以好恶内伤其身。今子外乎子之神，劳乎
子之精，倚树而吟，据槁梧而瞑。天选子之形，子以
坚白鸣。"

　　《德充符》结尾，从游心的至人回到当下语境，惠施与庄子出场了。这是一个与《逍遥游》《天下》等具有相似结构的结尾。当庄子意识体验中的游心者，以有人之形而无人之情的面貌出场时，这必然引发来自世间者——惠施是其典型的代表——的质疑。惠施的问题是，难道无人之情是人的天性之本然吗？如果没有了世间性的好恶之情，又何以为人呢？难道好恶之情不是人不可泯除的同属自然的规定性吗？从世间性的属人视角来看，惠施的提问及其隐含的信念，没有任何问题。然而，这本质上关涉对人的理解问题。当庄子反诘以"道与之貌，天与之形，恶得不谓之人"时，他显然在追问更为深层的问题：人可以被缩减为世间内的生存者吗？退而言之，即便是世间性的常人视为属己性的"貌""形"，又何尝真正属于我们本己呢？毫无疑问，它们来自我们不能左右的力量——天，及其运化方式——道，我们只是被动接受了来自天道的馈赠而已。但它们又真真切切构成我们生命的一部分，在此意义上，无论是游心者还是世间人，都是属世性的生存者。

　　惠施的问题是，既然貌与形来自天道，人之情不也具有同样的来源吗？又怎么能说有人之形而无人之情呢？一旦否定了人之情，人就如同木石，本质上连人自身都被否定了。庄子的回应是：你所说的人之情只是随感而动意义上喜怒哀乐的情感，而我所说的无情并非指没有喜怒哀乐，而是指人不以好恶内伤其身，不为情感所累，不被情感扰乱心灵的德之和；不以人为的方式去增益天道的运化机制，关键是"循天之理"（《刻意》），养生而不益生。惠施进一步反诘：既然不益生，何以有其身呢？庄子回答：天道给人以容貌和形体，性德同时赋予其中，其德未尝不和顺于中，只要不以好恶人为内伤其身，它就会按照自己的机制自发运作；问题是，像你这样，终日神驰于外、劳精于内，行走时倚靠树木而吟咏，坐时凭据几案而昏睡，尽管天道赋予你全人的形貌，你却用智术末技以自炫，在坚白同异问题上争鸣不已。

惠施拘泥于世间性生存视角，拘泥于方内，其生存面向执着于形名、不能进德并最终忘德的"诚忘"者。这是德充符的反例，既然无德可充，也就无符可征。惠施"倚树而吟，据槁梧而瞑"，意在彰显其缺失内德之和的枯燥无味的灵魂，正是缺乏对超越性体验及其向上力量的感应和敏觉，使得他对人的理解完全缩减为世间性的形、貌、情。惠施拥有生理上健全美好的身体——全人之形，相对于《德充符》中的六位身残貌丑者，可谓幸运中的幸运；然而，真正的不幸又在惠施身上显现，他缺失天德之和的灵魂及人生，不正是更大的不幸吗？他并未理解人的权能边界：将"天之所为"的交付给天，将"人之所为"交给自己，勇敢承担起来。由于天道及其机制在惠施心性中并无显现，他的世间性生存形式也就缺乏对"天之所为"及其力量的感应，他不知道这种感应的器官并非形体、容貌，也不是指向客体的意向性意识或喜怒哀乐等情感，而是人的总是无法被世间性所拘束的心灵。

惠施构成了常人生命形态的又一亚型。常季作为常人，虽处方内，仍有上达或超越性的渴慕；子产是谨于礼而不达于德的人之君子，方内的礼法秩序制约了他对德的理解，德下降为与礼的一致性，他看不到德礼之间、天人之间的结构性张力，但他仍然是按照世间性礼法尺度而严格要求的生存者。与二者不同，惠施象征的则是感受不到来自超越性的向上力量，生命向下沉陷。如果常季与子产等象征的方内人格仍有其可称道之处的话，那么惠施则是一种生存论的畸变，是人性之削减，既不能抵达超越性，又不能安于世俗性，与超越性、世间性两无所当，故而生命处在无定的悬浮状态，失去了精神上游心的可能性，成了一种无根的人生。惠施是"形全而德不全"者，因为内德不充，德性与精神的匮乏，所以不能有外显之符。与游方之外者相比，惠施们并不能达到方外，只能生存于世俗的方内。游方之外者德全而形不全，因德而忘形，而惠施们不能达到忘形的层次，相反执着于形以及定形之名，生命因此被限定而失去了作为"能在"的开放性前景。与游方之内者相比，虽同处方内，惠施们却被拘系不能游，其生命由被给定的形全与未尽人能的德不全所界定，而游方之内者不仅形全而且德全，其形体也非给定，而是以德践形的成就。换言之，惠施们既不能"支离其形"，更不能"支离其德"，他们的存在反显支离其形的条件是德全——德有所长而形有所忘，正如支离其形者以正的方式显现了支离其德的条件——忘德。

七 《德充符》的多元交响、
隐显线索和立体脉络

常季、子产、惠施，构成常人人格三种亚型的符号化表达。常季身处在方内而有上达之心，因而其心灵能够感应来自超越性的牵引力量，是朝向形而上者。子产身处方内的礼法秩序，作为"人之君子"，德与礼、天与人之间的张力性结构在他那里反而成了一种给定的捆绑，因而他又是"天之小人"；他受限于方内的习俗性伦理与体制化形态，无法自拔于方内，但他最终还是从申屠嘉那里感应到了比方内礼法更高的精神力量，"蹴然改容更貌"。而惠施则象征被方内秩序及其体制所固化、钝化了的心灵，无法感应来自究极之处的超越性声音，生命沉陷于形而下的生存状态中不能自拔。三种亚型共同刻画了方内生存者的图像，可上可下，处在无定状态，既内蕴对超越性牵引力量有所感应的可能性，也包含了无法感应超越性的麻木僵化之可能性。换言之，这种可能性反而使其生命成为"能在"，即向着可能性开放，拥有无法被现成化还原或压缩的开放性前景。常人作为能在，本质上生活在形下与形上的结构性张力中，充分回应这种张力，必须从常人向上，或者走向超越性人格，或者走向圆满型人格。而在现实层面，几乎我们每一个人都是常人，超越极与世间极的结构性张力界定了我们作为普通人的生存形式。在这个处处受到限制的世界中，如何能游，是生存于方内的常人面对的根本性的生存论问题。

无论是超越性人格即支离其形者，还是圆满型人格即支离其德者，都能达到游的精神境界，但所游之境不同，前者游方之外，后者游方之内。游方之外者超越方内，不屑于方内，方内与方外仍有间隔而不能沟通，对于支离其形者而言，方外可游而方内不可游。游方之内者，在一定意义上超越了方内不可游的限制，不再视方内为游之障碍；既然道体无间于方内和方外，而人又是有限之人，那么游于方内、安于方内即无隔于方外。就形与德两个维度来看，超越性人格因内德充实而忘形（支离其形），在形与德之间坚定选择了德而否定了形；另一方面，之所以以形残者来作为这类人的符号化象征形式，正是源于他们以方外的超越性向度而否定方内，以道德的超越向度而否定形体。即便是形体并不残缺但仍然对形体、方内予以否定的老聃，也理所当然地归入此一生命类型，这一生命类型是典型的超越性人格，其生命存在完全为超越性统摄。对于形体、世间性等形而下要素，超越性人格显现出因否定而"逃离"（exodus）的取向。这种取向的问题通过卫灵公、齐桓公得到了表达：二人习惯了与身体上的畸形者交往，反以正常人为不正常。相比之下，圆满型人格的可贵在于，并不以否定形的方式而肯定德，并不以否定方内的方式而肯定方外，而是以德与形的交织、方内与方外的相即相摄，来克服脱离形体的道德、脱离方内的方外，因而实质上达成了对超越性的超越，世间极与超越极两者之间达成了平衡、互融、相化，这正是圆满型人格而非超越性人格真正可以"践形"的根本。

方在人是身体，在社会是世间礼法，在宇宙则是其节律，超越性人格的特征是对方内秩序的超越。对方的超越展开为"游心"的精神生活，这是由形而上的自我确证对现成性与凝固化的超越。超越在这里并非某种实体，而是一种不断从现成与凝固中突破、解放的精神化运动形式。但是，超越性人格之所以不是人性的极致，在于它以方外的超越性向度否定方内，以道德的超越向度否定形体，方内与方外、世俗与超越之间有一种结构性的紧张，表现为超越极与世间极的相互否定、相互外在，导致了生命自身的结构性紧张。只有在圆满型人格那里，形上与形下的对峙才真正消解，超越极与世间极才能交互支撑、相互肯定、相即相入。然而，通向圆满型生命的道路，并非否定超越性人格，而是沿着超越性生存进一步上达或超越。这种对超越性的超越，使得超越性人格继续上升，不得不采取下降之路，回到凡俗、世间性，融超越性于世俗性之中，化圆为方，融圆于方，化规为矩。从方内性的人格——常人，向着超越性人格，再向着圆满型人格迈进，不过是超越性的展开，而超越性的展开在其极致处，则是对超越性的超越。当然，与其说是对超越性的超越，毋宁说是基于超越性进一步超越超越性与世间性的对待，超越以否定性的方式达成的超越人格，走向以肯定的方式重新肯定多元生命。

《德充符》对三种人格的定位，是以世间性与超越性的平衡，即所谓天人之际的平衡、相即相入作为判准，而道即意味着天道与人道的平衡，天人的彼此融入。三种人格及其多样化变形的隐显交会，构成了《德充符》的复调立体线索，超出了单一线性的叙事，构成网状意义结构。其中多元生命形态的万籁交响得到肯定，复杂脉络带来的立体性生命场景活化并充实了作为能在者的人的开放性前景。而人性的最高可能性，以超越超越性的方式达成对世间性各种人格的肯定，见天地、见众生在见自己中达成，这就是叔山无趾所谓的伟大人格所具有的天覆地载的开放性，但它在叔山无趾那里还生存于词语的渴慕中，孔子与常人都还没有得到肯定。只有在孔子那里，这种开放性以隐性的方式敞开，这就是圆满性人格的生成。

第六篇

《大宗师》：作为生存论真理的
"天人不相胜"

　　《大宗师》与《应帝王》是内篇的最后两篇，《大宗师》阐内圣之学，《应帝王》明外王之道，二者相互支撑，构成内圣外王的思想规模与义理架构。所谓大宗师，包括大宗与大师两个层面。大宗为天，一切人皆以天为宗，都是天之所子，知天之所为，知天人之际，是人生在世必须明白也必须承担的生存真理，其核心便是天人不相胜，即天道与人道的居间与平衡。大师为圣，圣人是以其生命能够体现天人不相胜之生存真理的典范性代表，又被表达为真人。大宗与大师统合之而为道，潘基庆云："天人参合，道可见也。"[1]梅冲云："必合天人以为道，故道者，立于天人之交

———————

[1]　方勇：《庄子纂要》，《方山子文集》第 17 册，第 796 页。

者也。"①自天而言为道体，自人而言为体道，道体自身不可言，所能言者乃人之体道经验，即道体在人这里的显现。所以，《大宗师》言道体，展开为人之体道，正可见道体之展开离不开人之参与；无人参与之道，就会被降格为客体化之死道，而非活道。由道体而言，是"天之所知"而"人所不知"的本体；由体道而言，是"人之所知"而通极于"天之所知"的工夫。《大宗师》首先阐发天人之际以及天人居间的生存真理之代表——真人，接着阐发连接大宗大师的超越性之道与圣人，最后揭示天人之间的居间平衡——即方内与方外的协调问题，进而展示生存真理的多元样式。

一 "天人不相胜也，是之谓真人"

> 知天之所为，知人之所为者，至矣！知天之所为者，天而生也；知人之所为者，以其知之所知以养其知之所不知，终其天年而不中道夭者，是知之盛也。虽然，有患。夫知有所待而后当，其所待者，特未定也。庸讵知吾所谓天之非人乎？所谓人之非天乎？且有真人而后有真知。

人的知识既包括指向对象的知识，也包括指向认识主

---

① 方勇：《庄子纂要》，《方山子文集》第 17 册，第 801 页。

体的知识。考察认识主体的认识活动、范围以及可能性条件，都会关涉认识主体能力的边界，涉及"天之所为"与"人之所为"的分界，这就是天人之际（在西方则表述为神人之际）的问题。最高的知识就是天人之际的知识，如果以反思态度去看知识及其活动，最终都会归结到这一问题。之所以说"至矣"，因它是最高或最深的层级，位于所有知识的最深层，几乎所有知识的不同趋向，最后都可以归结为对天人之际的理解。人的生存根据，即作为人的生存的大本大宗，最终也会与这一问题关联起来。"知天之所为，知人之所为者"，即是真切意识到人的能力与当为者的边界。在"人之所为"的畛域，竭心尽力，尽其在己者而不慕其在天者。对于"天之所为"，以"不知之知"知之，"以所不知者付之天"，即一方面保持沉默，保持敬畏；另一方面不会盲目冲撞，不去试探、探测那并非人之所知的领地。如此，则可以将其生存奠基在天人之际的交界处，向着天人之间开放自己的生存。

　　理解天人之际，可以从两种不同进路展开：一是从"知天之所为"出发，不断祛除人之所为者，而后到达这一边界；一是从"知人之所为"出发，尽其在己者，而后知在己者之界线。"知天之所为者，天而生也"是前者。人知天之所为，体验万物皆本于天。《天地》："无为为之之谓天。"天之所为，即无为之为或自然。天而生，即顺天，顺其得于天之自然，循天之理，不以人为参杂其间。《刻意》："虚无恬淡，乃合天德。"使自己处于虚无恬淡之境，或者"堕肢体，黜聪明，离形去知"（《大宗师》），都是由"知天之所为"

进入，此即《人间世》的"与天为徒"。第二条进路是从"知人之所为"出发，其要点在于"以其知之所知以养其知之所不知"，以所知养其所不知，以人应天，安于天而生之人的本分，尽其在己者，即对天所赠予人的本分，予以最大化保全和实现。尽其在己者，也就是尽其在己之天，但在己之天与在天之天、在物之天不能统合为一，故虽能知人之天，穷理尽性，但不能"至于命"。知人之所为的进路，是"与人为徒"的道路，是以所知养其所不知，不强知其所不知，将所不知悬置在界线上，不去跨越这一界线，不以有涯之生随无涯之知，因而能够做到"终其天年而不中道夭者，是知之盛也"。知人之所为的进路，虽然可以达到知之盛，却无以最终免除患累，因其未能登假于道，只是达于天人之分，而未能达于天人之合，距离天人不相胜仍有难以跨越的鸿沟。能知与所知相对待成立，知本身也是有条件性的，且在大化迁流中变易，因而知之本身充满了不确定性。即便是人之所知的畛域，也有天之所为的渗透；天之所为的畛域，也有人的参与。这就造成了知天之所为与知人之所为的不确定性与不充分性。我们无法确知我们所谓的天，其中没有人的维度；我们所说的人，其中没有天的向度。"且有真人而后有真知"，只有真人才能以其生命存在充分显现天人之际——天人之分以及天人之合。成为真人乃是获得真知的主体性条件。洞彻天人之际的知识才是真知，真知并不是现成性的，它在静态的方式下也不能被给予，其显现需要主体性的条件，就是主体的转化与提升——成为真人。换言之，真知关联着主体存在状态的转变，不能引发自我转化其存在状态的知识，都不是真知。

真知就是道，道即道路或方向，它召唤人投身其中，是人的自我转化的指引、路径或桥梁。无论是真知还是道，都应保持在非概念化或非理念化的层次，道虽然可以通过理获得显现，但绝非理可以穷尽。理所象征的秩序仅仅对应于人的存在的可理解部分，人以其沉思去面对理，可以不自我转化；但道必须落实到行，通过行中的获得性成就——德——来保证其真实性，其实质是参与道而以德的方式使得道在当下生活中在场。

> 何谓真人？古之真人，不逆寡，不雄成，不谟士。若然者，过而弗悔，当而不自得也。若然者，登高不慄，入水不濡，入火不热，是知之能登假于道者也若此。古之真人，其寝不梦，其觉无忧，其食不甘，其息深深。真人之息以踵，众人之息以喉。屈服者，其嗌言若哇。其耆欲深者，其天机浅。

何谓真人？庄子没有给出概念化的界定，而是以否定性的方式来刻画真人的存在状态与存在方式。世俗人追求成功，刻意避免失败，为了达到成功而不失败的目标，他不得不未雨绸缪，筹划、谋划诸多事情。但真人与之不同，一个尽心竭力于当为而对于"天之所为"付之于天的人，他深切地理解人类事务成和败中的天人分际，不会将成功和失败仅仅视为自己能力与成就的体现，而是知道在"人之所为"中隐含着"天之所为"。对于天之所为，人的计较、思虑与筹划是无济于事的。正因为他能够勘破天人之际，所以有了过失也不会后悔，行为恰到好处，也不自鸣得意，能够从世俗人对得失成败的斤斤计较中解脱出来。他遇到危险和祸患而不介怀、不惊惧，他不伤害物，物也不能伤害他：登到高处不战栗，跳入水中不怕溺毙，蹈于火不怕烧死。对于危难生死，他为何能够做到不以介怀、坦然自处呢？这是由于他能够掌握道，洞彻天人之际。《秋水》："知道者必达于理，达于理者必明于权，明于权者不以物害己。至德者，火弗能热，水弗能溺，寒暑弗能害，禽兽弗能贼。非谓其薄之也，言察乎安危，宁于祸福，谨于去就，莫之能害也。"真人不为物伤，是因为他知道、达理、明权，能够"察乎安危，宁于祸福，谨于去就"。知道者兼知天、知人，这才是其从世俗得失系缚中解脱出来、不人为地自居危境，即便身处其中也能从容坦然的根本。

古来的真人，睡着时不做梦，醒来时无忧虑；饮食上不耽滋味，不求味美；呼吸时气息沉静、均匀、深透。世俗的众人，其呼吸只能到达咽喉间，因而短浅局促；而真人的呼吸则能直通脚后跟，深沉而宁静。辩论中屈服于别人的人，往往扼着喉咙说话，如同呕吐一般，有被压迫感。大凡嗜欲深厚的人，其天然的根气就浅显而外露，心中嗜欲往往一览无余。人之有声，如钟鼓之响；器大则声宏，器小则声短。神清则气和，气和则其声润深而圆畅，其声出于丹田，与心气相通，混然而外达；神浊则气促，气促则其声焦急而轻嘶，其声出于喉咙舌端。金声玉振的声音，发自下丹田；嗌言若哇者，不过出于喉舌，无所得之于全身。修之于身其德乃真者，必全体通达透彻而后有真，因为下丹田乃气海，有经络通于全身，即可以将全身的能量带出来。《庚桑楚》："儿子终日嗥而嗌不嗄，和之至也；终日握而手不掜，共其德也；终日视而目不瞚，偏不在外也。行不知所之，居不知所为，与物委蛇而同其波。是卫生之经已。"真人关联着人的存在状态，声音不同是人的体气状态的反应，而气的品质又与心的状态相关。心一旦被嗜欲所占据，便失去了与天相通的可能性。真人不同于众人者，在于其心承载天机，真知内充其天机，天机乘真知而发用；当真知发用时，真知所乘之心、所乘之气俱为天机，这就是"其寝不梦，其觉无忧，其食不甘，其息深深"所以可能的原因。

古之真人，不知说生，不知恶死；其出不䜣，其入不距；翛然而往，翛然而来而已矣。不忘其所始，不求其所终；受而喜之，忘而复之。是之谓不以心捐道，不以人助天。是之谓真人。若然者，其心志，其容寂，其颡頯，凄然似秋，煖然似春，喜怒通四时，与物有宜，而莫知其极。故圣人之用兵也，亡国而不失人心；利泽施乎万世，不为爱人。故乐通物，非圣人也；有亲，非仁也；天时，非贤也；利害不通，非君子也；行名失己，非士也；亡身不真，非役人也。若狐不偕、务光、伯夷、叔齐、箕子、胥余、纪他、申徒狄，是役人之役，适人之适，而不自适其适者也。

　　古来的真人，不知生之喜悦，也不知死之可厌。生死不过是世间的往来出入，生是进入世间（来到此世），死是出离世间（从此世而出），真人对于入世并不感到喜悦，对于离世也不知道抗拒，他只是顺其自然地倏然而来，顺其自然地忽然而去。"不知说生，不知恶死"，"不知"二字用得妙，忘却生死，才能生死兼怀。知既泯灭，则情无所措。"说""恶"是情，"不知"是知。情的引发往往凭借知（广义的意识过程），受感而发，而意识主体的自我悬—解、解—释，使得情也悬置了。真人以生死为出入往来，对人的这种理解，拒绝将人仅仅视为从属于世间的在世者身位。如果一个人从来处来，往去处去，来去自由，"人生天地间，忽如远行客"，无论是世间还是天地之间，都只是人生旅程的一个驿站或一个场所，而不是贯穿从起点到终点的全部场域。

　　如此，以世间视域为着眼点的生死问题就获得了另一种理解，世间生活只是客居的生存形式，在世间的大化流行中，"视死如归"才是安心的居所。《列子·天瑞》："古者谓死人为归人。夫言死人为归人，则生人为行人矣。行而不知归，失家者也。"真人将对生存的观看置于出入往来的视域内，从生者所在的位置"现在"中脱离出来，形成了对世间内生死的一种鸟瞰的纵观与俯视，获得了一种不同于从世间观看世间内生死的视野，这种视野的核心是立于世间生死的根基处。《庚桑楚》："翛然而往，侗然而来。"生而为"行人"是人的旅程的一个部分，但从更大的气化论视域才能真正理解死为人之回归。《至乐》："察其始，而本无生；非徒无生也，而本无形；非徒无形也，而本无气。杂乎芒芴之间，变而有气，气变而有形，形变而有生。今又变而之死。是相与为春秋冬夏四时行也。""亡，予何恶？生者，假借也，假之而生。生者，尘垢也，死生为昼夜。且吾与子观化而化及我，我又何恶焉？"在这里，人之生死被纳入广义气化过程，生死就如同昼夜更替那样自然。对生死的观看需要更高层次的"观化"，而真人正是这种观化者，能够"与化为人"(《天运》)。

在大化中观生死，真人知其所自来，不会忘记生命的源头；又能听任死的归结，不究心于生命的结局。自来此世，就欢乐自得地好好活着；既然要离开此世，那就欣然地还归生命的本然，坦然从容地离开，而不以死为悲、为苦、为哀。一言以蔽之，来时安之，去时顺之。既不以自己的心智意欲去攀援或损害大道，也不以人为(人之所为)的方式去干预、辅助"天之所为"，这就是真人。从"不知说恶生死"，到"出入不欣不拒"，到"翛然往来"，再到"不求终、不忘始"，最后到"受而复"，真人回到了生之当下，也回到了天之所命。"受"的是此地、此时、此情、此理的"生"；"复"的则是天之所命，无言无声，但必须以每一个当下的充实不已来承担天命。是以，天命充盈于当下，在"受"中"复"、在"复"中受，日新不已。这才是"不以心捐道，不以人助天"的主体性条件。反过来，那些总是以心捐道、以人助天的人，不管自觉与否，不管主动还是被动，由于他达不到在生的当下瞬间以"受"而"复"、以"复"而受，因而不能做到内充实而不能已，这才是其不可避免总是要去捐道、助天的原因。

真人的心志高度专一，能够持久地集中其注意力；《灵枢经·本神》:"心有所忆谓之意,意之所存谓之志。""其心志",表达的是真人"用志不分,乃凝于神"的生存状态。他的容貌宁静寂然,"望之似木鸡",状"其德全"(《达生》)。他的前额广大宽平,高露发美,正天光发于面容而为内德充实的符验。《庚桑楚》:"宇泰定者发乎天光。""宇",眉宇之间,即"颡"。气宇轩昂、精神焕发、生意盎然,正是"其颡頯"的题中应有之义。人之精内聚、神内充(内凝),则其器度安详凝定,自然而然眉宇间发出容光,这是生命力饱满充实的外显气象。"其容寂",状其宁静内敛,和顺积中;"其颡頯",状其英华外发,气度非凡。前者是"秋容寂寞",后者是"春气昭舒",所以下文以"凄然似秋,煖然似春,喜怒通四时"论真人之存在状态。这里只列举春秋但包含冬夏,仅列举喜怒但涵盖哀乐,故而说真人"喜怒通四时",实指真人能够"与四时合其序",即与天地同德。天地能够因物付物而无心于物,生而不有,为而弗恃,长而弗宰,以无心自然的方式成就万物,让万物自己成就自己,这就是天地之"与物有宜,而莫知其极"。真人与天地合德,不以万物迁就己意,而是"与物有宜",任万物之自宜其宜,真人其量直等天地,是以莫窥其际,无迹可寻。

　　即便圣人用兵征战,也是出于不得已,而不是出于征服贪欲,哪怕灭亡敌国,也能得其人心,就好像秋霜杀物而物不知怨。即便他的恩泽施乎万世,也并非出于人为的爱人之心,就好像阳春之生长万物而万物不知报谢。因此,圣人并非有意通达万物,而是万物自通达。正如四时运行而万物自通,圣人也是任物自通,自身不过是辅助者或调节者，而不是实质性的参与者、主宰者或干预者。"有亲，非仁也"，有亲则有所亲、有所不亲，有所亲近乎仁，有所不亲则非仁。而圣人兼怀万物，与物无亲，如同天地以其不仁，才能无偏差地、普遍无遗地覆载万物。

仅以天时为时而不参合天人，能顺天而不能应人者，算不得贤明。真人能够"与物为春，接而生时于心"。物物各有其宜，各有其时，真人以天人合宜为时，而不仅仅以天象变化、日月旋转的历法时间为时。不能通达利害，则非君子。圣人不就利，不违害，以超越利害的方式通达利害，君子则以趋利避害的方式达于利害。矫行求名而失去自己的本性，算不上士人。丧失真性，生存缩减为世间人，只能被世间人所役使而不能役使世间人。像狐不偕、务光、伯夷、叔齐、箕子、胥余、纪他、申徒狄等，都是"役人之役""适人之适"，而不能"自适其适"，他们完全泯除真性，以至于他们的生存状态只是活在他人那里的自己，把他人的事情作为自己的事情来做，把他人的快活当作自己的快活，而缺乏来自自己本性的快乐。他们的生命被世间所拘系，他们的情感为俗情所充满，他们全然生活在"人"的世间，而不是将生命敞开在天与人之间的张力性结构中。

古之真人，其状义而不朋，若不足而不承；与乎其觚而不坚也，张乎其虚而不华也。邴邴乎其似喜乎，崔乎其不得已乎，滀乎进我色也，与乎止我德也，厉乎其似世乎，謷乎其未可制也，连乎其似好闭也，悗乎忘其言也。以刑为体，以礼为翼，以知为时，以德为循。以刑为体者，绰乎其杀也；以礼为翼者，所以行于世也；以知为时者，不得已于事也；以德为循者，言其与有足者至于丘也，而人真以为勤行者也。故其好之也一，其弗好之也一。其一也一，其不一也一。其一，与天为徒；其不一，与人为徒。天与人不相胜也，是之谓真人。

　　古来的真人，其德内自充实而外显为状，内德为容状之本根，容状乃内德外现之形容。真人之状巍峨壁立，而没有胁迫人的感觉，《论语》"望之俨然，即之也温"与此相通。其状看起来好像有所不足，对外却无所承受，《老子》第四十章"广德若不足"、《寓言》"盛德若不足"，不足反显其德盛大，其德自足，无待于外，故而无所承受。真人之状看似坚确不可拔，坚守原则而又没有任何固执。生存真理一旦教义化、教条化、现成化，人越是执着于真理，越是固执不化，无法变通，不能通达真理。真人心量广大，若虚而有实，没有任何浮华，清虚自守而别有其实，深藏不露。真人情貌舒畅，似有喜色，只是乘物游心，无所违忤，实无所喜。所谓的似喜之色，不过是真人无论处境如何皆能自适其适而外现的和顺舒畅而已。真人有所动，却是出于不得已而应之，非有意，因为真人无己，总是无所唱，常常和人而已。水聚则有光泽，真人的容色也如水蓄般日渐充盈，和颜悦色，令人可亲，内充实而外光辉。伴随容色之光辉的，是真人心德日渐精粹，内充其德而不以物为事。真人隐身于世间的常人之中，支离其形，和光同尘，融圣于凡，与世人相似，实则謷然高远，非世俗秩序所可羁制、拘系。在世不属世，独成其天真，正如《渔父》所云："真者，所以受于天也，自然不可易也。故圣人法天，贵真，不拘于俗。"换言之，真人"游于世而不僻，顺人而不失己"（《外物》），游世不避世，应世而不以世为累，一方面卓尔不群、独成其天，另一方面和光同尘、不异流俗。此一体两面，来自真人生存形式向天人张力的开放：真人隐于世，似世而异乎世，此其群于人并"与人为徒"；同时"与天为徒"，则又是不同于世人的一面。真人的人格是天人的交互参与，其人者不离其天，其天者不离其人，天人一体于真人。真人绵邈深远，令人难测，似有意缄默、惯好闭藏，实则无心思虑，与物浑然，废然忘言。

　　真人之生命不能为世间性所缩减和穷尽，而又确乎生活在世间，且以游世的方式应世。对于政治伦理社会中的人类事务，他并不逃离，而是即游即应，即应即游，应而不失其游，游世而不遁世、避世、弃世，应世在天人界限处，故不同于沉溺世俗的世间人。"以礼为体，以刑为翼，以知为时，以德为循"①，即是真人的应世。这就是将礼作为治理社会的根本，将刑罚作为治理社会的羽翼，以智慧审时度势，将伦理视为行为的依据——所有这些，真人与世间

---

① 　原文作"以刑为体，以礼为翼，以知为时，以德为循"，考察《庄子》中对礼刑关系的讨论，则当"以礼为体，以刑为翼"。王叔岷主张："体、翼二字疑当互易，盖礼乃治之体，刑所以辅翼礼者耳。'以刑为体'，颇类法家语。《在宥篇》：'粗而不可不陈者，法也。圣人齐于法而不乱。'亦颇类法家语。"（《庄子校诠》，第218—219页。）

的治理者没有什么区别。

然而，真人与世间的统治者不同在于：其一，真人"以礼为体"之礼，非其创制，非其意志的体现，他是以来自世俗的秩序原则治理世俗的社会。《渔父》："礼者，世俗之所为也。"郭象注"以礼为翼"："礼者，世之所以自行耳，非我制。"①世间秩序之维系和运作，根基于礼，真人不废其礼，一如真人不废世间；真人不同于世人之处，在于不以个人意志和情欲参杂于礼中。其二，真人的"以刑为翼"，非"为杀而杀"，是"以杀止杀""以刑止刑"，非出于人为与人意，而刑其天理之所当刑。天下人共欲杀之，则真人杀之；天下人不欲杀之，则真人不杀。是以真人代天、代民而刑杀，虽杀而被杀者无怨。其三，真人的"以知为时"，并非有意表现个人智慧与能力，而是缘于事之不得已，行乎不得不行，止乎不得不止，这就是郭象所说的"任时世之知，委必然之事，付之天下而已"②。其四，真人之"以德为循"，并非彰显己德，而是让世人自循其德。人自有足，丘山虽高，有足者皆可登临而至；人各有德，世人以自有之德为依循，皆可登假于道，如同有足者登临山丘那样简单平常。因而，真人之以德为循，不是真人之自修，而是真人之应世。真人应世，非以真人之德高临于世人之上，真人更不勤勉努力、奋进不已——若如此，则真人应世而不能游世，即与世人一样了。郭象注云："夫物各有足，足于本也。付群德之

---

① 郭庆藩：《庄子集释》，第 218 页。
② 同上。

自循，斯与有足者至于本也，本至而理尽矣。""凡此皆自彼而成，成之不在己，则虽处万机之极，而常闲暇自适，忽然不觉事之经身，怳然不识言之在口。而人之大迷，真谓至人之为勤行者也。"①真人"付群德之自循"，即是让世人自循本有之德，无与于己意，因彼之自成而成彼，故真人应世虽日理万机，而能形劳而神不伤，安闲从容、舒展自如，既能临危不惧，又能"泰山崩于前而色不变，麋鹿兴于左而目不瞬"，没有世人应世的紧张、劳碌与焦虑。但世人往往从自己的视角看真人，以为真人以德为循以应世，必然比世人更加勤奋劳顿。其实真人只是引导世人自成其性而已，这才是他的心神在应世时仍然安闲自适的根本。

　　真人之所以为真人，正在于"一天人"，保持"天之所为"与"人之所为"的分际与张力，平衡二者，使之相互支撑、彼此交互。"故其好之也一，其弗好之也一。其一也一，其不一也一。其一，与天为徒；其不一，与人为徒。"理解这句话的困难在于"其"所指者何？成玄英将"其"加以分别解释："好与弗好，出自凡情，而圣智虚融，未尝不一"；"其好""其弗好"之"其"，指凡情，"也一"的主体指圣智；"其一""其不一"之"其"，前指圣智，后指凡情，"也一"意谓"凡圣不二"。② 这样的理解深刻意识到这段话中包含着的两个层面，但将这段话的主语解为凡情、圣智，或世人、真人，这种分别解释的方式会遭遇到语法及理解上的困难。

---

① 　郭庆藩：《庄子集释》，第 219 页。
② 　同上。

就上下文而言，这里的主语只有解释为真人时，才能与整体语境相应。

"其好之也一，其弗好之也一。其一也一，其不一也一。其一，与天为徒；其不一，与人为徒"，所说的是真人，是对上文"以礼为体，以刑为翼，以知为时，以德为循"的总结，回答了何以"有真人而后有真知"，回应了《大宗师》开篇所提出的天人问题"知天之所为，知人之所为者，至矣"。而这一段话引出的如下结论则是整个《大宗师》的文眼所在："天与人不相胜也，是之谓真人。"

真人与世间的常人一样，有所好、有所恶，但与世人不同的是，其所以好、所以恶的根据是一致的，这一根据就是天人的居间性张力与动态平衡，就是"天人不相胜"。天人不相胜，既不以天废人，也不以人废天；天既不偏胜于人，人亦不偏胜于天。真人的"一天人"是基于这个原则，真人的区分天人，即分辨"天之所为"与"人之所为"还是基于这个原则。真人并非泯灭天人的分别，并非无视天之所为与人之所为的不同，而是正视这个区别，并保持天人之间的动态平衡。真人的"一天人"本质上是"与天为徒"的进路，即以人道合天道，凸显生存真理之超越世间的维度；真人分别天人各自的权能，则是"与人为徒"，凸显人之所以不同于天者的世间性维度。正如陈详道所意识到的那样，真人"与天为徒而不失人，与人为徒而不废天，则一与不一复为一矣"①。真人天人两尽，将生存真理奠基在天人交际处，

---

① 褚伯秀：《庄子义海纂微》，第 189 页。

向天与人同时敞开自身。梅冲云："知有人而不知有天，则泛而无主，曲学是也；知有天而不知有人，则高而无实，异端是也。曰天人不相胜，实尽儒道之要，为吾孔子之道矣。"①《大宗师》中的道就指向天人两尽，指向天人不相胜。

二 从"道体"到"体道"："撄宁"

> 死生，命也，其有夜旦之常，天也。人之有所不得与，皆物之情也。彼特以天为父，而身犹爱之，而况其卓乎？人特以有君为愈乎己，而身犹死之，而况其真乎？

大化自然流行，人之有死生就好像天有昼夜一样。以死生为昼夜，是《庄子》中一再出现的思想，譬如《至乐》"死生为昼夜"，《田子方》"死生始终将为昼夜"。旧钞本《文选》江文通《杂体诗》注引《庄子佚文》云："假令十寸之杖，五寸属昼，五寸属夜，昼主阳，夜主阴，阳主生，阴主死，之昼复夜，生复死，虽一尺之杖，阴阳生死之理，无有穷时。"②昼夜的更替循环，是自然的节律，这是天主宰的领域，人力无法参与和改变，这是物的常情，人实不足对之

---

① 方勇：《庄子纂要》，《方山子文集》第 17 册，第 801 页。
② 王叔岷：《庄子校诠》，第 222 页。

心有系恋。父亲赐予人以形体生命，所以人们往往戴父为天，即以天视父①，而终身依恋、爱戴、孝敬父亲，所以《人间世》云："子之爱亲，命也，不可解于心。"人对生身之父尚且如此，更何况对那超越生身之父的"天父"（道）呢？岂不更应尊敬有加吗？人仅仅由于国君势位胜过自己，并能主持共同体的社会生活秩序，就为之效忠以至于身死，《人间世》有谓"臣之事君，义也，无适而非君也，无所逃于天地之间"；更何况那远超出国君的形而上"真君"（道）呢？岂不是更要亲敬有加？方内的政治社会有父有君，父子君臣可谓人伦之道的核心，一者为伦理生活之基础，一者为政治生活之基础。然而，作为人的精神生命的君父——形而上的道，难道不比方内君父及其关联着的政治伦理秩序更为基础吗？形而上的道乃是天人之际，是大宗大师的核心，如果没有它，方内政治伦理秩序也就失去了根基。

在这里，庄子提出了方内社会中的君、父问题，并进一步提出形而上的道，同时将天父、真君的称呼与伦理政治中的人伦君父做比较。其结构是从生死如昼夜的隐喻开始，将我们引向宇宙论秩序的视野，在此基础上提出政治社会中的君父问题。这在逻辑上是接续前文的"天人不相胜"的主题，给出了天之所为（生死、昼夜）与人之所为（君、父）的两大畛域。而道作为卓者、真者，作为贯通"物之情"与"人之伦"的枢纽得以出场。

---

① 通常的解释是将天视为父亲，比天更卓越者乃是道，如刘武、褚伯秀、王叔岷、方勇等持此说。但钟泰、张默生、曹础基等指出，这其实是人以父生而戴父为天的意思。

泉涸，鱼相与处于陆，相呴以湿，相濡以沫，不
如相忘于江湖。与其誉尧而非桀，不如两忘而化其道。
夫大块载我以形，劳我以生，佚我以老，息我以死。
故善吾生者，乃所以善吾死也。

江湖里的水干涸了，鱼儿不得不共同生活在陆地上，
它们用吐出来的湿气互相吹嘘，用唾液相互滋润。鱼儿们
如此这般相濡以沫、亲密相依，哪里比得上它们在江湖里各
适其宜而彼此相忘呢？与其称颂帝尧而谴责夏桀，还不如
忘掉两者，共同融化于大道，无所谓誉，亦无所谓非。毕
竟誉与非只是相濡以沫，只是失序后的不得已，并不是理
想的秩序，并非长久之道。"誉尧而非桀"只是世间性的是
非善恶价值，然而世间是非善恶彼此淆乱，价值冲突仅仅
从世间性视角内部无法解决，关键是上升到超世间的层次。
如果说世间性视角还是属人的，那么超世间的视角则必然
是属天的，道就开放在属天与属人的联结点上。在这个联
结点上，以超出世间的是非善恶回顾世间性的是非善恶，
即是以"相忘于江湖"的视角来省思"相濡以沫"的秩序状况。

造化赋予我形体，又以生存来劳累我，以衰老使我安
逸，以死亡让我休息。因此，那能让我得以好好活着的，
其实也是能让我好好死去的，它就是道。形、生、老、死的变
化，皆自然而不可却，有天命在焉。人苟能知命之所在，
即知道之所在，以人合天，死生无变于己，终身循道。

"相濡以沫，不如相忘于江湖"，不仅为下文子桑户节

的"人相忘于道术"作铺垫，刘武以为，亦隐喻后文"善吾生者，乃所以善吾死"二语："言善生无救于死，犹鱼处陆相呴相濡，欲善生以救死也，然湿沫有几，瞬即涸毙，斯须之善，何益于生也？"①

夫藏舟于壑，藏山于泽，谓之固矣。然而夜半有力者负之而走，昧者不知也。藏小大有宜，犹有所遁。若夫藏天下于天下，而不得所遁，是恒物之大情也。特犯人之形而犹喜之，若人之形者，万化而未始有极也，其为乐可胜计邪？故圣人将游于物之所不得遁而皆存。善妖善老，善始善终，人犹效之，又况万物之所系而一化之所待乎？

藏舟于深谷，藏山于大泽，看起来足够牢固了。然而半夜里造化密运推移，船与山好像都被大力士背负而去，不见了踪迹，茫昧的人们却浑然没有察觉，以为船与山还在原来的地方。藏小于大，正得其宜，看似稳固，但还是会消失不见。钟泰业已注意到，藏舟隐喻人事。舟喻君位，《荀子·王制》："君者，舟也；庶人者，水也。水则载舟，水则覆舟。""舟藏于壑，壑藏于山，山藏于泽"，其逻辑可以理解为：藏甲于乙，恐怕不牢；复又藏乙于丙，仍嫌不固；层层密藏，以防他人觊觎而窃之。然而即便如此，还是藏不住。问题出在"藏"背后的心态，即以之为私而不与

---

① 刘武：《庄子集解内篇补正》，第155页。

人共，投射出隐蔽占有、垄断的企图。只有把天下藏之于天下，那么天下便是天下人、天下物的天下，天下就会作为天下的共有场域而显现，就没有人会觊觎它，也没有人能够从天下偷走天下，天下就再也不会丢失，因为天下本来就是天下的天下。藏天下于天下，是一种开放社会的理想，它的反面是将天下或社会视为一人或一家之私。尧舜禅让，即是"藏天下于天下"的例证："尧之禅舜，舜之禅禹，不私天下于一己，亦即不尸亡天下之名，故曰'不得所遁'。"①在这个意义上，藏天下于天下，即无所藏亦无所遁失，任其自然，还归大化自身；藏天下于天下，也就是藏天下于天下之一切国，藏一切国于一切家，藏一切家于一切人；一言以蔽之，藏天下于天下，即将天下藏于天下人。这本来就是常物的大情，其本在天。无天则无天下，不能上达于天，也就无以藏天下于天下。

藏舟隐喻藏天下，藏天下于天下则隐喻每个人皆能作为人而藏于天，即联结贯通天人之间，将其生命存在委身于天道之造化。而道，就是真正的大宗师，故《大宗师》言"圣人将游于物之所不得遁而皆存"。在道这里，一切人、一切物皆无遁失，亦无须隐藏。在天道造化的视域，即以道观之的视域，我与万物都是一气之化。当我有人形的时候，固然是我；当我人形融化，转为下文所说的弹鸡轮马、鼠肝虫臂时，也是我。由此而言，一个宇宙论或气化论的大生命出现了，万物与以人形出现的我不过是此大生命的不同

----

① 钟泰：《庄子发微》，第 142 页。

部位。这个大生命谓之宇宙，谓之我，谓之造化，谓之天地一气，等等，皆无不可。一旦我的视野达到这里，还有何物须藏？还有何物可遁失？无得即无失。这就是"藏天下于天下，而不得所遁，是恒物之大情"所要表达的意思，它与《逍遥游》"磅礴万物以为一"、《齐物论》"天地与我并生，万物与我为一"相通，藏于道而忘道，忘道进而忘其藏，则何物可失？物与物、物与我彼此两忘而已。

对于上述的大生命，对于恒物之大情，常人鲜有觉解，他们只是在遭遇自身生命在造化过程中的某一特定状态时，也就是被造化铸造为人的形体时欣喜，所谓"特犯人之形而犹喜之"。换言之，常人乐生而恶死，又总是将生降格为人形，其所乐者说到底是人之形。世间常人总是执着于以凝固的视野看造化流行，将临时性的人的形体作为自己的本质，与此相应，他总是视自己的生命甚至某些身外之物为己之私有物，为了长久占有它们，便千方百计地将其隐藏起来，藏之又藏，以防失去。然而，大道流行，造化密运，人之形仅仅是千变万化历程中的一个看似静止、其实也在流动的细微片段而已；最终偷走我们执着隐藏于"人形"中的是时间、是造化、是道，常人却以为是死亡。我们把自己藏于"人形"之中，无论藏得如何稳固，都不可能抵挡它最终被窃走，这是自然、是天命，位于我们的权能边界之外。真正的希望在于这样一种反转："若人之形者，万化而未始有极也，其为乐可胜计邪？"造化将我们塑造为人形，我们尚且如此欣喜，如果明白了我们其实有着未有穷尽的种种存在形式，一一与这些存在形式遭逢相遇，难道不是更让人欣喜吗？作为我们常人之"大师"的圣人，其生命开放在与这无穷无尽的存在形式相遇的场域，在这个场域没有什么要藏的，因为根本上任何东西都不会失去，他其实是作为将万物包含在其中的大生命而与万物共存、相忘。《达生》："游乎万物之所始终。"《山木》："浮游乎万物之祖。"《田子方》："吾游心于万物之初。""万物之所始终""万物之祖""万物之初"，都是物所不得遁处。《达生》："圣人藏于天。"①圣人"藏于天"与"游于物之所不得遁而皆存"，意思相通。如果说圣人是真正的"善妖善老，善始善终"者，人们犹且仿效学习他，又何况那"万物之所系而一化之所待"的天呢？道呢？圣人是常人的老师，而道是圣人的老师，我们师法圣人，说到底就是以圣人为中介而师法道。道是万物之所系属者，也即是说道是万物的根宗，万物皆由道而出，道是造化流行的最终根据——道就是我们最后的"大宗师"，上天宗之，圣人师之。那大生命以及天地万物皆无所藏而无所遁的场域，就是道。

　　夫道，有情有信，无为无形；可传而不可受，可得而不可见；自本自根，未有天地，自古以固存；神鬼神帝，生天生地；在太极之先而不为高，在六极之下而不为深，先天地生而不为久，长于上古而不为老。

---

① 《庄子·庚桑楚》的另一表达："有实而无乎处者，宇也。有长而无本剽者，宙也。有乎生，有乎死，有乎出，有乎入，入出而无见其形，是谓天门。天门者，无有也。万物出乎无有。有，不能以有为有，必出乎无有，而无有一无有。圣人藏乎是。"

豨韦氏得之，以挈天地；伏戏氏得之，以袭气母；维斗得之，终古不忒；日月得之，终古不息；勘坏得之，以袭昆仑；冯夷得之，以游大川；肩吾得之，以处大山；黄帝得之，以登云天；颛顼得之，以处玄宫；禺强得之，立乎北极；西王母得之，坐乎少广，莫知其始，莫知其终；彭祖得之，上及有虞，下及五伯；傅说得之，以相武丁，奄有天下，乘东维、骑箕尾而比于列星。

"道"字，总结上文"万物之所系而一化之所待"，上承"卓"字、"真"字、"大情"句、"物之所不得遁"句，远承"知之登假于道""两忘而化其道"。在这里，《大宗师》将开篇的天人问题、真人问题交付给了"道"。道作为世界的根据、造化的动力，实实在在地存在，并不是人的某种"所信""所望"。道是气化的主宰，在气化过程中显现；道并非客体性的存在，并没有离开人的参与而现成地、静态地存在的道体；道只是在人与天的交互参与中总是以当下不完全的方式显现出来的生存根据与生存意义。"有情有信，无为无形"意在肯定道的实在性，作为真君的真实性，同时又强调它与万物并不在同一个存在层次，后者总是有为有形的。"有情有信"是就道的作用（用）言，道的品德（德）言；"无为无形"意味着不可占有，不可由外部观察的方式获悉它，道自身"不可受""不可见"；"有情有信"意味着可以从用和德把握它，道本身"可传""可得"，所以接着说："可传而不可受，可得而不可见。"

万物以道为根据，而道更无根据，道以自己为根据，"自本自根"。"未有天地，自古以固存"，庄子将道提升到超出天地万物、超出宇宙的维度，仅仅从宇宙的节律或秩序并不足以穷尽道，道表现为更高的根据。如果天地是万物之祖，气是万物之母，那么道便是天地与气母的根据。以道可尽宇宙、万物之根据，但以宇宙、万物之根据不足以尽道。道在宇宙秩序中表现出来的是秩序与意义，在高于宇宙的层次或无法被宇宙所穷尽的那个层面，道只是纯粹的神圣的品德。譬如可以说它是绝对的创造，也可以说是绝对的无为；可以说是绝对的自由，也可以说是绝对的秩序，甚至绝对的意义等。如果它是绝对的秩序、意义、创造、无为、自由，那么它就是不可得、不可传的，因为这种绝对的品德不是通过作用或功能显现自己，宇宙万物则是其作用得以显现的必要中介。人一旦参与到绝对的道的品质中，道就有可能成为抵抗宇宙论节律或秩序、抗拒天地的根本，如在基督教的保罗传统中，作为根据的上帝一旦超越了宇宙及其造物主的逻辑，它导向的就不是顺从万化节律的真理，而是抵抗甚至摧毁宇宙论秩序的动力。当然，在庄子哲学中并没有这一面向，而是保留了道不能为宇宙所穷尽的可能性。道之"无为"这一面向，与基督教强调的上帝的"创造性"，无疑是不同的。如果创造不是道自身的创造，而只是以它为根据的创造，如果创造并非直接由道本身实施，而是天地万物自为地、以自身为根据地进行，那么无为与创造的品德就不再是矛盾，而是一体两面。之所以我们以为二者是矛盾，乃是我们受到基督教神学思维的左右，而将创造完全地委托给从虚无到存有的创造模式。同样，自由与秩序、根据和意义都是这样的一体两面。

《大宗师》将道置于鬼、帝之上，置于天地之上。人鬼如彭祖、傅说，天帝如豨韦氏、伏戏氏，神鬼神帝者其实是道。生天生地者其实也是道，天地意谓世界及其秩序，天地是万物的根据，道则是天地的根据，因而万物以道为根据的根据。道"在太极之先而不为高，在六极之下而不为深，先天地生而不为久，长于上古而不为老"。太极是阴阳未判、天地未分的浑沌；六极是天地四方，阴阳分判以后的宇宙，宇宙已是不同于浑沌的秩序。"道在太极之先，不为高远；在六合之下，不为深邃"（成疏）[1]，刻画了道的超越品质；"先天地生而不为久，长于上古而不为老"，正见道"卓"于天地宇宙，作为根据的终极性。

豨韦氏得道，燮理阴阳，整顿乾坤，为世界建立秩序；伏戏氏得道，取合于元气，以为生物之本；北斗星得道，其纲维天地的功能永无偏差；日月得道，永远运行，日光月华永不停息；勘坏神人得道，可以进入昆仑；冯夷水神得道，可以游大川；肩吾山神得道，可以稳居泰山；黄帝得道，可以登天升仙；颛顼得道，可高临玄宫；禺强得道，可立乎北海神位；西王母得道，可安坐于少广，超离生死而无始无终；彭祖得道，可以长寿，从虞舜时代活到春秋时代；傅说得道，成为殷高宗武丁之相，安抚天下，死后

---

① 　郭庆藩：《庄子集释》，第 226 页；刘武：《庄子集解内篇补正》，第 158 页。按太极，郭庆藩《集释》作"五气"，成玄英以五气释太极，刘武《补正》引成说即以"太极"为文。

成神，位列于星宿，乘驾东维、骑着箕尾，而于众星并列。

《大宗师》对道的刻画，强调其超越性，不仅超越人与万物，超越世间，而且超越宇宙。作为宇宙、世间、万物的终极根据，天、地、人、神、鬼、帝、王、圣、贤、太极、六合等，都从道获得根据和动力。道因此就是大宗师，常人无以以道为宗，道以圣人为中介，在作为万物之父的"天"与作为大写之人的"圣"的交互与相参中，道得以通过人格生命得以显现。是故钟泰云："凡言此（得道者）者，极力证明道之于人至切，而圣人亦非道莫成也。"①这里对真人真知的问题有了新的思考进路，有真人而后有真知，真知所知在道，道离不开人的参与，道贯天人而真人则以道为体。真人所宗所师者是道，道是天人共同的根据。

宗天、师圣，最终以道为大宗师，宗道师道又不能不以师圣作为指引世人师道之路。对人而言，道体即在体道中被敞开，体道展开为人格的生成，体道者的最高人格为圣人，圣人即是法道的指引——大师。

> 南伯子葵问乎女偊曰："子之年长矣，而色若孺子，何也？"曰："吾闻道矣。"南伯子葵曰："道可得学邪？"曰："恶！恶可？子非其人也。夫卜梁倚有圣人之才而无圣人之道，我有圣人之道而无圣人之才。吾欲以教之，庶几其果为圣人乎？不然，以圣人之道告圣人之才，亦易矣。吾犹守而告之，参日而后能外天下；

---

① 　钟泰：《庄子发微》，第145页。

已外天下矣，吾又守之，七日而后能外物；已外物矣，吾又守之，九日而后能外生；已外生矣，而后能朝彻；朝彻，而后能见独；见独，而后能无古今；无古今，而后能入于不死不生。杀生者不死，生生者不生。其为物，无不将也，无不迎也，无不毁也，无不成也。其名为撄宁。撄宁也者，撄而后成者也。"

　　上文所说的作为天地万物根据的道，是真君、真宰。于人而言，道并非仅仅是"天之所为"，同时离不开"人之所为"的参与。上文述及道体，特别列举了一系列的人，意在表明人之所为与天之所为的交互参与，共同构筑了敞开道体的方式。人之所为作为参与道体的方式，就是工夫，谈工夫则有次第、时日、境界。女偊不是告知南伯子葵道体，而是告知体道方式（工夫），即次第、时日与境界。

　　南伯子葵，即《人间世》《徐无鬼》中的南伯子綦，《齐物论》中的南郭子綦。葵与綦一声之转；而南郭、南伯，一者以居地名，一则以年长名，所指一也。女偊，女为姓而偊为名，是修道者。南伯子葵问道女偊："您年岁很高，何以面色如同孩子那样呢？"女偊以"闻道"答之，意在告知，面色不过是修道后德充的自然效果。闻道绝非耳听关于道的话语，它们只是概念和词语，最多是工夫体验的指引；真正的闻道，一定不是听之以耳，甚至也不是听之以心，而是听之以气，即将自身带到纯粹虚静状态的自我转化。所以，南伯子綦的进一步问题不是愿闻所闻，而是道之可学与否。学则关联着精神的习练，非心耳所闻便可通达。女偶回答:"那怎么可以学呢?你不是学道之人啊。"这并不是说道真的不可以学,而是学道需要一定的条件。其实在《庄子》中,南伯子綦已是道中人。女偶特提"子非其人",正如钟泰所说,并非拒之,而是激之,意在呈现显道所需要的主体性条件。女偶进而以卜梁倚为例阐发这一条件。卜梁倚有圣人之才却无圣人之道,女偶有圣人之道而无圣人之才。如果女偶以自己所领悟的圣人之道去指引有圣人之才的卜梁倚,后者差不多就会成为圣人。即便不能成为圣人,但以圣人之道告知有圣人之才者,也是很容易被领会的。即便这样,女偶在教卜梁倚时,还是慎之又慎,守在卜梁倚身边,小心翼翼地予以指点。

由于有圣人之才,卜梁倚进步很快:三天以后能外天下;继续守护在他身边谨慎点拨,七日之后能外物;继续守护他,九天之后卜梁倚做到了外生。这是修道的三个时日(三天、七天、九天)、三种次第(外天下、外物、外生)。三、七、九的时日之所以如此之迅速,还是由于卜梁倚有圣人之才,而女偶又以圣人之道加以指引。所谓的"外"即"遗"或"忘",它不是从物理意义上排除天下,而是从意识体验达到有意识的遗忘,不再将其作为意识活动的意向对象。对于意向对象的悬置很大程度上关联着意识活动的自我洁净化,即朝向纯粹气化开放的"虚"。虚化所扫荡的是我们在经验世界中的实在化执着。"忘世、忘物、忘我,脱然无累于中,所谓与物皆冥也。"①

---

① 刘凤苞:《南华雪心编》,第 161 页。

　　之所以被忘者是从"天下"到"物"再到"生"的三个不同
层次，正如吕惠卿、赵以夫所云，三者体现的是"由粗到
精"①的次第。毕竟《让王》已经给出"道之真以治身，其绪余
以为国家，其土苴以治天下"的表述，作为一个政治场域的
天下，相对于日常生活世界中的物，相对于我们的生而言，
当然是粗者；从另一个视角来看，从天下到物到生越来越
具有切己性，越是切己者越难忘怀，所以这实际上也是一
个由疏而亲、由易而难、由远而近的次第。外生之后再无时
日的间隔，外生同时关联着朝彻、见独、无古今、入于不死不
生，五者是同时性的。用钟泰的话来说："自'朝彻'而'见
独'而'无古今'而'入于不死不生'，不言日数者，一彻则俱
彻，更无先后渐次也。"②宣颖也指出："自外天下至外生，
有功夫次第。自朝彻至无古今，无功夫次第。盖学至外生，
已了悟矣。至入于不死不生，则道成矣。"③

　　朝彻，朝阳东升，光明现前，无物不照，作为心灵中
彻底祛除主观遮蔽后心灵内景之象征。朝彻之前，是漫漫
长夜里的上下求索工夫，一旦豁然贯通，则是精神境界的
飞跃。李腾芳形容朝彻为"大明启旦，而万物毕显，破群迷
之暗网，飞天光之皎镜"④。见独，即见道，之所以谓道为
独，一方面乃是由于道者无对，道即一；另一方面，求道
者不能不独与天地精神往来，以独来独往方式与于斯道，

① 褚伯秀：《庄子义海纂微》，第 203、205 页。
② 钟泰：《庄子发微》，第 147 页。
③ 宣颖：《南华经解》，第 53 页。
④ 方勇：《庄子纂要》，《方山子文集》第 17 册，第 899 页。

无可由他者替代，即便可以透过语言与他者分享，他者还是必须由其修道实践才能实质参与道体的开显。见独并非以目视道，而是道体敞开在自我转化和自我提升的体道者生命存在之中。见独者因此能够"遗物离人而立于独"（《田子方》），既与时代之声息相通，又能不被世俗所影响。无古今，即对时间的超越，超越有两种方式：一是在时间中体验到非时间性的永恒现前，于是当下成了永恒与时间的交叉点，古与今在此融化，现在成了永恒的在场；一是在时间中极大地扩展时间，通过过去与未来重新开启现在，如《齐物论》所言"参万岁而一成纯"。伴随着时间意识突破到来的是"不死不生"的体验，其实就是在意识体验中突破了生死，意识世界中不再有生与死的区别，"一生死"，这也是与道合一的体验。"一生死"是对世俗常谈——有生则有死，有死则有生——的突破。《知北游》："不以生生死，不以死死生。"死不以有生而死，生也不以有死而生，死生若相待而实又不相待。生的意识过于强烈，则会相应地升起对死的恐惧，生的意识中产生死的意识与之伴随；人终难避免形之死，形死尚未发生，却已进入人的意识，死的意识过于强烈，反而会转变为杀生的意识。而"不以生生死，不以死死生"，则是对此生死意识的突破。生与死两不执着，生若无心，等同不生；死若无心，等同不死。故而，"杀生者不死，生生者不生"，正如春生物而天不生，秋死物而天不死。道在意识中的敞开带来对生死对待意识的解构。有生必有死，有死必有生，那是世间之物的必然；于道而言，生物而其自身不生，杀生而其自身不死。反过来，如果"于生而死之，于死而生之，以为生死死生之本"，这是生死问题上最大的暗昧。

对死生对待、古今不同的世俗意识的突破，不是意见推寻、知解凑泊的结果。以知解意见方式，也就是以逻辑推理或演绎方式，只能整理经验，而不能生产或创发经验，并且以知见附益的结果只能是"顾塞其窦"（《外物》），转使人昧然。事实上，以为可以通过推论建立根据，"推而上之，至于未有天地之先，为有所以然者，为万有之本。此其昧也"①。作为根据的道只能以体验的方式遭逢，亲身经历，无法以知解方式获悉，后者无异于以物求道。在与道的相遇中，道拥有我们，而不是我们拥有道，道的敞开展现为对我们生存状态的转化，我们身处这种上行性转化中，受用于这种转化，生存在自得却不知其所以然的充实状态。

一旦突破了时间意识与生死意识，与道为体的生存就会来到"无不将也，无不迎也，无不毁也，无不成也"的存在状态，庄子称为"撄宁"。撄宁是修道者所能达到的圣人境界，也是道体通过圣人之体道而在其生命中的敞开方式。一方面，从道体的敞开而言，道之于物，没有不送走的，没有不迎来的，没有不摧毁的，没有不成全的，这是由于物有成毁、去来，道因而顺之，无不送、无不迎、无不成、无不毁，这正是道的妙用。另一方面，从圣人之体道境界而言，不送不迎，如《知北游》"无有所将，无有所迎"，《应帝王》"圣人之用心若镜，不将不迎，应而不藏"。圣人之体

---

① 王夫之：《庄子解》，《船山全书》第 13 册，第 345 页。

道，即如陶崇道所言："以将迎练一生，以成毁练生生。"①
在迎与送、成与毁的对待中超越对待，而成就撄宁之境。

　　对体道工夫的刻画，最终落到一个具有笼罩性的字
眼——撄宁——上。撄是扰乱，宁是安定；撄宁即在扰乱
之中不为扰乱所影响的安定，是从扰乱中锻炼出来的安定。
刘武指出："撄者，挠乱之也，承'毁'说，亦即承'将'与
'杀'说。宁者，安定之也，承'成'说，亦即承'迎'与'生'
说。""撄而后成者，撄毁而后宁成者也。"②世间的生死、迎送
都是精神的淬炼场所与方式，只有经过"撄"而达到的"宁"
才是作为精神成就的"宁"，才是精神以自己的劳作而与天
德的合一。《天道》："天德而出宁。"人收获自身天德的方式
不能不通过"撄"，"撄"则是来自世间，不经过世间性的
"撄"不会有真正的"宁"。由此，《大宗师》追寻对世间的超
越，同时又将世间视为精神的淬炼场所或生命自我历练的
大熔炉。憨山释德清言："撄者，尘劳杂乱，困横拂郁，挠
动其心，曰'撄'。言学道之人，全从逆顺境界中做出，只
到一切境界不动其心，宁定湛然，故曰'撄宁'。……虽在
尘劳之中，其心泰定常宁，天君泰然，湛然不动。工夫到
此，名曰'撄宁'。"③宣颖言："于世纷撄扰中而成吾之大
定。""撄宁，妙。不从世相中透练出来，不是第一种
学问。"④

---

①　方勇：《庄子纂要》，《方山子文集》第 17 册，第 900 页。

②　刘武：《庄子集解内篇补正》，第 163 页。

③　憨山：《庄子内篇注》，第 115—116 页。

④　宣颖：《南华经解》，第 53、54 页。

南伯子葵曰："子独恶乎闻之?"曰："闻诸副墨之子,副墨之子闻诸洛诵之孙,洛诵之孙闻之瞻明,瞻明闻之聂许,聂许闻之需役,需役闻之於讴,於讴闻之玄冥,玄冥闻之参寥,参寥闻之疑始。"

女偊所言是"道之可得"方面,得必自学,学必有师,"大宗师"的意义就在这里。听了女偊的教导后,南伯子葵的疑问是:"先生从哪里听闻圣人之道呢?"这一问题涉及"道之可传"方面。女偊的回答是从副墨之子那里听说的。副墨喻文字。宣颖云:"文字是翰墨为之,然文字非道也,不过传道之助耳,故谓之副墨。又对初作之文字言之,则凡后之文字,皆其孳生者,故谓之曰副墨之子也。"①文字所传者非道之自身,而是书写者的体道经验。此修道经验经由不断的文字书写,得以在人与人之间、世代之间流传。后来的文字为更早文字的孳乳之子,所以说是副墨之子。副墨之子又从洛诵之孙那里听来的。洛诵,即反复诵读。古书先口授而后著之竹帛,在书写之前有口头传承阶段。相对于前代的诵读者,后来的诵读者则为洛诵之孙。洛诵之孙是比副墨之子更早的传道源头。副墨之子与洛诵之孙都是间接性借助于文字或语言的传道途径。"曰子曰孙者,言其有所祖述也。"②洛诵之孙从瞻明那里闻道;瞻明,即所

---

① 宣颖:《南华经解》,第 54 页。
② 钟泰:《庄子发微》,第 147 页。

见。瞻明从聂许那里闻道；聂许，即听闻。聂许所得又来自需役。"需"即"须"，日用饮食，皆为生存所必须；"役"是"劳作"，饮食劳作，皆寻常日用之事。闻之需役，即道从日常生活实践而来，道不离日用常行。需役，即践行，践履而后所得为实。践行实有所得，则涵泳优游之乐诚于中，歌咏吟叹之乐见于外，因此"於讴"为深造以道而自得的舒展宽裕之象。鱼儿相造以水而忘水，人相造以道而忘道，而道之实即显于此身心舒展宽裕的实感中。於讴，字面上指歌谣、歌咏，隐喻化道于无迹的境地。"饮食劳作之有迹，又不如歌咏之近自然。"①於讴得自玄冥；玄冥，即深远，欲辨忘言之境。"从玄感冥会中，而相喻无言。"②玄冥闻之参寥；参寥，即空寂，心地澄明如天之清朗空旷。参寥闻之疑始；疑始，即若有始又若无始，非心思计虑所得，非言语所可拟议。

《大宗师》刻画修道工夫之次序，刘凤苞归纳为："副墨、洛诵，影照讲学诵读之功；瞻明、聂许，影照收视返听之诣；需役、於讴，影照言行相顾之实；玄冥、参寥，影照反虚入浑之旨；末以疑始作结，正以大道之运行似有始而实未尝有始，其功由疑而生悟，参寥乃其化境，疑始则并化境而忘之，渺不知其所自始也。天地皆有始，而生天生地者无始，又何古今死生之妄为分别哉？"③《大宗师》不废见闻而超见闻，即此声色味臭的形色世界体道，此即"撄宁"之体现。

---

① 钟泰：《庄子发微》，第148页。

② 刘凤苞：《南华雪心编》，第160页。

③ 同上书，第161页。

三　"游方之内"与"游方之外"：两种
　　生存真理及其张力

子祀、子舆、子犁、子来四人相与语曰："孰能以无为首，以生为脊，以死为尻，孰知生死存亡之一体者，吾与之友矣。"四人相视而笑，莫逆于心，遂相与为友。俄而子舆有病，子祀往问之。曰："伟哉！夫造物者，将以予为此拘拘也。曲偻发背，上有五管，颐隐于齐，肩高于顶，句赘指天。"阴阳之气有沴，其心闲而无事，跰𨇤而鉴于井，曰："嗟乎！夫造物者又将以予为此拘拘也。"

子祀曰："汝恶之乎？"曰："亡，予何恶？浸假而化予之左臂以为鸡，予因以求时夜；浸假而化予之右臂以为弹，予因以求鸮炙；浸假而化予之尻以为轮，以神为马，予因以乘之，岂更驾哉？且夫得者，时也；失者，顺也，安时而处顺，哀乐不能入也。此古之所谓县解也，而不能自解者，物有结之。且夫物不胜天久矣，吾又何恶焉？"

俄而子来有病，喘喘然将死，其妻子环而泣之。子犁往问之，曰："叱！避！无怛化！"倚其户与之语曰："伟哉造物！又将奚以汝为？将奚以汝适？以汝为鼠肝乎？以汝为虫臂乎？"子来曰："父母于子，东西南北，唯命之从。阴阳于人，不翅于父母，彼近吾死而我不听，我则悍矣，彼何罪焉？夫大块载我以形，劳我以生，佚我以老，息我以死。故善吾生者，乃所以善吾死也。今之大冶铸金，金踊跃曰'我且必为镆铘'，大冶必以为不祥之金。今一犯人之形而曰'人耳人耳'，夫造化者必以为不祥之人。今一以天地为大炉，以造化为大冶，恶乎往而不可哉？"成然寐，蘧然觉。

体道从世间之日用生活中来，世间性意识受限于"方"，如何突破世间性意识？第一组出场的是四位"游方之外"者，他们在体道过程中形成超乎寻常的"德友"或"道谊"。子祀、子舆、子犁、子来四人交谈："把'无'作为头，'生'作为脊背，'死'作为臀部，构筑一个大生命，死生存亡只是身体的不同部位，因而他的生命实质地贯通了有和无、生和死。谁能够做到，我就与他交友。"四人相视而笑，心有灵犀，默契相许，结为道友。将死生存亡视为一体，这是对世间生命意识的突破。常人将生命局限在生与存，而将死与亡排斥在生命之外，于是乐生恶死，将生命局限在可以在场的"有"上，而排除不能在场的"无"。生命被大大缩减为由有、生、存等界定的有限生命，朝向无限的意识则被视为无而否定。游方之外的人格恰恰要突破因世间意识为方所限而带来的生命意识的狭隘，扩展并提升生存论的视野，不仅从有、生、存，同时从无、死、亡来看待生命，从两个维度的关联性来看待生命。这就是四位游方之外的人非同寻常之处。

没过多久，子舆生病了，子祀去慰问他。子舆对子祀说："造物主真伟大啊！他将要把我的形体变成这弯曲不伸的形状啊！"子舆的身体已经变了样：弯腰驼背，五脏的脉管从脊背向上凸起，高过头顶，脸上的下巴塌陷紧贴肚脐，两个肩膀高出头顶，头上的发髻向上指天。如此畸形的身体显然是阴阳二气乖戾凌乱、不能调和造成的。然而子舆气定心闲，若无其事，仿佛什么都没有发生。他步履蹒跚走到井边，井水中显现出自己的形象，他说："哎呀，造物主又要以这样一副躯壳来拘限我吗？"

子祀道："那你厌恶这副躯壳吗？"子舆回答："我有什么要厌恶的呢？假如造物者在气化流转的某个阶段，把我的左臂化为鸡，我就顺化而安于这给予的新角色，及时叫鸣，司晨报晓；假如造化将我的右臂化为弹弓，我就顺化击打鸮鸟；假如造物主把我的臀部变成车轮，把我的精神变为马，我就顺化驾驭马车前行，不用另寻车马了。生则应时而生，死则顺时而死，生死听其自然，无心于其间，喜怒哀乐的情感不入于胸次，坦然从容——这便是古人所谓的悬解，即从倒悬中的解脱。人之所以不能自我解脱，是因为有外物束缚，物象与心缠绕，意识不能脱离物的困扰，而有喜怒哀乐，生命便为其所倒悬。"物象迁流，变化无常，无有止息，此不过天命之气化，无论偶然或必然，皆无所可逃造物主的安排，此为天命的权能，而非人力的领域。"人之有所不得与，此物之情也"，此即在天之所为的畛域内，物不能胜天。"我之所以致此疾病，也是天之所为，非人所能参预，我又有何理由要厌恶呢？"当天之所为作为命运降临，又与人之所为构成不同的畛域时，人所能做的只是知其不可奈何而安之若命，不以天之所为改易影响人之所为，喜怒哀乐不因无可奈何而起，生命就不会因之而人为措置在倒悬状态。这并非去情，成为无情之人，而是对情绪加以转化，不受其影响。

不久，子来也病了，呼吸急促，将要死去，妻儿环绕着子来哭泣。子犁前来探望，训斥子来的妻儿："请避开！不要惊扰那正在被造物主转化的人！"子犁倚靠门户对子来说："伟大的造物主又将把你化为何物呢？又将把你化到哪里呢？是要把你变成鼠肝吗？是要把你变成虫臂吗？"子来回答："人子对于父母，惟命是从，无论父母让他做什么、去哪里。阴阳大化对人来说，无异于大父母。阴阳迫令我死，若抗命不遵，则是我抗拒阴阳变化，阴阳又有什么罪过呢？阴阳迫我以死，不过是因我生之劳碌，而欲我以死来安息而已；其实造物主之善我以死跟他善我以生相比，都是一样的。人为造成了有无、生死、存亡的对峙与断裂，但就天地之气化过程而言，哪里有间断与区别呢？今有大冶匠正在熔铸金属器物，金属在火炉中跳跃，说：'你一定要把我铸造成镆铘那样的名剑。'大冶匠一定认为这是不祥之金。同样道理，当天命造化这个大冶匠在大化流行的某个时刻要铸造我们时，我们对他说：'一定要永远把我们铸造为人啊！'造化者也一定会以为我们不祥。既然整个宇宙就是一个大熔炉，造化就是一个大冶匠，无论被铸造为何物，不都是一样的吗？这是天之所为，除了安之若命，坦然接受，我们又能做什么呢？"子来说完就安然睡去，仿佛永久离开了世界，又忽然醒来，似乎又回到了这个世界。

游方之外的生命，突破了世间性意识中被方内所拘系的人的形象，在更大视域譬如宇宙论视域（"以天地为大炉，以造化为大冶"）中重新赢获人的形象。更重要的是，游方之外者打破了人为万物中心的信念，在鼠肝、虫臂中确证自己的精神生命。这正是"向异类中行""坐微尘里"①，在卑微不足道中，依然与大化同流，历千劫而无变。四人在生死劫难中以精神生命相友，切磋琢磨，精进不已，可谓造次必于是，颠沛必于是，哪怕生死弥留之际仍不肯放过。② 此正体道之人以生命为道场，在淬炼中臻于大定之撄宁也，所谓"千锤万凿出深山，烈火焚烧若等闲"（于谦《石灰吟》）。

> 子桑户、孟子反、子琴张三人相与友，曰："孰能相与于无相与，相为于无相为？孰能登天游雾，挠挑无极，相忘以生，无所终穷？"三人相视而笑，莫逆于心，遂相与友。莫然有间，而子桑户死，未葬。孔子闻之，使子贡往侍事焉。或编曲，或鼓琴，相和而歌曰："嗟来桑户乎！嗟来桑户乎！而已反其真，而我犹为人猗！"子贡趋而进曰："敢问临尸而歌，礼乎？"二人相视而笑，曰："是恶知礼意？"

---

① "向异类中行"是南泉普愿禅师最具代表性的奇特之言。异类是异于人的其他具足佛性的有情众生类，南泉的理想是百年之后在山下做一头水牯牛。"直须向异类中行"，见《祖堂集》卷十六。"坐微尘里"，见《楞严经》卷四。

② 钟泰：《庄子发微》，第151页。

　　子贡反，以告孔子曰："彼何人者邪？修行无有，而外其形骸，临尸而歌，颜色不变，无以命之。彼何人者邪？"孔子曰："彼，游方之外者也；而丘，游方之内者也。外内不相及。而丘使女往吊之，丘则陋矣。彼方且与造物者为人，而游乎天地之一气。彼以生为附赘县疣，以死为决疣溃痈。夫若然者，又恶知死生先后之所在？假于异物，托于同体，忘其肝胆，遗其耳目，反覆终始，不知端倪，芒然彷徨乎尘垢之外，逍遥乎无为之业。彼又恶能愦愦然为世俗之礼，以观众人之耳目哉？"

　　子贡曰："然则夫子何方之依？"孔子曰："丘，天之戮民也。虽然，吾与汝共之。"子贡曰："敢问其方。"孔子曰："鱼相造乎水，人相造乎道。相造乎水者，穿池而养给；相造乎道者，无事而生定。故曰：鱼相忘乎江湖，人相忘乎道术。"

　　子贡曰："敢问畸人？"曰："畸人者，畸于人而侔于天。故曰：人之小人，天之君子；人之君子，天之小人也。"①

　　第二组游方之外的代表是子桑户、孟子反、子琴张，他们与游方之内的孔子形成对照。方外三人的交友，一方面基于"相与于无相与，相为于无相为"的德友原则，真正的

———————

① 　原作："天之小人，人之君子；人之君子，天之小人也。"于逻辑上不通，从钟泰《庄子发微》改。

道友之间是没有关系的关系、没有作为的作为，虽然彼此之间仍然有关系和作为，但一皆出于无心；一方面基于"登天游雾，挠挑无极，相忘以生，无所终穷"的生存论取向，即超然物外，忘记生死，游心于道，与道为体而无始无终。

子桑户死而未葬，"孔子闻之，使子贡往侍事焉"，这是从方内的礼法秩序着眼，以合礼的方式去悼唁死者。礼在这里是悼唁者整饬其哀思之情的方式，意在使哀情的表达与寄托得以有序化和机制化。人的情感需要合理表达，但过度的表达会妨碍生者的身心健康，不及则不能充分展露生者的哀思之情，也不能告慰死者的在天之灵。而礼作为达情的机制化方式，正要求仪式、礼器、礼数等与人情之相称，使得情感的表达合乎分寸。礼既可以文饰人情，又可以节制人情。礼还是一种社会化的整饬情感的方式，即将个人纳入共同体，要求外在的仪式、行为习惯以及内在的个人情感的有机统一，构成调节情感与社会有序化的机制。对于生活在政治社会中——方内——的个人而言，这是如此基本，以至于不可或缺。以上看法似乎构成了儒学礼论的主要进路。然而，孟子反、子琴张做出的却是让方内的子贡感到震惊的行为："或编曲，或鼓琴，相和而歌曰：'嗟来桑户乎！嗟来桑户乎！而已反其真，而我犹为人猗！'"从方内视角来看，这不仅是对礼的颠覆，也是对死者的不敬，因此子贡以相当谨慎而又无法抑制的不满态度质问道："敢问临尸而歌，礼乎？"其所得到的回应却是二人的相视而笑，以及"是恶知礼意"的讥讽。

显然，对于方外的孟子反、子琴张而言，子贡意义上的礼只不过是世俗被给定的仪式与习惯，受缚于人道的机制，没有达成本真的礼意，礼的真意在他们那里必须上升到天道、作为性命之情的本真表达来理解，而那些社会化仪式掩盖了本真的性情。换言之，由方外视角，礼仪与礼意之间的张力上升到天道与人道之间的结构性紧张上。这让生存于方内的子贡十分困惑，故而询问孔子："彼何人者邪？修行无有，而外其形骸，临尸而歌，颜色不变，无以命之。彼何人者邪？"孔子的回答紧扣"彼何人者"，给出了另一种生存类型的定位，这种生存类型与自己所体现的生存类型构成了鲜明对照："彼，游方之外者也；而丘，游方之内者也。外内不相及。"游方之外与游方之内是生存真理的两个基本类型，二者都各以"游"的方式达到了"逍遥"，却是两种不同类型的"逍遥"。从《庄子》整体脉络来看，天人、神人、至人可以视为游方之外者，而孔子作为圣人的象征则是游方之内的代表，其界限在于方，方的具体内涵即为人间社会的礼法秩序。

安居方外的孟子反、子琴张，面对子桑户的死，相和而歌，桑户之死非但没有被视为遗憾，引发悲哀，反而认为是"反真"，不仅不当痛哭流涕，更有如释重负的解脱。世间之人不得不受到方内秩序的束缚，对于反真的旅程而言是一种障碍，因为方内礼法的社会化机制遮蔽了生存的本真性。似乎真人的生存形式，完全不能在方内的世俗社会得到理解，后世甚至将真人视为典型的道家人格类型。游方之外作为一种生存类型，其核心就是对方内礼法秩序的超越。方内世界的一切甚至包括人的形体，都只不过是心灵暂时性的寄居之所，是过渡性的迟早要告别的人生驿站，人生旅程之目标则是"未始有物""天地一气"①的超越性天道。

然而，游方之内者对礼充分尊重。人无论如何都必须生存在有序化的社会中，即便是那些追求方外理想的人，也必须寄身在具体社会中，在这个意义上，礼作为社会有序化的方式，一日不可废。《大宗师》中孔子提出"外内不相及"，意谓游方之内与游方之外两种生存类型不可混淆。当子贡问孔子所依是方内还是方外时，孔子肯定地指出了作为游方之内者的自我定位，还将这种定位与游方之外者进行区分。从方外视角来看，只有方内的生存性真理才可以被表述为"方"，这是伴随风土性而来的洞穴或限制，即将生存真理限制在人间世的礼法秩序之内；方外的生存类型已不能以方界定，其生存体验从方内撇开而直达方外，是对方的超越及对天道的上达。子贡所谓的"何方之依"，仍然是站在方内视角言说方内与方外，方外的生存真理仍然被视为与方相连，这无疑不能使游方之外者满意，因为它降低了方外的意义。但在更深的意义上，从游方之内的视角来看，由方外视角而割裂方内与方外的方式本身已经将此方外视角下降为"方"。

---

① 《庄子·齐物论》："古之人，其知有所至矣。恶乎至？有以为未始有物者，至矣，尽矣，不可以加矣。"《大宗师》："彼方且与造物者为人，而游乎天地之一气。""未始有物"与"天地一气"都是"与造物者为友"，或者说是睹无者，而有物之境则是睹有者。《在宥》："睹有者，昔之君子；睹无者，天地之友。"

值得注意的是孔子的回应。"天之戮民"的自况，是游方之内的孔子借助游方之外的视野以反讽方式对己的定位。这暗示，孔子虽游于方内，却可出入方外，对于方外的生存真理有着深切的理解。对于方外者而言，方是游之碍，方外可游而方内不可游。孔子却说自己是游方之内者，暗寓着对方为游之碍的克服和超越。孔子的回应正可呼应《德充符》中叔山无趾（游方之外者）对孔子的评论："天刑之，安可解？"这两个文本的互文性传达的是，方外视角与方内视角的交织重叠：一方面，游方之外者以其超越方的人生历程，认为方内之境低于方外之境，方内的孔子遭受着不可解除的天刑，即贴近方内真理的孔子远离了形而上的方外天道；另一方面，以游方之内的视角观之，诚如吕惠卿所言，"游方内而不必出，安天刑而不必解"①，这是不出之出、不解之解。方内虽不完美，却是人的家园，安于方外之人所谓的天刑，方内生存可上升到游的层次。对于方外者而言，方内的世界及其秩序，就如同上天用以惩罚方内生存者的刑罚，因而解脱的方式唯有从方内世界脱离；但对游方之内的人而言，既然道术无所不在，怎么可能道术只在方外而不在方内，只有方内能游的人才能体验到大道无间于方内、方外。

子贡的第二问意在表明，方内同样是天道开显的恰当场所。这里的鱼水、人道两个隐喻，值得反复品味。"鱼相造乎水，人相造乎道"，鱼儿们共同滋养造就以水，人们则

_____

① 吕惠卿撰，汤君集校：《庄子义集校》，第 142 页。

相互成就以道。对于滋养造就以水的鱼来说，只要一方水塘，就可以给养充裕，更多的水并无实质意义："相造乎水者，穿池而养给，不必大水也；相造乎道者，无事而生定，不必方外也。"①鱼水之喻，意在揭示方内同样可游，正如马其昶云："鱼果得水，江湖池沼浑然可忘。穿池养给，喻方内之亦可游也。"②同样的道理，既然人相造乎道，而道无乎不在，无间于方内方外，方外并不能垄断道，道也并不因人间世的美丑善恶是非之混杂而轻视之，相造乎道的人又何必从世间逃离？何不即世间而显天道，即方内而通天道？进一步反观游方之外者，仅仅在方外追寻道术，而离弃方内世界，这是道术的分裂。陶望龄云："池水、江湖皆水也，鱼造水而已；方内、方外皆道也，人相与忘道而已。即人即提出天者，圣人也；畸人侔天者，君子也。"③天道不可能在人道之外，必然在人道之中展开，因而方内世界与人道机制并不隔绝于天道。既然方内同样为道之呈现场域，方内就可以与道往来，方内可游而不复待于外，只有内不可游的前提下才有方为游之碍的构思，当方被视为游之碍时，道反而不普，反而有间，有隔于方内方外。

　　孔子说"鱼相忘乎江湖，人相忘乎道术"，道术无间于方之内外，正如鱼相忘于江湖，方内世界即是人的江湖，

① 吕惠卿撰，汤君集校：《庄子义集校》，第 142—143 页。
② 马其昶：《定本庄子故》，第 51 页。
③ 陶望龄：《解庄》，《陶望龄全集》，第 1147 页。按：方以智《药地炮庄》引之，在"相与忘道而已"后有"画定内外，岂通方哉"。（方以智撰，蔡振丰等校注：《药地炮庄校注》，第 501 页。）

不是取消江湖，而是在江湖中两相忘却。"相忘者，内不见己，外不见物。如是，虽游于方之内，未尝不出乎方之外，即方内方外之名，可以不立也。"①游方之外者却认为，方内之礼不能达于礼意，甚至讥讽子贡实则贬抑孔子不能通达礼之精意，这一点实可商榷。此想法恰恰喻示方外者在方内的江湖中不能相忘，而不得不求助于方外的江湖："由是可知子反、琴张之伦实非其至。荀子有云：'礼，至备，情文俱尽；其次，情文代胜；其下，复情以归太一。'（见《礼论》）若二子者，知复情以归太一矣，而不知乃其下也。"②太一即泰初，是世界体验的原初状态，"本"和"始"浑沌一体，对于游方之外者这是礼意沛然又不落"礼事""礼名"的原初时刻。但自道展开以后，道物分化浑沌之"一"（泰初、太一、太上）不再直接向人开显，只能即物而见道；同理，既然方内的人道世界是天道之展开，必须由人道以见天道，重获的并不是天人的浑沌不分，而是天人在结构性张力中的平衡。

由此而引出子贡的第三问，这一问是在洞明了方内可游的生存真理之后，再去看方外之人。一旦站在这个视角或高度，游方之外者就成了"畸人"。畸人异于世间的常人，当然也异于游方之内的圣人，他试图"侔于天"，即绕过人间礼法，绕过方内生存，直接冥契天道，回到本始未分之一，这也正是《天下》所述老聃之学"主之以太一"的进路。然而，天人既分，天人不相胜，生存真理只能归于天人之

---

① 钟泰：《庄子发微》，第 157 页。
② 同上。

际的平衡，而不是回到天人未分的浑沌（太一）。整个《大宗
师》的语境，界定真人的本质是"天人不相胜"，即天与人谁
也胜不了谁，不是一方克服另一方，而是二者之间的交通
与平衡，才是真人的定义性特征。在这个意义上，游方之
外者（畸人）并没有把握到这种天人之际的平衡，而是妄图
由人而天，最终超越甚至脱离世间。每个人心灵中都潜藏
着向天道开放的"天根"，其身则寄之于世间。因而，方所
关联着的礼法秩序、大地上的真理并不能割舍弃绝，必须与
圆融无方的天道相交相通。① 天人之际永远处在既彼此交融
涵摄又相互紧张互斥的结构性张力中，而方外的畸人拒斥
这种张力，希望生存在张力被彻底化解的理想秩序中。但
天地之间作为气化世界，并非均质的、纯粹理化了的几何空
间。游方之内者并不渴望在地上找不到的几何空间，而是
将游的生存真理开放在这个粗糙不平的大地上，开放在这
个有着限制与边界——限制与边界正是方的内涵——的人
世间。游方之外的畸人与游方之内的圣人因而具有不同的
定位："即人即天者，圣人也；畸人侔天者，君子也。"②孔

---

① 钱澄之评论游方之外者云："子祀以下诸子，必欲知死生存亡之一体，
而乐死恶生，是未能安于所不知者也。故分别言之，于真人、圣人外，
又有此种畸人。""但识礼意而忘礼法，是得天而忘人者也，故曰'畸于人
而侔于天'。天者，方以外也；人者，方以内也。圣人游乎外而不离乎
内，宁无事而生定，以相造于道，不敢相忘于道术也。犹鱼穿池而养
给，以相造乎水，不遽相忘于江湖也。故宁为戮民，不为畸人。"（《庄屈
合诂》，第 111 页。）马其昶也以为，畸人"分天人，别善恶，故又下于真
人、圣人一等"。（《定本庄子故》，第 51 页。）

② 陶望龄：《解庄》，《陶望龄全集》，第 1147 页。

子之所以自觉地选择作为天的戮民（对方外者而言，这是遭受天刑的劳民），而不是去做畸人，乃是因为这方内的世间就是生存性真理展开的真实场域。退而言之，即便是游方之外，也必以与方内的平衡为前提。圣人与畸人，由此成为两种生存真理的代表。

> 颜回问仲尼曰："孟孙才，其母死，哭泣无涕，中心不戚，居丧不哀。无是三者，以善处丧盖鲁国，固有无其实而得其名者乎？回壹怪之。"仲尼曰："夫孟孙氏尽之矣，进于知矣，唯简之而不得，夫已有所简矣。孟孙氏不知所以生，不知所以死，不知就先，不知就后，若化为物，以待其所不知之化已乎。且方将化，恶知不化哉？方将不化，恶知已化哉？吾特与汝，其梦未始觉者邪。且彼有骇形而无损心，有旦宅而无情死。孟孙氏特觉，人哭亦哭，是自其所以乃。且也相与吾之耳矣，庸讵知吾所谓吾之乎？且汝梦为鸟而厉乎天，梦为鱼而没于渊。不识今之言者，其觉者乎？其梦者乎？造适不及笑，献笑不及排，安排而去化，乃入于寥天一。"

游方之外凸显的是超越性生存真理，当它通过第一组人物子祀、子舆、子犁、子来出场时，强烈吸引了生活在世间而为世间所困的人。当第二组人物子桑户、孟子反、子琴张出场，引入游方之内的生存真理，与游方之外对照。游方之外者被作为天之君子的畸人加以刻画，区别于圣人和真人。这是《大宗师》一个重大的结构性暗示：游方之内与游方之外虽然同样具有不可名状的吸引力，都体现了人性的高度和深度，但相对于畸人，圣人或真人才能真正做到天人不相胜，而游方之外的畸人总是天偏胜于人。方内与方外的交界点是礼，礼也是真人与畸人两种生存真理的分歧点。在游方之外与游方之内两种生存真理出场后，回到礼乃是很自然的，这就有了孟孙氏的出场，而且这一出场恰恰是以孔子与其高足颜回的对话为背景，因为孟孙才的例子已关涉对礼意的更高理解。对于这段有深刻领悟的人，都会油然而生此中真谛大有非颜回不能问且非孔子不能答的感觉。历代解释者在解释这一段话的时候都会感到踌躇与困惑。数十年致力于庄子研究的钟泰特别指出："此节极为难看。盖死生无变，不极之于母子之亲，即理有未尽；而哀乐不入，乃施之于生我之人，则情有未安。想见庄叟当初下笔时，亦自费几许踌躇也。"①钟泰是真知庄子的人，他仿佛看到了当年庄子下笔时的几多踌躇，所以在解释时也是慎之又慎。可以想象庄子在这里遇到的艰难：《大宗师》文本的内在逻辑推动他进一步展开天人不相胜的主题，而这一展开必将落实于天与人、方内与方外交界处，也就是礼的问题上。丧与祭乃礼之大者，丧礼意在送别去世的亲人，撄宁境界中以不将不迎的方式展开无不将无不迎的精神历练如果落在丧礼上将如何呢？面对逝去的亲人，如何才是以不送（送即将）的方式去送？问题的真正困难在于，

---

① 钟泰：《庄子发微》，第 158 页。

在大化流行无端无尽的视野中，生死成毁只是大化迁流的不同环节，人生转换为以已化待未知之化的场景，这就会产生礼的根基何在的根本性问题，它深入世间性生存的根基之处。另外，在礼意已经被世间性意识体制化的状况下，于礼意上阐发天人不相胜的主题，必然面临由礼以见天道的艰难。所有这些难题，再次将我们的目光引向我们置身的方内世间。孟孙才作为一个既在世间又超出世间的典型人物出场了，然而其生命精义通过孔子与颜回两位游方之内者才得以敞开。在他们那里，孟孙才之所以洞彻丧礼之实，正在于他真正敞开了天道在居丧之礼中自发显现的精神位点，对世间性意识和方外意识的双重突破。世间性意识和方外意识共享礼与方内的捆绑，于两者而言，游方之内是不可能的。对于游方之外的人来说，游只能发生在方外，甚至游本身只能敞开在对方（礼）的突破的当下；对方内的世间性意识而言，方外作为不可能性的世界，与人置身的世界有着无法跨越的鸿沟，方外只能作为心之所想、心之所望，而不能作为真实的世界来营构，于是方内生存让位给习俗化礼制的遵循与守护，"游"在世间性意识中连升起的可能性都没有。庄子通过孔子与颜回对话中的孟孙才，正是为了呈现游方之内的可能性：在被视为方内秩序原则的礼上，游的可能性被孟孙才开启，同时赢获的还有对世间性生存的重新理解，恰恰是在礼中，存在着由人而天的上行，只有基于天人的平衡才能真正洞彻礼意的精髓所在。

颜回对孔子说："孟孙才的母亲死了，他哭泣没有眼泪，心中不悲伤，居丧不哀痛。"人们一般认为，丧礼用以

表达生者对亲人去世的哀戚之情，此哀戚之情通过体制化
的礼仪加以节制，恰当地表达，礼仪若脱离居丧者的情感
就失去了实质。然而孟孙才哭无泪、心不戚、丧不哀，仿佛
抽空了这种情感，居丧之礼不就成了僵死了的空洞仪式吗？
"孟孙才以善于居丧而闻名鲁国，这是否意味着他有名而无
实呢？"颜回怪惑之。孟孙才善居丧之实究竟何在？孔子对
颜回的回应包含两个方面：一是如何理解孟孙才的居丧，
二是以孟孙才善居丧之事扩展对颜回的教育。

　　孔子以为，孟孙才已尽居丧之道的实质。孟孙才对于
居丧的理解，已经从"知之之知"而进于"不知之知"的层次。
知之之知，所知领域为人之所为，不能达到天之所为；而
不知之知，则能上达天之所为。对于居丧之道的理解，只
有从人之所为进至天之所为的层次，才能真正理解《礼记·
乐记》所谓"大礼必简"的真谛。世人居丧，哭踊拜杖之仪文
必不可少，加上丧服等制度，可谓繁文缛礼。然而正如《礼
记·礼运》将礼的起源追溯至上古时刻，不仅没有专门的礼
器，甚至连礼仪也都是因地制宜而易简有加的。然而居丧
体制化，世俗相因，想简化已为习俗体制的居丧之礼很是
困难，所以哭泣居丧在所难免。孟孙才的哭无泪、心不戚、
丧不哀，已是一种简化。

　　孟孙氏从知之之知进至不知之知，由人而天，故而能
够超越世俗人生死、先后的对待性意识。"不知所以生，不
知所以死，不知就先，不知就后"，四个"不知"意味着世俗
意义上的生死分别、先后分别在孟孙才那里消失了。他的居
丧之实根植于他对生死、先后问题的深刻理解。生死相禅、

先后相代的无尽循环，只是大化流行的自然。上天造化赋予人形，那就顺从这个被给予，同时等待将来未可知的变化，孟孙才所做的不过如此而已。已化而为人，安能知未生以前是怎样的？生而未死，焉知已死之后？化与不化、化为何物等等，都是天之所为，人力所不得参预，这些都在不知之知之列，只有顺而待之。固化为习俗体制的丧礼，沉迷于大化流行中的人形环节，其实从天之所为的层次来看，大化并不因我们的执着而一刻暂停。孟孙才已把居丧之实的根基建立在天之所为上，"我与你对居丧的认识恐怕还停留在人之所为的层次，仍在梦中还没有觉醒，孟孙才则已经彻悟生死之事和居丧之实"。

　　大化不息，所化者物，化之者天，万化过程中显现的天德则不化。孟孙才"事死如事生，事亡如事存，一段母子相爱而不可解之情，必有感人于不知不觉之间者，此其所以善丧盖鲁国之实也"[1]。孟孙才看到母亲的遗体与生时相比有让人惊骇的变化，但孟孙才之心不为之损耗哀伤。因为他真切地理解，人的形体虽有死亡，但无象可见的精神并不会耗灭消亡。世俗所谓的死亡，只是形体的变异，而形体的变异不过是精神寓所的日新变化而已。人生如寄，一朝居于人形的驿站，死非消亡，只是精神之乔迁新居罢了。已化与未化，过去与将来，各不相知，亦各不往来，而这一段发生在世间的共同旅程，伴随着不可解的母子至情。人生在无极无尽的大化长河中不过稍纵即逝的一朵浪

---

[1]　钟泰：《庄子发微》，第 159 页。

花，而此至情何尝不是天道之馈赠？孟孙才对此有着特别的理解，这也是他远超一般懂礼者的原因。孟孙才对居丧之礼简而又简，作为其剩余物的礼，便能相应于生死大化的真实，更重要的是，又恰最能承载大化无尽无端历程中人生一段不可解的母子之情。人哭亦哭，并不是情感要与人为的礼仪相称，也不是遵循世俗礼仪行为又消除任何情感的冷漠无情，相反，孟孙才之情自内而外升起处，正是天道流行发用时。那无法遏止的不可解之情，完全从至真生命深处自发涌现，正是天之所为通过孟孙才人哭亦哭的展现。孟孙才对大化流行的理解已臻于透彻，对身处大化过程中的母亲未能忘情，正是人生之自然，而情之所钟，正是造化之精粹。竭力消解此情，以之为桎梏，反而堕入人之所为。人情中的天之所为，正是礼意所在，这恰恰是一般知礼者无以企及的高度，因为它并非知之之知所能及的对象，而是不知之知才能敞开的天道根基。"是自其所以乃"，是"是乃自其所以"的倒装；"所以"，即"所由"；"乃"，本或作"宜"，"宜"亦"乃"也，《诗经·小雅·小宛》"宜岸宜狱"，即"乃岸乃狱"。[①] 郭象言孟孙氏"人哭亦哭，正自是其所宜也"，自然不等于成玄英所误解的"顺物之宜"。[②] 孟孙才在灵魂深处倾听天道的呼唤，不能自已地被更高的力量所牵拉、推动，世间性意识加在礼上的限制在他那里被突破了。世间性意识将礼限定为方内，限定为与天

---

① 钟泰：《庄子发微》，第 160 页。
② 郭庆藩：《庄子集释》，第 252 页。

道有隔的秩序原则，而孟孙才由于升华了对生死、迎送、先后的理解，既不执着作为大化瞬间的生死往来，又恰当安置人子之于母亲永别的这一至真纯情。当礼达于它的精粹，就绝非作为私我者的意志与情感的表达与抒发。世俗节制和文饰私我者情感意义上的礼，其实从未到达礼意，至少它把礼大大地降格了。不能达于深邃礼意的目光，才把孟孙才的人哭亦哭视为做样子、走过场，不以为意、如此而已，仿佛这才是真正的超脱。殊不知，这是对方内世界，对人的此生此世的否弃与决绝，这一否弃与决绝因其彻底取消了人的维度，因而也彻底否弃了天人不相胜的真理。

孟孙才善居丧关涉对居丧者的理解："人哭"者谁？"亦哭"者谁？孔子引导颜回重新展开对人的理解：既可在方内又可在方外展开游的生活的主体是谁？这里的主题已经从孟孙才的例子引申和扩展到对颜回的教育。"且也相与吾之耳矣，庸讵知吾所谓吾之乎？且汝梦为鸟而厉乎天，梦为鱼而没于渊。不识今之言者，其觉者乎？其梦者乎？""人哭"之"人"毫无疑问是世间人，彼此面对对方时将自己看作"吾"，"吾"者只是大化流行中可以被感官捕捉截取的一个相对静止、现成、临时性的"人形"片段，这个片段之外的部分也就顺理成章地被看作"非吾"。人们之间的"相与吾之"，正是世间意识的常态，是人之所以自限于"吾"的表现。在"相与吾之"背后隐藏着的是知之之知、人之所为，正是通过知之之知给出了人形之我的边界，导向吾与非吾之间的一种区隔。丧礼中的"人哭"，不过是"相与吾之"的吾在哭。世人又哪里能理解所谓的吾并非本真。你梦为鸟在天空中翱翔，又梦为鱼在水里遨游。不知道现在这个说梦的吾，是醒觉之人呢，还是梦中人？自以为觉醒的状态是否也在梦中呢？这一连串的设问，意在推进对吾的解构议程。当吾在梦为鸟时，吾所谓吾者是鸟；当吾梦为鱼时，吾所谓吾者鱼也；当吾梦醒时又以人形谓之吾。梦觉有异，鱼鸟不同，各不相知，各乐其形。①

梦觉之不可知，一如生死大化之不可知，以不知之知待之，是顺化；人哭亦哭，一段母子之至情真感，如其所是地展现，此为顺情，而真正的顺化并不排斥这种真情实感。当《大宗师》说孟孙氏"有旦宅而无情死"时，正是意在强调，此情不亡，"简之不得"，即无法被彻底化减掉。当它与"无损心"对照时，正见一方面不亡情，另一方面不执着于情，不堕一边，达成两边的动态平衡。若把生存中属于人形的片段抹去，看似解开了心对物之缠结，仿佛更为洒脱，然而本质上使得天人的居间平衡不再可能，大化中的一段人形转成主旋律的插曲，没有任何可亲可敬而言，由此而造成的并非精神性的突破，而是粗暴的否弃。通过孟孙氏居丧之实而展现出来的"亦哭"者为谁？与其说他是一个在"相与吾之"中生成的我，毋宁说更是一个"不知其

---

① 《淮南子·俶真训》对庄子的主题进行了扩展："譬若梦为鸟而飞于天，梦为鱼而没于渊。方其梦也，不知其梦也，觉而后知其梦也。今将有大觉，然后知今此之为大梦也。始吾未生之时，焉知生之乐也？今吾未死，又焉知死之不乐也。"并继之以公牛哀的故事："昔公牛哀转病也，七日化为虎。其兄掩户而入觇之，则虎搏而杀之。是故文章成兽，爪牙移易，志与心变，神与形化。方其为虎也，不知其尝为人也；方其为人，不知其且为虎也。二者代谢舛驰，各乐其成形。"

谁"的我，他在已化为人形的当下等待着不知之化的降临，面对着在化途中而又不知化为何者、化至何方的母亲的离去，他感动于大化旅程中人形片段上的母子之情，即便深彻顺化之真谛，同样珍重大化的这个即将消逝的片段，一往情深而天机同时绽放，安化与顺情达到平衡，"准天而谈，正亦准情而谈"①。关键的问题是，无论安化还是顺情，都出于自然，是天之所为通过"吾之所吾"的展开。"吾之所吾"并不能完全占据"吾"的内涵，这个世间性的"吾"也可以向着天道开放自身。"造适不及笑，献笑不及排，安排而去化，乃入于寥天一。"舒适惬意从心底自然涌现时，是来不及笑出来的；笑声从内心发出来，是不经过事先安排的；听任自然的安排而与之变化，就进入与寥廓无涯的天道混为一体的境界了。排亦是化，安排即顺化。郭象注"安排去化"谓："安于推移，而与化俱去。"②我们固然不可执着于生而为人这一片段旅程，但以"安排去化"的态度视之，则不能不珍重之，当然，不是以增益的情感，而是以人之所为与天之所为平衡的方式。一，即"一气""一化"之"一"，一也一、不一也一的道，即天人的居间平衡。我们重新回到孟孙氏的语境，正如郭象所言："夫礼哭必哀，献笑必乐，哀乐存怀，则不能与适推移矣。今孟孙常适，故哭而不哀，与化俱往也。"③孟孙氏"与化为体"，以大化为视野去看世间性丧礼的主体，则吾之所谓之吾是吾，吾之所谓非吾亦是

① 钟泰：《庄子发微》，第 161 页。
② 郭庆藩：《庄子集释》，第 253 页。
③ 同上。

吾，"上比乎天，下通乎物，并无一处安着得己见。由此言之，不是己之无母，而是世间本无有吾"①。在本无吾亦本无母的大化过程中，一段不可解于心的母子之情，恰恰适成大化流行的馈赠，稍纵即逝，不可不珍重。顺其化而安于其排，亦是即人即天的敞开道体的方式。

如果对比游方之外的畸人与孟孙才，就会发现他们的差异："子祀、子来四人，及子桑户三人，所谓狂者之流也。'以无为首，以生为脊，以死为尻''以生为附赘县疣，以死为决疣溃痈'，是乐死而恶生也。是皆有得于天，而未知天之不外于人也；有见于道，而未闻圣人之道也。惟孟孙才庶几近之。孟孙氏于死生之际既已脱然，而复以善丧闻鲁国。世谛已尽而不坏世相，殆狷而有得于道者也。虽然，犹非圣人之道也。"②

> 意而子见许由。许由曰："尧何以资汝?"意而子曰："尧谓我：'汝必躬服仁义而明言是非。'"许由曰："而奚来为轵? 夫尧既已黥汝以仁义，而劓汝以是非矣，汝将何以游夫遥荡恣睢转徙之涂乎?"意而子曰："虽然，吾愿游于其藩。"许由曰："不然。夫盲者无以与乎眉目颜色之好，瞽者无以与乎青黄黼黻之观。"意而子曰："夫无庄之失其美，据梁之失其力，黄帝之亡其知，皆在炉捶之间耳。庸讵知夫造物者之不息我黥

---

① 宣颖：《南华经解》，第 58 页。
② 钱澄之：《庄屈合诂》，第 120 页。

而补我劓，使我乘成以随先生邪？"许由曰："噫！未可知也。我为汝言其大略。吾师乎！吾师乎！韲万物而不为义，泽及万世而不为仁，长于上古而不为老，覆载天地、刻雕众形而不为巧。此所游已。"

意而子，是有意者，与无意者相对，在天人之际的天平上大概是人胜于天者，所以意而子的人格构造以仁义是非为主体。仁义是非皆从意出，故其人格化表达就是"意而子"。意而子见许由，许由问他："尧教你什么呢？"意而子回答："尧告诉我：'你必须要实行仁义而明辨是非。'"许由反诘道："那你来到我这里干什么呢？尧既然已经用仁义刺了你的脸，用是非割掉了你的鼻子，那你还凭什么去逍遥、放任、大化流行的境界中遨游呢？"意而子回答："即便是这样，我还是愿意遨游在它的边界地带。"意而子所说的"躬服仁义""明言是非"，明确显明仁义和是非并非自然，而是与人为不可分割，这对于游方之外的许由而言，无异于刑罚，所以他将仁义比喻为刻面着色的墨刑，喻是非为割除鼻子的劓刑。换言之，仁义是非对于人的天德和生命不但不能成全，还摧残伤害，接受了仁义是非就等于自残，一个自残者又怎能游于自得逍遥之境呢？意而子的回答颇具深意，他只是希望游于仁义是非这一人之所为的方内与"遥荡恣睢转徙"的方外的边界地带，即居间地带，作为自己的生存取向，指向二者的联结或贯通。

许由对意而子的驳斥仍然坚持游方之外的立场。盲者对于眉目颜色之好是不能欣赏的，耳聋者对于青黄黼黻之美是无法辨察的。眉目颜色之好、青黄黼黻之美是超越世间性的，属天而不属人，仁义是非的方内构成了你观看这些美好事物的洞穴和限制，是游于大道的障碍，只具有负面意义，不具有正面价值。然而意而子的回答则是："大美人无庄自忘其美而进于大美，大力士据梁自忘其力而其力更勇，大圣智者黄帝自遗其智而其智更大，他们都是经受千锤百炼而达道的，就好像金属器物，如不加以冶炼就不成其用。仁义是非连同这世间或许就是冶炼生命的熔炉。今天我来到这里，安知这不是造物主的安排？让我来这里继续冶炼，以补全我在仁义是非的方内熔炉中失去的东西，铸造一个完整的生命跟随先生。"意而子的回答扣紧前文的"撄宁"，在大撄中得大宁，大撄即仁义是非这一世间性的大熔炉。不经过大熔炉的历练而直接游心于方外，看似平坦，可能反而是迂回之路。对于谨慎地表达愿意游心在方外与方内的交界点的意而子而言，他无疑是居于方内而超越方内限制的典型。

　　许由说："这是不可预知的。我为你言其大略。我们真正的大宗师是道，如秋天寒霜，肃杀万物使之凋零，而不是有心断情而为义；又像春日和风，使万物生长，却不是有情恩爱而为仁；它日新不已，久远于上古而永葆青春；它覆载天地，雕刻万物之形，而无工巧匠心，一出于自然。这才是我们能游的根据所在。"

　　意而子与许由，一则承接方内，一则承接方外，二者的交汇点在道，无论是游方之内还是游方之外，游的根据都在道。而意而子从人道视角进入，以超越人道而抵达天道，这是从人道出发而开启的"游"，贵在将人道的是非仁义乃至世间都视为冶炼生命的大熔炉。他求教于游方之外的许由，意味着他在历经方内熔炉的冶炼之后超越了人道，走向以人道沟通天道之路。在这个意义上，这里的主角与其说是许由，毋宁说是意而子，因为意而子的道路是人人可学而致的通途。许由的道路是游方之外，将人道视为对精神生命的刑罚桎锁，并不重视世间性的熔铸历练，向着超出方内的宇宙论视野而开启的逍遥道路直接进发，但道路的尽头生成的人格可能是畸人，未必是真人或圣人。

> 颜回曰："回益矣。"仲尼曰："何谓也？"曰："回忘仁义矣。"曰："可矣，犹未也。"他日复见，曰："回益矣。"曰："何谓也？"曰："回忘礼乐矣。"曰："可矣，犹未也。"他日复见，曰："回益矣。"曰："何谓也？"曰："回坐忘矣。"仲尼蹴然曰："何谓坐忘？"颜回曰："堕肢体，黜聪明，离形去知，同于大通，此谓坐忘。"仲尼曰："同则无好也，化则无常也。而果其贤乎！丘也请从而后也。"

当《大宗师》的镜头再次转回孔子和颜回时，孔子和颜回这两位游方之内的代表，以其生存实践传达方内同样能游的真理。颜回告诉孔子："我进益了，已经忘了仁义。"孔子说："可以，但还不够。"过了几天，颜回告诉孔子："我又进益了，已经忘记了礼乐。"孔子说："可以，但还不够。"又过了几天，颜回告诉孔子："我又进了一步，这次我已经坐忘了。"孔子问："什么是坐忘?"颜回回答："我在意识体验中失去了身体，抛弃了聪明，好像没有了自己，空空如也，与天地万物的距离和隔膜彻底融化，不再有何者为我、何者为物、何者为天地的意识，剩下的只是一种无所不通、无所不明的体验。"孔子说："如果无物不同，则吾之所谓吾尚且不存，哪里还有私心偏好呢？ 既然同于大化，唯化所适，哪里还会固执偏见呢？ 你能达到这样的道境，我也希望跟在你后面学道。"

　　颜回的工夫次第，是先忘仁义，再忘礼乐，而后达于无己无物的坐忘。关于先忘仁义再忘礼乐，刘武解释道："仁义之施由乎我，礼乐之行拘于世。由乎我者，忘之无与人事；拘于世者，忘之必骇俗情。是以孟孙之达，且进世知；孟、琴之歌，遂来面诮。此回所以先忘仁义而后忘礼乐，盖先易而后难也。"[①]坐忘，不但指向忘物，而且首先是自忘其吾。无吾无物，通于大通，而后才能"一其所不一"，吾之本真与天道为一。孔子与颜回作为道友，以进德相鞭策、相激励，每一次对话都显现了不断上达的生命场景。孔子每次说话，颜回就有所收获进益；而在故事结尾，孔子有所收获进益，以至于愿意做颜回的学生。这里，孔子和颜回给出了道友典范。在方内，孔子是老师，颜回是学生；在方外，颜回可以是老师，孔子可以是学生。最好的学生可以成为老师的老师，最好的老师可以成为学生的学生。这就是孔子和颜回既是师生又是德友的实例。师之为师，

---

① 　刘武：《庄子集解内篇补正》，第 176 页。

传道也；学生之为学生，学道也。道在何处，则吾师即在何处；学由何处始，何处即有学生。这是对超越了方内礼法秩序的师生关系的理解。孔子与颜回在方内礼法世界有师生之情，但在修道之路上，从化无常师，唯道是从而已。孔子颜回的寓言可以在《论语》中找到故事的原型。《论语·公冶长》："子谓子贡曰：'女与回也孰愈？'对曰：'赐也何敢望回。回也闻一以知十，赐也闻一以知二。'子曰：'弗如也，吾与女弗如也。'"钱穆云："世视子贡贤于仲尼，而子贡自谓不如颜渊。孔子亦自谓不如颜渊。然在颜子自视，或将谓不如子贡。以能问于不能，以多问于寡，有若无，实若虚，此圣贤之德，所以日进而不已。学者其深体之。"① 正是日进不已，才有"颜苦孔之卓"②。

> 子舆与子桑友，而霖雨十日。子舆曰："子桑殆病矣。"裹饭而往食之。至子桑之门，则若歌若哭，鼓琴曰："父邪母邪！天乎人乎！"有不任其声，而趋举其诗焉。子舆入，曰："子之歌诗，何故若是？"曰："吾思

---

① 钱穆：《论语新解》，生活·读书·新知三联书店，2018 年，第 106—107 页。

② 《庄子·田子方》："颜渊问于仲尼曰：'夫子步亦步，夫子趋亦趋，夫子驰亦驰，夫子奔逸绝尘，而回瞠若乎后矣。'""夫子步，亦步也；夫子言，亦言也；夫子趋，亦趋也；夫子辩，亦辩也；夫子驰，亦驰也；夫子言道，回亦言道也；及奔逸绝尘，而回瞠若乎后者，夫子不言而信，不比而周，无器而民滔乎前，而不知所以然而已矣。"扬雄《法言·学行》："颜苦孔之卓之至也。"褚伯秀云："孔子'奔逸绝尘而回瞠若乎后'，即扬子所谓'颜苦孔之卓'也。"

乎使我至此极者而弗得也。父母岂欲吾贫哉？天无私
覆，地无私载，天地岂私贫我哉？求其为之者而不得
也。然而至此极者，命也夫！"

　　子舆与子桑的对话，作为《大宗师》的结局，是颇具匠
心的大构思。子舆是《大宗师》第一组游方之外者中的病者，
子桑是第二组游方之外者中死去的子桑户。[①]在《大宗师》相
与为友的故事中，子舆所在的群组是"方外一组"——子祀、
子舆、子犁、子来，子桑户所在的群组是"方外二组"——子
桑户、孟子反、子琴张。在方外一组中，子舆有病，子祀往
问之，子来有病将死，子犁往问之；换言之，子舆是病中
的子舆。在方外二组中，子桑户死，孟子反、子琴张的方外
组合与孔子、子贡的方内组合在对待子桑户的态度上出现了
两种生存真理的分化。子舆与子桑，是方外一组的生者（病
者）与方外二组的死者的组合，可谓"方外三组"。这种组合
不再需要理由，既没有"以无为首，以生为脊，以死为尻"
"知死生存亡之一体"的同感，也没有"相与于无相与，相为
于无相为""登天游雾，挠挑无极，相忘以生，无所终穷"的
共契，而是不需要任何理由的相友。方外一组是"相与为
友"，既有"相与"，也有"为"；方外二组是"相与友"，已经

---

① 阮毓崧以为子舆、子桑就是《大宗师》前文中的子舆和子桑户。（阮毓崧：
《重订庄子集注》，刘韶军点校，上海古籍出版社，2018年，第217页。）
吕惠卿也间接表达子舆与子桑户就是《大宗师》前文中列在不同群组中的
人物。池田知久云："子桑与上文子桑户是同一人物。"（方勇：《庄子纂
要》，《方山子文集》第17册，第983页。）李腾芳云："子舆、子桑，即前
之所称者也。"（方勇：《庄子纂要》，《方山子文集》第17册，第986页。）

不再有"为"，因为它们是相与于无相与、相为于无相为。方外三组则只是"友"，连"相与"也脱去了。相与无相与，相为无相为，不再是字面的工夫，而是直接连通的境地，这样的德友超越了生死，没有中介。这里不需要造化、造物者、死生存亡之一体，也不需要"登天游雾，挠挑无极，相忘以生，无所终穷"的超越性意识，而是落到了"命"。造物无物、有物自造的意识，通过命得以显发，生存根据则归宿于没有理由的理由、没有作为的作为——这是庄子对个人生存根据的最终思考，是对以思辨方式呈现的形而上学问题的"知止"。

子舆与子桑为友，由于接连下了十天大雨，子舆想子桑大概病了，就包着饭送过去。到了子桑的门口，听到里面像在唱歌，又像在啼哭，子桑弹着琴唱道："父邪母邪！天乎人乎！"没有气力，歌声微弱，诗句急促不成调子。子舆进门问说："你的歌声怎么是这个调子?"子桑说："我想那让我如此困窘的原因而不得结果。父母生我爱我，岂是让我如此贫困？天地覆载万物没有任何偏私，难道单单让我如此困穷吗？我推求使我如此的根据而不得。大概我之所以如此，就是命的无心'安排'吧!"前文一再陈说的大化流行，其主宰何在？毫无疑问是道。道兼天人，展开为二者的居间联结，对人而言意味着生存的结构性张力。然而，道作为大化的终极根据，几乎不能告诉我们任何东西，已知之化的当下，我们不知将来之化，而此生之前同样是未知之化。大化不能解答我们从何处来到何处去的人生之惑，道也不能给出答案。终极的根据其实并无实体，而是莫之

为而为、莫之致而至者，就是只能以不知之知以待之的
"命"。以命为结，拒绝了道的实体化和人格化，一切实体
化与人格化都是隐喻，在没有主宰、没有根据的生存处境
中，命才是终极的真实："然而至此极者，命也夫！"钟泰注
意到，此一篇终于命，与《论语》结尾"不知命无以为君子"
相应。李腾芳亦认为："庄子于此篇而终止以此，正学者顶
门一针。"①

　　作为两组游方之外中的人物，一个生者与一个死者的
交友，要么隐喻纯粹精神生命层次上的德友，要么是无常
之化让他们偶然遭逢。子舆与子桑在天爵层面都是作为天
之君子的"畸人"。"子舆、子桑数子，皆所为畸于人而侔于
天者。此又于四人中拈出子舆，于三人中拈出子桑，设为
朋友存问贫士嗟苦之情词。则所为畸人者，未尝无人情，
亦不能不委于命，然后知圣人之道，中庸为至当也。篇终
以此段作余波，不事轩轾，自然差等。"②在《大宗师》整体脉
络里，钱澄之指出："庄子以圣人下于真人一等，畸人自成
一家耳。意中所谓圣人者，仲尼也。仲尼之徒，首推颜子，
故于篇中再举之，尊颜子所以尊仲尼也。李里一谓'大宗师
者，盖尊仲尼以为万世师'，亶其然乎！"③

---

① 方勇：《庄子纂要》，《方山子文集》第 17 卷，第 986 页。
② 钱澄之：《庄屈合诂》，第 117—118 页。
③ 同上书，第 121 页。

第七篇

《应帝王》：秩序与浑沌的交融

　　《庄子》内七篇中，《大宗师》阐内圣，《应帝王》明外王。庄子外王学并不以秩序对浑沌的战胜与克服作为目的，而是强调秩序与浑沌并生，秩序与浑沌相互支撑，浑沌作为秩序的深层背景。在战国人意识中，三代以上帝王之治正是政治秩序的典范，这一点也构成了《应帝王》运思的背景。

　　"应帝王"有三种理解。一是将"应"理解为"应该""应当"，"应帝王"即帝王所应具有的资格或主观条件。这种理解预设了三代以上帝王之治在三代以下仍然可以实现，这与《大宗师》"化则无常"、《天运》"推舟行陆"所揭示的时世转移的思想相矛盾。二是将"应"理解为"应时（时势、情势等）"，"应帝王"即应时而为帝王，时至则然。这种理解没有意识到庄子所说的"道术将为天下裂"，圣、王不得不分离；时系于天，非人力作用的对象，政治秩序交付于对圣与时的不确定等待中。

三是将"应"理解为相应、印合、回应，"应帝王"意为三代以下的何种政治秩序才能相应、印合于三代以上的帝王之道，回应三代以上帝王政教典范终结之后政治生活如何可能的问题。三代以上帝王之治的大成者在周公之王治。三代以下，由于社会历史条件的变化，不能复行帝王之治，但某种新的合理的政治秩序之道仍与帝王之道相印合。三代之后，回应帝王政治典范终结的方式，正在于建构符合时代的新秩序，此新秩序可视为三代以上帝王秩序在新的历史条件下的展开，尽管它已不同于三代以上的帝王秩序。这种理解符合庄子对时与道关系的理解。

《应帝王》分为七节：一，齧缺与王倪、蒲衣子关于帝王政治的对话；二，肩吾与狂接舆关于治天下的对话；三，天根与无名人关于为天下的对话；四，阳子居向老聃询问何谓明王之治；五，壶子四示季咸与列子的转化；六，无为之治与统治者"虚"的品质；七，浑沌之死。其中第六节为"庄语"，其余皆寓言。第一节以王倪、有虞氏分别象征王道与帝道，通过引入泰氏展开对帝王之道的反思。泰氏由"非人"（天道）视角切入，不辨人禽，是原初秩序经验的符号化人格，与篇末的浑沌构成深层呼应。《应帝王》讨论帝王政治的立足点，是三代帝王政治的终结、礼崩乐坏的政治失序时刻。第二节通过肩吾所转述的日中始之言，试图解释现实政治失序的根源，就是统治者以己出经式义度强制要求民人服从。这种统治方式之所以不具有正当性，是因为一方面"不量其才"，统治者超越了其统治能力；另一方面"不循其理"，无视天下人的性命之情。当统治变成纯粹的支配，对人民而言，统治便是"赠弋之害""熏凿之患"，人民不得不逃离，从而导致政治共同体的解体。第三节通过天根与无名人就"为天下"的对话，给出"游心于淡，合气于漠，顺物自然而无容私"的治天下主张。统治者以自身的"淡""漠"，消解"为"的意欲，而对天下的因顺，核心是"公天下"，将统治开放给天下人自我治理。第四节提出三代帝王政治终结的背景下明王之治的原理。明王不再是三代以上带有神性光环的帝王，而是世俗政治的统治者。明王对天下人的统治只是引发天下人的自治自为，受治者的自我治理成为无为政治的重要内涵。明王能够将被治者引向政治戏剧前台的同时自我退居后台，乃是因为其能"立乎不测，而游于无有"。第五节的壶子乃是"立不测""游无有"的人格象征。神巫季咸与壶子分别象征政治巫术与政治道术。在非常时刻或不确定处境中，借助巫术的神秘力量，达成对无定的充满奥秘的世界的透明化解释，并进一步通过这种透明化解释达成对世界的掌控，对被统治者的掌控。三代之后，政治巫术实际上是一种倒退。统治者在巫术总体失效的语境中仍然以人为方式同时扮演统治者与巫师，这样的政治巫术与政治神话只是人为编织的作品，经不起道术的检验。一切道术的特征在于保持向世界与人心的奥秘的开放，它并不期待掌控社会，因而也不需要达到人心与世界的透明化。第六节探讨真正的无为之道，在于以虚的方式向天道敞开，天道则在百姓的自治与自正性命中展开。

换言之，统治者的一切无为，都意在消解统治者的政治主体性，给出被统治者的政治主体性，激发、引导他们对生活世界与性命之情的有为性参与。第七节提出浑沌与秩序的关系问题。一切秩序都以浑沌所象征的原初世界经验为背景，真正的秩序并不是对浑沌的否定，而是与浑沌共在。通过数与术消除浑沌的一切巫术性做法，只能造成性命之情与生活世界的失序。

一　以原初秩序经验反思三代以上帝王秩序

> 齧缺问于王倪，四问而四不知。齧缺因跃而大喜，行以告蒲衣子。蒲衣子曰："而乃今知之乎？有虞氏不及泰氏。有虞氏，其犹藏仁以要人，亦得人矣，而未始出于非人。泰氏，其卧徐徐，其觉于于；一以己为马，一以己为牛；其知情信，其德甚真，而未始入于非人。"

齧缺在《齐物论》《天地》《知北游》《徐无鬼》均有出现。《天地》："尧之师曰许由，许由之师曰齧缺，齧缺之师曰王倪，王倪之师曰被衣。"这类表达是象征性的寓言，需活看。齧缺，本义是因自噬而缺损，是自损的符号化表达。《知北游》："为道者日损，损之又损，以至于无为；无为而无不为也。"自损是求道者不断减去生命中的多余成分，只剩下余心、余情、余裕所充实的纯粹的精神，唯其如此，方能真切感应形而上力量的牵引。倪，或为"分际"，或为"端倪"；王倪，象征王道的界限，或者王道的开端。总之，王倪是王道的人格化象征，相应于"应帝王"中的"王"。蒲衣子即被衣，其寓意来自《老子》第三十四章"衣被万物"，是道的人格化符号。齧缺四问王倪，王倪四不知。所问者何？通常认为是《齐物论》中齧缺问于王倪的四问：子知物之所同是乎？子知子之所不知邪？物无知邪？至人固不知利害乎？也有学者主张是前三问，另加上"所谓知之非不知邪？所谓不知之非知邪"。林云铭以为所问为帝王之道。王船山以为《齐物论》中问答凡三，而这里则是四问，即是也、非也、物也、我也。其实"四问四不知"不必坐实理解，既不必与《齐物论》四问挂钩，也不必实指帝王之道，"大意只重在四不知"，"答以不知，即不答之答，而齧缺顿悟也"。① 何以四问而四不知？《知北游》："不知深矣，知之浅矣，弗知内矣，知之外矣。""弗知乃知乎？知乃不知乎？孰知不知之知？"王倪的不知正意味着他深知，正是从其不知所显示的深知中，齧缺突然领悟而大喜。深知者不以言载知，而是体之于身，施之于行。无论是个人修身还是政治秩序，知在此都是后发性的，开篇的"四不知"与篇末的"浑沌之死"构成义理上的深层呼应。

齧缺因啮（齧）咬而缺，自损以为道，是其能师王倪的主体性条件；四问王倪四不知，正是王倪"不识不知，顺帝

---

① 陆树芝：《庄子雪》，第89页。

之则"的表现，也是其王德的彰显，此为王倪可以为齧缺所师的根本。"王倪之师曰被衣"，揭示了王者与天道的关联，即王者之治必以天道为根基。如果说王倪对应"应帝王"中的"应王"问题，有虞氏（舜）则对应"应帝"问题。有虞氏所体现的帝道在帝王史观中是比王倪所体现的王道更高的政教典范，因而应帝王问题便集中于"应帝"，"有虞氏不及泰氏"，正是应帝的方式。

蒲衣子（被衣），衣被万物不为主的道体的人格化象征，"生而不有、为而不恃、长而弗宰"构成其品质。齧缺从王倪受教，对王倪不答之旨及王道有所领悟，"行以告蒲衣子"，这正是他得以上出并能与闻更高真理的条件。"跃而大喜"，蒲衣子见齧缺此上达之乐，予以点拨："而乃今知之乎？有虞氏不及泰氏。"这可与《知北游》"齧缺问道乎被衣"的故事对勘。

"有虞氏不及泰氏"犹如当头棒喝，直接针对六经尤其是《尚书》所建构的"断自尧舜"的帝王叙事，发现了帝王典范的"上游"，即原初性的秩序经验，此原初秩序经验构成了任何类型的政治秩序的出发点。之所以不取尧而取有虞氏作为帝道的人格化符号，是因为有虞氏可象征心有"忧虞"者，他生活在牵挂、念想与忧虑之中，念兹在兹，不能与世相忘，因而"其卧不能徐徐，其觉不能于于"。有虞氏所体现的"帝"之观念，具有深刻的内涵：一方面是心系天下而有与物同体之心，先天下人忧而忧，后天下之乐而乐，天下有一物不得其所，其心即有未安；另一方面以"所其无逸""夕惕若厉""战战兢兢，如临深渊，如履薄冰"自警自励，正是"小心翼翼，昭事上帝"者，因"天命靡常"，故内心时刻忖度其与天命是否偏离，正如《周易·系辞下传》所云"惧以终始""作易者，其有忧患乎"。此忧患意识，使帝王举轻若重，无有一丝一毫之懈怠，细密无间，死而后已。

与有虞氏心系天下而夕惕若厉不同，泰氏不殉名实，在适人之适的同时自适其适，无心于天地万物，亦无心于自己。他生存于无人、无我、无物之境，"其卧徐徐，其觉于于"，正与《大宗师》"其寝无梦，其觉无忧"相应。《庚桑楚》云："宇泰定者，发乎天光。"泰氏之泰定，实与天光之发相应，天机与生意在其生命中充盈饱满，"有人之形，无人之情"（《德充符》），"天在内，人在外"（《秋水》），源自深根宁极的泰定。

有虞氏不可解于心的忧虑来自其"藏仁以要人"。藏，或解为怀藏。有虞氏正己以正人，怀藏其仁，人皆为其仁所化而不自知，这正是有虞氏之藏仁。有虞氏有所怀藏，体现其"用心为治"，此心包含知，亦包含谋：一方面是为天下苍生计的忧虑，另一方面则是为天下计而不得不聚拢人心，虽藏其仁，而不能不有经营之迹。或以善释藏，藏仁即以仁为善，崇尚仁。对仁的有意识崇尚，必然鼓励天下人奔命于仁义，一旦人们以仁义为工具，政治就会蜕变成为了统治改造人民性命之情的工程，这一工程距离人的性命之正愈来愈远，终以性命之情的沦丧为代价。

有虞氏的藏仁是为了得人，得人即获得人心的支持，另一层内涵则是以其统治达到成人的目的，其代价则是"未始出于非人"。"非人"有两种理解：以人为基点，人而上者

天，下者物。以天解非人，意味着有虞氏的政教秩序还不
是直接出于天道，还没有超出人道的架构（政治社会的方内
价值及其体制）；由此上出，由人而天，方能达成机制的升
华与转变。即便以仁得人合乎天道，也还不能达到出于天
道。褚伯秀言："未始出于非人，德合乎人而已。"①陶崇道
更直接点出有虞氏的局限："著意全在人上""跳不出人外
也"。② 唐顺之也指出："言舜犹有意，尚是出于人道，而非
出于天道也，未始入于非人。泰氏之于天道，不期而合
也。"③对于非人的另一种理解来自宣颖："非人者，物也。
有心要人，犹系于物，是未能超出于物之外。"④以物解非
人，这是一种物我相分的视野。未始出于非人，即有虞氏
还不能忘物我之分。而钟泰认为："注家有以非人释作物
者，不知人与天对，不与物对。《庄子》全书皆如此。"⑤退而
言之，假设两种理解皆可成立，贯通的纽带则在于有虞氏
得人的方式在仁。仁，是人之为人的规定，是人之自以为
区别并超越于物的规定，是人自以为处于存在者链条顶端
而不同于物的卓异性要素。然而《庄子》更注重人与物在更
深层次上的一致："号物之数谓之万，人处一焉"（《秋水》），
人是万物之一，"自其同者视之，万物皆一也"（《德充符》）。

以人之异于其他存在者的方式界定人，就有了人禽之

---

① 褚伯秀：《庄子义海纂微》，第 241 页。
② 方勇：《庄子纂要》，《方山子文集》第 17 册，第 1024 页。
③ 钱澄之：《庄屈合诂》，第 123 页。
④ 宣颖：《南华经解》，第 62 页。
⑤ 钟泰：《庄子发微》，第 169 页。

辩的论题。无论这一论题进于何种程度，无非对人的动物性维度与精神性维度（或道德性、理性、连接人与神的朝向神性的维度）进行区分，这一区分在《孟子》中曾以"小体""大体"名义展开。人禽之辩介入人之定义的结果，往往是人的生物性、感性与自然性的排除，人之所以为人不再是人的整体，而是整体中某个卓异的且他物所不具备的部分，这样一方面可以凸显人对物的卓异，另一方面则内蕴人自身生存论上的结构性紧张。因为人禽之辩不仅在人的外部，更重要的是进入人的内部，人的生物性、自然性、感性被作为人性的对立面，即非人，被排除在人的界定之外，而剩余的理性、精神性与道德性成为人的自我界定的尺度。人的生命内部被割裂为"人"和"非人"，二者的结构性张力导致了人无法处在从容的存在形态中，而是处于人与非人相互斗争的意识中。仁，正是排除人的生物性与自然性后，与非人对峙的、被削减为纯粹大体的人的符号。

《孟子·尽心下》："仁也者，人也。"《告子上》："仁，人心也；义，人路也。"《离娄上》："仁，人之安宅也；义，人之正路也。"仁义被孟子视为人之所以为人的定义性特征。但对庄子而言，这种从人与其他存在者区别的视角导出的人的界定，一旦成为政治秩序的根基，就会造成无序。《天运》对作为秩序原理的仁义有如下的反思："仁义，先王之蘧庐也，止可以一宿，而不可久处。"《大宗师》通过许由之口对尧的批判："夫尧既已黥汝以仁义，而劓汝以是非矣，汝将何以游夫遥荡恣睢转徙之涂乎？"这种批判在《大宗师》的语境中还得到了意而子以"游于其藩""炉捶之间"的回应，即不仅接受仁义作为藩篱和限制，还以之作为历练的方式。但在外杂篇中，批判已失去了内篇中的复杂特征。《骈拇》将政治批判指向当时被典范化的五帝："自虞氏招仁义以挠天下也，天下莫不奔命于仁义，是非以仁义易其性与？故尝试论之，自三代以下者，天下莫不以物易其性矣。小人则以身殉利，士则以身殉名，大夫则以身殉家，圣人则以身殉天下。"《庚桑楚》："大乱之本，必生于尧舜之间，其末存乎千世之后。千世之后，其必有人与人相食者也。"这些显然与内篇对尧舜所象征的帝道的态度有所不同。

《应帝王》凸显泰氏之"无忧虞"，睡无念虑，醒无智巧，纯任天真，安闲徐缓，欢娱自得。对于人家叫他马或牛毫不介意。《天道》老子曰："昔者子呼我牛也而谓之牛，呼我马也而谓之马。"《淮南子·览冥训》："一自以为马，一自以为牛。"《论衡·自然》："乍自以为马，乍自以为牛。"泰氏能够超越人禽之辩，达到万物与我为一之境，是因其心无我相，已脱形骸之外，物我兼忘，故"不知其谁"，泰氏对于自己不再有意识分辨。本篇中壶子云："吾与之虚而委蛇，不知其谁何"，《徐无鬼》《外物》也出现"不知其谁""不知其谁氏之子"，皆与常人所不能知的境界相应。关于牛、马二象，《周易·说卦传》"乾为马，坤为牛"，则马象征乾德之健，牛象征坤德之顺。钟泰以为："马言其健，牛言其顺。劳而忘其劳，自侪于牛马而不辞，犹后世禅师家言异类中行也。"[①]或为马，或为牛，贯通乾坤之德，即"大人者，与

---

① 钟泰：《庄子发微》，第168页。

天地合其德"(《周易·乾·文言》)，"天地与我并生"(《齐物论》)，故能如天覆地载，对群有莫不包容涵盖。《徐无鬼》："圣人并包天地，泽及天下，而不知其谁氏。是故生无爵，死无谥，名不立，此之谓大人。"这正适合解说泰氏。泰氏对于是牛或是马无所用心，不以与万物相区别的人的形象自许从而拒绝非人，而是对人与非人之别浑沦无执。此与"藏仁以要人"构成鲜明对照。"藏仁以要人"，则秩序根基仍然在于人，人又在与非人的区别中确立自身，人被视为异于非人的存在者，这就导致了"仁"从人的整体中被突显出来，这就是"善仁"之根源。泰氏"一以己为马，一以己为牛"，超越了人与非人之别。《老子》第五章"天地不仁，以万物为刍狗；圣人不仁，以百姓为刍狗"，《齐物论》"大仁不仁"，《庚桑楚》"至仁无亲"，也都显示了对人与非人之分的超越。泰氏所达到的是"不仁"之"大仁""至仁"，即从根本上超出仁与不仁的对待，而与天地之德相应。

泰氏"其知情信，其德甚真"，循真知，无虚矫之情，故信实；其德皆天真自我之显现，故真实无伪。"真"是老庄哲学的标识性观念。《老子》第二十一章"其中有精，其精甚真，其中有信"，第五十四章"修之于身，其德乃真"；《大宗师》"真人""真知"，《齐物论》"真宰""真君"，《马蹄》"真性"，《天道》"极物之真"，《盗跖》有"全真"等。《渔父》更对真有如下看法："真者，精诚之至也。不精不诚，不能动人。故强哭者虽悲不哀，强怒者虽严不威，强亲者虽笑不和。真悲无声而哀，真怒未发而威，真亲未笑而和。真在内者，神动于外，是所以贵真也。……礼者，世俗之所为也；真者，所以受于天也，自然不可易也。故圣人法天贵真，不拘于俗。愚者反此。”

真与天道关联。“未始入于非人”，泰氏以超出物我之别的天道作为出发点，并没有使人下降为物，相反，以这种方式达到了真正的人。而有虞氏以人之所以为人（“仁”）的方式切入秩序，最终能够得人却不能达于天。两者有所不同。陆树芝云：“未始出，言不能超出其上也。未始入，言不至于坠入其中也。”①将人与其他生存者区别的意义（也就是人性论视角）作为秩序的基础，是不充分的，还必须上升到天道的视角，天道是人与非人的共同根据。林希逸云：“到此处，天字又不足以名之，是其任自然而然，又出于造化之上，故曰未始入于非人。前曰出，后曰入，看他下字处。帝王之道，任自然而已。”②钱澄之云：“‘未始出于非人’，犹未有加于人也；‘未始入于非人’，犹未有减于人也。”③以超越人之所以为人，即超越人与物对待的方式，最终真正保证了人之所以为人者。但从人区别于其他生存者的特异性（譬如精神性、道德性、理性）来为秩序奠基，最终往往并不能保证真正意义上的人的生成。

帝和王作为不同政教典范，在战国时代业已成为被广泛接受的观点，与尧舜之道相关联的是五帝之治，与夏商周三代相关联的是三王之治。但随着礼坏乐崩，帝王时代终结，帝王典范已成历史。对于秩序重建而言，帝王之道

---

① 陆树芝：《庄子雪》，第 89 页。
② 林希逸著，周启成校注：《庄子鬳斋口义校注》，第 125 页。
③ 钱澄之：《庄屈合诂》，第 124 页。

仍有其意义。帝王之道包含帝王在其时代所成就的事业，在这个意义上，帝王之事业、治法对于后人而言，皆帝王之道之迹。《应帝王》提出"泰氏"的符号，象征比帝王典范更为原初的秩序。通常将泰氏理解为前文明的"上古淳朴之世"（林疑独），帝的典范发生在朴散的世代："至尧则朴散而法成，舜又因尧之法而增大之，所以不及泰氏。"为避免跌入退化史观，林疑独接着说："非圣人之道不同，盖时事之变，圣人应迹亦不得不异耳。"①对于将泰氏理解为前文明的洪荒淳朴之世的看法，胡文蔚提出校正：泰氏所象征的并非前文明的洪荒之世，而是"宛然大同气象"。洪荒之世并无君臣上下，只是猖狂无知而已，但泰氏则有"开物成务"的"治天下"。"通神明之德者，曰知；仰观俯察，类万物之情者，曰情；结绳垂拱，不言而默成者，曰信。三者，虽失道而德，其为德业甚真，淳庞笃挚，无假仁义之私，件件皆人道之所当然，非于人有雕琢也，故曰未始入于非人，言不落于怪僻渺茫也。"其反思的核心正是将泰氏等于前文明、前政治的洪荒之世，或"寂寞无为之世"。"前辈从未看破，误认泰氏为寂寞无为之世。既而思'其知情信，其德甚真'二句，不能贯彻，便轻易丢手；并'未始出于非人，未始入于非人'二句，亦含糊放过。窃思《应帝王》篇，既说治天下，只要他为之以无为，原不是一无所为也。"②亦有将泰氏坐实为皇帝王霸史观中的三皇之世，与五帝、三王相区

---

① 褚伯秀：《庄子义海纂微》，第 239 页。
② 胡文蔚：《南华经合注吹影》，李波、彭时权点校，人民出版社，2020年，第 99—100 页。

别，在时间上代表更早的历史阶段，在类型上代表秩序的更高类型。将泰氏实体化为一种秩序类型或秩序阶段，这非但没有提升泰式符号的意义，反而是一种降格。

泰氏象征原初秩序经验，一切秩序类型与秩序阶段皆以原初秩序经验为开端，都是从中分化的结果。在原初秩序经验分化为理念的与历史的秩序形态之后，原初秩序经验又构成它们的隐暗背景。同时一切秩序类型与秩序阶段又都在某种意义上需要回应秩序根据与秩序开端在其中浑然未分的原初秩序经验，毕竟原初秩序经验的整体性与和谐性，是理念与历史中的一切秩序形态自我理解的前提，它隐身于秩序探寻的背景深处。《应帝王》回应帝王之道的方式并不是抬出一个比帝王更高的政教典范，而是给出原初秩序经验，这个秩序经验的核心是天人尚未分化，因而不存在失衡、偏胜的问题。后世人道从天道中分化独立而建立的秩序形态，凸显人而忽略天，正是在这一背景下，才有对原初秩序经验以人合天的理解。譬如，马其昶以为《应帝王》开篇意在揭示："帝王运世，首在法天。"①褚伯秀也认为："道合乎天而人归之，此《应帝王》之第一义也。"②泰氏之浑沌与秩序共存融合，天人之际达成基于天的动态平衡与和谐。人道尚未从天道中分殊化出来，并不作为天道的对立物而出现，即人道并不是通过否定天道获得自己的独立空间，而是作为与天道浑然一体的和谐共生物而存在。

---

① 马其昶：《庄子定本故》，第 55 页。
② 褚伯秀：《庄子义海纂微》，第 241 页。

这就是原初秩序经验中脆弱而不稳定的天人平衡，在秩序的历史展开中必然被突破而走向分殊化的内在根源。

二 现实政治失序的根源

> 肩吾见狂接舆，狂接舆曰："日中始何以语女？"肩吾曰："告我：'君人者以己出经式义度，人孰敢不听而化诸？'"狂接舆曰："是欺德也。其于治天下也，犹涉海凿河而使蚊负山也。夫圣人之治也，治外乎？正而后行，确乎能其事者而已矣。且鸟高飞以避矰弋之害，鼷鼠深穴乎神丘之下以避熏凿之患，而曾二虫之无知。"

肩吾与狂接舆在《逍遥游》中出现过。作为寓言化的人名，肩吾寓意一种唯我论的主体，无法向他者、众生和天地开放自己。接舆因为接触孔子舆车而被庄子隐喻化运用，象征对圣人之道有所承接，是圣人之道的"所见"者，区别于"所闻者"与"所传闻者"。接舆的出场，总是关联着圣人孔子的隐蔽在场。[①] 但接舆并不正面给出圣人之道的内容，只是在对肩吾相关论说的反思中显现肩吾的限制。日中始

---

① 陈赟：《自由之思：〈庄子·逍遥游〉的阐释》，浙江大学出版社，2020年，第 356—357 页。

没有直接出场，而是通过肩吾和接舆的对话出场，对话焦点是日中始关于政治秩序的观点。日中始的观点与日中始作为寓言化人物所表达的象征密切相关。"日"即"日官"，推步日月星宿运行，占候时日以决吉凶。《左传》桓公十七年："天子有日官，诸侯有日御。"天子的日官即负责推算天文历数的大史，颁历于诸侯，虽不在六卿之列而尊同于卿；诸侯的日官同样掌管天文历算，详细记载每月小大和干支，通告百官。

日中始关于秩序根基的理解是以人为主体的，经由唯我论意义上的肩吾的转述，这一秩序根基被表述为："君人者以己出经式义度，人孰敢不听而化诸"。于统治者言"以己出"，体现的是支配者逻辑；于天下人言"人孰敢"，体现的是强制性的服从逻辑。① 日中始与肩吾均将政治生活的主体理解为"君人者"，君人者作为人君或人主，本身也是人，而不是三代以上通天的具有神圣光环的帝王，后者在上天那里是人类社会的代表，在人类社会中是上天的代表，其统治的正当性根基就在于这种上天赋予的具有神圣性的双重代表权。君人者的统治正当性根基在于它是立法者，"以己出经式义度"。"以己出经式义度"② 有两种基本的理解：第一种理解为法度、法则、规范皆出于君人者。经式义度皆从己出，是"以己治人"，而不是"以人治人"（《礼记·中

---

① 宣颖指出："日中始纯是强制人的说法。"（《南华经解》，第62页。）

② "经式义度"四字，皆有法度之义：经，常；式，法；义，"裁制事物使各宜也"（《释名》）；度，"法制也"（《说文》）。概而言之，经、式、义、度，皆指法度、法则、标准、规范。

庸》)。以人治人意谓以其人之道还治其人之身，是以人观人，而不是以我观人。己出之法度是人君意志而非人民意志的体现，人君意志对被统治者意志构成外在强制。刘武说："上文'以己出'，独裁也；下文'人孰敢不听'，以其独裁而惧之也。上节藏仁以要人，此则出法以制人，其治更出有虞氏之下。必如是，然后与上节不复。"①陶崇道指出："病在'以己出'三字②，以己出，则与人殊矣，将'以人治人'之道何居？"③显然，"君人以己出经式义度"具有否定性的意义。

"经常之法式，义理之制度，皆从己身而出，非但见之文诰也。"陆树芝的这种理解把统治者以己出法度视为"正己以正人，此自常道"。④ 统治者以身作则，以正己的方式正人，所立之法皆能身体力行，故而有"人孰敢不听而化诸"的效力。阮毓崧也表达了类似的理解："君人者以身行政，则典法所定，人谁敢不从而化之乎？"⑤第二种理解将正己与正人正面关联。《德充符》："受命于天，唯尧舜独也正，幸能正生，以正众生。"凡治人之法，统治者当先之以其正己，身体力行，有诸己而后求诸人，这无疑具有一定的合理性。很可能这也是日中始的本意，却被肩吾转述为第一种理解——治人之法必出于己。

---

① 刘武：《庄子集解内篇补正》，第 181 页。
② 林云铭表达了同样的意思："病只在'以己出'三字。"(《庄子因》，第 83 页。)
③ 方勇：《庄子纂要》，《方山子文集》第 17 册，第 1032 页。
④ 陆树芝：《庄子雪》，第 89—90 页。
⑤ 阮毓崧：《重订庄子集注》，第 221 页。

　　第一种理解的问题是显而易见的，以我治人的原则，内含人君一己之私，与下文"无容私"矛盾。这不是公天下，而是私天下，即以天下之大而成其一己之私。君人者欲以体现自己意志的法度要求天下人，而不顺从天下人的性命之情，即便天下人守其法度，也不能心悦诚服，更何况会遇到来自天下人的抵抗。第二种理解没有注意修己之道与治人之道的区分，以修己之道治人，天下人人各殊的差异性被袸平，治人之道也就有了强制性，这必然导致"治外"，即以外在于天下人性命之情的原则去治理天下人。此修己治人之道与《逍遥游》神人"其神凝，使物不疵疠而年谷熟"截然不同，神人自养气凝神，不干预事物，而物自无灾疾而年谷自熟，万物自化。《天地》有言："不同同之之谓大"，"有万不同之谓富"。郭象注《骈拇》云："以一正万，则万不正矣。故至正者不以己正天下，使天下各得其正而已。""物各任性，乃正（至）正也。"①以一正万，以出于一己的原则去正有万不同的天下人，实质上是以单一义的规范与秩序剥夺有万不同的性命之情。

　　经式义度固然是达成秩序的条件，同时它也显示了秩序的边界。统治者出于其意志所确立的规范以及由此达成的被施加的秩序，是以可理解的人的经验与可预知的人的团结为前提，它是将个人组织、整合到社会结构整体中的方式。但无论采用何种方式，秩序的施加过程总会伴随着失序的剩余物，即无法被规整的事物、可理解的秩序经验的反

---

① 　郭庆藩：《庄子集释》，第 288 页。

常之物——弃人和弃物。在这个意义上，弃人、弃物的概念
折射出具有社会组织与整合功能的秩序经验的界限。如果
说可以被秩序经验吸纳的事物是正式秩序结构与权力配置
的意义网络，那么弃人和弃物则作为正式秩序之网中不得
其所的非正式秩序而存在。人类对待弃人弃物的方式是在
符合经式义度的有序与反常性的无序之间建构界限和区隔。

对于肩吾转述的日中始的主张，接舆当头棒喝："是欺
德也。其于治天下也，犹涉海凿河而使蚊负山也。"欺德，
喻示日中始的主张会造成严重后果。"以己制物，则物失其
真"（郭注）[1]，天下人因此经式义度而淫其性、迁其德，以至
"误其自得之性"[2]。统治者所欺的是人民之德，其统治方式
远离了天下人的性命之情，但同时也以此方式欺骗了自己。
褚伯秀以为欺德包含两个向度："不特欺人，抑自欺耳。"[3]
就《庄子》脉络而言，民之常性即其德，人人所具，源于天
之所与。天，象征宇宙万物构成的秩序整体。欺德最终意
味着欺天。此正与泰氏"其德甚真"构成鲜明对照。"涉海凿
河而使蚊负山"表征不可能之事：无论是在大海中开凿河流
（或者以开凿河流的方式渡过海洋），还是让蚊虫背负大山，
二者皆为不可能之事，超出了统治者权能的有效范围。涉
海凿河的问题在于"不循其理"，天地万物本有其条理秩序，
涉海凿河之所以不可能，乃是天地万物条理秩序上的不可
能；使蚊负山的问题在于"不量其才"，不了解蚊虫的能力边

---

[1] 郭庆藩：《庄子集释》，第 265 页。
[2] 王叔岷：《庄子校诠》，第 278 页。
[3] 褚伯秀：《庄子义海纂微》，第 243 页。

界而僭越之，使其承担自身能力之外的事情。"不循其理，非
所谓'正而后行'者也；不量其才，非所谓'确乎能其事'者
也。"（陈详道）①出自统治者个人意志的经式义度，既不循其
理，也不量其才，甚至往往以先设的定理与法度强力推行，
以整齐天下，这正如涉海凿河、使蚊负山一样，最终不会成
功。从更深层的逻辑来看，当体现统治者意志的经式义度被
施加于被统治者时，被统治者无法安其性命之情。

通过接舆这一象征人物引出对于秩序理解具有根本意
义的问题："圣人之治，治外乎？"这一问题给出了以己出经
式义度治天下所以不可能的原因：本质上是以外在于天下
人性命之情的规范（经式义度）去改造人们的性命之情。如
果统治是以一套外在于人性的法度去强制支配甚至改造人
性人情，这就成了"治外"。真正的政治行动当立足于民人
的性命之情，因而是"治内"，真正的治内只是性命之情的
引导，而性命之情的主体是民人，因而必定落实在天下人
的自治上。就此而言，"以己出经式义度"已使政治陷落在
治外中，一切礼义法度皆是治之具，而非治之道。将政治
仅仅交付于经式义度，就不可避免地将政治从道的层次下
降到术的层次。

"鸟高飞以避矰弋之害②，鼹鼠深穴乎神丘之下以避熏
凿之患"，正是《应帝王》逃离统治的寓言。支配与逃离，构
成政治生活的隐显秩序。在上者欺骗在下者时，在下者不

---

① 褚伯秀：《庄子义海纂微》，第 242 页。
② 关于矰弋射鸟的原始内涵，参冯时：《文明以止：上古的天文、思想与制
度》，中国社会科学出版社，2018 年，第 108—111 页。

得不以其方式回欺在上者，形成同一社会互不理解的两种秩序。"以己出经式义度"，意味着统治者不是从被统治者的视角，而是以统治者（管理者）为导向建立统治秩序，其所构建的秩序不仅外在于天下人的性命之情，而且如同赠弋之害、熏凿之患，把天下人从政治社会的正常场域逼进高飞远走、深穴神丘的极度边缘的非正式秩序中。

上一节论及原初秩序经验与帝王之道，是基于对三代以上秩序历史的回忆的进一步升华，这种升华只有面对齧缺式的为道日损者才得以可能。现实政治生活中的统治者不但不能自我减损，反而自我增益、自我膨胀，从自己意欲出发制定治理天下的规范，从而形成独裁或专制的统治形式。这常常是政治生活的现实，即便后退一步，统治者自我勤勉，以自己所行的规范整齐天下人，也同样是无视天下之多样性。统治者将天下的治理大权独揽时，一方面统治者有限的能力将不堪承受，另一方面人民不得不在统治者确立的官方秩序之外另外建立非正式秩序，作为逃避统治的据点。当隐显两套秩序彼此不能共存时，就会发生秩序革命。

三 顺物自然与公天下之道

天根游于殷阳，至蓼水之上，适遭无名人而问焉，曰："请问为天下。"无名人曰："去！汝鄙人也，何问之不豫也。予方将与造物者为人，厌，则又乘夫莽眇之鸟，以出六极之外，而游无何有之乡，以处圹埌之野。汝又何帛以治天下感予之心为?"又复问。无名人曰:"汝游心于淡，合气于漠，顺物自然而无容私焉，而天下治矣。"

《应帝王》此节寓言故事的主题是治天下，对话双方是天根与无名人。对"天根"的几种常见解释如下:(1)天根即道，(2)天根即元气，(3)据天为根，(4)造化之根柢，(5)天根隐喻以动为天下者，等等。以元气、道、根据等解释天根都会遭遇如下问题:"如喻元气，似不得斥为鄙人。"①文本中无名人的回应似乎是对天根其人其问的否定:"汝鄙人也，何问之不豫也。"历代解释予天根较强的肯定意味，与来自无名人的否定构成一组矛盾。如何协调这一矛盾，是理解"天根"这一符号象征意义的关键。无名人具有两个层面的含义:其一，体道者或者道体的人格化象征。老子提出道本无名，《老子》第三十二章:"道常无名，朴。"第四十一章:"道隐无名。"庄子进而提出体道者具有无名之德，《逍遥游》:"圣人无名。"其二，无名人是作为众人的百姓，虽然在政治社会中位居低位，对统治者而言却是天视、天听之凭藉，民心之所在即天道之所在。百姓(众人)在其日用而不知中与道浑然不相离，是政治生活中道之发用显见之主体，统治者不过是就此显现发用去领悟道，在这个意义

---

① 王叔岷:《庄子校诠》，第280页。

上，统治者并非政治生活的主角。道无可见，借助众人以见道：在众人不知其然而然处，见不得不然之迹，即此不得不然者而见其所以然之道。这意味着在政治生活的戏剧中，作为被统治者的民众是舞台上的主角，立法者与统治者哪怕承担导演的功能，却不可替代演员的角色。众人之体道，是从终身由之而不自知的自发性与被给予性中走向自觉，即从众人中的脱颖而出；在上者的体道方式则是回归众人之中，其所明之道不外是与众人共同生活之道。

《应帝王》"天根之问"的内容是"为天下"，无名人给出了间接性的回答。这个意义上的无名人，当然是无名的圣人。然而当无名人回答天根第二问时，谈及"顺物自然而无容私"，则给予众人主体性位置。天根询问的是统治者如何治天下，无名人回答说以公心因顺天下人的自然，天下便可自治。一旦与治天下或为天下的问题意识关联，"天根"便可生发出以下理解：天是天下之根，是治天下或为天下之根据；天之自身不可见，经由天下（天下人、天下事）显现，人必自天下而见天，就此而言，天下又是天之根。天为天下之根，就本然层次言；天下为天之根，就显现层次言。① 本然层次与显现层次构成义理上的交互回环。而天根之游与天根之问又是对天根内涵的充实。

天根之游在殷山与蓼水之间，天根之问在为天下、治天下，成玄英极为经典地揭示了"天根"符号中"山水（江湖）"

---

① 　杨泉《物理论》"地者天之根本也"，是就显现层次说；李颙《匡时要务》"夫天下之大根本，莫过于人心；天下之大肯綮，莫过于提醒天下之人心"，也是就显现说。

与"天下(庙堂)"共构的画卷:"天根遨游于山水之侧,适遇无名人而问之,请问之意,在乎天下。"[①]天根之游发生在山水之间,是与天道贯通的自得与自游,呈现出"独与天地精神往来"的画面。但自游中的天根并不在意自己,而是在乎天下。天根之问意味着天根与天关联的方式不是个人,而是天下。天根在很大程度上是天下又是天的发用显现场域。天根是上天在大地上植下的根,在人的心性中种下的根,它表现为人性中被给予的自然禀赋或性情取向。具体而言,天根的内容包含两个方面:一方面是追求天下有序、永久和平的期望,即"为天下"之渴望,渴望参与秩序生成的永恒需求,表现为"天根之问";另一方面则是"天根之游",人与万物一体,人在山水中,山水在天地中,天下不再是特定之人的天下,人却是具体的天下之人。这是后世文人山水画的主题,它在区间性的政治场域(庙堂)之外开启了另一生存论场域(江湖)。无论是《逍遥游》"磅礴万物以为一",还是《齐物论》"天地与我并生,而万物与我为一",都指向这一生存论场域。

天根呈现了性命之情的两种基本冲动与取向:其一是隐藏于天根之游与山水之间的方外冲动,是一种审美性、精神性的生存论姿态,是对方内生存的超越,即通常所谓的"出世";其二是隐藏于天根之问中对天下有序的渴望,是一种政治社会中自我确证的生存论形式。这两种方式相互交织,在山水之间与天根之游中探寻天根之问,在天根之

①　郭庆藩:《庄子集释》,第266页。

问中向往天根之游。而天根之所以能够遭遇无名人，正是因为无名人作为一切人天根的两种生存论情态——政治维度与审美维度——得到了完美表现，方内生存与方外生存并行不悖。方内政治秩序并非以牺牲方外的生存为代价，方外的生存也非以逃离方内政治为前提，当两者成为生存的同时性维度相互支撑时，政治秩序与生活秩序才能达到和谐有序。

任何形式的为天下如果不能落实到个人之治上，就会不可避免地陷落在治外，所以无名人对天根之问，回答偏重在治内。问的是"为天下"，答的是自己的"正性命"旅程："予方将与造物者为人，厌，则又乘夫莽眇之鸟，以出六极之外，而游无何有之乡，以处圹埌之野。"无名人在身、家、国、天下的秩序环节中回到了自身，回到了自正性命的生活秩序中，这本身已经是对天根的回应。当无名人以如下方式回应天根时——不要拿这些令人不快的问题来烦扰我，何必以治天下这些不切身的问题来惊扰撼动我的心神呢？——这是对天根的提醒：政治生活如果不能回归常人的常然——性命之情与生活世界，就必然会蜕变为将性命之情与生活世界内卷其中的统治技术。天根提问的为天下之所以"问之不豫"，正在于它内蕴着将政治引向治外的危险，从而偏离性命之情与生活世界，而这正是治内的根基。

性命之情，是人的本性，它意味着性与命的真实存在及其连接。生活世界则是性命之情展开的原发场域。性与命关联着人的两种不同身位，这两种身位之间的连接构成了人的本质——世间身位与超越身位之间的居间生存样式。

"方将与造物者为人"①，作为一个当下正在进行中的过程，造物者造我为人，我顺承造化以此世之人的身位好好生存，这就是顺化。但这并不能占据人之全部，在"方将"这一当下时刻的之前与之后，甚至在方将得以作为方将的背景深处，隐含着一个无法被"与造物者为人"所化约的维度。顺化表明人是朝向造物者（天道）的生存者，与此相应，造物者具有一种把人从实体化的凝滞性与现成性中向上牵拉的无名力量。一方面，人即便是以人的形式处顺安化，也必然超出形—性—名对人的实体化界定；另一方面，人不可能满足于此世为人这一身位，无论对造化而言还是对人而言，这都是造化过程或生存历程的暂时瞬间。当无名人厌倦了以人形出现的这个临时性身位，就游心于六合之外的

① 与造物者为人，《淮南子·原道训》《俶真训》"与造化者为人"，《齐俗训》"上与神明为友，下与造化为友"，《大宗师》"彼方与造物者为人，而游乎天地之一气"，《天下》"上与造物者游"等表述。通常的理解是，"人"即"偶"，"为人"犹言"为偶""为友"，以王引之为代表。钟泰、刘武对此提出了合理而有力的质疑。《大宗师》文本中所包含的两个层次："与造物者为人"是一种层次，在这个层次人是万物之一，安于造物者给予的人之身位；"游乎天地之一气"是另一个层次，超出万物，而达到万物之母、万物之祖——天地——的层次，即"与天地精神往来"的层次。在与造物者为人的层次，人是造物者的所造物，而在游乎天地之一气的层次，人游心于造物者所体现的超越性本身。同样，在《应帝王》的语境中，这两个层次甚为分明。而王引之等所代表的理解，恰恰将这两个层次化约为一个层次，即《应帝王》中"厌"之前后为同一个层次。只有游心于天道，即与超越性的精神性相契，而没有人之在世的身位。这样的结果是，《庄子》试图在人的生存实践中所建立的两个维度之间的结构性张力变得无足轻重，反而成为单一向度的与超越者相契的问题。（钟泰：《庄子发微》，第155—156页；刘武：《庄子集解内篇补正》，第169—170页。）

无物之乡，那是人的另一身位，它不再是与众物相对的一物（人），而是与道为体也是与造化过程为体的生存样式。

天根与无名人的回答，就全文脉络而言，上承"以己出经式义度"给政治秩序带来"矰弋之害""熏凿之患"。如果说"害""患"源自"以己出经式义度"，那么进一步的追问：何以有"以己出经式义度"？源自"有为"，有为则内蕴容私，私是一切秩序失序的主观性根源。赵以夫指出："凡有心于为者，皆容私也。天根此问之失在'为'之一字，无为则天下自治矣。"①这里的"为"字应该理解为：为了甲而去为乙，即为的目的并不在其自身，为只是手段而非目的。这样工具化的为必然无法摆脱私。有为之害，不在做，而在私。有私则难免以天下养一人、养一家，而不能以天下养天下，后者才是天下为公。由此不难理解，之所以会有肩吾转述的日中始所言"以己出经式义度"的支配形式，乃是由于私而不公，任何一种类型的为天下都很难摆脱容私。人之有私，与人之有己一样，与身俱有，意识过程的我或己的解构，便成为无容私的关键。解构我的方式只有通过我的上升过程才能实现，而上升意味着两种存在样式的居间：一是"与造物者为人"，即听命于造物者的安排，安于世间人的身位；一是超越世间人的身位，而至于"无我""无物"的虚无寂寞之境。

世界之命运，万物之生机，皆在生与死、成与毁、祸与福等的交界处，这样的边缘地带几乎位于每一个当下。人们的生活充满惊险的瞬间，唯其如此，这个世界才有生机、生气。之所以天根之问值得无名人去回应，乃是因为秩序

---

① 褚伯秀：《庄子义海纂微》，第 246 页。

的探寻，不仅是上天在大地上植下的根，也是上天在人的灵魂深处植下的根。"山水"象征一种触发性的情境，一种超出社会而又与万物关联的情境，在其中人的我性被融化。唯有无我，而后能无私；唯有无私，而后能公天下。这是一切秩序的正当性原理之所系。王夫之解释本节云："谓生死之在我，则贼其生；谓民之生死在我，则贼其民。以心使气，盛气加人，鄙人之为也。大公者，无我而已。唯无生而后可以无我，故乘莽眇之鸟而天下治。"①由无生而无我，无我即大公。大公才是藏天下于天下、以天下养天下的关键。值得注意的是，这里的"无容私"并不仅仅是最高统治者的无私。最高统治者个人即使无私，臣下也可能利用其偏好为己容私。因而，无容私要求明王处于更高的层次，这就是下文的"立乎不测，游于无有"，唯其如此，才能为不容私预留门户。

四 三代以下统治秩序的担纲主体：明王及其玄德

> 阳子居见老聃，曰："有人于此，向疾强梁，物彻疏明，学道不倦。如是者，可比明王乎？"老聃曰："是于圣人也，胥易技系，劳形怵心者也。且也虎豹之文来田，猨狙之便、执斄之狗来藉。如是者，可比明王乎？"阳子居蹵然曰："敢问明王之治。"老聃曰："明王

---

① 王夫之：《庄子解》，《船山全书》第 13 册，第 178 页。

之治，功盖天下，而似不自己；化贷万物，而民弗恃；
有莫举名，使物自喜；立乎不测，而游于无有者也。"

阳子居对明王资质的想象是与"向疾强梁，物彻疏明，
学道不倦"联系起来的。向疾反应如声之应响般迅疾快速，
喻智力敏捷；强梁，其任事如梁栋之强而不桡，以见其坚
强有力、刚健果敢。物彻疏明，以窗疏通明，喻其明能通达
事物之理。学道不倦，勤于学道而不知疲倦，精进不已，
为学日益。阳子居所想象的明王资质颇类似于勤勉奋进、努
力上达的儒家君子形象。其实，这一想象的真正参照者是
当时的圣人形象。

无论是教统的圣人，还是治统的明王，其品质的关键都
不仅仅在于成就自己，而是同时成就他人。能够激发、调动、
引导他人自成其才、自成其器的品质，才是两种人格具有的定
义性特征。教统的圣人为"人伦之至""百世之师"，他的自我
成就同时为他人的自我成就确立了典范与榜样，是成人与成
己的统一，侧重点在以成己的方式成人。治统的明王以其虚
静与无为引发被统治者的自为，并保证作为复数的被统治者
在共同生活中彼此自为且并行不悖、互不相害。圣人与明王得
以自立的品质都具有双重向度，一是面对他人的维度，一是
面向自己的维度，二者是连续性的。圣人的双重维度更多地
以肯定性方式出现，即对自我与他人的双重肯定。圣人在生
存实践中以自正性命的方式挺立人伦的典范与榜样，为人的
精神生命创制立法。由于他是以成己的方式成人，成己与成
人之间具有正向关系，既肯定自己，同时也肯定他人，这两

种肯定结合在一起，不可分割。治统上的明王则以成人的方式成己，成己与成人处在反向关系中，否定自己与肯定他人构成张力，消解或削弱自己的政治主体性，同时伴随着对被统治者的主体性的肯定或强化。

对人的治理与对事、技的治理并不在同一个层面。执事者、执技者所治理的是事、技，而自己仍是被治理的对象；无论是圣人还是明王，都不会通过治事、治技来界定自己，其本质维度是在治人，无论是以教化方式，还是以统治方式。"胥易"是胥徒的"治事"，"技系"是技工的"治技"，二者皆可在经验与技能上不断增益。统治的德性虽然也面向治事与治技，但主要是治人，事与技的主体作为人是被治者。统治者通过治人而与治事、治技发生关系，通过治人而使事得其宜、技得其用。因而，治人与治事、治技并非同一层面。治事与治技能力的增长与提高，就是多能或多艺，是主体才能聪明的增益。而统治者所治的是人，不是事与技，因而治事与治技上的才干恰恰不是重要的。相反，统治者在治事、治技方面的才能聪明如"虎豹之文"因其美丽易遭狩猎围捕，又如猿猴敏捷、猎狗有捉狸狌的才能而被缚以绳套，反而是容易引发自伤的赘物。阳子居所谓的"学道不倦"指向的恰恰是在这种自伤赘物上不断用功。一旦统治者不断增益其个人面向事与技的才能与聪明，其一己之"明"反而对秩序具有危险的效应："甚矣，害之大也，莫大于用其明矣。夫在智则人与之讼，在力则人与之争。"[1]治事与治技，从成为圣人的视角而言，不过受累于才智技能，劳累

---

① 王弼著，楼宇烈校释：《王弼集校释》，中华书局，1980年，第130页。

自己的形体，惊骇自己的心神而已。

阳子居被老聃的回答所震撼，面色骤变，不再问明王的品质，问题被转化为一种指向被统治者知能之充分调动与发挥的统治者品质，或能够引导治事者与治技者的品质究竟是什么。这恰恰是从一切具体的治事、治技中后撤，因为这些具体的能力反而构成明王德能展现的负面因素甚至障碍。阳子居从老聃对圣人的刻画中似乎已经领悟，明王之所以为明王，恰恰在于消解具体落于事与技层面的品质，而成为彻底虚静的主体。因此不再是日益，而是日损其治事、治技的知能，而后才能引导、调节、治理治事者和治技者，并使之各有攸归、各得其所。这是在治人中而不是在治事、治技中才能彰显的德性。人所以不同于事与技，正在于他无法被人为从外部限定，只能让其以自己的方式自正、自达性命之情。明王的统治不能逾越的边界就是被统治者自有的性命之情，统治活动的合理边界只是在引发、推动、激唤被统治者以他们自己的方式达于自己的性命之情。所以，明王之治不当是强力的、外部性的介入和干预，而是一种调节和引导，就好像医生的治病那样，不过是最大限度地调动病人身体内部的自愈机制。特鲁多（Edward Livingston Trudeau）医生的墓志铭"有时治愈，常常帮助，总是安慰"（To cure sometimes, to relieve often, to comfort always），道出了医学实践之真相：在根本层次，并非医生治愈病人，而是病人在医生帮助、引导下，努力调动自身免疫系统与疾病斗争。

当阳子居困惑于"明王之治"时，老聃正面回答："明王之治，功盖天下，而似不自己；化贷万物，而民弗恃；有莫举名，使物自喜；立乎不测，而游于无有者也。"老聃对明王之治的阐发包含两个层面，一隐一显，交织在一起：一是作为统治者的明王自己，一是作为被统治者的民人。"功盖天下，而似不自己"，天下人在天下出场，明王则隐身于天下人在天下的有序出场中，成为其不为人知的支撑背景。明王"功盖天下"，这是事情的一方面，另一方面是明王"已忘其功"①，王叔岷以《老子》第二章"功成而弗居"、第七十七章"功成而不处，其不欲见贤"，以及《淮南子·诠言训》"功盖天下，不施其美"来解释此句。明王之功本质上是"无功之功"。② 统治者所能达到的最大功效就是无功之功，让被统治者各成其功，而统治者只是被统治者各成其功的背景性支撑。郭象的解释很有深意："天下若无明王，则莫能自得。令之自得，实明王之功也。然功在无为而还任天下。天下皆得自任，故似非明王之功。"③一方面是被统治者的自得，即各达性命之情或各成其功，另一方面是正当性的统治活动被限定为无为。统治者自身无为的目的，是让天下人自得自任，故而天下人以为自得自任是自己努力的成就，而非明王的功劳；明王由于还天下于天下人，以无为的方式调动了天下人的自为，所以其功隐藏在天下人自得自任的自功之中，并使得后者成为可能。

"化贷万物，而民弗恃"，明王施其化育于天下人，而民人竟不知其化，甚至感受不到明王的存在。《庚桑楚》给出了

---

① 林云铭：《庄子因》，第85页；刘凤苞：《南华雪心编》，第194页。
② 陈赟：《自由之思：〈庄子·逍遥游〉的阐释》，2020年，第372—394页。
③ 郭庆藩：《庄子集释》，第270页。

明王之明与无为的关联："正则静，静则明，明则虚，虚则无
为而无不为也。"与大地承载、畜养之品质相通的明，关联着静
与虚，明在人那里通过静才能开启，一旦开启就处在虚的境
地。虚关联着两方：一方是虚的主体，自身之虚是无为；另
一方则是虚的作用对象，通过虚的激发与导引而有为，即以
自己的方式自正其性命之情。明王正是通过虚化自身而承载、
容受被统治者的自正性命而达到无为而无不为。①

　　"功盖天下，而似不自己"侧重明王自身"功高而不自
居"。"化贷万物，而民弗恃"侧重被统治者对明王之治的感
受，即"朝野不知，帝力何加"，而百姓皆以我自然。"有莫
举名，使物自喜"凸显的是明王"使物自喜，民各欣然自得
其乐，若有使之者然，实非我使之也"②。"使物自喜"，明
王似乎是"或使者"；"有莫举名"，则明王又似乎"莫为
者"③。明王与被统治者的关系介于或使与莫为之间，如有
所使，但使也不过引发物之自喜，就此而言，明王又是莫

---

① 《庚桑楚》虚、静、无为的关联在《天道》中则有另一刻画："虚则静，静则
　　动，动则得矣。静则无为，无为也，则任事者责矣。"不管是由虚而静，
　　还是由静而虚，都可以与明关联起来。
② 胡文蔚：《南华经合注吹影》，第 102 页。
③ 关于"有莫举名"，郭象注为"虽有盖天下之功，而不举以为己名"，仍然
　　是功成身退而不自居其功之意。成玄英疏云，此是明王"推功于物，不
　　显其名"。(郭庆藩：《庄子集释》，第 270 页。)宣颖以为，"有莫举名"意
　　为似乎有名而又无能名之。(《南华经解》，第 63 页。)刘武引用《老子》
　　"太上，不知有之"以及《徐无鬼》"圣人并包天地，泽及天下，而不知其
　　谁氏"，来解"有莫举名"，从而与《应帝王》刻画原初秩序中的统治者"一
　　以己为马，一以己为牛"、《逍遥游》"圣人无名"相呼应。(《庄子集解内篇
　　补正》，第 186 页。)

为者。明王的统治就是顺物自然，让物自成，被统治者自相治理，自得其所得、自乐其所乐。莫为消除了隐含在或使中的支配性或操纵性机制，或使又彰显了明王的功效，甚至是功效的最大化。

明王作为理想的统治者能够如此，乃是因为他"立乎不测，而游于无有"。对此，有两种互补性的理解：一是立乎不可测识、度量之处，这是状明王之治既能神妙万物又难以测知；[1] 一是立乎不尽，即处于无穷，[2] 明王立于无尽无穷处，象征其"功化无穷"[3]。由于他调动了被统治者的自为、自然，并使得这种自为自然成为性命之情在其中自我回归的秩序，在这个意义上其化人之功效达到了无穷。"立乎不测"与"游于无有"二者之间是什么关系呢？如果"不测"只是无穷无尽，那么"立乎不测"所表达的便是"游于无有"，毕竟任何有、有所有都是有尽、有限的，只有无有才是无穷无尽的。

本节以阳子居向老聃询问明王始，终以老聃所概括的

---

[1] 成玄英云："树德立功，神妙不测"（郭庆藩：《庄子集释》，第 270 页）；陆西星云："立乎不可测识之地"（《南华真经副墨》，第 116 页）；宣颖以"所存者神"释"立乎不测"，刘武云："处圹埌之野，自难测其崖际"（《庄子集解内篇补正》，第 186 页）。

[2] 朱桂曜云："测当训尽，《在宥》篇：'彼其物而穷，而人皆以为终；彼其物无测，而人皆以为极。'测与穷、终、极并列，是知测有尽之义。《淮南·原道训》《主术训》并云：'大不可极，深不可测。'高注：'测，尽也。'《吕氏春秋·下贤篇》：'昏乎其深不可测。'高注：'测，尽也。言深不可尽。''立乎不测'，犹言'立乎不尽'，与下句'游于无有'相对也。"王叔岷按语：测当训尽，朱说是。（《庄子校诠》，第 286 页。）

[3] 刘凤苞：《南华雪心编》，第 194 页。

明王之治。虽然三代以下君主不再行帝王之法，但帝王之道仍然具有借鉴意义。无为传统背后乃是民人自相治理的思想，包含着对支配性统治负面性的反思——如何才能将其负面性降低到最小限度，既不伤民也不伤君，维持彼此相安的和平局面？它没有被简化为最佳政制的问题，任何政制都不会自发运行，统治者遵循何种原理进行统治才是政治的灵魂。对于《应帝王》而言，三代以下的政治秩序被指向"明王之治"。这意味着，真正的担纲主体不再是三代以上的帝王，而是作为政治共同体的领导者的明王。明王所具备的并非世袭性的血缘、出身等资格，而是一种统治者的德能——它并非面对具体事务的能力，而是统御那些具体事务的世间操持者的能力。由于最高统治者的政治行动是引导性的，以自己的无为引发的是人民顺其本性的自为，而不是组织到一个由统治者出于自身意欲而设定了参数与变量的人为空间中，因而被统治者自己就是自主生活戏剧的主角，而统治者反而"功高而不居"，"朝野不知"而"帝力何加"，"荡荡乎民无能名焉"，从人们的视野中退隐。明王之治的结果是"使物自喜，民各欣然自得其乐，若有使之者然，实非我使之也"，而是受治者"咸其自取"的结果，明王引导人们回归各自的日常生活世界，以自己的方式各正性命。明王处于政治戏剧后台，不再作为焦点而存在，其能量在于调动并维系政治戏剧舞台的自发性生机，不但不再以己出经式义度，而且也不再劳形怵心，为世间才智所累，而是"立于不测，游于无有"。不测与无有是对世间德能智慧的超脱，使得明王的品质承继了某种更高的来自宇宙节律或天道的品质。正是沉浸于这种天道的品质与机制中，明王在世间性的政治舞台中才能达到无名、无功、无己的超然。这样，政治社会才能被看作以宇宙为背景的"江湖"，当人们各正性命、彼此"相忘于江湖""两忘而化其道"时，明王也达到"兼忘"："以敬孝易，以爱孝难，以爱孝易，以忘亲难；忘亲易，使亲忘我难；使亲忘我易，兼忘天下难；兼忘天下易，使天下兼忘我难。"（《天运》）只要有待他人的教导就不可能自明，因而回应帝王终结的明王之道，不在于将人民组织动员在一个由统治者所设定的场所，而恰恰在物各付物，让其以自己的方式各得其所。

当然，"兼忘"的统治者无功、无名、无己，最终是为了"公"，不仅仅是自己无私，而且还能创造一种"无容私"的政治场域。明王之所以要做到"立乎不测，游乎无有"，乃是要做到藏身之固，封闭他人利用明王达成自己目的的缝隙。《老子》第十五章说"古之善为士者，微妙玄通，深不可识"，其实也包含了这一点。《庚桑楚》谓"夫全其形生之人，藏其身也，不厌深眇而已矣"，唯其能藏其身，而后能"藏天下于天下"。如何"立乎不测""游乎无有"？《应帝王》给出的典范就是壶子。

五 政治巫术与政治道术

郑有神巫曰季咸，知人之死生、存亡、祸福、寿天，期以岁月旬日，若神。郑人见之，皆弃而走。列子见之而心醉，归以告壶子曰："始吾以夫子之道为至矣，则又有至焉者矣。"壶子曰："吾与汝既其文，未既其实。而固得道与？众雌而无雄，而又奚卵焉？而以道与世亢，必信，夫故使人得而相汝。尝试与来，以予示之。"明日，列子与之见壶子。出而谓列子曰："嘻！子之先生死矣，弗活矣，不以旬数矣。吾见怪焉，见湿灰焉。"列子入，泣涕沾襟以告壶子。壶子曰："乡吾示之以地文，萌乎不震不正，是殆见吾杜德机也。尝又与来。"明日，又与之见壶子。出而谓列子曰："幸矣！子之先生遇我也，有瘳矣，全然有生矣，吾见其杜权矣。"列子入，以告壶子。壶子曰："乡吾示之以天壤，名实不入，而机发于踵。是殆见吾善者机也。尝又与来。"明日，又与之见壶子。出而谓列子曰："子之先生不齐，吾无得而相焉。试齐，且复相之。"列子入，以告壶子。壶子曰："吾乡示之以太冲莫胜，是殆见吾衡气机也。鲵桓之审为渊，止水之审为渊，流水之审为渊。渊有九名，此处三焉。尝又与来。"明日，又与

之见壶子。立未定，自失而走。壶子曰："追之。"列子
追之不及，反以报壶子曰："已灭矣，已失矣，吾弗及
已。"壶子曰："乡吾示之以未始出吾宗。吾与之虚而委
蛇，不知其谁何，因以为弟靡，因以为波流，故逃
也。"然后列子自以为未始学而归。三年不出，为其妻
爨，食豕如食人，于事无与亲。雕琢复朴，块然独以
其形立。纷而封哉，一以是终。

本节又见《列子·黄帝篇》。郑国有一神巫名季咸，善
于算命，能灵验地测知人的死生存亡，列子为其神通所迷
醉，对老师壶子说："我本来以为您的道术很高，现在发现
季咸更为高明。"壶子告诉列子："我教给你的只是道之
'文'，尚未尽道之'实'。你还没有真正得道，就好像众雌
而无雄性交媾，就无法产卵生子那样。你将道之文错为道
之本身，也就无法实享受用大道，道体既然不能实享，也
就不能具体地显现到你的德行中。因而你执着的道，既然
不能体之于身，必求伸之于外，通过神通来确证道体的真
实性，[1] 这就是你所以迷醉于季咸巫术的关键。同时，既然
道体不能体之以德，你必然以所言之道'与世相亢'，而无
法达到体道者的'游于世而不僻，顺人而不失己'（《外物》）、

---

[1] 将大道与神通关联起来的做法，正是"亢"的表现。"亢"义为"欲为雄于
世"。（严复：《评点庄子》，《严复全集》第 9 卷，福建教育出版社，2014
年，第 131 页。）

'外化而内不化'(《知北游》)①，你因此而有可相者。你让季
咸来相我试试。"

这里的逻辑是，未能真实得道者，必然以道与世相亢，
超越性(道)与世俗性(世)的紧张无法在其生存中化解。当
求伸于人时，自己先已浅露，所言之道、所抗之俗都成为此
心的表达与投射，对巫师而言这正是透视其心的机兆，这
才是列子能被巫术所相的根本。真正的得道者无所可相，
因为所相源自可相。当此心不显于机兆，或所显机兆超出
了巫术的把握畛域时，巫师自然技穷。事实上，季咸先后
相了壶子四次，均无法真正测知壶子，最后不得不自失而
逃。壶子及其道术深不可测，这与《老子》第十五章"古之善
为道者，微妙玄通，深不可识"②相通，壶子之所以无法被
巫师所相，乃是因为他"立乎不测"，而其所以能"立乎不
测"，乃在于"游于无有"，即与道为体，故而无我相，巫术
也就没有可下手之处。相比之下，列子"挟其道以与世亢，
而必求其伸，人则有以窥其微矣，有我相故也"③。更深层

---

① 《庄子·知北游》："古之人，外化而内不化；今之人，内化而外不化。
　　与物化者，一不化者也。安化安不化，安与之相靡？必与之莫多。"《淮
　　南子·人间训》："得道之士，外化而内不化。外化，所以入人也；内不
　　化，所以全其身也。故内有一定之操，而外能诎伸、赢缩、卷舒，与物推
　　移，故万举而不陷。所以贵圣人者，以其能龙变也。今卷卷然守一节，
　　推一行，虽以毁碎灭沉，犹且弗易者，此察于小好，而塞于大道也。"
② 道，王弼本作"士"。马王堆汉墓帛书《老子》甲本作："古之善为道者，
　　微妙玄达，深不可志(识)"；乙本作"古之(善)为道者，微眇(妙)玄达，
　　深不可志(识)"。(裘锡圭主编《长沙马王堆汉墓简帛集成》(肆)，中华书
　　局，2014年，第41、205页)
③ 马其昶：《定本庄子故》，第57页。

地看，壶子对道之实与文的分辨，承《应帝王》治内与治外的机理。不能落实在自我享用中的道之文，一旦回到政治生活语境中，则必然对应治外，即以一套人为发明构建的秩序或体制去要求性命之情与生活世界；而道之实显现之时，要求的则是"治内"，成就的是源自性命之情与生活世界的自生秩序。

季咸第一次相壶子的时候，所看到的只是怪异的必死征兆——不能复燃的"湿灰"。他对列子说："你的老师壶子已经大限将至，来日无多。"弄得列子泣涕沾襟。列子与季咸都不知道，这只不过是壶子有意展现出来的"地文"机兆。地文，即大地上的山川草木等所显现的大地文理。示以地文，即以"地之形貌"显现"至阴气象"。大地寂静无声地承载万物，万物蛰藏、收敛于大地之中，地无心而宁静，故以地文隐喻人心寂静、深根宁极。由于阴阳交合而后才有生意，至阴之气在人身上则是"弗活"之死气，季咸从壶子的脸上、身上感受到这团死气。这死气只不过是壶子之心在至静无感时的显象，所谓"萌乎不震不正"，一念不动，无所期必，[1] 正是壶子无感之心所呈现的地文显象之特征。

壶子闭藏生意，其心归寂，实向列子展现不与世相敌相尤的官窍，[2] 但在季咸眼中则是生机消逝、壶子将死的机兆。壶子"神气初萌，有机无迹"，季咸见之，感其未萌则有机，已萌则不震不正，未有萌动之迹，疑而不明，故而

---

[1]　王夫之：《庄子解》，《船山全书》第 13 册，第 180 页。

[2]　林云铭："闭其心得，有近死道，此不与世尤之一机也。"（《庄子因》，第 86 页。）

"见怪""见湿灰"，[①] 进而判断其必死。巫师之所以能相，在于季咸此时仍然可相，地文机兆就是壶子的可相之处。然而季咸所不知道的是，这并非壶子的真实，更非其全部。"杜德机"由壶子而不是由季咸说出，意味着壶子对季咸之术极为熟悉，季咸由壶子杜德机判断壶子将死，壶子完全预料到了。季咸只是看到壶子显现的那一部分，却看不到壶子未显的那一部分。

第二次季咸见壶子时，"见其杜权"，即生机"闭藏之中却有权变，觉与昨日所见略不同也"[②]，由第一次的生意闭藏（死机）到第二次的生机微动（活机），季咸前次以为壶子必死，这一次却看到"全然有生"[③]。壶子不同的示相导致了季咸的不同判断，而第二次判断已经无声地表达了对第一次判断的否定，从而也是对季咸巫术之效验的否定。即便如此，季咸还是将壶子从必死到有生的机兆转变，在列子面前归功于己，正是巫师自神其术的表现：第一次能"定人生死"，第二次则能"起死回生"。然季咸所见者不过壶子所示之"天壤"机兆。天壤，即天与壤，天地相与、阴阳交通而萌发生意的示相。天壤示相，是壶子"善者机"的结果。善是生意、生机或生命力之义，善者机意谓生机自然

---

① 刘武：《庄子集解内篇补正》，第 189 页。

② 罗勉道：《南华真经循本》，第 117 页。

③ "全然有生"，《列子·黄帝篇》作"灰然有生"（杨伯峻：《列子集释》，第 69 页）。宣颖指出："全然，《列子》作'灰然'，对上文'湿灰复然'，甚好。"（《南华经解》，第 63 页。）灰然有生，即从第一次不能复燃的湿灰面相到第二次死灰复燃而生机外露之面相。

萌动。天壤字面上是天地交合而生意萌发的机兆，其实讲的是人心生意萌发显之于外的气象，故陆树芝认为它实际是指"在我之天壤"，即人身中的天地，"虽不予以可据之名实，而生机已发动于命蒂之内，则长养之善气自微有吐露，是正善者机也"①。

第三次，当壶子"示之以太冲莫胜，是殆见吾衡气机"时，季咸已经无法相壶子，这时的季咸已经遭遇其巫术的限度。"太冲莫胜"，或作"太冲莫朕"，② 前者重在阴阳调和、动寂浑然，平衡而没有偏胜；后者重在浑然而无朕兆，即无迹无相。当阴阳调和平衡之际，非动非静，阴阳浑然，既区别于第一次示相中的阴胜阳（"地文则阴胜阳"，阴为主而藏于阳），也区别于第二次示相中的阳胜阴（"天壤则阳胜阴"，阳为主而发于阴），而是"阴阳交融，莫适为主"③，皆得其平。阴阳无所偏倚，彼此浑然互融时，也就没有可以把捉的朕兆，这正是壶子"衡气机"的示相。衡气机，即平衡气机，守气而意不动，心灵平静，无执无

---

① 陆树芝：《庄子雪》，第 93 页。
② 《列子·黄帝》"胜"作"朕"。无朕即无迹。向秀云："居太冲之极，浩然泊心，玄同万方，莫见其迹。"（杨伯峻：《列子集释》，第 70 页。）褚伯秀亦曰："太冲者，虚之至，故莫窥其朕兆也。"（《庄子义海纂微》，第 260 页。）郭象、成玄英以无所偏胜解"太冲莫胜"，郭象谓"胜负莫得措其间"，成谓："夫圣照玄凝，与太虚等量，本迹相即，动寂一时，初无优劣，有何胜负哉！"（郭庆藩：《庄子集释》，第 275 页。）显然，郭象与向秀的文本，一作"太冲莫胜"，一作"太冲莫朕"。
③ 钟泰：《庄子发微》，第 176 页。

碍，"无不可入而皆平，游心于无碍也"①，"神气平和"②
之象。季咸看到壶子衡气机的机兆，感到"不齐"，就是说
机兆"见于外者不一"③，既非阳也非阴，而是阴阳浑然不
分，故而其兆不能定于某一端，④ 可相者不显，季咸也就
"无得而相"。

壶子使季咸"无得而相"，与列子"人得而相"形成对照。
列子不能"立乎不测"，心机外露，因而季咸得以相列子。⑤
季咸之所以能相众人与列子，不在季咸之神通广大，而在

---

① 王夫之：《庄子解》，《船山全书》第 13 册，第 180 页。
② 王叔岷：《庄子校诠》，第 293 页。按：成玄英以为衡气机为"神气平
等"(郭庆藩：《庄子集释》，第 275 页)，王叔岷采纳此义。
③ 陆树芝：《庄子雪》，第 93 页。
④ 关于"不齐"，憨山释德清以为"不齐"乃"精神恍惚，颜色不一"，也就
是精神不能一定。(《庄子内篇注》，第 136 页。)郭象以为不齐即因浑
然一体而带来的无端涯："无往不平，混然一之。以管窥天者，莫见
其涯，故似不齐。"(郭庆藩：《庄子集释》，第 275 页。)赵以夫则以为
不齐意为生机或死机不可测："始见以为弗活，再见以为有生，又见
而死生不可测，故以为'不齐'。"(褚伯秀：《庄子义海纂微》，第 257
页。)刘凤苞对"不齐"的理解更为到位："阴阳二气递相消长，彼此皆
处于冲和而莫能相胜。执一气以求之，而又分为二气，执二气以求
之，而又合为一气，故见为不齐。"(《南华雪心编》，第 201 页。)
⑤ 林希逸对"太冲莫胜"理解扣住"不齐"："太冲，太虚也；莫胜，不可捉
摸也。衡者，平也，半也，气机之动至于衡平一半之地而止，则是半动
半静也。神巫以为不齐，言其半动半静而不定也。"(林希逸著，周启成
校注：《庄子鬳斋口义校注》，第 132 页。)林氏将不齐落实在半动半静而
带来的不定上，但正如李腾芳所批评的那样："然太冲莫胜，则是动静
互融，岂得以半言之乎？凡物之有著者易状，无著者难名，壶子之莫
胜，盖无著也，而季咸只以为不齐矣。"(方勇：《庄子纂要》，《方山子文
集》第 17 册，第 1065—1066 页。)

众人与列子之浅陋："乃汝之浅陋，非神巫之果神也。"(陶崇道)①壶子的三种示相——"地文""天壤""太冲莫胜"，对应"杜德机""善者机""衡气机"三种工夫，有此工夫必有此示相，"三者皆谓之'机'，以其动之微可得而见也"(李士表)②。换言之，壶子在三示中仍然有细微之机兆外露，这种机兆的存在意味着此时的壶子依然有相，这对季咸而言就是壶子的可相处。只是在第三示相("太冲莫胜")时，示相本身已无得而相，由衡气机显发的太冲莫胜，是不可相之相，可相之极致。在衡气机中，由于机动之微已无一定端倪，机微虽在，却不可辨识，季咸至此黔驴技穷。但壶子的道术并未臻于极至，犹有更进者。

三次示相，壶子以"三渊"相喻："鲵桓之审为渊，止水之审为渊，流水之审为渊。渊有九名，此处三焉。"(《应帝王》)"渊"有九种类型，壶子所示只是其中之三，即便此三渊，已让季咸有技穷术尽之感，更遑论其他六渊。③ 仅据此就可以看出壶子与季咸道术之高下，一切神通巫术在壶子道术面前尽显其劣。壶子所示三渊其实是心的三种状态，渊乃心之隐喻。《管子·水地篇》："水出地而不流者命曰渊。"渊为水之回旋而蓄聚不流动之处，因蓄积不流而有静深渊默之义，正可用来比喻人心。《老子》第八章："心善

---

① 方勇：《庄子纂要》，《方山子文集》第 17 册，第 1067 页。

② 褚伯秀：《庄子义海纂微》，第 258 页。

③ 《列子·黄帝篇》列出九渊之名："止水之潘为渊，流水之潘为渊，滥水之潘为渊，沃水之潘为渊，氿水之潘为渊，雍水之潘为渊，汧水之潘为渊，肥水之潘为渊，是为九渊焉。"这里的九渊可能来自《尔雅·释水》。

渊。"人心既静且深，渊默而不可测，如水之渊那样。

面对壶子的第四次示相，季咸还没有站稳，就吓得逃走了，列子也追不上。这一次季咸没有说话。如果说，前三次季咸之所以还可以相壶子，乃是因为壶子有意"示相"，显现其"可相"。但第四次，壶子并没有给出哪怕细微的机兆。前三次的机兆分别以"杜德机""善者机""衡气机"表达，第四次示相中，"机"字已不再出现，严格说来，壶子的第四示已不再是具体的示相。"未始出吾宗"，不再有"机"可寻，有"迹"可指，而是"示以无所示"（李士表）[①]。不是当机示兆，而是"无所示之示"；"无所示之示"不是"虚"或"无"，而是可以示现一切，即"无所不示"；然而，任何一种具体的"示"又都不足以"示其所示"。至此，壶子立乎不测无以被季咸所相的奥秘才被揭示出来。

与壶子"未始出吾宗"相应的是，列子幡然觉悟，弃文从实，学成以归，自受用其道，道体殉失在自我受用的质朴中而不再有离实之文，完全克服了故事开端因尽其文而未尽其实导致的以道与世相亢，俨然两个不同的列子。壶子在列子的世界中变得更加深不可测，正是这种不可测度性，使列子深切感受到自己"已失矣，吾弗及已"。"已失矣"是就列子说。列子的"已失"，是过去之我的死亡，同时也是明日之吾的新生。"自以为未始学"恰恰是学而有得的表现：只有在学之有得之后，才会真的以为一无所得。这

---

① 褚伯秀：《庄子义海纂微》，第 258 页。

就是既是"为道日损"(《老子》第四十八章),刊落浮华,独存天真;也是"上德不德"(《老子》第三十八章),不言而信,其中有真。"已失矣"传达了列子脱胎换骨的蜕变,回归本真的自己,性命之情自行绽放。

"为其妻爨,食豕如食人。"归家后,列子替妻子下厨做饭,像对待客人那样去饲养家中的猪。在世间礼法世界,阳尊阴卑,夫唱妇随,[1] 妻子本当为列子做饭,现在列子却为妻子做饭,按照日本学者赤塚忠的理解,这是列子"忘夫妇之礼"[2];喂猪如同请人吃饭,赤塚忠以为这是"忘人兽之别"[3]。这意味着列子已经超越方内礼法秩序的"社会人"定位,而直契通达宇宙论视野的"天地人"。如果没有这个视域,礼法秩序中的夫妇之别、人物之辨只能作为被给予的习俗性法则,遮蔽了人物、男女、夫妇等在宇宙秩序中的彼此渗透、相融相摄、相即相入。为其妻爨,列子忘我;食豕如人,则列子忘物。"忘我故无内外之殊,忘物故无贵贱之别。心若死灰,形如槁木。"(陈详道)[4]忘己与忘物,是相互关联的伴生物,本质上是解构社会化意识中被强化的我性

---

[1] 《仪礼·丧服传》:"妇人有三从之义,无专用之道。故未嫁从父,既嫁从夫,夫死从子。故父者,子之天也;夫者,妻之天也。"《周礼·天官》:"九嫔掌妇学之法,以九教御妇德、妇言、妇容、妇功。"

[2] 方勇:《庄子纂要》,《方山子文集》第 17 册,第 1057 页。

[3] 同上。

[4] 褚伯秀:《庄子义海纂微》,第 256 页。林疑独:"归为妻爨,食豕如人,不知有贵贱物我也。"(《庄子义海纂微》,第 255 页。)吕惠卿:"食豕如食人,则忘我之至。"(《庄子义海纂微》,第 254 页。)

意识，唯其如此，列子才能"于事无与亲"①，达到"致虚之极也"（吕惠卿）②。事本无所谓亲疏远近，亲疏远近总是对某个"我"而言的亲疏远近，于是"我"被设置成为诸事围绕的中心。事之于我为亲，于你于他或为疏。事之亲疏远近，不过是社会化过程中个我品质彰显的必然结果，它在强化了人的社会性一极的同时也必然强化人的个我性一极，正是当人将其个我性作为中心来经营时，事之亲疏远近的层级才得以建立。当"于事无与亲"时，人用以确立自己的社会性与个我性的两极及其对峙被消解了，列子处于"虚"的状态，用宣颖的话来说，"不知有事也"，此与"为其妻爨"所呈现的"不知有妻"、"食豕如食人"的"不见为豕"，③ 构成深层呼应关系。列子从高蹈遗世的以道亢人亢世回到做饭、

---

① 对"于事无与亲"的理解大致有两种：一是不近世俗之事务，对事弃之不顾，即列子不再从事俗务，如阮毓崧"弃人事之近务，无适无莫也"（《重订庄子集注》，第 235 页）、陆树芝"不从事于务"（《庄子雪》第 94 页）；二是于世事、人事无亲疏远近之别，不是放弃日常的世事和人事，而是对事不再有分别之心，以道通为一的无分别智对待人间之事，这一理解更接近"与事无所亲"的内涵。诸多解释者是从《庄子》文本中的"圣人不从事于务"（《齐物论》）、"孰肯以物为事"（《逍遥游》）、"彼且何肯以物为事乎"（《德充符》）来理解《应帝王》中的列子，这其实是语境的误置。"不从事于务"的主语要么是圣人，要么是明王或最高统治者，而列子在《应帝王》中并非明王的象征，而是常人所能达到的极致——即至人的符号化表达。此外，林希逸提出第三种理解："言其虽为事而不自知，若不亲为之也。"（林希逸著，周启成校注：《庄子鬳斋口义校注》，第 134 页。）这种理解将亲理解为亲力亲为，此解释反而过于迂曲。

② 褚伯秀：《庄子义海纂微》，第 254 页。

③ 宣颖：《南华经解》，第 64 页。

喂猪的日常，并在生活世界的日常之事中淬炼自己、自我转化，这正是对性命之情和生活世界的回归。

《应帝王》刻画列子所造之境："雕琢复朴，块然独以其形立。"雕，本当作"琱"或"彫"，与"琢"原本都是"治玉"之意。① "治其璞，未成器者为琱，治器加工而成之者为琢。"② 雕琢是一种加工治理活动，目的在使之成器，成器则由质而文，同时也会导致原初之朴的斲丧。在《应帝王》的语境中，雕琢指的是人为的修饰，也就是修养；复朴即回复纯朴，这种纯朴不是原初秩序经验中文质浑沌不分的素朴，而是原初之朴经由人为雕琢失去后通过再度雕琢（修养）而达到的纯朴，此时的纯朴是纯朴的纯朴，已不再与人为相对，而是作为第二自然的纯朴。③ 故雕琢有两种解释，一是

---

① 王夫之："雕，与'鵰'通，鸷鸟也。大抵从鸟从隹之字，类可通用。徐铉谓'俗别雅作鸦，非是'，亦失之执。若'彫琢'之'彫'，本自从彡。彡，饰也。以'雕'为'彫'，传写之讹。"（王夫之：《说文广义》，《船山全书》第 9 册，岳麓书社，2011 年，第 64 页。）

② 钱澄之：《田间诗学》，朱一清校点，黄山书社，2005 年，第 903 页。

③ 《马蹄》："夫至德之世，同与禽兽居，族与万物并，恶乎知君子小人哉？同乎无知，其德不离；同乎无欲，是谓素朴；素朴而民性得矣。及至圣人，蹩躠为仁，踶跂为义，而天下始疑矣；澶漫为乐，摘辟为礼，而天下始分矣。故纯朴不残，孰为牺尊？白玉不毁，孰为珪璋？道德不废，安取仁义？性情不离，安用礼乐？五色不乱，孰为文采？五声不乱，孰应六律？夫残朴以为器，工匠之罪也；毁道德以为仁义，圣人之过也。"至德之世的纯朴是原初秩序经验中的未散之朴，人们生活在朴中而不知为朴，但随着至德之世的终结，统治者的创制活动，即"始制有名"（《老子》第三十二章），导致了文与质的分离，朴归质而与文对立，这就有了残朴以为器，"朴散则为器"（《老子》第二十八章）。

修饰使之更趋完美，一是雕琢去除世俗生活中所染之华饰。两义均可成立，写出经由季咸事件列子人生的重大变化，此前的列子得道之文而未得其实，这时的列子将华文雕琢刊落，安居于道之实中，回到一种简单素朴的状态。列子置身的世界，世事纷纭，充满多样的诱惑，"封"则刻画了列子在这纷扰世界中不为所动、独立守神的生存状态，好像封闭了心窍一样。"纷"与"封"分别刻画境与人，但列子简单纯粹，居于其常。《大宗师》的"撄宁"可以解"纷而封"，纷即撄，封即宁。"纷封散乱，任其众动之自如也。"此与歌德《浮士德》"诸峰之巅，群动皆息"仿佛。虽然处于世俗，但又不失本真之我，《外物》所谓"能游于世而不僻，顺人而不失己"。回归本真自我的方式在于，不受纷然世事之影响，而任其天之所与之真。

本节彰显的是政治道术与政治巫术之间的张力。在三代以上，政治道术与政治巫术交织缠绕、彼此相寓，最高统治者往往既是王者又是巫者。然而三代以下，治教出于二，道术与巫术分离。通过巫术展开的政治不再具有正当性，然而以政治巫术方式进行统治仍然被不断尝试。政治巫术的核心就是将天地万物的奥秘完全透明化，通过一整套技术试图掌控本来不可能被理性完全洞悉的奥秘，以迎合人们对奥秘把握的渴望。明王当意识到自身局限，尊重理性的有限性与世界的非透明性，顺应人们的性命之情与生活世界的秩序。

六　无为之治及其限制性原理

　　无为名尸，无为谋府，无为事任，无为知主。体
尽无穷，而游无朕。尽其所受乎天而无见得，亦虚而
已。至人之用心若镜，不将不迎，应而不藏，故能胜
物而不伤。

　　这里的四个"无为"意在透显无为的本质。无为并不是
为的缺席，而是为的方式的转变，因而更准确的说法是"为
无为"（《老子》第三章和第六十三章）或者"无为之为"①。必
须注意，在政治生活中，统治者的活动方式始终关联着被
统治者的回应方式，二者之间具有某种共构性：如果统治
者采取了"无为之为"的方式，那么被统治者的"有为之为"
则可能被激发，从隐暗背景走向开放前台；相反，如果统
治者采用"有为之为"的方式，那么被统治者便会以消极方
式加以回应。这里包含着的是不同政治主体性之间的辩证
张力。明王的正当统治方式不是创发性的"有为之为"，而
是引导性的"无为之为"，这是一种削弱统治者政治主体性
而调动被统治者政治主体性的方式。

---

①　《庄子·庚桑楚》："出为无为，则为出于无为矣。"出为，即出于"无为"
　　的"为"，或者"无为之为"，这种"作为"的方式是"无为"。

"无为名尸"的字面意思是，不做要名声的承受者，不做有名者，其实质含义则是统治者不要自居为名声的主体：事情成功了，统治者不居其名，而将名声归于当事的执行者——臣下与百姓。"无为名尸"中的"名尸"是隐喻，指名的承受者。古人祭祀时，祖先的孙子坐于神位，以代表祖先神灵受祭，此即为"尸"；"尸"有"主"之意，祭祀时充当尸主的孙既非孙之实，也非祖之实，只是祖先的符号化象征、一个无实的名位。"名尸"为名所主，因而受到名的机制之支配。《逍遥游》云："圣人无名。"对于居天子之位者来说，天子是天之子，天下是天之天下或天下人之天下，而不是天子之天下，天子并非天下的所有者，而只是临时性的代天治理天下者，或受天下人之委托而治理天下者。任何事功或治功的成就，都是当事的参与者即臣下与百姓参与治理的结果，而王者在其中扮演的不过是引导者、调节者的角色，王者若居其名，则与实不副。无为名尸，在最终意义上意味着有天下而己不与，将天下还归天下人，而不是让天下受到名的役使，丧失其本真之实。

"无为谋府"的字面意思是不要作谋略的府库，其言说对象同样是统治者，统治者不要将自己当作谋略的府库，仿佛自己有取之不竭、用之不尽的谋略，一切（包括经式义度）皆可从己而出。相反，与统治者相应的品质是意识到个人的局限性，尽可能绝圣弃智、废黜聪明——这是统治者对自身的要求，这一要求关联着另一预设：谋略的府库在天下人那里，而不在特定个人那里，特定个人的谋略总是有限的；统治者不把自己作为谋府，而让天下人自谋天下事，物各自为谋，引导并激发天下人的智慧与创造力，这样的谋略则是取之不竭、用之不尽的宝库。天下人谋天下事，天下人无穷，其智慧也是无尽的。统治者的大智在于不自恃其一人之小智，而能运用与调节众谋，让天下人谋天下事。本句针对的是逞其聪明、计其谋略的统治方式，这种方式没有注意到无论统治者自身多么聪明能干，在天下人整体这里也是极为有限的，所以抑制自己的用智用谋，其实也就为调动天下人各谋其事提供了条件。统治者的不自用其智、不自用其谋，是为天下人运用天下之智、天下之谋处理天下之事预留空间。

"无为事任"，即不以事自任。"任"有自觉地承担、主持、负责之意。统治者避免以事自任的专断独行，引导天下人各任其事。统治者不是具体的做事者，而是做事者的管理者、引导者、调节者；他必须限制自己不去从事具体的事务，而是让任事者（被统治者）自任其事。事与技的主体，都是具体的当事人和从技者，他们面对的不是人事，而是物事，物事的核心是人对事物的关系。统治者面对的是人事，而人事的核心是人与人的关系。统治者如果不能从具体的事务中退却，与民争事，与民竞技、竞智，就会对事情依照其自身逻辑展开构成最大的困扰。统治者从具体事务中抽身而退，只是前提而不是目的，真正的目的在于让天下人各任其事、各司其职、各得其所、各有攸归，进而各正性命。治人者与治于人者各有职分，不得相僭，这本身就是政治社会有序化的方式。无为事任，达到统治者与被统治者的有序化安置，既保证了统治活动的无为性质，也保证了统治活动的最大化收益，即"无不为"。

同样，"无为知主"是让统治者不要成为智力的总汇，不以一人智盖天下，而是调动天下人，各尽其智，各称其能。即便统治者智力相对于其他人可谓出类拔萃，也不能执着己智，而应让人们的智力充分施展和发挥，这就是去一己之智的"大智"。《吕氏春秋·任数篇》："至智去智。"无为知主，并不是对智力的否定，只是对统治者自恃一己之智的否定。常人任知，其害小；统治者任知，其害大。故而，这里的"不为知主"，导向统治者的自我约束，大智者若愚，最能虚心听取天下人的意见，让天下人竭尽聪明才智。

《应帝王》的无为思想包含上述四项：（1）统治者不做名尸的承担主体，而将之还给被统治者；（2）统治者不做谋略的府库，而将之向天下人开放；（3）统治者不自己任事而让被统治者各任其事；（4）统治者不以一人之智盖天下，而是调动激发天下人之智以治理天下。其中始终可见无为思想的两个维度，即统治者的无为与被统治者的有为，二者具有共构关系。统治者唯有以自身的无为，才能激发被统治者的积极有为；唯有基于被统治者的积极有为，统治者的无为才能获得无不为的功效。就被统治者而言，哪怕是积极的活动，只要是出于或合于性命之情的，就是无为。这种无为可视为统治者的无为引发引导的有为。作为引导性机制的无为，关联着功效最大化的无不为，一旦脱离天下人政治主体性的回归，脱离天下人本真性命之情的回归，就会下降为一种谋略，即通过对天下人的利用以达到统治权力的巩固。

"无为名尸，无为谋府，无为事任，无为知主"，是"无为"在内容上的具体化，它们是王者能够"体尽无穷，而游无朕"的条件。当王者从名、谋、事、知的主位撤退，让天下人成为四者主体时，天下人的积极性、创造性、责任感等才可能被激发出来，天下才能以某种形式还给天下人。在这个意义上，无为并非通常所理解的那样是消极性的。在个体修身的意义上，无为可谓是消极的，但在政治领域，对统治者而言，它恰恰又是积极性的，它不是取消王者治天下的权与责，而是统治完成自身的方式，也是让作为政治生活空间的天下达到自我饱满的方式。

如果说名、谋、事、知相应于人道，它可能对天的机制有所偏离，而这四个方面上的无为则相应于天道。王者"体尽无穷，而游无朕"，正在于结合天人两个维度。天下人以治于人者的身份与名、谋、事、知发生关系，这是具体而直接、积极而有为的参与；统治者的参与方式则是间接性或中介性的，只是以治人者身份对天下人参与活动的引导或调节，并不直接介入名、谋、事、知的活动中。统治者与天下人分别以与其身份相应的参与方式组成一个秩序结构整体，对于统治活动而言，这是投入最少化而功效最大化的方式。以此方式，王者对于名、谋、事、知的中介化参与就避免了特定主体的有限性，通过对天下人直接而有限参与的组织与调节而获得向天下开放的"无穷"。

"尽其所受乎天而无见得，亦虚而已。""虚"是王者的最高德性，其核心是彻底虚化自我、融化自我。王者遵循天的机制而行，放弃其主动性，不以自己的意志与规范强加于天下。王者的意识中不再有自己这个主体或对象，天下之心就是他的心，让自己成为承受性或引发性的，以承受、引发天下人的各正性命，这样就能做到"尽其所受乎天而无见得"。

"至人之用心若镜，不将不逆，应而不藏，故能胜物而不伤。"这里没有将政治道术归结为礼法等客观化的体制与制度，而是归重于王者之心：对于天下人与天下事，王者之心如同镜子，物来不迎，物去不送，任物自照，而不以己知、己意、己情参之；王者始终保持"虚"的心境，将事物自身的是非美恶等如其所是地照出，没有以己出经式义度对民性予以改造，过而不留，未来不期，虽然应物，只是让事物依照自身逻辑自行展开，这就是"应而不藏"。明王以道治物，即物以自治，这正是"任物"的内涵。唯其能够任物之自治，故而王者一人能够应物无穷，能够物物。事物本来并不会伤人，但当统治者应对事物有迎有送、应而有藏时，事物自身的机制受伤受损，又反过来损伤统治者，这才是问题的实质。这意味着，统治者受到来自事物的伤害，是由于其用心不当而伤害了事物；统治者如要胜物而无伤，就不能伤害事物。不伤，并不仅仅归结于王者之无伤，同时也是天下人的不伤。

本节通过四个"无为"，以封闭秩序混乱（纷）的根源，即名、谋、事、知。其核心是统治者避免主动有为，要以无为的方式引出天下人的自为。无为的核心是"虚"，将统治者虚化为承受因任的主体，承受并激发天下人在名、谋、事、知方面的积极有为，从而让天下人成为积极的政治主体，统治者则退居政治舞台的背景。将统治者及其统治活动隐喻为一面镜子，物之来照，不加迎接，照毕而去，不加送别，彼自往来，镜本无心而美丑无隐。于是，统治者及其统治活动无迎无送，不聚不藏，故无为。以四"无为"方式应对天下事，则至人即镜，于自己避免了因"为名尸"带来的"形必瘁"、因"为谋府"带来的"神必殆"、因"为事任"带来的"才必竭"、因"为知主"带来的"识必昏"。至人以虚应事，无方无穷无迹，故能保其本体之虚；以其不迎不送，故于物无伤，于己不累。统治者与被统治者两不相伤，相安无事，各尽其分，即为治本。庄子对政治秩序的功能进行了限定，这个限定意味着秩序的达成，至于生存意义的圣贤与存在的圆满，则并非明王之分。

七　秩序与浑沌的共生交融

南海之帝为儵，北海之帝为忽，中央之帝为浑沌。

第七篇 《应帝王》：秩序与浑沌的交融 491

儵与忽时相与遇于浑沌之地，浑沌待之甚善。儵与忽谋
报浑沌之德，曰："人皆有七窍以视听食息，此独无有，
尝试凿之。"日凿一窍，七日而浑沌死。

中央之帝浑沌与南海之帝儵、北海之帝忽不期而遇，这
次相遇以浑沌之死为结局。"儵与忽时相与遇于浑沌之地，
浑沌待之甚善"，表达了浑沌故事的深层原理。时，时时。
相与，意味着有为，不能"相与于无相与"。儵与忽时相与
遇于浑沌之地，宣颖解之为，阴（忽）阳（儵）皆起于此（浑
沌）①。遇，表明儵、忽之会浑沌，是不期为而为的。"相与"
描述儵、忽二帝之间的有意识相会，"遇"描述儵、忽二帝与
浑沌之间的无意识的相会。前一种相会显然是彼此共同的、
有目的的自觉行为，是有约之会；后一种相会则是不期而
遇。"相与"一词表现出儵、忽行为的逻辑是"尚往来"之礼，
这为后文"谋报"行为埋下了伏笔；而"遇"则试图揭示一种
无目的的"相与"逻辑，"相与于无相与"。这样，儵、忽与浑
沌的相遇，就具有了象征性的意义。儵、忽以礼的交互性
（施报）机制对待浑沌，而浑沌则是在无名之德（揖让）的机
制中行事，因而，儵、忽与浑沌的相遇，是德与礼的相逢。
对于儵、忽之间的"相与"，《应帝王》用了一个"时"来表述，
表明二者之间相与的频率，这是礼的交互性秩序的常态。
"遇"则表达了儵、忽与浑沌相与的偶然性，似乎暗示礼与德
相遇不是经常性的。在儵、忽与浑沌的相遇中，儵、忽是行

①　宣颖：《南华经解》，第 65 页。

为的主体，它们相与遇于浑沌之地，而不是浑沌遇于儵、忽所居之地；不是浑沌（揖让之德）主动到儵、忽（施报之礼）那里，而是儵、忽主动到浑沌这里。这似乎传达出这样的消息：儵、忽（礼）的存在以对浑沌（德）的维系为指向；换言之，对德的渴望，是礼自始至终的冲动。礼必须以德的维系为目的，作为其正当性的基础。

浑沌，即混冥，无法被透明化、条理化与分析化的原初秩序体验，它具有紧凑性，万物浑然一体而不可分隔。《天地》："致命尽情，天地乐而万事销亡，万物复情，此之谓混冥。"之所以"待之甚善"，是由于浑沌之德在对待万物上，不以德为德，不以善为善。甚善，是超越善恶对立的善，是位于善恶之名或善恶分别之前的上善或原善。对于浑沌而言，他源出于无为的自然，不需要任何回报；但对于从礼的视角观看的儵、忽而言，浑沌的施设行为应予以回报："儵与忽谋报浑沌之德"。谋，意味着主动、有为；报，回报、应答，它是对给予的回应、酬答、答谢。由于给予（施）与回报（报）是相互性的，报是基于人与人关系的相互性而确立的范畴，这一范畴正是礼的集中展现：礼是报的机制化、制度化，报是礼的机制的精神基础。《礼记·曲礼上》："太上贵德，其次务施报。礼尚往来：往而不来，非礼也；来而不往，亦非礼也。"《左传》僖公二十四年富辰言："太上以德抚民，其次亲亲以相及也。"按郑玄的《礼运注》，就三代以上的秩序轴枢而言，五帝以德，三王以礼。据此，"报"暗喻"应帝王"中"王"的礼法秩序。浑沌之善非出自礼法的馈赠与回报的机制，因而是德的表现。以礼报答德，结果浑沌死亡。浑沌寓言中将儵、忽与浑沌的相遇定位为偶然性的相遇，似乎在展布这样的取向：以礼系德，极少必然性与现实性，甚至礼中内含对德的悖离与谋杀。

浑沌之死其实意味着浑沌从无分别到有分别的分殊化过程。这一分殊化过程与人的感官从整体的无分别状态到分化后各有所明而不相代的分化相应。这种秩序发生的经验始以感官分别，继以语言与理性的强化，由此使秩序本身成为浑沌的对反。随着秩序从浑沌分化出来，形成了秩序与浑沌的对立，而原初未分的浑沌本身就远离了经验的视野。这里必须区分两种浑沌：一是秩序从中得以分化出来的浑沌一，不与秩序相对，而包含秩序；一是随着秩序的产生，秩序的对反者被经验为浑沌二，是混乱无序的。原初秩序经验可以视为浑沌一，秩序与浑沌二还没有从中产生分化。被视为浑沌一的原初秩序经验并非没有秩序，只不过那里的秩序与浑沌没有形成对立，秩序并不被作为秩序来经验，因而有更大的包容性，包容了秩序与浑沌二不可分割地交织渗透。

庄子以何种形式回应"道术将为天下裂"？是重归浑沌吗？如果是，那么究竟是何种意义上的"浑沌"——浑沌一还是浑沌二，抑或其他呢？《天地》给出了另一个典型意义的浑沌寓言：那时有一天就可以灌溉百畦的汲水机械（桔槔），汉阴丈人种菜却不使用，而是宁愿抱着水罐汲水。他是害怕自己的素朴心神因机巧的器械以及随之而来的机巧之事、机巧之心而不再圆备，无缘于道术。此与《老子》第八十章"小国寡民"的理想叙事相应："小国寡民，使有什伯之器而不用，使民重死而不远徙。虽有舟舆，无所乘之；虽有甲兵，无所陈之。使民复结绳而用之。甘其食，美其服，安其居，乐其俗。邻国相望，鸡犬之声相闻，民至老死，不相往来。"值得注意的是，《胠箧》刻画"至德之世"的原初秩序经验时，对《老子》的小国寡民叙事进行了改写："昔者容成氏、大庭氏、伯皇氏、中央氏、栗陆氏、骊畜氏、轩辕氏、赫胥氏、尊卢氏、祝融氏、伏牺氏、神农氏，当是时也，民结绳而用之，甘其食，美其服，乐其俗，安其居，邻国相望，鸡狗之音相闻，民至老死而不相往来。"这里有一个重要区别，"使有什伯之器而不用，使民重死而不远徙。虽有舟舆，无所乘之；虽有甲兵，无所陈之"被删除。这绝非偶然，而是关联着《庄子》与《老子》在秩序经验上的重要区别。

汉阴丈人是有机械而不用的代表，即便原初秩序经验已经分化，浑沌已经死亡，沿着他的思路，秩序的重建就是回归原初秩序经验，重新回到浑沌未死之前的无分别状态。对于汉阴丈人来说，秩序就是浑沌的对反物，秩序的到来伴随着浑沌的死亡，因而具有非正当性；合理的秩序只能是与浑沌对立的秩序之消亡，或者回归浑沌的无分别状态。这里所谓的浑沌，虽然意在引出原初秩序经验中的浑沌，但由于是在原初秩序经验分化为秩序与浑沌的前提下展开，因而他所要求的浑沌并非浑沌一，而是与秩序相对的浑沌二，走向本真秩序的过程必然意味着秩序的解体与浑沌二的回归。这样意义上的回归浑沌二，并非回归原初秩序经验。原初秩序经验并不以自然与文明的张力为前提，文明与自然、社会性与生物性、感性与理性等，在原初秩序经验中并未分别，有着原初的和谐。但当秩序与浑沌分化，浑沌二与秩序对立时，所谓的浑沌则与文明、理性、社会性、精神性、道德性对立，因而回到浑沌二才是反文明、反秩序、反社会性的过程。与原初秩序经验关联着的浑沌一可以是非文明性、非秩序性、非社会性的，却并非反文明性的、反秩序性的、反社会性，相反，它是秩序与浑沌二、文明与自然、感性与理性、精神与社会等原初的统一体。

汉阴丈人有机械不用，在于避免机心对心神的干扰，但他所追求的神宁不是《大宗师》主张的"撄宁"，即经历纷扰的淬炼而回归宁静，而是对纷扰的逃离。因而汉阴丈人并非游于世俗之间者，而是逃离者，其心目中的浑沌位于天地未分之初，而不是天地既分之后。这使得他并不能达到真正的和平宁静，即不能真正做到"饮人以和"或"正容以悟之，使人之意也消"（《田子方》），不能"与物为春"（《德充符》），相反，当子贡提出机械的效率时，他"忿然作色"，然后"笑"对子贡。"忿然作色而笑"显示了以机械为累的心态，背后是对自己道术的自信，这种自信由于不能内外贯通而化，故而是内，而不能与外相应，是固执和"师心"①，而不是真正的"废心用形"。

---

① 《庄子·人间世》："虽然，止是耳矣，夫胡可以及化？犹师心者也。"

　　汉阴丈人对子贡的教导是："忘汝神气，堕汝形骸，而庶几乎！而身之不能治，何暇治天下乎？"对孔子之徒其实也暗喻对孔子的评价："博学以拟圣，于于以盖众，独弦哀歌以卖名声于天下者。"这些评价都是负面的，甚至影响了子贡，使之变容失色，走了三十里路才恢复常态。接下来子贡与弟子的对话，表明子贡开始反思孔子与汉阴丈人的差异。

　　《天地》不仅从汉阴丈人视角看孔子，同时也从孔子视角看汉阴丈人。孔子视汉阴丈人为"假修浑沌氏之术者"，这个定位耐人寻味。假，有解释为"真假"之"假"（郭象、刘凤苞等），有解释为"固"（朱季海、杨柳桥），或解为"假借"（李勉、宣颖、陆树芝、陈鼓应、方勇），或以"假"为"暇"（马其昶、杨树达），或训"假"为"大"（林希逸）。尽管陈鼓应等以为郭象释为"真假"之"假"是错误的，但仍然不能遮掩郭象理解中的胜义，郭象的解释本质性地提出了真假浑沌的问题。① 假浑沌的代表者恰恰是汉阴丈人，汉阴丈人自称有机械而不用的思想得自"吾师"。"吾师"即老子，《文子·道

---

① 罗勉道指出，《庄子·天地》本段的真实意图是肯定汉阴丈人，通过子贡、孔子对丈人的高度赞扬来褒扬丈人。罗氏以为："识其一，不知其二"指的是汉阴丈人"专一而无二"；"治其内，而不治其外"指的是汉阴丈人之"事内而不务外"。（《南华真经循本》，第163页。）钟泰肯定罗勉道之说，即"夫明白入素，无为复朴，体性抱神，以游世俗之间者"刻画的是汉阴丈人，而不是孔子。（《庄子发微》，第269—270页。）然而，陆树芝指出，罗勉道的看法固然可通，但"义味较短，其余诸说则全误矣"。（《庄子雪》，第143页。）

原》将改编的这段话托于老子，① 陆德明《经典释文》即持此种观点。事实上，第八十章如下内容"使有什伯之器而不用，使民重死而不远徙。虽有舟舆，无所乘之；虽有甲兵，无所陈之"，正是汉阴丈人"有机械而不用"的具体化。《老子》所说的并非天地之初的原初秩序体验，而是文明社会中的状况，因为这时已有了"什伯之器""舟舆""甲兵"，这与汉阴丈人面临的语境是一样的，彼时已有了机械。汉阴丈人之有机械而不用，正与《老子》有"什伯之器""舟舆""甲兵"而不用相一致。不用的原因在于，在原初秩序经验分殊之后，仍然以回到原初秩序中的素朴的方式回应道术为天下裂，这必定会将原初秩序经验错误地理解为浑沌二，因而有了对秩序的敌视，对文明性、社会性的对峙与否定。既然原初秩序经验已经分殊化，天与地、秩序与浑沌已经分别，再也不可能回到原初的无分别状态，那么汉阴丈人以及背后的始作俑者老聃，在原初秩序经验分化之后试图回到无分别的原初或开端状态的尝试，反而是反自然、逆天则的"有为化"的表现。"修"是人为，"假"是对浑沌的错误理解。"浑沌"被称为"浑沌氏"，正是汉阴丈人执着于浑沌，将浑沌实体化、现成化了，"浑沌氏之术"中的"术"，亦可见汉阴丈人执浑沌为方术而与道术有隔。这实质上是借助于汉阴丈人而对老子的浑沌反朴归真的思想进行反思性批判，在道术为天下裂的脉络中，回到原初的素朴，回

---

① 　王叔岷：《庄子校诠》，第 445 页。钟泰认为，把这里的"吾师"认定为老子，不太可信。（《庄子发微》，第 270 页。）

到秩序与浑沌无有分别的状态，不仅不可能，而且充满危险。

　　《天地》中孔子对汉阴丈人的批评包含两个方面：其一，"识其一，不知其二"；其二，"治其内，而不治其外"。这里分别予以探讨。其一，"识其一"的"一"是未分别的原初之"一"，天地没有分别、道物没有分别、秩序与浑沌没有分别，汉阴丈人与老聃充满着对原初之一即原初秩序经验的迷恋。他们无法理解原初之一必然分化为二，善恶、是非、美丑、尊卑等原初不分的状态必然会终结，这是人类历史展开的必然趋势。分化了的二而不是未分之一，才是人类面临的根本性真实处境。由于迷恋于原初之一，汉阴丈人与老聃沉醉于原初的道物混成，将道与未分的浑沌人为捆绑，而不理解在万物分化后，道亦随物而在，且无乎不在，不会随着天地万物分化而消失。脱离分化了的天地万物、脱离分化了的世俗世界、脱离分化了的善恶是非美丑等，试图回返无差别、无分别的原初开端，不仅不可能，而且违逆天地造化的历程。换言之，汉阴丈人与老聃"识其一，不知其二"，知道之在"一"，而不解道之同样在"二"。吕惠卿对此的理解是："能执古之道，以御今之有，则凡日用者无非浑沌氏之术也，岂必天地之初哉？而彼以有机械者必有机事，有机事者必有机心，而不知机心之所自生者，未始有物也，则是识其一而不识其二也。"①"治其内，而不治其外"。汉阴丈人治身而遗天下，重在全神（明白入素，无为复朴，体性

―――――――――

① 吕惠卿撰，汤君集校：《庄子义集校》，第245页。

抱神）而轻世俗，由此造成内与外的脱节。"知忘神气，黜形骸，以蕲道德之全，不知其行于万物者无非道也，顾以之为累，则是治其内而不治其外也。"①汉阴丈人内有所主，然以神气道德为内、以形骸为外，以道为内、以万有为外，进而以形骸、万有为道德神气之累，而有精与粗、表与里的对待。

汉阴丈人的浑沌为假浑沌，非真浑沌，这是郭象的理解："以其背今向古，羞为世事，故知其非真浑沌也。徒识修古抱灌之朴，而不知因时任物之易也。夫真浑沌，都不治也，岂以其外内为异而偏有所治哉？"②"识其一，不知其二"体现为"背今向古"，也就是将浑沌视为未分化的前秩序时刻，而不知真浑沌在分化以后仍然没有消失，而是作为隐藏在秩序背后的背景视域继续存在，概缘于汉阴丈人不知"因时"变通。"治其内，而不治其外"体现在"羞为世事"，其前提是以全神为内、以世事为外，这是不知"任物"变通。至于"夫明白入素，无为复朴，体性抱神，以游世俗之间"，则被郭象视为"真浑沌"，以孔子为代表。真浑沌不是离世、弃世，而是"游世"："与世同波而不自失，则虽游于世俗，而泯然无迹"，"在彼为彼，在此为此，浑沌玄同"。③ 真浑沌超出了假浑沌的傲世，隐身世俗之间，不为人所识，不会引起人们的惊讶；相反，汉阴丈人所象征的假浑沌以世

---

① 吕惠卿撰，汤君集校：《庄子义集校》，第 245—246 页。
② 郭庆藩：《庄子集释》，第 394 页。
③ 同上书，第 395 页。

俗为累，或可治身而"不可与经世"①，难免让世人惊骇。②
陶崇道指出，刻画真浑沌的"明白入素"，"不是但守素的"，
而是要"从五采中认出素来"，"知五采为消落之物，故不入
而入于素也"；同理，真正的"无为复朴"，不是摈弃有为，
而是"从有为反到无为来，故云'复归于朴'也。复的是朴，
朴非木石，有性存焉；朴非死物，有神在焉，有一而有二，
有内而有外者也。孔学学问，只要体性抱朴而天下足。二
摄于一，外摄于内，故无为也。一中有二，内中有外，故
无不为也"。③ 具体的浑沌必须穿过世界且经历分化，而不
是从世界中出离，更不是前分化原初时刻的回归。

　　因而，真浑沌作为原初秩序经验，无间于分化之前抑
或分化之后，而是贯穿其中，它并不支持出而不入或入而

---

① 吕惠卿撰，汤君集校：《庄子义集校》，第 246 页。
② 陆树芝云："盖修浑沌而未免有意，即未为真浑沌。可知见以为异者，
仍非其至者也。"（《庄子雪》，第 143 页。）刘凤苞以为，《庄子·天地》中
的"识其一"四句，揭示的正是汉阴丈人所修者并非真正浑沌，不过是
"托其迹以惊世"。而"浑沌真际"则在"见素抱朴、神游于世俗之间者，人
与己两忘而化"，一旦两忘而化，则在俗而泯俗，"何所用其惊异哉"？
（《南华雪心编》，第 292 页。）陆树芝拒绝了"真假浑沌"的说法，改易为
"天然"与"人为"："孔子以为老圃特假安朴拙，以修浑沌之术，非天然
之浑沌也。故彼但知修古修灌之朴，而不知付之无心。即因时任物，亦
正葆其真也。彼但能治其内，不使心逐时趋，而不能治其外，使身逐时
趋而一如不逐时趋也。若夫明白坦易，不必自苦，而自然入于太素，无
庸为凿隧抱瓮之事，而未尝不复于淳朴，常体其性，抱其神，以游于世
俗之间，泯然与俗同波而不自失，又何至使人惊异之耶？"（《庄子雪》，
第 143 页。）看似与郭象、吕惠卿解释不同，实则相通。
③ 方勇：《庄子纂要》，《方山子文集》第 18 册，第 338 页。

不出的存在样式，也不支持分而不合或合而不分的存在状态，更不支持一而无多、多而不一、混杂而无统一、单一而无多样的秩序结构。《天地》肯定的是秩序与浑沌的交融，秩序得以从原初秩序经验中分化出来，但死去的只是与浑沌相对立的浑沌二，而不是作为原初秩序经验的浑沌一，秩序与浑沌的和解，意味着原初秩序经验分化之后，秩序仍然保持着与原初秩序经验的隐性关联。唯其如此，明王之治作为后帝王时代的秩序可能性才能被思考。新的秩序可能性是一种面向统治活动及其担纲主体自身局限性的秩序，它必须为每个人的精神生活朝向圣人之统预留空间，不去僭越这一空间，安守自己的分位。

后　记

　　笔者长期从事《庄子》的研读和教学工作，曾在华东师范大学开设研究生通识课程《庄子细读精讲》与本科生通识课程《庄子哲学与生存智慧》，聚焦《庄子》内篇的阅读。在与学生们一起阅读《庄子》时，笔者深感有必要提供一部导引性著作，帮助我们——无论是哲学专业还是非哲学专业——面对《庄子》的文本和结构，疏通《庄子》的思想脉络，并在一定程度上敞开内在于《庄子》的精神世界。这正是推动本书写作的动力。

　　在本书出版过程中，编辑陈廷烨先生付出了辛勤的劳动；博士后陈慧贞，博士生蒋鑫、余涛、张小霞、蔡添阳、徐潇鹏、周卓成，硕士生陈永恒、王炜玲、罗佳等参与了校对工作，在此一并表达诚挚的谢意！又及，本书系华东师范大学精品教材建设、江苏省公民道德与社会风尚协同创新中心、江苏省道德发展智库项目成果。

陈　赟

2023 年 8 月 30 日

图书在版编目(CIP)数据

天人不相胜:庄子内篇的文本、结构与思想/陈赟著.--福州:福建人民出版社,2024.1(2024.3重印)

ISBN 978-7-211-09197-3

Ⅰ.①天… Ⅱ.①陈… Ⅲ.①《庄子》-研究 Ⅳ.①B223.55

中国国家版本馆 CIP 数据核字(2023)第 209915 号

天人不相胜

——庄子内篇的文本、结构与思想

作　　者：陈　赟	
责任编辑：陈廷烨	
美术编辑：白　玫	
责任校对：李雪莹	
出版发行：福建人民出版社	电　　话：0591-87533169(发行部)
网　　址：http://www.fjpph.com	电子邮箱：fjpph7211@126.com
地　　址：福州市东水路 76 号	邮政编码：350001
经　　销：福建新华发行(集团)有限责任公司	
印　　刷：福州德安彩色印刷有限公司	
开　　本：890 毫米×1240 毫米　1/32	
印　　张：16	
字　　数：317 千字	
版　　次：2024 年 1 月第 1 版	印　　次：2024 年 3 月第 2 次印刷
书　　号：ISBN 978-7-211-09197-3	
定　　价：98.00 元	